Fortentwicklung des Betriebsstättenprinzips

FREIBURGER STEUERFORUM

Herausgegeben von Wolfgang Kessler

Band 4

PETER LANG

Frankfurt am Main · Berlin · Bern · Bruxelles · New York · Oxford · Wien

Markus Peter

Fortentwicklung des Betriebsstättenprinzips

PETER LANG
Europäischer Verlag der Wissenschaften

Die Deutsche Bibliothek - CIP-Einheitsaufnahme

Peter, Markus:

Fortentwicklung des Betriebsstättenprinzips / Markus Peter. -
Frankfurt am Main ; Berlin ; Bern ; Bruxelles ; New York ;
Oxford ; Wien : Lang, 2002
(Freiburger Steuerreform ; Bd. 4)
Zugl.: Freiburg (Breisgau) Univs., Diss., 2001
ISBN 3-631-39337-7

D 25
ISSN 1617-917X
ISBN 3-631-39337-7

www.peterlang.de

Meinen lieben Eltern

Geleitwort

Zur Schriftenreihe

Mit der Begründung der Schriftenreihe „Freiburger Steuerforum" verfolgt der Herausgeber zwei Zielsetzungen: Einerseits soll für die interessierte Öffentlichkeit ein Forum geschaffen werden, in dem in unregelmäßigen Abständen herausragende Forschungsschwerpunkte des Stiftungslehrstuhles Betriebswirtschaftliche Steuerlehre an der Albert-Ludwigs-Universität Freiburg i. Br. vorgestellt werden. Die Reihe „Freiburger Steuerforum" verbindet den lokalen Bezug zur Universität mit dem Anspruch des Lehrstuhls zur Fortentwicklung des Unternehmenssteuerrechts beizutragen. Andererseits steht ausgewählten Doktoranden des Lehrstuhls damit eine Plattform zur Veröffentlichung ihrer Dissertationen zur Verfügung, die die Verbindung zum Lehrstuhl über den Tag des Promotionsbeschlusses hinaus dokumentiert.

Zu dieser Schrift

Die gegenwärtig geltenden Besteuerungskonzepte, welche primär auf die exportorientierte Industriegesellschaft des 20. Jahrhunderts zugeschnitten sind, können mit der zunehmenden Internationalisierung und Entmaterialisierung wirtschaftlicher Prozesse kaum Schritt halten. Für die territoriale Zuordnung von Unternehmensgewinnen gilt seit über 100 Jahren das aus dem preußischen Gewerbesteuerrecht stammende Betriebsstättenprinzip, das die Besteuerung vom Vorliegen einer festen Geschäftseinrichtung abhängig macht. Nach geltendem Recht ist damit eine Besteuerung als Unternehmensgewinn im Quellenstaat jedenfalls dann ausgeschlossen, wenn es an einem körperlichen Gegenstand fehlt. Ob dies zukünftig auch noch gilt, erscheint allerdings fraglich. Ein besonders schillerndes Beispiel hierfür ist die New Economy, welche mit den technischen Möglichkeiten der Telekommunikation und der Digitalisierung nicht nur den Wirtschaftsverkehr revolutioniert, sondern auch die traditionellen Prinzipien des nationalen und internationalen Steuerrechts mehr und mehr in Frage stellt.

Angesichts dieser Friktionen drängt sich zwangsläufig die Frage nach geeigneten Alternativen zum Betriebsstättenprinzip auf – ein Problem, das von der OECD bislang (leider) bewusst ausgeklammert worden ist. Vor diesem Hintergrund konzentriert sich die vorliegende Arbeit von Herrn Peter einerseits auf die Darstellung sowie kritische Würdigung der bisherigen Fachdiskussion zur Betriebsstättenbesteuerung im E-Business, will aber andererseits auch den Versuch unternehmen, mit speziell auf die New Economy zugeschnittenen Lösungsansätzen zur Fortentwicklung des Steuerrechts – de lege ferenda – beizutragen.

Die Arbeit von Herrn Peter, die von der Fakultät für Wirtschaftswissenschaften an der Albert-Ludwigs-Universität Freiburg i. Br. als Dissertation angenommen wurde, beginnt mit der Analyse der Betriebsstättenproblematik in der New Economy dort, wo nahezu alle übrigen Autoren aufhören. Der Verfasser begnügt sich eben nicht mit dem (ernüchternden) Befund, dass die Betriebsstätte mit zunehmender Verbreitung des B2B-Ansatzes voraussichtlich an Bedeutung verlieren wird, sondern forscht weiter und kommt zu der – auf den ersten Blick – vielleicht überraschenden Erkenntnis, dass u.a. im B2B-Bereich zahlreiche (Geschäftsleitungs-)Betriebsstätten entstehen werden. Insoweit stellt die Arbeit eine erfreuliche Bereicherung der Literatur zur Frage der steuerlichen Behandlung grenzüberschreitender E-Business-Transaktionen dar. Ich bin davon überzeugt, dass die erarbeiteten Ergebnisse Fachleuten aus den Bereichen der Steuergesetzgebung, Finanzverwaltung und Rechtsprechung von erheblichem Nutzen sind und in der weiteren wissenschaftlichen Diskussion nicht unbeachtet bleiben werden.

Wolfgang Kessler

Vorwort

Die vorliegende Arbeit wurde im Dezember 2001 von der Wirtschaftswissenschaftlichen Fakultät der Albert-Ludwigs-Universität Freiburg i. Br. als Dissertation angenommen.

Tiefen Dank empfinde ich gegenüber meinem verehrten Doktorvater Herrn Professor Dr. Wolfgang Kessler. Er hat die vorliegende Arbeit während der gesamten Zeit ihres Entstehens intensiv betreut. Die fachliche, aber auch die persönliche Unterstützung und Förderung, die er mir dabei zuteil werden ließ, möchte ich als einzigartig bezeichnen. Für die unverzügliche Zweitkorrektur bin Herrn Professor Dr. Heinz Rehkugler zu Dank verpflichtet.

Wesentlich für die Entstehung dieser Arbeit war auch, dass ich am Lehrstuhl für Betriebswirtschaftliche Steuerlehre der Albert-Ludwigs-Universität Freiburg i. Br. optimale Arbeitsbedingungen vorgefunden habe. Dies ist einerseits Herrn Professor Dr. Wolfgang Kessler zu verdanken, der es in bemerkenswerter Weise erreicht hat, eine produktive und zugleich sehr angenehme Arbeitsatmosphäre zu schaffen. Wichtig hierfür war aber auch die harmonische Zusammenarbeit mit meinen Kolleginnen und Kollegen. Danken möchte ich insbesondere Herrn Dr. Tobias Teufel und Herrn Dr. Wolfgang Schmidt für die freundschaftliche und fachlich hervorragende Zusammenarbeit. Dank gilt ferner Frau Pia Dorfmueller und Herrn Michael Hanschmann für die kritische Durchsicht des Manuskripts der Arbeit.

Ferner möchte ich meiner Freundin Simone danken. Simone hat mit großer Akribie an den sprachlichen (Un-)Feinheiten „gefeilt“ und mich in allen Phasen der Arbeit liebevoll unterstützt.

Meinen Eltern danke ich an dieser Stelle von Herzen für alles, was sie bisher für mich getan haben. Zu wissen, dass sie stets für mich da sind, war und ist mir eine unersetzliche Stütze.

Markus Peter

Inhaltsübersicht

Inhaltsverzeichnis

Abkürzungsverzeichnis

a.A.	anderer Ansicht
a.a.O.	am angegebenen Ort
Abb.	Abbildung
Abs.	Absatz
AdV	Aussetzung der Vollziehung
AG	Aktiengesellschaft (Zeitschrift/Rechtsform)
AktG	Aktiengesetz
Anm.	Anmerkung
AO	Abgabenordnung
APB	Accounting Principles Board
Art.	Artikel
AStG	Außensteuergesetz
AWD	Außenwirtschaftsdienst des Betriebsberaters (ab 1975 RIW/AWD) (Zeitschrift)
B.V.	besloten vennootschap met beperkte aanspreakelijk-heit (Rechtsform)
BB	Betriebs-Berater (Zeitschrift)
Bd.	Band
BFH	Bundesfinanzhof
BFH/NV	Sammlung der amtlich nicht veröffentlichten Entscheidungen des Bundesfinanzhofs
BFHE	Entscheidungssammlung des Bundesfinanzhofs
BGB	Bürgerliches Gesetzbuch
BGH	Bundesgerichtshof
BMF	Bundesministerium der Finanzen
bspw.	beispielsweise
BStBl.	Bundessteuerblatt

BVerfG	Bundesverfassungsgericht
BVerfGE	Entscheidungssammlung des Bundesverfassungsgerichts
BVerwG	Bundesverwaltungsgericht
bzw.	beziehungsweise
ca.	circa
CDFI	Cahier de droit fiscal international, Schriften zum Internationalen Steuerrecht, Hrsg.: International Fiscal Association
Co.	Company (Rechtsform)
CPU	Central Processing Unit = Prozessor
CR	Computer und Recht (Zeitschrift)
d.h.	das heisst
DB	Der Betrieb (Zeitschrift)
DBA	Doppelbesteuerungsabkommen
ders.	derselbe
dies.	dieselbe(n)
Doc.-No.	Document Number
Drucks.	Drucksache
DStR	Deutsches Steuerrecht (Zeitschrift)
DSWR	Datenverarbeitung, Steuer, Wirtschaft, Recht (Zeitschrift)
e.V.	eingetragener Verein
EAS	Express-Antwort-Service
EC	European Community
EDV	Elektronische Datenverarbeitung
EFG	Entscheidungen der Finanzgerichte (Zeitschrift)
EGV	EG-Vertrag

EStG	Einkommensteuergesetz
EStR	Einkommensteuerrichtlinien
ET	European Taxation (Zeitschrift)
etc.	et cetera
EU	Europäische Union
EuGH	Europäischer Gerichtshof
EWG	Europäische Wirtschaftsgemeinschaft
EWS	Europäisches Wirtschafts- und Steuerrecht (Zeitschrift)
f.	folgende
F.	Fach
FAZ	Frankfurter Allgemeine Zeitung (Zeitung)
ff.	fortfolgende
FG	Finanzgericht
Fn.	Fußnote
FR	Finanz-Rundschau (Zeitschrift)
GAAP	Generally Accepted Accounting Principles
gem.	gemäß
GewStG	Gewerbesteuergesetz
GewStK	Gewerbesteuer-Kartei
GG	Grundgesetz der Bundesrepublik Deutschland
gl.A.	gleicher Ansicht
GmbH	Gesellschaft mit beschränkter Haftung
GmbHG	Gesetz betreffend die Gesellschaften mit beschränkter Haftung
Gr.	Gruppe
h.M.	herrschende Meinung
HFR	Höchstrichterliche Finanzrechtsprechung

HGB	Handelsgesetzbuch
Hrsg.	Herausgeber
i.d.R.	in der Regel
i.H.v.	in Höhe von
i.S.d.	im Sinne des/der
i.S.v.	in Sinne von
i.V.m.	in Verbindung mit
IAS	International Accounting Standard
IFA	International Fiscal Association
INF	Die Information über Steuern und Wirtschaft (Zeitschrift)
Int'l	International
IPR	Internationales Privatrecht
IRC	Internal Revenue Code
IStR	Internationales Steuerrecht (Zeitschrift)
IWB	Internationale Wirtschaftsbriefe (Zeitschrift)
J Busn Res	Journal of Business Research
JbFfStR	Jahrbuch der Fachanwälte für Steuerrecht
K&R	Kommunikation und Recht (Zeitschrift)
KStG	Körperschaftsteuergesetz
lit.	Buchstabe
lt.	laut
m. w. N.	mit weiteren Nachweisen
m.E.	meines Erachtens
MA	Musterabkommen
MMR	Multimedia und Recht (Zeitschrift)
n.v.	Nicht veröffentlicht
NJW	Neue Juristische Wochenschrift (Zeitschrift)

No.	Numero
Nr.	Nummer
Nrn.	Nummern
NWB	Neue Wirtschaftsbriefe
o.g.	oben genannten
o.V.	ohne Verfasser
öBMF	Österreichisches Bundesministerium der Finanzen
OECD	Organisation for Economic Cooperation and Development
OECD-MA	OECD-Musterabkommen
OECD-MK	OECD-Musterkommentar
OFD	Oberfinanzdirektion
PiStB	Praxis Internationale Steuerberatung
plc.	Private limited company (Rechtsform)
PrOVG	Preußisches Oberverwaltungsgericht
RAID	Redundant Array of Independent Disks
RFH	Reichsfinanzhof
RFHE	Sammlung der Entscheidungen und Gutachten des Reichs-finanzhofs
RGBl.	Reichsgesetzblatt
RIW	Recht der Internationalen Wirtschaft (Zeitschrift)
Rs.	Rechtssache
Rz.	Randziffer
s.	siehe
S.	Seite
s.a.	siehe auch
Sec.	Section
sog.	sogenannt

StÄndG	Steueränderungsgesetz
StbJb	Steuerberater-Jahrbuch
StKongRep	Steuerberaterkongress-Report
StBp	Die Steuerliche Betriebsprüfung (Zeitschrift)
StuW	Steuer und Wirtschaft (Zeitschrift)
SWI	Steuer und Wirtschaft International (Zeitschrift)
Tax Notes Int`l	Tax Notes International (Zeitschrift)
Tz.	Textziffer
u.a.	und andere
u.U.	unter Umständen
UN	United Nations
UN-MA	UN-Musterabkommen
UR	Umsatzsteuer-Rundschau (Zeitschrift)
UrhG	Urhebergesetz
USA	United States of America
UStG	Umsatzsteuergesetz
usw.	und so weiter
v.	versus
v. H.	vom Hundert
vgl.	vergleiche
Vol.	Volume
VZ	Veranlagungszeitraum
WPg	Die Wirtschaftsprüfung (Zeitschrift)
WÜRV	Wiener Übereinkommen über das Recht der Verträge
z.B.	zum Beispiel
ZfbF	Zeitschrift für betriebswirtschaftliche Forschung (Zeitschrift)
z.T.	zum Teil

Abbildungsverzeichnis

A. Grundlegung

I. Problemstellung und Zielsetzung

„Die Betriebsstätte galt schon immer als ein ziemlich anspruchsvolles Pflänzlein - pflegebedürftig und nicht auf jedem Boden gedeihend."

Wolfgang Kumpf[1]

Für innovationsdynamische Unternehmen der New Economy[2] stellt sich regelmäßig nicht (mehr) grundsätzlich die Frage nach dem Einsatz des Internet im Rahmen ihrer Geschäftsaktivitäten. Vielmehr ist das Internet und die dadurch geschaffene Verknüpfung von Digitalisierung einerseits und Telekommunikation andererseits zu einer der bedeutendsten Antriebskräfte wachstumsstarker Unternehmen geworden. Die für das E-Business[3] charakteristische Aufhebung von Raum und Zeit ermöglicht den Zugang zu weltweiten Märkten, welche vormals nur schwer erreichbar waren und

---

1 Vgl. Kumpf, in: Haarmann, Beschränkte Steuerpflicht, 1993, 27 (40).

2 Die sog. New Economy zeichnet sich insbesondere durch junge Wachstumsunternehmen aus innovativen Branchen wie beispielsweise Telekommunikation, Software, Internet, Biotechnologie oder Medien aus, welche seit Ende der Neunzigerjahre in den Industrieländern zunehmend an wirtschaftlicher Bedeutung gewonnen haben, vgl. z.B. Buschmann/Herbrand, in: Ludewig/Buschmann/Herbrand, Silicon Valley, 2000, 259 (261); Pagé/Ehring, E-Business, 2001, Einführung; Schmidt, in: Schmidt, Potentiale, 2001, 9 (9 f.).

3 Im Jahr 1997 startet IBM eine Werbekampagne, in der der Begriff „E-Business" erstmals verwendet wird. IBM definiert den Begriff „E-Business" wie folgt: "Ein gesicherter, flexibler und integrierter Ansatz, um unterschiedlichen Unternehmen Werte durch Kombination der Systeme und Verfahren bereitzustellen, die Kerngeschäftsvorgänge mit der durch die Internet-Technologie möglichen Einfachheit und Reichweite zu betreiben," vgl. Pagé/Ehring, E-Business, 2001, 31.

begünstigt damit in besonderem Maße grenzüberschreitende Unternehmensaktivitäten. Vor allem bei digitalisierbaren und über das Internet abrufbaren Gütern und Dienstleistungen wird eine physische Marktpräsenz im Quellenstaat in vielen Fällen obsolet. Darüber hinaus treten an die Stelle von tief gestaffelten Unternehmenshierarchien virtuelle Organisationsstrukturen, bei denen Geschäftsleitungsentscheidungen dezentral via moderner Kommunikationsmittel wie beispielsweise Videokonferenzen oder e-mail gefällt werden.

Aus diesen strukturtypischen Eigenarten der New Economy ergeben sich zwangsläufig auch neuartige steuerliche Fragestellungen sowohl für die betroffenen Unternehmen als auch für die Steuerverwaltungen und die Steuergesetzgeber. Aus fiskalischer Sicht stellt sich insbesondere die Frage, ob bzw. inwieweit die traditionellen Anknüpfungsmerkmale für die Feststellung der materiellen Steuerpflicht ihre Gültigkeit behalten können oder durch neue Kriterien ergänzt bzw. ersetzt werden müssen. Eine zentrale Rolle nimmt dabei das Betriebsstättenprinzip ein. Zweck des seit über 100 Jahren praktizierten Betriebsstättenprinzips ist die Bestimmung einer Mindestschwelle für die Präsenz in einem Staatsgebiet, die eine Besteuerung im Quellenstaat rechtfertigt.[4] Uneingeschränkt gilt dies allerdings nur für die physische Welt, in der abgrenzbare nationale Territorien eindeutig identifizierbar sind. Diese Voraussetzung stimmt im Zeitalter des E-Business jedoch immer weniger mit der Realität überein. Die zunehmende Virtualisierung und Globalisierung stellen sowohl nationale als auch bilaterale Rechtsordnungen mit ihrem territorialen Rechtsanspruch vor schwer lösbare Probleme: Ortsunabhängigkeit und Entmaterialisierung lassen steuerliche Tatbestandsmerkmale, die an physischen Merkmalen anknüpfen, weitgehend leer laufen.[5]

Vor dem Hintergrund des E-Business drängt sich daher die Frage auf, ob dem Betriebsstättenprinzip, welches die steuerliche Erfassung grenzüberschreitender Unternehmenstätigkeit bislang entscheidend mitgeprägt hat, auf lange Sicht die gleiche Bedeutung beigemessen werden kann wie bisher.[6] Insbesondere bei Importstaaten digitaler Güter und Dienstleistungen ist damit zu rechnen, dass eine Aufrechterhaltung des Betriebsstättenprinzips auf massiven Widerstand stoßen wird. Denn diesen würde hierdurch ein zentrales Anknüpfungsmerkmal genommen, um am Steueraufkommen des E-Business zu partizipieren.[7] Als mögliche Gewinner stehen demgegenüber die Staaten, in denen die expandierenden New-Economy-Unternehmen ansässig sind.

Dieser Umstand belegt sehr deutlich, dass das eigentliche Kernproblem der Besteuerung des digitalen Geschäftsverkehrs in der grundsätzlichen Frage zu suchen ist, ob die Einkünfte aus dieser Tätigkeit nach dem Wohnsitz- oder nach dem Ursprungsprinzip besteuert werden sollen. Ziel dieser Untersuchung ist daher - neben einer Bestandsaufnahme der Tragfähigkeit

---

4 Vgl. Görl, in: Vogel, DBA, 1996, Art. 5 Rz. 4; Schaumburg, Internationales Steuerrecht, 1998, Rz. 16.234.

5 Vgl. z.B. Avi-Yonah, Tax Law Review 1997, Vol. 52, 507 (510 f.); Kessler, StbJb 1998/99, 333 (338); Kessler/Peter, BB 2000, 1545 (1545); McLure, Tax Law Review 1997, Vol. 52, 269 (281 ff.); ders., National Tax Journal 2000, Vol. 53, No. 4, 1287 (1288).

6 Eine Erosion des Betriebsstättenprinzips sagte *Skaar* bereits 1991 voraus, vgl. Skaar, Establishment, 1991, 571 ff.

des geltenden Betriebsstättenprinzips - die Eruierung möglicher Lösungsvarianten im Hinblick auf die Fortentwicklung dieses traditionellen Besteuerungskonzepts. Im Rahmen der sich dabei eröffnenden Handlungsoptionen ist prinzipiell zwischen einer Ausweitung des Betriebsstättenbegriffs und der Konzentration auf eine Besteuerung im Wohnsitzstaat zu unterscheiden. Maßstab der Lösungsansätze ist stets der international anerkannte Grundsatz der Neutralität zwischen Old und New Economy.[8]

Die nachstehende Untersuchung unterscheidet sich damit grundlegend von der bislang vorliegenden Betriebsstätten-Literatur im Rahmen des E-Business. Diese setzt sich zwar häufig ausgesprochen kritisch mit der Frage der Server-Betriebsstätte auseinander, verzichtet in aller Regel aber darauf, mögliche Alternativen aufzuzeigen. Insbesondere die Lokalisierung des Ortes der Geschäftsleitung führt in der Diskussion um eine konsequente Besteuerung nach dem Wohnsitzprinzip - als mögliche Besteuerungsalternative - ein Schattendasein. Anliegen dieser Untersuchung ist es daher, sich nicht auf eine kritische Würdigung der geltenden Besteuerungssituation zu beschränken, sondern darüber hinaus auch den Versuch zu unternehmen, mit auf die New Economy zugeschnittenen Lösungsansätzen zur Fortentwicklung des Betriebsstättenprinzips beizutragen.

---

7 Vgl. Doernberg/Hinnekens, International Taxation, 1999, 319.

8 Vgl. hierzu z.B. die anläßlich der Ministerkonferenz in Ottawa vom 07.-09.10.1998 verabschiedeten Grundsätze zur steuerlichen Behandlung des E-Commerce. Neben der Neutralität zählen hierzu die Wirtschaftlichkeit, die Sicherheit und Einfachheit, die Effektivität und Fairness sowie die Flexibilität, vgl. ausführlich Vellen, UR 1999, 53 (54).

II. Untersuchungsplan

Die vorliegenden Ausführungen konzentrieren sich auf die Adaption des Betriebsstättenprinzips nach nationalem sowie insbesondere nach Abkommensrecht vor dem Hintergrund des E-Business. Steuerliche Fragestellungen in Bezug auf die Einkünftezurechnung zwischen Stammhaus und Betriebsstätte sind daher nicht Gegenstand der Analyse. Das gleiche gilt konzeptionell auch für verkehrsteuerliche Aspekte sowie die Qualifikation der Einkünfte aus dem Online-Vertrieb digitalisierbarer Güter und Dienstleistungen, deren Untersuchung regelmäßig die Annahme zugrundeliegt, dass gerade keine Betriebsstätte im Quellenstaat vorliegt.

Ausgangspunkt für eine wissenschaftlich fundierte Untersuchung des Themas ist neben der Bestimmung der Betriebsstättenfunktion eine Skizzierung der historischen Entwicklung dieses Besteuerungskonzeptes. Eine solche Vorgehensweise eröffnet zudem die Möglichkeit, die ursprünglichen ökonomischen Rahmenbedingungen bei Prägung des Betriebsstättenbegriffs gegen Ende des 19. Jahrhunderts denen der New Economy gegenüberzustellen.

Die Tragweite des Betriebsstättenprinzips bestimmt sich im Wesentlichen nach der dahinterstehenden Definition des Betriebsstättenbegriffs. Grundlegende Bedeutung kommt daher der ausführlichen Darstellung der Betriebsstättenvoraussetzungen - getrennt nach sachlichen und persönlichen Anknüpfungsmerkmalen – zu. Den abkommensrechtlichen Spezifika wird dabei gesondert Rechnung getragen. Vor diesem Hintergrund gilt das Hauptaugenmerk den Erkenntnissen der innerstaatlichen Rechtsprechung sowie dem Kommentar zum OECD-MA.

Für das Verständnis steuerlicher Probleme des E-Business sowie für die Suche nach adäquaten Lösungen bildet die elementare Kenntnis problemrelevanter wirtschaftlicher und vor allem informationstechnologischer Begriffe und Zusammenhänge des Internet eine unabdingbare Voraussetzung. Dies schafft zugleich die Basis für die Untersuchung einer möglichen Betriebsstättenbegründung im Rahmen des digitalen Geschäftsverkehrs. Der Schwerpunkt liegt dabei auf einer kritischen Würdigung nationaler sowie internationaler Lösungskonzepte zur Anpassung des Betriebsstättenbegriffs an die zunehmende Entmaterialisierung grenzüberschreitender Transaktionen.

Um die ganze Klaviatur möglicher Varianten zur Fortentwicklung des Betriebsstättenprinzips anzusprechen, bilden darüber hinaus fundamentale Reformüberlegungen zwischen Wohnsitz- und Ursprungsprinzip den Gegenstand der Untersuchung. Mit einer Abkehr vom traditionellen Betriebsstättenverständnis sind vor allem zwei Fragen verbunden:

- Welche Alternativen zum Betriebsstättenprinzip sind denkbar, wenn grundsätzlich am Ursprungsprinzip festgehalten werden soll?
- Wenn nicht am Ursprungsprinzip festgehalten werden kann bzw. soll, führt dann eine Schwächung des Betriebsstättenprinzips im Zuge der technologischen Entwicklungen zwangsläufig zu einer größeren Bedeutung des Ortes der Geschäftsleitung und damit zu einer Konzentration auf eine Besteuerung im Wohnsitzstaat?

Abschließend werden die gewonnenen Erkenntnisse zusammenfassend dargestellt und auf ihre Vereinbarkeit mit dem Postulat eines neutralen Besteuerungskonzeptes überprüft.

B. Funktion der Betriebsstätte

Eine Definition des Begriffs „Betriebsstätte“ findet man sowohl im nationalen als auch im Abkommensrecht. Dennoch ist der in den DBA verwendete Begriff „Betriebsstätte“ von dem gleichnamigen Begriff des innerstaatlichen Rechts (§ 12 AO) scharf zu trennen. Denn ungeachtet dieser Gleichnamigkeit besteht zwischen dem Betriebsstättenbegriff des § 12 AO und dem der DBA keine Funktionsidentität.[9]

I. Nationales Recht

Als unselbständiger Teil eines Gesamtunternehmens ist die Betriebsstätte grundsätzlich weder ein Rechtssubjekt noch ein selbstständiges Steuersubjekt.[10] Dessen ungeachtet nennt das nationale Steuerrecht die Betriebsstätte ausdrücklich als Anknüpfungspunkt. Die Ursache hierfür ist vor allem darin zu suchen, dass solche Unternehmensteile aus bestimmten Motiven steuerlich isoliert erfasst werden sollen. Vor dem Hintergrund jeweils unterschiedlicher Zielsetzungen sind die Betriebsstättenbegriffe des EStG sowie des GewStG dabei getrennt voneinander zu untersuchen.[11]

---

9 Vgl. Debatin, DB 1989, 1692 (1693).

10 Vgl. Birk, in: Hübschmann/Hepp/Spitaler, AO, 1998, § 12 Rz. 5.

11 Ergänzend hierzu sei die Funktion der Betriebsstätte für den verkehrsteuerlichen Bereich erwähnt: Umsatzsteuerrechtlich wird der Ort der Besteuerung durch die Qualifikation der Leistung als Lieferung (§ 3 Abs. 1 UStG) oder sonstige Leistung (§ 3 Abs. 9 UStG) bestimmt. Wird eine sonstige Leistung von einer Betriebsstätte ausgeführt, so gilt die Betriebsstätte nach § 3 a Abs. 1 S. 2 UStG als Ort der sonstigen Leistung. Im Hinblick auf die Frage, ob eine steuerbare sonstige Leistung im Erhebungsgebiet oder aber eine nicht steuerbare Leistung außerhalb des Erhebungsgebiets erbracht wird, kommt der Betriebsstätte somit auch umsatzsteuerrechtlich maßgebende Bedeutung in Form der Ortsbestimmung zu. Allerdings schränkt *Giesberts* die Betriebsstättenanknüpfung insoweit ein, als der Ort der Geschäftsleitung in den Fällen stets vorrangig sei, in denen sich dieser gleich-

Die Vorschrift des § 49 Abs. 1 Nr. 2 a EStG i.V.m. § 12 AO folgt dem Prinzip eines hinreichenden Inlandsbezugs.[12] Demzufolge ergibt sich immer dann ein inländisches Besteuerungsrecht, wenn ein Steuerausländer im Inland für seine gewerbliche Tätigkeit eine bzw. mehrere Einrichtungen unterhält, die die Voraussetzungen einer Betriebsstätte erfüllen. Im Rahmen der enumerativen Aufzählung des § 49 Abs. 1 EStG erfüllt das in in § 49 Abs. 1 Nr. 2 a EStG verankerte Betriebsstättenprinzip also die Funktion, jene Grenzlinie zu markieren, ab der ein ausländisches Unternehmen mit der Wirtschaft des Inlands in einer ausreichend intensiven Verbindung steht, welche die Heranziehung zur Besteuerung rechtfertigt.[13] Demnach genügt der Umstand, dass ein Unternehmen zu einem Staat eine lockere wirtschaftliche Beziehung unterhält oder lediglich Gegenstände zur Nutzung in diesem Staat überlässt, dem Betriebsstättenprinzip nicht.[14] Vielmehr löst erst das Vorliegen einer dauerhaften festen Einrichtung eine beschränkte Steuerpflicht aus, mit der Folge, dass der ausländische Investor mit dem der Betriebsstätte zuzuordnenden Ergebnis der deutschen Besteuerung unterliegt (§§ 1 Abs. 4 EStG, 2 Nr. 1 KStG).

---

sam im Betriebsstättenstaat befindet, vgl. Giesberts, in: Rau/Dürrwächter, UStG, 1997, § 3 a Rz. 43; s.a. Martin, in: Sölch/Ringleb, UStG, 2001, § 3 a Rz. 10. Zu den Spezifika der umsatzsteuerlichen Betriebsstätte bzw. festen Niederlassung i.S.d. Art. 9 Abs. 1 der 6. EG-Richtlinie vgl. S. 161.

12 Vgl. Mössner, in: FS Vogel, 2000, Entwicklungen, 945 (946).

13 In diesem Zusammenhang spricht *Halfar* vom „Überschreiten einer bestimmten Intensitätsschwelle", vgl. Halfar, IWB F. 3 Gr. 1, 1393 (1394); Debatin, DB 1961, 785 (787); Clausen, DStZ 1974, 315 (317); Günkel, in: Becker/Höppner/Grotherr u.a., DBA, 1999, Art. 5 Rz. 2; Mössner, in: Mössner u.a., Unternehmen, 1998, 51 (96); Kumpf, Inländische Betriebsstätte, 1982, 22; Portner, StbJb 1998/99, 351 (359); Tipke/Kruse, AO, 1996, § 12 Rz. 1.

Im Bereich der Gewerbesteuer ermöglicht erst die ausdrückliche Anknüpfung an eine Betriebsstätte den Zugriff auf solch rechtlich unselbstständige Unternehmensteile seitens der Gemeinden (§ 2 Abs. 1 S. 3 GewStG).[15] Besonders deutlich äußert sich dieser Grundgedanke bei der Zerlegung mehrgemeindlicher Betriebsstätten nach § 30 GewStG. Zweck der Zerlegung ist es, die Gemeinden, in denen sich Betriebsstätten (-teile) eines Unternehmens befinden, an der von dem Unternehmen zu zahlenden Gewerbesteuer zu beteiligen. Dabei soll idealtypischerweise erreicht werden, dass die durch das Vorhandensein der Betriebsstätte für die Gemeinden verursachten Lasten in etwa durch das aus der Zerlegung resultierende Gewerbesteueraufkommen kompensiert werden.[16] Somit liegt der gewerbesteuerlichen Betriebsstättenanknüpfung - ebenso wie der Bestimmung der beschränkten Steuerpflicht i.S.d. § 49 Abs. 1 Nr. 2 a EStG - primär die Funktion einer räumlichen Zuordnung und die damit verbundene Begründung eines Besteuerungsanspruches zugrunde.

---

14 Vgl. Görl, in: Vogel, DBA, 1996, Art. 5 Rz. 4; Schaumburg, Steuerrecht, 1998, Rz. 16.234.

15 Vgl. Glanegger/Güroff, GewStG 1999, § 2 Rz. 235; Sarrazin, in: Lenski/Steinberg, GewStG, 1995, § 2 Rz. 66.

16 Dieser Konzeption liegt das sog. Äquivalenzprinzip zugrunde. Demnach sollen die Gewerbebetriebe zu den Lasten beitragen, die den Gemeinden insbesondere durch ihre Existenz entstehen, etwa für den Bau und die Unterhaltung von Straßen und Wegen, der Kanalisation, der öffentlichen Verkehrsmittel, von Schulen, Krankenhäusern etc., vgl. Zitzelsberger, Gewerbesteuer, 1990, 153 ff.; s.a. Sarrazin, in: Lenski/Steinberg, GewStG, 1995, § 1 Rz. 3. Solche Lasten können zunächst auch unmittelbar durch den Betrieb selbst entstshen, wie etwa in Bezug auf Geräusch- und Geruchsimmissionen oder Grundwasserbeeinträchtigungen, vgl. FG Rheinland-Pfalz vom 19.08.1999 – 4 K 3182/97, EFG 1999, 1149 (1151).

II. DBA-Recht

Nach Art. 7 Abs. 1 OECD-MA kann ein Vertragsstaat Gewinne eines Unternehmens des anderen Vertragsstaates nur dann besteuern, wenn das Unternehmen seine Tätigkeit durch eine auf dem Gebiet des Vertragsstaats belegene Betriebsstätte ausübt. Der Begriff „Betriebsstätte" drückt damit einerseits den Ort aus, an dem ein gewerbliches Unternehmen seine Tätigkeit entfaltet (Handlungstatbestand), und andererseits den Ort, an dem sich ein unselbstständiger Teil eines Unternehmens befindet (Zustandstatbestand).[17]

Um dem Betriebsstättenprinzip Rechnung zu tragen, bedarf es also der permanenten physischen Verkörperung der Unternehmenstätigkeit auf einem Staatsgebiet. So gesehen besteht die abkommensrechtliche Betriebsstättenfunktion insbesondere darin, eine ortsbezogene Zuordnung von Einkünften und Vermögen vorzunehmen. Während das Vorliegen einer Betriebsstätte für die Begründung eines Besteuerungsrechts auf nationaler Ebene *eine* wichtige Rolle spielt, kommt der Betriebsstätte auf Abkommensebene im Ergebnis *die* entscheidende Bedeutung für die Zuweisung[18] des

---

17 Vgl. Mössner, in: FS Vogel, 2000, Entwicklungen, 945 (946); ders., in: Mössner u.a., Unternehmen, 1998, 51 (90 f.); s.a. Skaar, Establishment, 1991, 111 ff.; Wassermeyer, in: Debatin/Wassermeyer, DBA, 2000, Art. 5 Rz. 1.

18 Strenggenommen ist der Ausdruck „Zuweisung" falsch. Die Vorschrift des Art. 7 OECD-MA behandelt Unternehmensgewinne aus der Perspektive des Quellenstaates. Zielsetzung ist daher eine „angemessene Begrenzung der Steuerhoheit" dieses Staates. Die materielle Bedeutung liegt also vielmehr im Ausschluss einer Quellenbesteuerung, solange keine Einrichtung vorliegt, die die Voraussetzungen einer Betriebsstätte erfüllt, vgl. OECD-MK, Art. 7 Tz. 1; s.a. Görl, in: Vogel, DBA, 1996, Art. 5 Rz. 5 a; Isenbergh, Conception, 210; Mössner, in: FS Vogel, 2000, Entwicklungen, 945 (945).

Besteuerungsrechts von unternehmerischen Einkünften an den einen oder anderen Vertragsstaat zu.[19]

---

19 Vgl. Debatin, DB 1989, 1692 (1693); Kluge, Internationales Steuerrecht, 2000, 768; Kumpf, in: Herrmann/Heuer/Raupach, Kommentar, 1999, § 49 Rz. 210; Mössner, in: FS Vogel, 2000, Entwicklungen, 945 (945); Skaar, Establishment, 1991, 9.

C. Entwicklung des Betriebsstättenprinzips

I. Historische Wurzeln

1. Begriff der Betriebsstätte in den Jahren 1845 - 1909

Der Begriff der Betriebsstätte lässt sich entstehungsgeschichtlich auf das preußische Gewerberecht aus der Mitte des 19. Jahrhunderts zurückführen, von wo er in das Abgabenrecht gelangte.[20] Als Betriebsstätte galt hierbei der gesamte zur Ausübung des Gewerbes benutzte Raum mit allem Zubehör. Um die Gefahr einer Doppelbesteuerung zu vermeiden, ergab sich die Notwendigkeit, die Besteuerungsrechte zwischen mehreren Steuerhoheiten aufzuteilen. In Anlehnung an den preußisch-sächsischen Vertrag vom 16. April 1869 verankerte das preußische Kommunalsteuer-Notgesetz vom 27. Juli 1885 das Bestehen einer „festen Niederlassung" oder „Anlage" als Voraussetzung für eine Besteuerung.[21] Darin manifestiert sich der Marktteilnahmegedanke[22], demzufolge ein Unternehmen, das am Wirtschaftsgeschehen des Quellenstaats teilnimmt, auch dort zur Besteuerung herangezogen werden soll.

---

20 Vgl. Allgemeine Gewerbeordnung von Preußen vom 17.01.1845, PrGS 1845 41 (41 f.); Kolck, Betriebsstättenbegriff, 1974, 9; Ritter, Intertax 1991, 204 (204); Skaar, Establishment, 1991, 70; Züger, in: Gassner/Lang/Lechner, Generalklausel, 1998, 33.

21 Dieses Gesetz führte in § 2 Abs. 1 Kommunalabgaben-Notgesetz die Betriebsstätte in einem Katalog zusammen mit dem Sitz, der Zweigniederlassung, der Agentur sowie der Verkaufsstätte auf. Aus dieser Gegenüberstellung folgerte man, dass Betriebsstätten regelmäßig nur jene Orte sein könnten, an denen Arbeiten geleistet würden, welche die den Gegenstand des Unternehmens bildenden Waren oder Leistungen hervorbrächten, vgl. Kolck, Betriebsstättenbegriff, 1974. 12; Brunner, Steuerort, 1954, 22 m.w.N.; Utescher, Internet, 1999, 86.

22 Vgl. Holler/Heerspink, BB 1998, 771 (773).

Handelte es sich bei der Betriebsstätte anfangs noch um einen unbestimmten Rechtsbegriff, dessen Merkmale durch die preußische Rechtsprechung herausgebildet werden mussten[23], so finden sich im preußisch-österreichischen Doppelbesteuerungsvertrag vom 21. Juni 1899 - dem weltweit ersten international abgeschlossenen Doppelbesteuerungsabkommen - über die bloße Aufzählung von Beispielen hinausgehende begriffsbestimmende Vorschriften sowie eine Generalklausel.[24] Der endgültige Durchbruch für eine allgemeine Definition der Betriebsstätte gelang jedoch erst mit der Verabschiedung des deutschen Doppelbesteuerungsgesetzes vom 22. März 1909.[25] Dieses hatte sich zum Ziel gesetzt, bestehende Dop-

---

23 Insbesondere sind hier die Merkmale „fester örtlicher Mittelpunkt" des Betriebs sowie „Stetigkeit" – d.h. es muss die Absicht bestehen, die Tätigkeit an der selben Stelle i.S.v. „going concern" fortzusetzen – hervorzuheben, PrOVG vom 26.10.1886 – II C 117/86, OVG 14 120 (123); PrOVG vom 30.03.1889 – I C 146/88, OVG 17 249 (252); PrOVG vom 11.09.1889 – I C 90/89, OVG 18 128 (131); Kolck, Betriebsstättenbegriff, 1974, 11 f. Vgl. zur internationalen Rechtsprechungsentwicklung zur Betriebsstätte: Roxan, Intertax 1997, 367 (367 ff.).

24 Die Formulierung des preußisch-österreich-ungarischen Doppelbesteuerungsvertrags vom 21. Juli 1899 bezüglich Unternehmensgewinnen lautete: „Der ... Betrieb eines stehenden Gewerbes sowie das aus diesen Quellen herrührende Einkommen sollen nur in demjenigen Staate zu den direkten Staatssteuern herangezogen werden, in welchem ... eine Betriebsstätte zur Ausübung des Gewerbes unterhalten wird. Als Betriebsstätte gelten Zweigniederlassungen, Fabrikationsstätten, Niederlassungen, Comtoire, Ein- oder Verkaufsstellen und sonstige Geschäftseinrichtungen zur Ausübung des stehenden Gewerbes durch den Unternehmer selbst, Geschäftsteilhaber, Prokuristen oder andere ständige Vertreter." Vgl. Art. 2 Abs. 1 DBA Preußen/Österreich-Ungarn, 1899.

25 Der Begriff der Betriebsstätte wurde in § 3 Abs. 2 des Doppelsteuergesetzes wie folgt gefasst: „Betriebsstätte im Sinne dieses Gesetzes ist jede feste örtliche Anlage oder Einrichtung, die der Ausübung des Betriebs eines stehenden Gewerbebetriebs dient. Außer dem Hauptsitz eines Betriebs gelten hiernach als Betriebsstätten: Zweigniederlassungen, Fabrikationsstätten, Ein- und Verkaufsstellen, Niederlassungen, Kontore und sonstige zur

pelbesteuerungen zwischen deutschen Staaten zu beseitigen. Eine Weiterentwicklung des Betriebsstättenprinzips auf nationaler Ebene brachte darüber hinaus das Landessteuergesetz von 1920, welches auch Bauausführungen mit einer Dauer von mehr als zwölf Monaten als Betriebsstätte qualifizierte.[26] Im Rahmen des Steueranpassungsgesetzes[27] aus dem Jahr 1934 erhielt der Betriebsstättenbegriff schließlich - abgesehen von einigen wenigen Änderungen bzw. Anpassungen - einen festen Platz im innerstaatlichen Recht. Damit war auch gleichzeitig die Grundlage für den heutigen § 12 AO gelegt.[28]

2. *Weiterentwicklung in den Jahren 1925 - 1958*

Auf Grund der für damalige Verhältnisse hohen Steuersätze nach dem Ersten Weltkrieg, hatten Doppelbesteuerungen eine geradezu vernichtende Wirkung auf den internationalen Geschäftsverkehr.[29] So wurden in den 20er Jahren zahlreiche Doppelbesteuerungsabkommen zwischen führenden europäischen Staaten mit verschiedenen Ausgestaltungen des Betriebsstättenprinzips abgeschlossen. Eine allgemeine Begriffsbestimmung auf Ebene internationaler Doppelbesteuerungsabkommen tauchte erst im DBA

Ausübung des Gewerbes durch den Unternehmer selbst, dessen Geschäftsteilhaber, Prokuristen oder andere ständige Vertreter unterhaltene Geschäftseinrichtungen“ Vgl. RGBl. 1909, 332 (332); Kolck, Betriebsstättenbegriff, 1974, 17; Skaar, Establishment, 1991, 74.

26 Vgl. § 10 Abs. 2 S. 3 Landessteuergesetz, RGBl. 1920, 402 (404); Utescher, Internet, 1999, 87.

27 Vgl. § 16 StAnpG, RGBl. I 1934, 925 (925).

28 Heinicke hält in diesem Zusammenhang die Rechtsprechung zu § 16 StAnpG in weiten Teilen auch für § 12 AO anwendbar, vgl. Heinicke, in: Schmidt, EStG, 2001, § 49 Rz. 17.

29 Vgl. Skaar, Establishment, 1991, 77.

Deutschland/Italien vom 31. Oktober 1925 auf, welche die späteren Doppelbesteuerungsabkommen maßgeblich beeinflusste.[30]

In den Jahren 1928 bis 1933 entwickelte der Völkerbund nicht weniger als drei Abkommensentwürfe, die allesamt verschiedene Ausgestaltungen des Betriebsstättenprinzips beinhalteten.[31] Entscheidende Neuerung war hierbei die Einführung einer Sondervorschrift für unabhängige Vertreter.[32] Einen reinen Quellensteueransatz verfolgte schließlich ein 1943 in Mexiko verabschiedeter Entwurf, der gleichzeitig das erste Musterabkommen für Entwicklungsländer bildete.[33] Ein Quellenbesteuerungsrecht bestand demzufolge auch in den Fällen, in denen keine feste oder ständige Geschäftseinrichtung im Quellenstaat unterhalten wurde.[34]

---

30 Art. 3 Abs. 2 DBA Italien legt fest: „Betriebsstätte im Sinne des gegenwärtigen Abkommens ist eine ständige Geschäftseinrichtung des Unternehmens, in welcher die Tätigkeit des Unternehmens ganz oder teilweise ausgeübt wird." Vgl. RGBl. II 1925 1146 (1147); Kolck, Betriebsstättenbegriff, 1974, 144; Skaar, Establishment, 1991, 77.

31 Vgl. Skaar, Establishment, 1991, 84 ff.

32 Dem Entwurf des Völkerbunds aus dem Jahr 1933 zufolge begründen Geschäftsbeziehungen mit unabhängigen Vertretern keine Betriebsstätte, vgl. Kolck, Betriebsstättenbegriff, 1974, 145; Skaar, Establishment, 1991, 86.

33 Aus Art. 5 Nr. 1 des Protokolls zu diesem Vertrag ergab sich, dass zu den Betriebsstätten nur solche festen Geschäftseinrichtungen zählten, welche produktiven Charakter hatten. Damit beabsichtigte man, z.B. Informationsbüros, Einkaufsstellen und anderen Einrichtungen die Betriebsstätteneigenschaft zu versagen, vgl. Kolck, Betriebsstättenbegriff, 1974, 148.

34 Vgl. Skaar, Establishment, 1991, 90.

Die in Mexiko entworfene Betriebsstättendefinition wurde wenige Jahre später im sog. London-Entwurf von 1946 weiterentwickelt.[35] Demnach war eine feste Geschäftseinrichtung - im Gegensatz zum Mexiko-Entwurf - notwendige Voraussetzung für eine Besteuerung im Quellenstaat. In Anbetracht der gegenwärtigen Ortsunabhängigkeit grenzüberschreitender Geschäftstätigkeiten kann diese Unterscheidung in Bezug auf die Zuweisung des Besteuerungsrechts für Unternehmensgewinne im Nachhinein als entscheidende Weichenstellung beurteilt werden. Daneben konnten nach den Entwürfen von Mexiko und London auch Bauausführungen mit einer Dauer von mindestens zwölf Monaten zu einer Betriebsstättenbegründung führen. Zwar haben alle Bemühungen dazu geführt, dass sich eine grundlegende Struktur für eine Begriffsbestimmung der Betriebsstätte - insbesondere das Tatbestandsmerkmal einer festen Geschäftseinrichtung - herausgebildet hat. Eine dauerhaft gültige und allgemein akzeptierte Definition hat sich hierdurch allerdings noch nicht entwickelt.[36]

3. 1958 - heute: Der Einfluss des OECD-MA

Es dauerte noch mehr als 10 Jahre bis das Committee of Fiscal Affairs der OECD seine Definition einer Betriebsstätte vorstellte, welche dann schließlich im Jahr 1963 in Art. 5 des OECD-MA übernommen wurde.[37] Die dort enthaltene einheitliche und allgemeine Betriebsstättendefinition wies bereits den gleichen Aufbau wie die des heute geltenden OECD-MA

---

35 Vgl. Skaar, Establishment, 1991, 91 f.

36 Vgl. Skaar, Establishment, 1991, 92 f.

37 Vgl. Lüthi, in: Lang/Loukota/Lüthi, Weiterentwicklung, 1996, 11; Sher, Tax Management International Journal 1999, No. 7, 415 (416) m.w.N.

in der Fassung von 2000[38] auf und favorisierte prinzipiell eine Besteuerung im Sitzstaat des Stammhauses.[39]

Insbesondere der Wandel von einer durch das bloße Aufzählen von Beispielen gekennzeichneten Darstellung der Vertreterbetriebsstätte hin zu einer grundlegenden Begriffsbestimmung des abhängigen Vertreters brachte eine weit gehende Vereinfachung mit sich. Dabei bleibt festzuhalten, dass weder das MA 1963 noch die entsprechende Musterkommentierung des OECD-Steuerausschusses auf die Notwendigkeit einer Geschäftseinrichtung für abhängige Vertreter Bezug nahmen. Somit bejaht das Abkommensrecht trotz Fehlens einer Geschäftseinrichtung als sachliche Anknüpfung die Begründung einer Betriebsstätte, wenn die gewerbliche Tätigkeit durch einen abhängigen Vertreter personifiziert wird.[40] Dadurch tritt neben das sachliche Anknüpfungsmerkmal der Betriebsstätte in Gestalt einer festen Geschäftseinrichtung auf OECD-Ebene ein personelles hinzu.

Allerdings stellt sich hierbei die Frage, welche Bedeutung dem OECD-Musterkommentar (OECD-MK) für die Auslegung von Doppelbesteuerungsabkommen zukommt bzw. ob die Musterkommentierung als Ausle-

---

38 Vgl. OECD-MA 2000, BStBl. I 2001, 72 (74); Lüthi, in: Gassner/Lang/Lechner, Wandel, 1998, 15; Günkel, in: Becker/Höppner/Grotherr u.a., DBA, 1999, Art. 5 Rz. 26 ff.

39 Im Zuge des OECD-MA 1963 wurden die Voraussetzungen einer festen Geschäftseinrichtung zunehmend restriktiv ausgestaltet, vgl. Doernberg/Hinnekens, International Taxation, 1999, 309; Hinnekens, Intertax 1998, 192 (196).

40 Vgl. Endres, IStR 1996, 1 (2); Kumpf, Inländische Betriebsstätte, 1982, 46; ders., in: Haarmann, Beschränkte Steuerpflicht, 1993, 27 (40); ders., in: Herrmann/Heuer/Raupach, Kommentar, 1999, § 49 Rz. 222 ff.; Mössner, in: Mössner u.a., Unternehmen, 1998, 51 (115); Skaar, Establishment, 1991, 97; Wassermeyer, in: Debatin/Wassermeyer, DBA, 2000, Art. 5 Rz. 191.

gungsmittel i.S.d. Art. 31 des Wiener Übereinkommens über das Recht der Verträge (WÜRV) angesehen werden kann. Nach Art. 31 Abs. 4 WÜRV ist einem Ausdruck eine besondere Bedeutung beizulegen, wenn feststeht, dass die Vertragsparteien dies beabsichtigt haben. Hieraus leitet *Lang* die Vermutung ab, dass bei wortidentischer Übernahme von im OECD-MA enthaltenen Formulierungen dieselbe Bedeutung einzelner Ausdrücke seitens der Vertragsparteien beabsichtigt ist wie in den Vorschriften des OECD-MA und damit auch der entsprechenden Musterkommentierung.[41] Insoweit könnte man durchaus zu der Annahme neigen, der Musterkommentar gelte als Auslegungsmittel i.S.d. Art. 31 WÜRV. Demgegenüber kommt nach Auffassung des OECD-Steuerausschusses der OECD-MK allenfalls als ergänzendes Auslegungsmittel i.S.d. Art. 32 WÜRV in Betracht.[42] Dennoch unterstreicht dessen hohen Stellenwert nicht zuletzt die Tatsache, dass Steuerverwaltungen, Steuerpflichtige sowie Steuergerichte den OECD-MK in immer größerem Maße heranziehen und zitieren.[43]

Weiter wurde Art. 5 Abs. 1 des OECD-MA 1963 „... feste Geschäftseinrichtung, *in* der die Tätigkeit ..." durch die Fassung „... feste Ge-

---

41 Vgl. Lang, in: Gassner/Loukota/Lüthi, Weiterentwicklung, 1996, 29.

42 Vgl. Krabbe, IStR 2000, 196 (197).

43 Vgl. OECD-MK, Vor. Art. 1 Rz. 29. Schon 1934 hat sich der Reichsminister der Finanzen vor dem RFH zur Bekräftigung einer Auslegung auf die bei der Doppelbesteuerungskonferenz beim Völkerbund 1928 aufgestellten Musterentwürfe und die Erläuterungen zu ihnen bezogen, vgl. z.B. RFH vom 25.04.1925 – VI A 988/31, RStBl. 1934, 417 (420 f.); s.a. Debatin, in: Debatin/Wassermeyer, DBA, Systematik III, Rz. 131; Krabbe, IStR 2000, 196 (197); Vogel, in: Vogel, DBA, 1996, Einleitung Rz. 79 m.w.N. Dabei ist im Interesse einer weitreichenden Auslegungsharmonie künftig mit einer noch breiteren Akzeptanz der Musterkommentierung zu rechnen.

schäftseinrichtung, *durch* die die Tätigkeit ..." im MA 1977 ersetzt.[44] Dies legt den Schluss nahe, dass die Verfasser des Abkommens ursprünglich die Tätigkeit von Personal *in* der Geschäftseinrichtung selbst im Blickfeld hatten. Zu zweifelhaften Ergebnissen müssen insoweit diejenigen Fälle geführt haben, bei denen beispielsweise ein Außendienstarbeiter, für den der Unternehmer ein Büro anmietet, die meiste Zeit seiner Tätitgkeit außerhalb dieses Büros bei den zu besuchenden Kunden verbringt. Ebenso standen diesem Postulat neuentwickelte Transportsysteme sowie die zunehmende Automation der 70er Jahre diametral gegenüber. Denn eine Entfaltung der Tätigkeit *in* der Geschäftseinrichtung ist z.B. bei einem Verkaufsautomaten prinzipiell auszuschließen. Aus diesem Grund bezieht die Neuformulierung „durch" alle unternehmensbezogenen Tätigkeiten „in, an oder mit der Geschäftseinrichtung" mit ein.[45] Umgekehrt bedeutet diese Tendenz zur Ausweitung des Betriebsstättenbegriffs im Hinblick auf die Personalerfordernis, dass der geltende OECD-MK nicht unmittelbar zur Auslegung derjenigen Abkommen herangezogen werden kann, welche bis dato dem Wortlaut des MA 1963 folgen.[46]

---

44 Die ältere Fassung findet sich noch in einzelnen Abkommen wie beispielsweise im DBA-Türkei, DBA-Niederlande und DBA-Italien, vgl. Wassermeyer, in: Debatin/Wassermeyer, DBA, 2000, Art. 5 Rz. 14. Dieser – auf den ersten Blick eher unbedeutend erscheinenden – Änderung der Wortwahl kam jedoch einige Jahre später im Rahmen des sog. Pipeline-Urteils des BFH maßgebliche Bedeutung zu, vgl. BFH vom 30.10.1996 – II R 12/92, BStBl. II 1997, 12 (13); s. ausführlich S. 61.

45 Vgl. BFH vom 31.10.1996 – II R 12/92, BStBl. II 1997, 12 (14); s.a. Züger, in: Gassner/Lang/Lechner, Generalklausel, 1998, 43.

46 Vgl. Günkel, IWB, F. 3 a Gr. 1 589 (590). Demgegenüber vertritt *Schauhoff* die Ansicht, dass dies in der Sache dasselbe bedeute und es sich lediglich um eine sprachliche Veränderung handle, vgl. Schauhoff, in: Debatin/Wassermeyer, DBA-Niederlande, 2000, Art. 2 Rz. 17; s.a. Görl, in: Vogel, DBA, 1996, Art. 5 Rz. 39; Lang, in: Gassner/Loukota/Lüthi,

Darüber hinaus stellt die Revision des OECD-MA im Jahr 1977 auch insoweit eine Ergänzung des OECD-MA 1963 dar, als Bauausführungen und Montagen gesondert in Art. 5 Abs. 3 OECD-MA aufgeführt wurden. Damit hob man die Unabhängigkeit der Bauausführungs- oder Montagebetriebsstätte als drittes zeitliches Anknüpfungselement der Betriebsstätte von der allgemeinen Begriffsbestimmung des Art. 5 Abs. 1 OECD-MA deutlich hervor.[47]

Eine weitere Überarbeitung im Jahr 1992 brachte keine Änderung des Wortlauts des Betriebsstättenbegriffs an sich[48], sondern lediglich einige Ergänzungen im Rahmen des Kommentars.[49] In Anbetracht der Tatsache, dass die Revision des Musterabkommens und des Musterkommentars - bedingt durch neue wirtschaftliche Entwicklungen und den damit einhergehenden laufenden Arbeiten im Fiskalausschuss der OECD - zu einem steuerlichen perpetuum mobile geworden war, stellte das OECD-MA 1992 - gemessen an den MA von 1963 sowie 1977 - kein abschließendes Resultat einer umfassenden Revision, sondern lediglich den ersten Schritt eines sich regelmäßig wiederholenden Revisionsprozesses dar.[50]

Weiterentwicklung, 1996, 32; Züger, in: Gassner/Lang/Lechner, Generalklausel, 1998, 43.

47 Vgl. Wassermeyer, in: Debatin/Wassermeyer, DBA, 2000, Art. 5 Rz. 16; Skaar, Concept, 1997, Tax Analysts Document Number: Doc 97 – 31896.

48 Mit Hinweis auf die hohe Stabilität und Akzeptanz des Vertragsmusters: Menck, IStR 1993, 249 (249, 254); Lüthi, in: Gassner/Loukota/Lüthi, Weiterentwicklung, 1996, 13.

49 Vgl. Fink, Intertax 1992, 676 (676 f.); Lüthi/Kolb/Stiefel, Intertax 1992, 653 (654).

50 Vgl. OECD, Musterabkommen auf dem Gebiet der Steuern vom Einkommen und vom Vermögen, 1996, Einleitung 4; Krabbe, IStR 2000, 196 (196). Mit Hinweis auf kritische Stimmen, die häufige und kurzfristige Überarbeitungen mit einem langfristig angelegten Vertragsmuster als nicht vereinbar ansehen: T.M., IStR 1998, Beihefter 5/98, 1 (1).

Unter die ersten Anpassungen des OECD-MA von 1992 vom 31.03.1994 fiel u.a. eine „versteckte“[51] Kommentaränderung zum Begriff der Vertreterbetriebsstätte. Demzufolge umfasst das Tatbestandsmerkmal „Abschluss von Verträgen im Namen des Unternehmens“ auch solche Fälle, in denen Verträge mit rechtsverbindlicher Wirkung für das Unternehmen abgeschlossen werden, ohne dass dies wörtlich oder tatsächlich in dessen Namen geschieht.[52] Weitere Überarbeitungen in den Jahren 1995 und 1997 brachten demgegenüber keine Änderungen der Betriebsstättendefinition gemäß Art. 5 OECD-MA mit sich.[53] Die Revision 2000 des OECD-MA bzw. - MK stellte schließlich klar, dass bei der Berechnung der Frist für Bauausführungen und Montagen einer transparenten Personengesellschaft auf die Einheit Personengesellschaft und nicht auf die Tätigkeiten einzelner Gesellschafter abzustellen ist.[54] Ebenso wurden Folgerungen aus der Streichung des Art. 14 OECD-MA (Einkünfte aus selbstständiger Arbeit) gezogen. Denn abgesehen davon, dass in Art. 14 statt - wie in Art. 7 OECD-MA - von einer Betriebsstätte von einer festen Einrichtung die Rede war, bestand kein Unterschied zwischen den beiden Regelungen. Dementsprechend galt bis zu diesem Zeitpunkt die feste Einrichtung des selbstständig Tätigen auch als dessen „Betriebsstätte“.[55]

---

51 Vgl. T.M., IStR 1994, Beihefter 10/94, 1 (1).

52 Vgl. OECD-MK, Art. 5, Tz. 32. Diese Ergänzung sollte ursprünglich die Rücknahme eines britischen Vorbehalts gegen Art. 5 Abs. 5 OECD-MA ermöglichen, vgl. T.M., IStR 1994, Beihefter 10/94, 1 (1).

53 Vgl. Menck, IStR 1996, Beihefter 1/96, 1 (1 f.); T.M., IStR 1998, Beihefter 5/98, 1 (1).

54 Vgl. OECD-MK, Art. 5, Tz. 19.1; Krabbe, H., IStR 2000, 196 (198); gl. A.: BMF vom 24.12.1999, IV B 4 S 1300 – 111/99, Tz. 4.3.2.

55 Vgl. RFH vom 31.10.1940 – IV 78/40, RStBl. 1941, 19 (20); BFH vom 22.03.1966 – I 65/63, BStBl. III 1963, 463 (464); BFH vom 12.10.1978 – I R 69/75, BStBl. II 1979, 64 (66); BFH vom 03.02.1988 – I R 369/83, BStBl. II1988, 486 (487); BFH vom 11.04.1990

Ungeachtet der Beurteilung als allenfalls ergänzendes Auslegungsmittel i.S.d. Art. 32 WÜRV lässt sich im Ergebnis eine Tendenz zur fortlaufenden Überarbeitung des OECD-MK[56] ausmachen, wobei der Wortlaut des O-ECD-MA weitgehend unberührt bleibt. Vorteil dieser Entwicklung ist vor allem der Umstand, dass langfristig angelegte Verhandlungen im Rahmen der Revision einzelner DBAs nicht mehr erforderlich sind. Vielmehr bietet sich die Möglichkeit, schneller auf wirtschaftliche oder technische Neuerungen zu reagieren und die weitere Anwendbarkeit der jeweiligen DBAs sicherzustellen.[57]

II. Betriebsstättenprinzip in § 49 EStG

Eine Legaldefinition des Ausdrucks „Betriebsstätte“ nimmt das deutsche Steuerrecht in § 12 AO vor. Unter einer Betriebsstätte i.S.d. § 12 AO ist eine „feste Geschäftseinrichtung oder Anlage zu verstehen, die der Tätigkeit eines Unternehmens dient.“

Fehlt es jedoch an einer solchen festen Einrichtung des Unternehmens - jedenfalls nach traditionellem Verständnis - im Inland, können inländische Einkünfte nur dann als gewerbliche Einkünfte gemäß § 49 Abs. 1 Nr. 2 a

---

I R 82/86, BFH/NV 1991 143 (143 ff.); BFH vom 02.12. 1992 – I R 77/91, BFHE 170, 126 (126 ff.); s.a. Schaumburg, Steuerrecht, 1998, Rz. 16.412; Vogel in: Vogel, DBA, 1996, Art. 14 Rz. 22; Wassermeyer, in: Debatin/Wassermeyer, DBA, 2000, Art. 14 Rz. 66; Wilke, in: Becker/Höppner/Grotherr u.a., DBA, 1999, Art. 14 Rz. 45.

56 Die für die steuerliche Behandlung von digitalen Gütern geltenden Grundsätze anhand der Überlassung von Software herauszuarbeiten war bspw. Ziel der im Rahmen der Revision 2000 vorgestellten Aussagen des Musterkommentars zu Art. 12 OECD-MA, vgl. hierzu ausführlich: Kessler, IStR 2000, 70 ff.; ders., IStR 2000, 98, (100 ff.); Kessler/Peter, Neue Medien 2000, Teil 5/Tz. 5.3.1, 1 ff.

57 Vgl. Kessler/Maywald/Peter, IStR 2000, 425 (431).

EStG beurteilt werden, wenn ein persönliches Anknüpfungsmerkmal durch das Vorhandensein eines ständigen Vertreters i.S.d. § 13 AO gegeben ist.

Nach dem Wortlaut des § 3 Abs. 2 Nr. 2 EStG in der Fassung des Jahres 1925 war ein Steuerausländer mit gewerblichen Einkünften nur dann beschränkt steuerpflichtig, wenn er im Inland eine Betriebsstätte unterhielt oder einen ständigen Vertreter[58] bestellt hatte.[59] Im Laufe der Zeit hat der Gesetzgeber diese ausschließliche Anknüpfung an das Betriebsstättenprinzip durch Ergänzungen von § 49 Abs. 1 Nr. 2 EStG jedoch immer mehr ausgeweitet.[60] Nach der derzeit geltenden Fassung des § 49 Abs. 1 Nr. 2 EStG bilden Betriebsstätte und ständiger Vertreter nur noch den Grundfall der gewerblichen Einkünfte im Rahmen einer beschränkten Steuerpflicht, der durch zahlreiche Sonderregelungen in den Buchstaben b bis f ergänzt und erweitert wird.[61]

---

58 Der ständige Vertreter wurde mit dem Gesetz zur Änderung des Körperschaftsteuergesetzes 1922 vom 08.04.1922 als weiterer Anknüpfungspunkt eingeführt; vgl. RGBl. I, 1922, 351. Kumpf spricht in diesem Zusammenhang vom „Betriebsstätten - und ständigem Vertreter – Prinzip“, vgl. Kumpf, in: Haarmann, Beschränkte Steuerpflicht, 1993, 27 (29).

59 Den Inlandsbezug mittels Betriebsstätte oder ständigem Vertreter als Haupt- oder Normalfall inländischer Einkünfte aus Gewerbebetrieb ansehend: Kumpf, in: Herrmann/Heuer/Raupach, Kommentar, 1999, § 49 Rz. 170.

60 Vgl. Kumpf, in Haarmann, Beschränkte Steuerpflicht, 1993, 27 (29 f.).

61 So sieht der Buchstabe b die Besteuerung bestimmter Einkünfte aus dem Betrieb von Seeschiffen oder Luftfahrzeugen, der Buchstabe c die Besteuerung bestimmter Einkünfte aus internationalen Betriebsgemeinschaften oder Pool-Abkommen, der Buchstabe d die Besteuerung von Künstlern, Artisten und Berufssportlern, Buchstabe e die Besteuerung der Einkünfte aus der Veräußerung eines Anteils an einer inländischen Kapitalgesellschaft und schließlich Buchstabe f die Besteuerung von Einkünften aus der Veräußerung von unbeweglichem Vermögen, Sachinbegriffen oder Rechten i.S.d. Nr. 6 vor. Künstlerische, sportliche oder ähnliche Darbietungen wurden ab 1986, die Veräußerung von we-

Für die Schiff- und Luftfahrt ist in § 49 Abs. 1 Nr. 2 b EStG[62] verankert, dass inländische gewerbliche Einkünfte auch ohne inländische Betriebsstätte oder inländischen ständigen Vertreter in den Fällen vorliegen, bei denen die Beförderungen eines ausländischen Unternehmens das Inland berühren. Inländische gewerbliche Einkünfte entstehen durch den Betrieb eigener bzw. gecharterter Seeschiffe oder Luftfahrzeuge aus Beförderungen zwischen inländischen und von inländischen zu ausländischen Häfen einschließlich der Einkünfte aus anderen mit solchen Beförderungen zusammenhängenden Beförderungsleistungen, welche sich auf das Inland erstrecken.

Ursache für diese Neugestaltung der beschränkten Steuerpflicht für ausländische Schiff- und Luftfahrtunternehmen ist die Tatsache, dass diese Unternehmen gemeinhin keine Betriebsstätte im Inland unterhalten und sich die Bundesrepublik durch das Erfordernis eines festen Stützpunkts regelmäßig im Nachteil gegenüber jenen Staaten befand, die schon den bloßen Beförderungsvorgang für die Begründung eines Steueranspruchs genügen ließen.[63] Zusätzlich dehnt § 49 Abs. 1 Nr. 2 c EStG[64] in diesem Zu-

---

sentlichen Beteiligungen an inländischen Kapitalgesellschaften sowie die Veräußerung von unbeweglichem Vermögen, Sachinbegriffen oder Rechten jeweils ab 1994 als gewerbliche Einkünfte qualifiziert, vgl. Heinicke, in: Schmidt, EStG, 2001, § 49 Rz. 16 ff.

62 § 49 Abs. 1 Nr. 2 b EStG wurde mit Wirkung ab Veranlagungszeitraum 1971 durch das StÄndG 1971 vom 23.12.1970 in das EStG eingefügt, vgl. BStBl. I 1971, 8 (9).

63 Vgl. Brons, Seeschifffahrt, 1990, 74; Mössner, in: Mössner u.a., Unternehmen, 1998, 51 (149); Wied, in: Blümich, EStG, 1999, § 49 Rz. 85. Mit dieser Erweiterung der beschränkten Steuerpflicht sollte ein Druckmittel geschaffen werden, um andere Staaten für einen gegenseitigen Quellensteuerverzicht zu gewinnen, vgl. Ritter, DStZ 1971, 16 (17); Schaumburg, Steuerrecht, 1998, Rz. 5.182. Zur Problematik des letztmalig im VZ 1998

sammenhang die beschränkte Steuerpflicht auf Unternehmen aus, die im Rahmen einer internationalen Betriebsgemeinschaft oder eines Pool-Abkommens Einkünfte aus Beförderungen oder Beförderungsleistungen erzielen, die diese nicht selbst, sondern die ein Unternehmen mit Sitz oder Geschäftsleitung im Inland durchführt.[65] Denn bis zum Veranlagungszeitraum 1985 konnten derartige Einkünfte nur besteuert werden, wenn das ausländische Unternehmen ausnahmsweise über eine Betriebsstätte oder einen ständigen Vertreter im Inland verfügte, denen die Einkünfte aus dem Pool zuzurechnen waren.[66]

---

anzuwendenden § 34 c Abs. 4 EStG, der ab dem VZ 1999 durch § 5 a EStG ersetzt wurde, vgl. Söffing, FR 1972, 222 (222 ff.).

64 § 49 Abs. 1 Nr. 2 c EStG wurde durch das StBerG 1986 vom 19.12.1985 eingefügt und ist seit dem VZ 1986 anzuwenden, BStBl. I 1985, 735 (747).

65 Abweichend von § 49 Abs. 1 Nr. 2 EStG sind gemäß § 49 Abs. 4 EStG Einkünfte der o.g. Unternehmungen allerdings steuerfrei, wenn ihre Geschäftsleitung sich in einem ausländischen Staat befindet, der inländischen Unternehmen eine entsprechende Steuerbefreiung gewährt, und das Bundesministerium für Verkehr die Steuerbefreiung nach § 49 Abs. 4 EStG für verkehrspolitisch unbedenklich erklärt hat. Eine Übersicht über die Staaten, denen gegenüber eine Steuer zu erheben ist bzw. die Voraussetzungen der Steuerfreiheit festgestellt wurden bietet eine Verfügung der OFD Hannover, vgl. OFD Hannover, Verfügung vom 25.02.1997, S 2300 – 10 – StO 223, S 2300 – 20 StH 222, IStR 1997, 564 (564 f.).

66 Vgl. RegBegr. BT – Drucks. 10/1636, 64; Dankmeyer/Klöckner/Puhl, DB 1986, 557 (560); Eicher, in: Littmann/Bitz/Hellwig, EStG, 1999, § 49, Rz. 106; Keßler, BB 1986, 1890 (1893 f.); Lüdicke, in: Lademann/Söffing, EStG, 1999, § 49 Rz. 423; Mössner, in: Mössner u.a., Unternehmen, 1998, 51 (149); Schaumburg, Steuerrecht, 1998, Rz. 5.188; Wied, in: Blümich, EStG, 1999, § 49 Rz. 91. Den Betrieb des Luftfahrgeschäfts auf einer bestimmten Fluglinie auf Grund eines Generalagenturvertrags und eines Poolvertrags sah die Finanzverwaltung bereits als ständige Vertretung i.S.d. § 49 Abs. 1 Nr. 2 a EStG an. Im Zuge der Einführung des Buchstaben c war es damit nicht mehr notwendig, gerichtlich zu klären, ob diese Auffassung zu teilen ist; vgl. Schwampe/Ullmann, in: Herr-

Die Besteuerung international tätiger Künstler[67] und Sportler hat im Laufe der Zeit - nicht zuletzt auch im Hinblick auf die Höhe der in diesem Bereich erzielbaren Umsätze bzw. die öffentlichkeitswirksamen Versuche, eine Besteuerung dieser Umsätze zu vermindern oder zu vermeiden - eine besondere Relevanz erhalten. Hinzu kommt, dass Künstler und Sportler ein ausgesprochen illustratives Beispiel für die Grundproblematik des Betriebsstättenprinzips sind. Denn nationale - auf eine feste Geschäftseinrichtung bzw. einen ständigen Vertreter abstellende Steuernormen - treffen in diesem Zusammenhang auf eine Kategorie von internationalen Einkunftserzielern, die durch eine nahezu „grenzenlose" Mobilität geprägt ist.[68] So waren in der Vergangenheit zahlreiche Fallkonstruktionen der nachstehenden Art denkbar[69]:

Der in einem Nicht-DBA-Staat ansässige Dirigent D ist Angestellter der ebenfalls dort ansässigen Event-Service GmbH. Der inländische Unternehmer U beauftragt die Event-Service GmbH, den D anlässlich eines Konzerts ins Inland zu entsenden. Von dem Entgelt wird nur ein Bruchteil

---

mann/Heuer/Raupach, Kommentar, 1999, § 49 Rz. 471 f.; s.a. -rr-, FR 1981, 142 (143). Im Ergebnis bestehen daher vier potenzielle Anknüpfungspunkte für ausländische Schiff- und Luftfahrtunternehmen: 1) inländische Betriebsstätte, 2) ständiger Vertreter im Inland, 3) Verkehr zwischen inländischen Häfen oder vom Inland in das Ausland, 4) Pool-Einkünfte.

67 Vgl. zum Künstlerbegriff nach dem DBA-Österreich und nach dem DBA-Niederlande: BFH, Beschluss vom 19.03.2001 – I S 21/00, IStR 2001, 320 (320 f.).

68 Vgl. Pöllath, in: Haarmann, Beschränkte Steuerpflicht, 1993, 54 (58 f.).

69 Vgl. z.B. Förster, Auslandsbeziehungen, 1999, 194 f.; Frotscher, in: Schwarz, EStG, 1999, § 49 Rz. 12; Pöllath, in: Haarmann, Beschränkte Steuerpflicht, 1993, 54 (60 f.).

an den D als Arbeitslohn bezahlt. Der übersteigende Betrag verbleibt bei der Event-Service GmbH, an der D zu 100% beteiligt ist.

Da die Tätigkeit im Inland ausgeübt worden ist, stellt der auf die Tätigkeit in der Bundesrepublik entfallende Teil des Arbeitslohns für den D inländische Einkünfte aus nichtselbständiger Arbeit i.S.d. § 49 Abs. 1 Nr. 4 EStG dar. Demgegenüber war das an die Event-Service GmbH gezahlte Honorar bis zur Einführung der Neuregelung mit Wirkung ab Veranlagungszeitraum 1986 nicht unter § 49 EStG subsumierbar, da es sich um gewerbliche Einkünfte handelt, für die im Inland weder eine Betriebsstätte noch ein ständiger Vertreter unterhalten wird.

Solche und ähnliche Fälle gaben den Anlass, eine weitere Ausnahme von der Betriebsstätten-Voraussetzung in das Gesetz aufzunehmen. Ab dem Veranlagungszeitraum 1986 gehören daher zu den inländischen gewerblichen Einkünften gemäß § 49 Abs. 1 Nr. 2 d EStG[70] auch diejenigen,

---

70 Damit hatte man den steuerpflichtigen Künstlern und Sportlern genau die zuvor angestrebte Einkommensart - Gewerblichkeit - zugeordnet, da in diesen Fällen eine beschränkte Steuerpflicht nur dann begründet wurde, wenn eine Betriebsstätte oder ein ständiger Vertreter im Inland vorlag. Allerdings hat der Gesetzgeber im Zuge der Neuregelung eben diese Einschränkung aufgehoben. Denn regelmäßig waren in diesen Fällen weder eine Betriebsstätte noch ein ständiger Vertreter als Anknüpfungspunkt für eine Besteuerung im Inland gegeben, vgl. Berndt, NWB, F. 3 10945 (10947); Enneking/Denk, DStR 1997, 1911 (1913); F.W., IStR 1993, 69 (69 f.); Flies, DStZ 1995, 431 (435); Grams, FR 1999, 747 (748); Keßler, BB 1986, 1890 (1894); Killius, FR 1995, 721 (723); List, BB 1998, 1871 (1872); Lutz, DStZ 1998, 279 (284); Maßbaum, in: Herrmann/Heuer/Raupach, Kommentar, 1999, § 49 Rz. 501; Pöllath, in: Haarmann, Beschränkte Steuerpflicht, 1993, 54 (65); Rabe, RIW 1991, 317 (317); Reisch/Reichhardt/Urbanke, DB 1988, 359 (363); Schauhoff, IStR 1993, 363 (363 f.); ders., IStR 1997, 5 (8); Wassermeyer, in: Vogel, Grundfragen, 1985, 49 (60 ff.); Wied, in:

die durch im Inland ausgeübte oder verwertete künstlerische, sportliche, artistische oder ähnliche Darbietungen erzielt werden, einschließlich der Einkünfte aus anderen mit diesen Leistungen zusammenhängenden Leistungen, un-abhängig davon, wem die Einnahmen zufließen.[71] Damit wird

---

Blümich, EStG, 1999, § 49 Rz. 97; Widmann, in: Vogel, Grundfragen, 1985, 235 (246). Die Regelung entgegen der amtlichen Begründung nicht als Klarstellung, sondern – zutreffend - als Erweiterung der inländischen Anknüpfungsmerkmale für bestimmte Arten gewerblicher Betätigung ansehend: Lüdicke, in: Lademann/Söffing, EStG, 1999, § 49 Rz. 462.

71 Mit Wirkung vom Veranlagungszeitraum 1986 wurde durch das StBerG 1986 der Kreis der beschränkt steuerpflichtigen Einkünfte aus Gewerbebetrieb auf die o.g. Einkünfte ausgedehnt, vgl. StBerG 1986 vom 19.12.1985, BStBl. I 1985, 735 (747). Denn bis zu diesem Zeitpunkt konnten künstlerische, sportliche, artistische oder ähnliche Darbietungen bzw. deren Verwertung nur in den Fällen eine beschränkte Steuerpflicht im Inland begründen, in denen die Voraussetzungen des § 49 Abs. 1 Nr. 3 oder Nr. 4 EStG erfüllt waren oder ein ausländisches Unternehmen, welches den Künstler in eigenem Namen auftreten ließ, im Inland eine Betriebsstätte oder einen ständigen Vertreter hatte. Insoweit schloss die Neuregelung eine Lücke, die um so unbefriedigender war, wenn der Berufssportler in seinem Wohnsitzstaat wegen des dortigen Steuerniveaus entweder nicht oder nur gering besteuert wurde oder auf Grund eines DBA von der dortigen Besteuerung befreit war, vgl. RegBegr. BT – Drucks. 10/1636, 64; Eicher, in: Littmann/Bitz/Hellwig, EStG, 1999, § 49 Rz. 44; Enneking/Denk, DStR 1997, 1911 (1913); Flies, DStZ 1995, 431 (435); Keßler, BB 1986, 1890 (1894); Killius, FR 1995, 721 (723); Kluge, Internationales Steuerrecht, 2000, 504 f.; Krabbe, FR 1986, 425 (425 f.); List, BB 1998, Lüdicke, in: Lademann/Söffing, EStG, 1999, § 49 Rz. 461; Maßbaum, in: Herrmann/Heuer/Raupach, Kommentar, 1999, § 49 Rz. 501; Pöllath, in: Haarmann, Beschränkte Steuerpflicht, 1993, 54 (65 f.); Mody, Sportler, 1994, 62 ff; Rabe, RIW 1991, 317 (317); Reisch/Reichhardt/Urbanke, DB 1988, 359 (363); Schauhoff, IStR 1993, 363 (363 f.); ders., IStR 1997, 5 (7 f.); Wied, in: Blümich, EStG, 1999, § 49 Rz. 97; Voraussetzung ist jedoch, dass die Einkünfte nicht bereits als inländische Einkünfte aus selbstständiger Arbeit i.S.d. § 49 Abs. 1 Nr. 3 EStG oder aus nichtselbständiger Arbeit i.S.d § 49 Abs. 1 Nr. 4 EStG zu qualifizieren sind. Nach h.M. ist dieser Hinweis jedoch obso-

im Ergebnis wie bei Einkünften aus selbstständiger und aus nichtselbstständiger Arbeit alternativ auf die Anknüpfungsmerkmale der Ausübung oder der Verwertung abgestellt.[72]

Für wesentliche Beteiligungen an Kapitalgesellschaften subsumiert § 49 Abs. 1 Nr. 2 e EStG unter Einkünfte aus Gewerbebetrieb solche, die unter den Voraussetzungen des § 17 EStG erzielt werden, wenn es sich um Anteile an einer Kapitalgesellschaft handelt, die ihren Sitz oder ihre Geschäftsleitung im Inland hat. Der traditionelle Inlandsbezug bei gewerblichen Einkünften in Gestalt einer Betriebsstätte oder eines ständigen Vertreters ist für eine Anknüpfung beim Anteilsbesitz an inländischen Kapitalgesellschaften denkbar ungeeignet. Denn weder erfüllen die Anteile die Voraussetzungen einer Betriebsstätte, noch ist eine solche erforderlich. Bereits

---

let, da Personen, die selbst Einkünfte i.S.d. §§ 18, 19 EStG erzielen, bereits nach Abs. 1 Nr. 3 und 4 beschränkt steuerpflichtig sind und nur bei Zwischenschaltung einer Gesellschaft betroffen, vgl. Maßbaum, in: Herrmann/Heuer/Raupach, Kommentar, 1999, § 49 Rz. 519 m.w.N.

72 Bei gleichzeitiger Verwirklichung beider Alternativen ist der Verwertungstatbestand nachrangig, vgl. BMF-Schreiben vom 23.01.1996 – IV B 4 – S 2303 – 14/96, BStBl. I 1996, 89 (92). Diese Unterscheidung hatte insbesondere Bedeutung für die Höhe des Abzugsteuersatzes nach § 50 a Abs. 4 EStG. Denn bis zum Veranlagungszeitraum 1996 betrug der Abzugsteuersatz – gegenüber dem Steuerabzug von 25 v.H. bei Verwertung einer Darbietung im Inland - 15 v.H. der Einnahmen, wenn die Darbietung im Inland stattfand. War also z.B. eine künstlerische Tätigkeit im Inland ausgeübt worden und erfolgte später eine Verwertung dieses Werks im Inland durch Überlassung von Urheberrechten, so hatte das Tatbestandsmerkmal „Ausübung" Vorrang vor „Verwertung" mit der Folge, dass auch die Einkünfte, die durch spätere Verwertung erzielt worden sind, nur einem Abzug von 15 v.H. unterlagen. Mit Wirkung des JStG 1996 beträgt der Steuerabzug jedoch einheitlich 25 v.H., vgl. Krabbe, FR 1986, 425 (427); ders., in: Blümich, EStG, 1999, § 50 a Rz. 23 b; Schulze zur Wiesche, RIW 1987, 600 (603).

im Jahre 1934[73] wurde daher eine entsprechende Sonderregelung in den Katalog der gewerblichen Einkünfte aufgenommen.

§ 49 Abs. 1 Nr. 2 f EStG enthält zu § 49 Abs. 1 Nr. 2 a EStG eine zusätzliche Tatbestandserweiterung, da zu den beschränkt steuerpflichtigen Einkünften aus Gewerbebetrieb auch die Gewinne aus der Veräußerung von unbeweglichem Vermögen, Sachinbegriffen und Rechten i.S.d. § 49 Abs. 1 Nr. 6 EStG insoweit zählen, als hierfür weder eine Betriebsstätte noch ein ständiger Vertreter unterhalten wird. Diese mit Wirkung ab dem Veranlagungszeitraum 1994 geltende Norm versteht sich in erster Linie als Schließung einer Besteuerungslücke im Hinblick auf die vollständige Erfassung der als Einkünfte aus Gewerbebetrieb zu qualifizierenden Gewinne.[74]

Ausgangspunkt der neuen Regelung ist die Tatsache, dass ausländische gewerbliche Investoren ohne Betriebsstätte oder ständigen Vertreter im Rahmen ihrer gewerblichen Tätigkeit im Inland belegene Immobilien erwerben und sie nach Ablauf der Spekulationsfrist steuerfrei veräußern konnten. Da in den deutschen Doppelbesteuerungsabkommen regelmäßig das Belegenheitsprinzip[75] verankert ist, hatte diese nationale Nichtbesteuerung zur Folge, dass die Einkünfte in diesen Fällen zusätzlich auch im

---

73 EStG 1934 vom 16.10.1934, RStBl. I 1934, 1261 (1273); Eicher, in: Littmann/Bitz/Hellwig, EStG, 1999, § 49 Rz. 46; Kumpf, in: Herrmann/Heuer/Raupach, Kommentar, 1999, § 49 Rz. 561; Mössner, in: Mössner u.a., Unternehmen, 1998, 51 (138).

74 Vgl. Schaumburg, Steuerrecht, 1998, Rz. 5.213; Thömmes, in: Fischer, Wirtschaftliche Aktivitäten, 1995, 109 (110).

75 Vgl. Art. 13 Abs. 1 i.V.m. Art. 23 A OECD-MA.

Wohnsitzstaat nicht besteuert wurden.[76] Insoweit erscheint die Erweiterung der beschränkten Steuerpflicht auf derartige Veräußerungsgewinne aus inländischen Immobilieninvestitionen steuerpolitisch sachgerecht. Die darüber hinausgehende Anwendung der Vorschrift auf Einkünfte aus der Veräußerung von Sachinbegriffen oder Rechten i.S.d. § 49 Abs. 1 Nr. 6 EStG hält *Lüdicke* dagegen für eine nicht zu begründende Besteuerung unternehmerischer Liefergewinne und damit für eine verfehlte Ausnahme vom Betriebsstättenprinzip.[77] In diesem Zusammenhang ergibt sich durch die Bezugnahme auf § 49 Abs. 1 Nr. 6 EStG jedoch eine wesentliche Einschränkung des Anwendungsbereichs von § 49 Abs. 1 Nr. 2 f EStG. Demzufolge müssen die dort genannten Rechte in einer inländischen Betriebsstätte oder in einer anderen Einrichtung verwertet werden. Insoweit bleibt das Betriebsstättenprinzip - zumindest für den Bereich der Rechte i.S.d. §§ 49 Abs. 1 Nr. 6, 21 Abs. 1 S. 1 Nr. 3 EStG - also vielmehr gewahrt.

Im Ergebnis bleibt festzuhalten, dass das Betriebsstättenprinzip auf nationaler Ebene im Zuge der nachhaltigen Auffächerung des § 49 Abs. 1 Nr. 2 EStG vielfach erweitert wurde. Auf diese Weise bewies der Gesetzgeber immer dann ein ausgesprochen ausgeprägtes Reaktionsvermögen auf wirt-

---

76 Vgl. Lüdicke, DB 1994, 952 (952 ff.); Schaumburg, Steuerrecht, 1998, Rz. 5.213. Mit Hinweis, die Fiktion gewerblicher Einkünfte hätte systematisch in § 8 Abs. 2 KStG ihren Platz finden müssen, Thömmes, in: Fischer (Hrsg.), Besteuerung wirtschaftlicher Aktivitäten von Ausländern in Deutschland, 1995, 109 (114). Nach Auffassung von Kluge wäre eine solche Neufassung allerdings nur für den Fall einer allgemeinen Lösung für ausländische Kapitalgesellschaften zugtreffend, vgl. Kluge, Internationales Steuerrecht, 2000, 508.

77 Vgl. Lüdicke, DB 1994, 952 (958); gl. A.: Thömmes, in: Fischer, Wirtschaftliche Aktivitäten, 1995, 109 (116).

schaftliche Entwicklungen, wenn dies aus wettbewerbs- oder fiskalischen Gründen geboten schien.[78] Angesichts moderner Telekommunikations- und Transportsysteme, welche ohne die ursprünglich erforderlichen Anknüpfungspunkte für die Besteuerung auskommen, ist der Fortbestand des bereits mehrfach ausgeweiteten Betriebsstättenprinzips jedoch zu hinterfragen. Dies ist einerseits auf die quantitative Zunahme räumlich differenzierter Transaktionen mit z.T. räumlich entkoppelten Marktpartnern und andererseits auf eine grundlegende qualitative Änderung dieser Aktivitäten zurückzuführen.[79]

---

78 Beispielsweise begründet nach Auffassung des FG Hessen ein Wanderzirkus mangels fester Geschäftseinrichtung keine Betriebsstätte, es sei denn dieser verfügt über eine feste Einrichtung z.B. in Form eines Winterquartiers, vgl. FG Hessen vom 15.05.1975 – VIII 32/73, EFG 1975, 586 (587). Demgegenüber wurde eine GmbH, welche Eisrevuen veranstaltet und deren Gastspiele in den einzelnen Orten höchstens 8 bis 10 Tage dauern, als stehender Gewerbebetrieb qualifiziert, vgl. BFH vom 08.01.1963 – I 317/61, BStBl. III 1963, 148 (149 f.). Ebenso begründet die Aufstellung eines mobilen Verkaufsstandes auf einem dem Händler für die jeweilige Marktveranstaltung zugewiesenen Platz für diesen ein feste Einrichtung, vgl. BFH vom 09.10.1974 – I R 128/73, BStBl. II 1975, 203 (204). Ein Waldgebiet, in dem im Winter 1989/90 norwegische Unternehmer zur Beseitigung von Sturmschäden länger als sechs Monate tätig waren, soll die Voraussetzungen einer Einrichtung nicht erfüllen, vgl. Züger, in: Gassner/Lang/Lechner, Generalklausel, 1998, 37 m.w.N. Das gleiche gilt im Ergebnis für den Kehrbezirk eines Bezirksschornsteinfegermeisters, vgl. BFH vom 13.09.2000 – X R 174/96, DStR 2000, 432 (433).

79 Vgl. Kessler/Peter, in: Kessler (Hrsg.), Neuen Medien, 2000, Teil5/Tz. 5.1; Kessler/Peter, BB 2000, 1545 (1546); Kumpf, in: Haarmann (Hrsg.), Beschränkte Steuerpflicht, 1993, 32; Strunk, in: Fischer/Strunk (Hrsg.), Aspekte, 1998, 39 (49); Utescher, Internet, 1999, 89.

III. Betriebsstättenprinzip im Recht der DBA

Alle dem OECD-MA folgenden DBA sind gleichsam vom Betriebsstättenprinzip geprägt.[80] Nach Art. 7 Abs. 1 OECD-MA können „Gewinne eines Unternehmens eines Vertragsstaats nur in diesem Staat besteuert werden, es sei denn, das Unternehmen übt seine Geschäftstätigkeit im anderen Vertragsstaat durch eine dort gelegene Betriebsstätte aus."[81] Regelmäßig ist jedoch vor der Qualifikation der Einkünfte als Unternehmensgewinne i.S.d. Art. 7 OECD-MA zu prüfen, ob es sich nicht um abkommensrechtlich vorrangige Einkünfte handelt.

Anders als nach nationalem Recht, demzufolge die Nebeneinkunftsarten i.S.d. § 2 Abs. 1 Nrn. 5-7 EStG zu den Haupteinkunftsarten i.S.d. § 2 Abs. 1 Nrn. 1-4 EStG subsidiär sind[82], gehen die abkommensrechtlichen Verteilungsnormen z.B. für Dividenden, Zinsen und Lizenzgebühren, etc. (Art. 6, 8, 10-12, 13, 15, 17 OECD-MA) den Verteilungsnormen für Unternehmensgewinne und Einkünfte aus selbstständiger Arbeit gemäß Art. 7 OECD-MA grundsätzlich vor. Somit bleibt der innerstaatliche Grundsatz

---

80 Vgl. Flick, CDFI LII 1967, 443 (445); Jacobs, Unternehmensbesteuerung, 1999, 312; Kluge, Internationales Steuerrecht, 2000, 767; Lenz, CDFI LII 1967, 335 (343); Schaumburg, Steuerrecht, 1998, Rz. 16.234.

81 Unter Hinweis auf die unglückliche Wortwahl im englischsprachigen Originaltext bei Verwendung der Legaldefinition von „Unternehmen eines Vertragsstaates" gemäß Art. 3 Abs. 1 c OECD-MA („a resident carries on an enterprise and this enterprise carries on business") eine klarere Formulierung fordernd: van Raad, Intertax 1991, 497 (498).

82 Vgl. z.B. Rose, Ertragsteuern, 2001, 44 f.

der Subsidiarität der Neben- zu den Haupteinkunftsarten auf Abkommensebene nicht aufrechterhalten.[83]

Dieser abkommensrechtliche Vorrang der spezielleren Einkunftsart wird allerdings für Dividenden, Zinsen oder Lizenzen durch den sog. Betriebsstättenvorbehalt gemäß Art. 10 Abs. 4, Art. 11 Abs. 4 und Art. 12 Abs. 3 OECD-MA außer Kraft gesetzt, soweit die zugrundeliegenden Vermögenswerte tatsächlich zu einer Betriebsstätte im anderen Staat gehören.[84] Dabei wird deutlich, dass der bloße Umstand, eine Betriebsstätte im

---

83 Vgl. hierzu die abkommenseigene Subsidiaritätsregel des Art. 7 Abs. 6 OECD-MA; s.a. z.B. Lang, Einführung, 1997, 87

84 Das Verständigungsmemorandum vom 18.10.1965 zum Revisionsprotokoll zum DBA-USA sieht ein Wirtschaftsgut in den Fällen tatsächlich zu einer Betriebsstätte zugehörig, in denen es in der Betriebsstätte gehalten bzw. zu dem Zweck gehalten wird, die Tätigkeit der Betriebsstätte zu fördern oder die Tätigkeit der Betriebsstätte wesentlich zur Erzielung dieser Einkünfte beigetragen hat; vgl. BFH vom 27.02.1991 – I R 15/89, BStBl II 1991, 444 (447); BFH vom 26.02.1992 – I R 85/91, BStBl. II 1992, 937 (939). Wassermeyer identifiziert die Zugehörigkeit eines Rechts oder Vermögenswertes zu der Betriebsstätte als Kernproblem des Art. 12 Abs. 3 OECD-MA. Nach dem o.g. Memorandum solle der Ausdruck „tatsächlich" nicht in einem Gegensatz zu „rechtlich" sondern i.S.v. „wirklich" zu verstehen sein. Erst die neuere Rechtsprechung – insbesondere das BFH vom 27.02.1991 (a.a.O.) – bringe jedoch etwas mehr Rechtssicherheit in den von unscharfen Formulierungen geprägten Betriebsstättenvorbehalt. Demnach reiche es für die geforderte tatsächliche Zugehörigkeit nicht aus, dass ein Wirtschaftsgut das Betriebsstättenvermögen mehre bzw. verstärke; vgl. Wassermeyer, in: Debatin/Wassermeyer, DBA, 2000, Art. 12 Rzn. 102 f. Mit Hinweis auf einen funktionalen Zusammenhang zwischen dem beweglichen Vermögen und dem für die Ausübung der Haupttätigkeit der Betriebsstätte erforderlichen Vermögen, vgl. Schaumburg, Steuerrecht, 1998, Rz. 16.495. Nach dem Wortlaut des DBA USA 1989 kommt der Betriebsstättenvorbehalt des Art. 12 Abs. 3 DBA USA dann zum Tragen, wenn Rechte Teil des Betriebsvermögens der Betriebsstätte

Quellenstaat zu unterhalten noch nicht zur Anwendung des Betriebsstättenvorbehalts führt. Denn nach dem Wortlaut des OECD-MA entfaltet eine Betriebsstätte grundsätzlich keine Attraktivkraft[85], die eine Behandlung sämtlicher Einkünfte des Steuerpflichtigen aus dem Quellenstaat als Betriebsstättengewinne zur Folge hätte. Im Ergebnis besteht daher auf Abkommensebene nur dann eine Subsidiaritätsbeziehung, wenn - ausgelöst durch eine funktionale Zugehörigkeit des jeweiligen Stammrechts (Beteiligungen, Zinsforderungen oder genutztes Recht bzw. Vermögen) zum Betriebsstättenvermögen - ein sachlicher Grund für die Umqualifikation von Art. 10-12 OECD-MA zu Art. 7 OECD-MA gegeben ist.[86] Diese Sonderregelung gilt allerdings nicht für die Einkünfte aus unbeweglichem Vermögen (Art. 6 OECD-MA), aus Seeschiffahrt, Binnenschiffahrt und Luftfahrt (Art. 8 OECD-MA), Veräußerungsgewinne (Art. 13 OECD-MA), Einkünfte aus nichtselbstständiger Arbeit (Art. 15 OECD-MA) sowie für die Einkünfte der Künstler und Sportler (Art. 17 OECD-MA).

Vor dem Hintergrund der abkommensrechtlichen Systematik der Einkünfte könnte man durchaus zu der Annahme neigen, das Betriebsstättenprinzip sei zumindest auf dieser Rechtsebene in seiner ursprünglichen Form verwirklicht. Bei genauerer Betrachtung fällt jedoch auf, dass die in Art. 7 Abs. 1 OECD-MA verankerte Besteuerungskonzeption - ebenso wie auch im nationalen Steuerrecht - eine vielfache Ausdehnung erfahren hat:

---

oder der festen Einrichtung sind; vgl. Debatin/Endres, DBA USA, 1990, Art. 12 Rz. 3; Vogel, DBA 1996, Vor Art. 10-12 Rz. 31.

85 Vgl. OECD-MK, Art. 12, Tz. 20; Baranowski, Auslandsbeziehungen, 1996, Rz. 511. Zum Prinzip der Attraktivkraft: Jacobs, Unternehmensbesteuerung, 1999, 403.

86 Vgl. OECD-MK, Art. 21, Tz. 4; Jacobs, Unternehmensbesteuerung, 1999, 342; Staringer, Betriebsstättenvorbehalt, 1996, 223 (226); Vogel, DBA, 1996, Vor Art. 10-12 Rz. 15.

Art. 8 Abs. 1 OECD-MA ist auf den Betrieb von Seeschiffen und Luftfahrzeugen im internationalen Verkehr anzuwenden. Dabei handelt es sich um ein lex-specialis-Verhältnis gegenüber Art. 7 OECD-MA (Unternehmensgewinne), wobei das Besteuerungsrecht dem Vertragsstaat zugewiesen wird, in dem sich der Ort der tatsächlichen Geschäftsleitung[87] befindet.[88] Dennoch findet keine Aufhebung des in Art. 7 OECD-MA verankerten Betriebsstättenprinzips statt.[89] Durch Art. 8 OECD-MA wird vielmehr der Betriebsstättenbegriff des Art. 5 OECD-MA dahingehend abgeändert, dass die Betreiber von Seeschiffen und Luftfahrzeugen im internationalen Verkehr jeweils nur über eine Geschäftsleitungsbetriebsstätte verfügen. Auf Grund der Tatsache, dass sich der Betrieb von Seeschiffen und Luftfahrzeugen regelmäßig über mehrere Staaten erstreckt, in denen für die Geschäftstätigkeit nicht selten Betriebsstätten begründet werden, erfüllt die Norm demnach eine Vereinfachungsfunktion.[90] Denn würde man sämtliche Anlegestellen, Umschlaganlagen und Lagerhallen als Betriebsstätten behandeln, hätte dies eine unüberschaubare Aufsplittung des Ergebnisses aus Beförderungsleistungen auf Betriebsstätten in zahlreichen Staaten zur Folge. Damit trägt das OECD-MA dem typischen Erscheinungsbild der internationalen Schiff- und Luftfahrt Rechnung, indem es den entscheiden-

---

87 Mit Hinweis, dass das Kriterium des „Ortes der tatsächlichen Geschäftsleitung" im US-Steuerrecht gänzlich unbekannt ist, vgl. Maisto, Intertax 1995, 146 (147). Ebenso wird der Terminus „Ort der tatsächlichen Geschäftsleitung" i.S.d. Art. 4 Abs. 3 OECD-MA im Rahmen der entsprechenden Passagen des OECD-MK nicht näher erläutert, vgl. OECD-MK, Art. 4 Tz. 21-24. Zu den hieraus resultierenden Zweifelsfragen s. ausführlich S. 260.

88 Vgl. Skaar, Establishment, 1991, 233.

89 Vgl. Wassermeyer, in: Debatin/Wassermeyer, DBA, 2000, Art. 8 Rz. 2; a.A.: Baranowski, Auslandsbeziehungen, 1996, Rz. 404; Lang, Einführung, 1997, 88.

90 Vgl. Erhard, in: Flick/Wassermeyer/Wingert u.a., DBA-Schweiz, 1999, Art. 8 Rz. 6; Vogel, in: Vogel, DBA, 1996, Art. 8 Rz. 23.

den Nachteil des Betriebsstättenprinzips in Gestalt der Zersplitterung der Besteuerung verhindert. Hinzu kommt, dass die Konzentration des Besteuerungsrechts auf den Geschäftsleitungsstaat auch der Verlagerung in Niedrigsteuerländer - soweit dort nicht eine wesentliche wirtschaftliche Tätigkeit ausgeübt wird - entgegenwirkt.[91]

Künstler und Sportler stellen Berufskategorien dar, die in immer größerem Umfang auf internationaler Ebene ihre Aktivitäten entfalten.[92] Art. 17 Abs. 1 OECD-MA erfasst die Besteuerung von Künstlern, wie Bühnen-, Film-, Rundfunk-, und anderen Fernsehkünstlern sowie von Musikern und Sportlern und weist das Besteuerungsrecht für die Einkünfte aus diesen Tätigkeiten dem Vertragsstaat zu, in dem sie ihre Tätigkeit ausüben.[93] Somit gilt für Künstler und Sportler das sog. Arbeitsortprinzip.[94] Gemeinsam ist diesen Berufsgruppen, dass sie im Fall der beschränkten Steuerpflicht einen nur sehr kurz ausgeprägten Bezug zum Tätigkeitsstaat in einem anderen Staat als ihrem Wohnsitzstaat besitzen.[95] Aus diesem Grund unterhalten sie regelmäßig als selbstständig Tätige keine feste Einrichtung bzw. als Gewerbetreibende keine Betriebsstätte im Tätigkeitsstaat (Art. 7 OECD-MA). Darüber hinaus dürften sie sich als nichtselbständig Tätige in den meisten

---

91 Vgl. Wassermeyer, in: Debatin/Wassermeyer, DBA, 2000, Art. 8 Rz. 2.

92 Vgl. Schauhoff, IStR 1993, 363 (363).

93 Im Verhältnis zu den USA gilt die Steuerberechtigung des Tätigkeitsstaates nur, wenn die Einnahmen des Künstlers oder Sportlers aus dieser Tätigkeit einschließlich der ihm oder für ihn übernommenen Kosten 20.000 US-Dollar oder den Gegenwert in DM für das betreffende Kalenderjahr nicht übersteigen, vgl. Debatin/Endres, DBA USA, 1990, Art. 17 Rz. 6.

94 Vgl. Hahn-Joecks, Künstler, 1999, 51.

95 Vgl. Debatin/Endres, DBA USA, 1990, Art. 17 Rz. 1; Kluge, Internationales Steuerrecht, 2000, 898; Stockmann, in: Vogel, DBA, 1996, Art. 17 Rz. 7.

Fällen weniger als 183 Tage i.S.d. Art. 15 Abs. 2 a OECD-MA im Tätigkeitsstaat aufhalten.

Bei Geltung des Betriebsstättenprinzips entfiele demnach die Besteuerung dieser Einkünfte in dem Staat, in dem die Tätigkeit ausgeübt wird. Sinn und Zweck des Art. 17 OECD-MA ist folglich in erster Linie darin zu sehen, die Einkünfte von Künstlern und Sportlern einer eigenen Regelung auf Abkommensebene zu unterwerfen, die aus ihrer persönlich ausgeübten Tätigkeit in einem Vertragsstaat stammen, ohne dass dafür eine Betriebsstätte oder eine feste Einrichtung begründet worden wäre.[96] Ungeachtet der Tatsache, dass der Wortlaut des Art. 17 Abs. 1 OECD-MA nicht ausdrücklich einen Vorrang der Zuweisung des Besteuerungsrechts im Verhältnis zu Art. 7 OECD-MA erwähnt, ergibt sich jedoch aus der Stellung dieser Norm als lex specialis für Künstler und Sportler, dass diese Vorschrift - unabhängig vom Vorliegen einer Betriebsstätte - den Vorschriften für das Besteuerungsrecht für Unternehmensgewinne vorgeht.[97] Im Gegensatz hierzu enthält das DBA Deutschland-Österreich - ungeachtet einer Verständigungsvereinbarung zwischen Deutschland und Österreich[98] - für Berufssportler keine Ausnahme vom Betriebsstättenprinzip, da deren Tätigkeit nicht unter Art. 8 Abs. 2 S. 2 DBA Deutschland-Österreich zu subsumieren ist und daher die Tatbestandsvoraussetzungen Betriebsstätte oder ständige Einrich-

---

96 Vgl. Hahn-Joecks, Künstler, 1999, 52;

97 Ausdrücklich erwähnt ist demgegenüber der Vorrang des Art. 17 im Verhältnis zu Art. 7 im DBA Deutschland-Schweiz; vgl. Maßbaum, in: Becker/Höppner/Grotherr u.a., DBA, 1999, Art. 17 Rz. 15; s.a. Stockmann, in: Vogel, 1996, Art. 17 Rz. 8 ff.; Wassermeyer, in: Debatin/Wassermeyer, DBA, 2000, Art. 17 Rz. 16.

98 Vgl. Lang, Doppelbesteuerungsabkommen, 1992, 217; Toifl, SWI 1997, 16 (18).

tung für die Zuweisung des Besteuerungsrechts zum Quellenstaat erhalten bleiben.[99]

Neben den angeführten Sonderregeln für Schiff- und Luftfahrt (Art. 8 OECD-MA) sowie Künstler und Sportler (Art. 17 OECD-MA) wird das Betriebsstättenprinzip im Abkommensrecht auch im Bereich der Zinsen, Lizenzen und Dividenden grundsätzlich nicht angewandt.[100] Gemäß Art. 11 Abs. 1 OECD-MA können Zinsen, die aus einem Vertragsstaat stammen und an eine im anderen Staat ansässige Person gezahlt werden, im anderen Staat - also im Ansässigkeitsstaat - besteuert werden. Dies bedeutet, dass sowohl der Quellenstaat - ohne Vorliegen einer Betriebsstätte - als auch der

---

99 Vgl. Klein, IStR 1996, 361 (362 ff.); FG Köln vom 28.01.1999 – 2-K-3825/96, EFG 1999, 707 (707 f.), nicht rechtskräftig (BFH I R 44/99). Hierzu ergingen sowohl in der Bundesrepublik Deutschland als auch in Österreich divergierende Verwaltungsanweisungen. So war am 08.08.1989 eine Verständigungsvereinbarung zwischen der Bundesrepublik Deutschland und der Republik Österreich zustande gekommen, derzufolge Einkünfte, die ein in einem Vertragsstaat ansässiger gewerblich tätiger Sportler aus dem anderen Vertragsstaat erzielt, in diesem anderen Vertragsstaat nur zu besteuern sind, wenn der Einkünfteempfänger in dem anderen Vertragsstaat eine Betriebsstätte i.S.d. Art. 4 DBA Deutschland-Österreich zur Einkunftserzielung unterhält, vgl. öBMF, Schreiben vom 08.08.1989, AÖFV 1989, 1163 (1163 f.). Diesen Standpunkt verließ die deutsche Finanzverwaltung mit Schreiben vom 15.03.1996 mit der Folge, dass im Fall des Art. 8 DBA Deutschland-Österreich das Besteuerungsrecht stets – auch bei gewerblicher Tätigkeit – dem Tätigkeitsstaat zustehe, vgl. BMF, Schreiben vom 15.03.1996 - IV C 6 – S 1343 – 1/96, BStBl. I 1996, 161 (161). Ein solches Auslegungsergebnis widerspricht allerdings Art. 8 Abs. 2 S. 2 DBA Deutschland-Österreich, vgl. auch Lang, Doppelbesteuerungsabkommen, 1992, 217; Toifl, SWI 1997, 16 (18). Nach dem Entwurf eines neuen DBA Deutschland-Österreich soll die überarbeitete Fassung nun jedoch eine eigene Verteilungsnorm für Künstler und Sportler enthalten, welche sich stark an das OECD-MA anlehnt, vgl. Toifl, in: Gassner/Lang/Lechner, DBA Österreich, 1999, 163 f.

100 Vgl. Kumpf, in: Haarmann, Beschränkte Steuerpflicht, 1993, 27 (32).

Sitzstaat des Gläubigers der Zinserträge das Besteuerungsrecht für diese Zinserträge besitzen. Gleiches gilt im Grundsatz für Einkünfte aus Dividenden gemäß Art. 10 OECD-MA, wobei jedoch das Besteuerungsrecht des Quellenstaates seiner Höhe nach beschränkt ist. Demgegenüber wird in der internationalen Abkommenspraxis regelmäßig dem Wohnsitzstaat die ausschließliche Besteuerungsbefugnis für Lizenzgebühren i.S.d. Art. 12 OECD-MA zugewiesen, da auch die vorangegangenen Kosten für Entwicklung und Forschung zu Lasten dieses Staates gegangen sind.[101] Abweichend hiervon wird - in Anlehnung an das UN-MA - in den deutschen Doppelbesteuerungsabkommen dem Quellenstaat nicht selten eine der Höhe nach begrenzte Quellensteuer zugestanden.[102] Insoweit wurde das Betriebsstättenprinzip auch im Abkommensrecht insbesondere auf Grund der „leges speciales" für Schiff- und Luftfahrt (Art. 8 OECD-MA) sowie Künstler und Sportler (Art. 17 OECD-MA), aber auch durch das Verbleiben der Besteuerungsrechte beim Quellenstaat im Bereich der Zinsen, Lizenzen und Dividenden - auch ohne Betriebsstätte - nicht konsequent verwirklicht.

---

101 Vgl. Pöllath, in: Vogel, DBA, 1996, Art. 12 Rz. 7 b.

102 Vgl. Pöllath, in: Vogel, DBA, 1996, Art. 12 Rz. 25.

D. Begründung einer Betriebsstätte

I. Allgemein

Für das Entstehen eines deutschen Besteuerungsrechts ist zunächst der nationale Betriebsstättenbegriff des § 12 AO von Bedeutung. Vor diesem Hintergrund gilt die Abgabenordnung - als sog. Mantelgesetz - für alle Steuern, die gemäß § 1 Abs. 1 AO durch Bundesrecht (Art. 105 GG) oder Recht der Europäischen Gemeinschaften geregelt werden, insofern eine bundesfinanz- oder landesfinanzbehördliche Verwaltung (Art. 108 GG) vorliegt.[103]

Ungeachtet dieser grundsätzlichen Geltung des § 12 AO für alle Steuerarten, ist bei der Auslegung des umsatzsteuerlichen Betriebsstättenbegriffs eine Ausnahme zu beachten, da bei der Umsatzsteuer auf Basis der Sechsten-EG-Richtlinie[104] eine weitgehende Harmonisierung in der EU stattgefunden hat. Dem Europäischen Gerichtshof - als gesetzlichem Richter i.S.d. Art. 101 GG - kommt dabei gemäß Art. 164 ff. EGV die Aufgabe zu, bei der Auslegung und Anwendung der Verträge die Wahrung des Ge-

---

103 Dabei werden von Bundesfinanzbehörden gemäß Art. 108 Abs. 1 GG Zölle, bundesgesetzliche Verbrauchsteuern sowie Abgaben im Rahmen der EG verwaltet, von den Landesfinanzbehörden im Auftrag des Bundes gemäß Art. 108 Abs. 3 GG die Versicherungsteuer, Einkommensteuer, Körperschaftsteuer sowie die Umsatzsteuer und von Landesfinanzbehörden gemäß Art. 108 Abs. 2 S. 1 GG die Erbschaftsteuer, Kraftfahrzeugsteuer, Grunderwerbsteuer, Feuerschutzsteuer, Rennwett- und Lotteriesteuer, Spielbankabgabe, Gewerbesteuer sowie örtliche Verbrauch- und Aufwandsteuern, vgl. hierzu die Übersicht „Die Steuerverwaltungshoheit gemäß Art. 108 GG und ihre organisatorische Umsetzung im FVG" in: Tipke/Lang, Steuerrecht, 1998, § 3 Rz. 62.

104 Vgl. Sechste Richtlinie des Rates 77/388/EWG vom 17.05.1977.

meinschaftsrechts zu gewährleisten.[105] Werden Urteile des EuGH nicht binnen kürzestmöglicher Frist umgesetzt, liegt ein Verstoß des betreffenden Mitgliedstaates gegen den EGV vor.[106] Im Konkurrenzverhältnis zwischen den auf nationaler Ebene geltenden Betriebsstättenmerkmalen des § 12 AO und der Auslegung der Sechsten EG-Richtlinie durch den EuGH ist daher für umsatzsteuerliche Zwecke letzterer Vorrang einzuräumen. So setzt nach ständiger Rechtsprechung des EuGH die Begründung einer festen Niederlassung bzw. Betriebsstätte für Zwecke der Umsatzsteuer zwingend den Einsatz von Personal voraus. Gegenstand des sog. „Berkholz-Urteils"[107] des EuGH war das Aufstellen von Geldspielautomaten an Bord von Fährschiffen. Diese Automaten wurden in regelmäßigen Abständen von Mitarbeitern gewartet, repariert und ausgetauscht. In diesem Zusammenhang führte der EuGH an, dass eine Betriebsstätte ein ständiges Zusammenwirken von persönlichen und Sachmitteln voraussetzt, die für die Erbringung der betreffenden Dienstleistungen erforderlich sind. Gleichsam vertrat der EuGH im Fall "Aro Lease"[108] die Auffassung, dass eine Leasing-Gesellschaft für Kraftfahrzeuge ohne beständige Struktur und ohne eigenes

---

105 Vgl. Arndt, Europarecht, 1999, 38 f. Den EuGH als „Supreme Court" der Gemeinschaft bezeichnend: Oppermann, Europarecht, 1999, § 5 Rz. 382; Vermeend, EC Tax Review 1996, 54 (54).

106 Vgl. EuGH vom 30.1.1992, EWS 1993, 154 (155).

107 Vgl. EuGH vom 04.07.1985, EuGHE 1985, 2251 (2264).

108 Vgl. EuGH vom 17.07.1997, Rs. C-190/95, EuGHE 1997, 4383 (4406); s.a. Urteil zu „Lease Plan Luxembourg SA gegen Belgischen Staat", EuGH vom 07.05.1998, HFR 1998, 697 (698); s.a. Lejeune/Vanham/Verlinden/Verbeken, ET 1998, 2 (9 f.). Zur Frage der Übertragbarkeit der Rechtsprechung des EuGH zur Umsatzsteuer auf den Bereich der Ertragsteuern: Portner, IStR 1999, 641 (646 f.); Vermeend, EC Tax Review 1996, 54 (54); s.a. S. 161.

Personal in einem anderen Mitgliedstaat dort keine Betriebsstätte begründet.

Eine weitere Ausnahme von § 12 AO ergibt sich aus der Rechtsprechung des BFH zum beschränkten Betriebsausgabenabzug für Fahrten zwischen Wohnung und Betriebsstätte gemäß § 4 Abs. 5 Nr. 6 EStG. Hier vertrat der IV. Senat des BFH die Auffassung, dass - abweichend von § 12 AO - auch die Beschäftigungsstätte eines Steuerpflichtigen Betriebsstätte sein kann, um eine Gleichbehandlung von Arbeitnehmern und Selbstständigen im Regelungsbereich von § 4 Abs. 5 Nr. 6 EStG und § 9 Abs. 1 S. 3 Nr. 4 EStG zu gewährleisten.[109] Ferner entwickelte der BFH eine im Vergleich zu § 12 AO enger gefasste Betriebsstättendefinition speziell für den Fall, in dem am Wohnort des Steuerpflichtigen eine Betriebsstätte - ebenso i.S.d. § 4 Abs. 5 Nr. 6 EStG - angenommen werden kann. Denn hierfür ist eine deutliche Trennlinie zwischen dem privaten Bereich und der betrieblichen Tätigkeit erforderlich.[110]

---

109 Im Hinblick auf den besonderen Zweck des § 4 Abs. 5 Nr. 6 EStG, den Zusammenhang mit § 9 Abs. 1 S. 3 Nr. 4 EStG und wegen der gebotenen Gleichbehandlung von Arbeitnehmern und Selbstständigen ist der Betriebsstättenbegriff i.S.d. § 4 Abs. 5 Nr. 6 EStG weiter als in § 12 AO. Demnach gilt das Gelände, auf dem bzw. von dem aus die steuerrechtlich relevante Tätigkeit ausgeübt wird, als Betriebsstätte, welche – im Gegensatz zu § 12 AO – keine abgrenzbare Fläche oder Räumlichkeit sowie eine hierauf bezogene Verfügungsmacht des Steuerpflichtigen fordert. Vgl. BFH vom 05.11.1987 – IV R 180/85, BStBl. II 1988, 334 (334 f.); BFH vom 13.07.1989 – IV R 55/88, BStBl. II 1990, 23 (24); BFH vom 19.09.1990 X R 110/88, BStBl. II 1991, 208 (209); BFH vom 19.09.1990 – X R 44/89, BStBl. II 1991, 97 (98), BFH vom 18.09.1991 – XI R 34/90, BStBl. II 1992, 90 (91).

110 Vgl. BFH vom 15.07.1986 – VIII R 134/83, BStBl. II 1986, 744 (745); BFH vom 18.12.1986 – I R 130/83, BFH/NV 1988, 119; BFH vom 07.12.1988 – X R 15/87, BStBl.

In der internationalen Praxis der Doppelbesteuerungsabkommen hat sich in weiten Teilen der Betriebsstättenbegriff des Art. 5 OECD-MA durchgesetzt. Soweit mit dem Betriebsstättenstaat ein DBA besteht, sind nach den Abkommensvorschriften im Ansässigkeitsstaat regelmäßig jene Teile des Unternehmensgewinns von der Besteuerung auszunehmen, die von im Quellenstaat belegenen Betriebsstätten erzielt werden. Diese Rechtsfolge tritt jedoch nur in den Fällen ein, in denen eine Betriebsstätte i.S.d. Art. 5 OECD-MA vorliegt. Unabhängig vom nationalen Betriebsstättenbegriff ist daher zu prüfen, ob die grenzüberschreitenden Geschäftsaktivitäten des Unternehmens im anderen Vertragsstaat die Voraussetzungen des DBA-Betriebsstättenbegriffs erfüllen. Auf Grund von historischen Entwicklungen sowie finanzpolitischen Zielsetzungen - insbesondere bei DBA zwischen Industrie- und Entwicklungsländern - können die Betriebsstättenbegriffe in den einzelnen DBA teilweise voneinander abweichen.[111] Während beispielsweise das OECD-MA bei einer Kumulierung von Hilfstätigkeiten i.S.d. Art. 5 Abs. 4 a-e OECD-MA das Vorliegen einer Betriebsstätte grundsätzlich verneint, fehlt dem UN-MA, welches eine stärkere Anerkennung des Quellenbesteuerungsrechts seitens der Entwicklungsländer berücksichtigt, eine Regelung für das Zusammentreffen mehrerer

---

II 1989, 421 (423); BFH vom 31.07.1996 – XI R 5/95, BFH/NV 1997, 279 (281); BFH vom 22.04.1998 – XI R 59/97, BFH/NV 1998, 1216 (1217); BFH, Beschluss vom 16.12.1998 – IV B 42/98, BFH/NV 1999, 615 (615); s.a. Kretzschmar, BB 1990, 971 (973 ff.) Kritisch hierzu: Wassermeyer, in: Haarmann, Beschränkte Steuerpflicht, 1993, 47 (47 f.).

111 Mit Hinweis auf die Unterschiede zwischen OECD-MA und UN-MA: Isenbergh, Conception, 2000, 210; Jacobs, Unternehmensbesteuerung, 1999, 312; Kumpf, Inländische Betriebsstätte, 1982, 29; Scheffler, Unternehmenstätigkeit, 1994, 183.

Ausnahmen.[112] Dies hat zur Folge, dass im Einzelfall auf die Definition des maßgeblichen Abkommens abzustellen ist.

Sowohl auf nationaler als auch auf Abkommensebene lässt sich zwischen einer sachlichen Anknüpfung in Gestalt einer Betriebsstätte sowie einer personellen Inlandsanknüpfung in Gestalt eines Vertreters unterscheiden. Während der Vertreterbegriff gemäß § 13 AO nach nationalem Steuerrecht selbstständig neben dem der Betriebsstätte steht, ist dieser im Rahmen des OECD-MA in Art. 5 Abs. 5 und 6 OECD-MA als Unterfall der Betriebsstätte in den Betriebsstättenbegriff integriert.[113] Grundsätzlich ist beim Verhältnis zwischen Betriebsstätte und ständigem Vertreter jedoch die Subsidiarität der personellen zur sachlichen Anknüpfung zu beachten.[114] Damit kommt dem Tatbestandsmerkmal Vertreter erst dann Bedeutung zu, wenn die sachliche Betriebsstättenanknüpfung die Annahme einer Betriebsstätte ausschließt. Beide Anknüpfungsmerkmale führen jedoch zum gleichen Ergebnis, d.h. zu inländischen Einkünften i.S.d. § 49 Abs. 1 Nr. 2 a EStG bzw. auf DBA-Ebene zur Zuweisung[115] des Besteuerungsrechts an den Betriebsstättenstaat gemäß Art. 7 Abs. 1 OECD-MA. Einschränkend ist demgegenüber einzuwenden, dass Betriebsstätte und Vertreter für den Bereich der Gewerbesteuer nicht als gleichwertige

---

112 Vgl. Görl, in: Vogel, DBA, 1996, Art. 5 Rz. 107; Jacobs, Unternehmensbesteuerung, 1999, 313 f.

113 Vgl. Wied, in: Blümich, EStG, 2000, § 49 Rz. 64.

114 So erachtet der BFH die Prüfung des Vertretertatbestands in einem Fall für unerheblich, in dem Angestellte eines Unternehmens als dessen Vertreter eine gewerbliche Tätigkeit in Räumen ausüben, über die das Unternehmen eine nicht nur vorübergehende Verfügungsmacht besitzt, vgl. BFH vom 09.03.1962 – I B 156/58 S, BStBl. III 1962, 227 (227).

115 Vgl. hierzu s. S. 10.

Anknüpfungsmomente anzusehen sind, da die Gewerbesteuer nach § 2 Abs. 1 GewStG allein an die Existenz einer Betriebsstätte anknüpft.

<table>
<tr><th colspan="2">Sachliche Anknüpfung</th><th colspan="2">Personelle Anknüpfung</th></tr>
<tr><td colspan="2">Feste Geschäftseinrichtung,
Tätigkeit des Unternehmens</td><td colspan="2">Vertreter, besorgt Geschäfte
des Unternehmens</td></tr>
<tr><td>Hilfs- und vorbereitende Tätigkeiten</td><td>Kerntätigkeiten</td><td rowspan="2">Abhängiger Vertreter mit Abschlussvollmacht</td><td rowspan="2">Unabhängiger Vertreter;
Abhängiger Vertreter auch mit Hilfs- und vorbereitenden Tätigkeiten</td></tr>
<tr><td>Bauausführung/ Montage:
6 Monate;
Zusammen-rechnung</td><td>Bauausführung/ Montage:
12 Monate</td></tr>
<tr><td colspan="2">§ 12 AO</td><td colspan="2">§ 13 AO</td></tr>
<tr><td></td><td colspan="2">Art. 5 OECD Muster</td><td></td></tr>
</table>

Abbildung 1: Betriebsstättenbegriff[116]

[116] In Anlehnung an: Kumpf, in: Haarmann, Beschränkte Steuerpflicht, 1993, 27 (33).

II. Geschäftseinrichtung als sachliches Anknüpfungsmerkmal

1. Kriterien der Anknüpfung

a) Feste Geschäftseinrichtung

Mit Geschäftseinrichtung (oder Anlage) i.S.d. § 12 AO bzw. Art. 5 Abs. 1 OECD-MA sind sämtliche körperlichen Gegenstände gemeint, die geeignet sind, „Grundlage einer Unternehmenstätigkeit zu sein".[117] Besondere bauliche Vorrichtungen sind hierfür nicht erforderlich, so dass beispielsweise auch schon einfache Lagerplätze[118], Marktstände[119], Haltestel-

---

117 Vgl. BFH vom 03.02.1993 – I R 80-81/91, BStBl. II 1993, 462 (465); FG Sachsen-Anhalt vom 14.01.1999 – I 438/96, EFG 1999, 668 (669); Kumpf, Inländische Betriebsstätte, 1982, 30; ders. in: Haarmann, Beschränkte Steuerpflicht, 1993, 27 (34); Lüdicke, in: Lademann/Söffing, EStG 1997, § 49 Rz. 288; OECD-MK, Art. 5 Tz. 4; Tipke/Kruse, AO, 1996, § 12 Rz. 4. Einer Entscheidung des RFH vom 30.04.1935 zufolge liegt eine Geschäftseinrichtung vor, wenn die wirtschaftliche Betätigung an einen sachlichen Apparat gebunden ist, sie von dem Unternehmen bestandsmäßig und organisatorisch herrührt und beherrscht wird, sie nicht nur für einen vorübergehenden Zweck gedacht ist und in ihr die Tätigkeit desselben Unternehmens ganz oder teilweise ausgeübt wird, vgl. RFH vom 30.04.1935 – I A 13 /35, RStBl. 1935 840 (841).

118 Nach Ansicht des RFH begründet bereits ein Holzlagerplatz, der dazu dient, Holz zu Grubenholz zu verarbeiten und anschließend an den Käufer zu versenden, eine Betriebsstätte, s. RFH, Beschluss vom 08.10.1941 – VI B 11/41, RStBl. 1941, 814 (814). Die Betriebsstätteneigenschaft einer Minigolfanlage bejahend: FG Berlin vom 27.06.1969 – III 141/67, EFG 1970, 59 (59).

119 Aus dem Begriff „Geschäftseinrichtung" kann nicht geschlossen werden, dass es sich bei der Betriebsstätte um eine baulich feste Anlage handeln muss. Ein dem Steuerpflichtiger ständig zugewiesener gleichbleibender Standort ist insoweit ausreichend. Daher ist auch eine Marktstand, der regelmäßig an einem bestimmten Platz auf- und abgebaut wird, als feste Geschäftseinrichtung anzusehen. Die für die Betriebsstättenbegründung erforderli-

len von Omnibussen[120] oder Plakatsäulen bzw. Anschlagtafeln[121] als Geschäftseinrichtungen angesehen werden können.[122] Nach dem Wortlaut des § 12 Abs. 1 AO wird die Betriebsstätteneinrichtung innerstaatlich als „feste Geschäftseinrichtung oder Anlage“ umschrieben, wobei die Grenzen zwischen Geschäftseinrichtung und Anlage fließend verlaufen.[123]

---

che gewisse Dauer ist auch dann gegeben, wenn es sich um sog. unschädliche Unterbrechungen bei der Ausübung eines Gewerbebetriebs auf Wochenmärkten handelt, vgl. FG Münster vom 28.02.1966 – II a 417/65, EFG 1966, 501 (501); BFH vom 09.10.1974 – I R 128/73, BStBl. II 1975, 203 (203 f.); BFH vom 08.03.1988 – VIII R 270/81, BFH/NV 1988, 735 (736); BFH vom 28.07.1993 – I R 15/93, BStBl. II 1994, 148 (149); OECD-MK, Art. 5 Tz. 4. Im Gegensatz hierzu gilt ein Verkaufsfahrzeug, mittels dessen ein Bäcker im Einzelhandel Brot und Backwaren ambulant vertreibt nicht als Betriebsstätte und zwar ungeachtet einer festen Route, vgl. Niedersächsisches Finanzgericht vom 06.08.1982, V 293/79, EFG 1983, 316 (316).

120 Vgl. BFH vom 25.09.1968 – I B 118/65, BStBl. II 1968, 827 (829); a.A.: RFH vom 11.10.1939 – VI B 15/39, RStBl. 1939, 1095 (1095).

121 Anschlagtafeln und Plakatsäulen sind nach Auffassung des BFH gleichsam als Betriebsstätten zu qualifizieren. Im entschiedenen Fall resultierte aus der Tatsache, dass das Unternehmen in einer Reihe von Gemeinden, in denen entsprechende Plakatsäulen unterhalten wurden, keine dort wohnhaften Arbeitnehmer beschäftigt hatte, ein zusätzliches Problem im Rahmen der gewerbesteuerlichen Zerlegung. Denn regelmäßig wird gemäß § 29 Abs. 1 GewStG das Verhältnis der Arbeitslöhne als Maßstab für eine Zerlegung herangezogen, vgl. BFH, Beschluss vom 13.05.1958 – I B 49/58 U, BStBl. III 1958, 379 (379).

122 Im Gegensatz hierzu können Briefkastendomizile mangels Geschäftseinrichtung und Tättigkeit grundsätzlich keine Betriebsstätten sein, vgl. BFH vom 11.04.1984 – I R 82-84/80, BFH/NV 1986, 255 (255).

123 Als Unterscheidungskriterium zwischen Anlage und Geschäftseinrichtung kann sowohl die Größe als auch die räumliche Entfaltung sowie ihre eher technische als kaufmännische Zweckbestimmung herangezogen werden. Ob eine Geschäftseinrichtung oder Anlage vorliegt bestimmt sich also ausschließlich nach der Art der jeweils ausgeübten Tätigkeit, vgl. BFH vom 03.02.1993 – I R 80-81/91, BStBl. II 1993, 462 (465); Jacobs, Unternehmensbesteuerung, 1999, 304 f.; Mittermüller, RIW 1982, 812 (812); Mössner, in:

Ein weiteres Merkmal der Betriebsstättendefinition ist, dass die Geschäftseinrichtung „fest“, d.h. örtlich fixiert und räumlich begrenzt sein muss.[124] Nach Ansicht des BFH bedeutet fest einen auf Dauer angelegten Bezug zur Erdoberfläche, ohne dass es sich um eine feste bzw. oberirdisch sichtbare[125] mechanische Verbindung mit der Erdoberfläche i.S.v. einzementiert oder angeschraubt handeln muss.[126] Schließlich genügen auch schon transportable Einrichtungen wie beispielsweise täglich auf- und abzubauende Verkaufsstätten oder Arbeitswagen der Notwendigkeit einer örtlichen Fixierung, wenn diese ständig, für eine längere Zeitspanne oder in einem bestimmten Zyklus an einem bestimmten Punkt der Erdoberfläche aufgestellt werden[127], wohingegen Schiffe und Flugzeuge mangels dieser

---

Mössner u.a., Unternehmen, 1998, 51 (96); Tipke/Kruse, AO, 1996, § 12 Rz. 4. Eine inhaltlich bedeutsame Abgrenzung für kaum möglich erachtend: Kumpf, Inländische Betriebsstätte, 1982, 30; s.a. BFH vom 03.02.1993 – I R 80-81/91, BStBl. II 1993, 462 (465).

124 Vgl. FG Münster vom 28.02.1966 – II a 417/65, EFG 1966, 501 (501); FG München vom 15.12.1992 – 16 K 4179/91, EFG 1993, 707 (708); Jacobs, Unternehmensbesteuerung, 1999, 305.

125 Vgl. BFH vom 30.10.1996 - II R 12/92, BStBl. II 1997, 12 (14). Bestätigt durch den I. Senat des BFH: BFH, Beschluss vom 07.07.1997 – I B 26/97, BFH/NV 1998, 19 (19).

126 Vgl. BFH vom 09.10.1974 – I R 128/73, BStBl. II 1975, 203 (203 f.); Tipke/Kruse, AO, 1996, § 12 Rz. 8; s.a. BFH vom 30.10.1993 – I R 50/71, BStBl. II 1974, 107 (108).

127 Vgl. FG Münster vom 28.02.1966 – II a 417/65, EFG 1966, 501 (501); BFH vom 09.10.1974 – I R 128/73, BStBl. II 1975, 203 (203 f.); OECD-MK, Art. 5 Tz. 4. Das FG Rheinland-Pfalz vertritt demgegenüber mit Hinweis auf die verschiedenen Bedeutungen des Betriebsstättenbegriffs für die Bestimmung der beschränkten Steuerpflicht einerseits sowie für das Reisekostenrecht andererseits die Auffassung, dass der Kehrbezirk eine Schornsteinfegers keine Betriebsstätte darstellt, vgl. FG Rheinland-Pfalz vom 08.10.1982 – 6 K 422/80, EFG 1983, 399 (399 f.). Schließt ein Leasingunternehmen einen Vertrag über bewegliche Sachen ab, wird dadurch ebenso noch keine Betriebsstätte des Leasing-

örtlichen Fixierung nicht als feste Geschäftseinrichtungen einzuordnen sind.[128] Hinzu kommt, dass - ausgelöst durch die gebotene räumliche Begrenzung - grundsätzlich eine isolierte Betrachtung jedes unternehmerischen Engagements bei der Beurteilung der Betriebsstätteneigenschaft erfolgen muss.[129] Damit können voneinander unabhängige örtlich getrennte gewerbliche Aktivitäten nicht zusammengefasst werden. Eine Ausnahme hiervon ist jedoch in den Fällen zulässig, in denen zwischen mehreren Geschäftseinrichtungen innerhalb eines Staatsgebiets ein funktionaler Zusammenhang in organisatorischer technischer sowie wirtschaftlicher Hinsicht besteht.[130]

Das Postulat einer festen Geschäftseinrichtung wird jedoch weder auf innerstaatlicher noch auf bilateraler Ebene in konsequenter Art und Weise

---

unternehmens am Ort des Einsatzes des Leasinggegenstands begründet, vgl. BFH vom 02.03.1990 – R 24/85, BStBl. II 1990, 756 (757).

128 Grundsätzlich muss eine unmittelbare Beziehung zu einem bestimmten Teil der Erdoberfläche bestehen. Hieran fehlt es beispielsweise bei einem Schiff, das Waren oder Personen von einem Ort zum anderen befördert, vgl. BFH vom 13.02.1974 – I R 218/71, HFR 1974, 231 (232); BFH vom 13.02.1974 – I R 291/71, BStBl. II 1974, 361 (361 f.). Allerdings wird die Voraussetzung einer „festen" Beziehung zu einem bestimmten Punkt der Erdoberfläche von schwimmenden Arbeitsgeräten, welche im Meeresboden verankert sind, durchaus erfüllt, vgl. Mittermüller, RIW 1982, 812 (813).

129 Vgl. Jacobs, Unternehmensbesteuerung, 1999, 305.

130 So liegt nach Ansicht des FG Sachsen-Anhalt eine einheitliche Betriebsstätte zwischen einer Windkraftanlage und einer 500 Meter entfernten Mühle nicht vor, wenn die Anlagen durch ein Stromkabel miteinander verbunden sind, vgl. FG Sachsen-Anhalt vom 14.01.1999 – I 438/96, EFG 1999, 668 (669); Jacobs, Unternehmensbesteuerung, 1999, 305; Kumpf, Inländische Betriebsstätte, 1982, 31; Schröder, StBp 1971, 228 (231); Storck, Ausländische Betriebsstätten, 1980, 134 f.

verfolgt.[131] Denn Bauausführungen und Montagen begründen in Erweiterung der Grundmerkmale der allgemeinen Betriebsstättendefinition ungeachtet einer auf Dauer angelegten Geschäftseinrichtung regelmäßig eine Betriebsstätte, wenn gemäß § 12 Nr. 8 AO eine Zeitdauer von sechs Monaten bzw. zwölf Monaten nach Art. 5 Abs. 3 OECD-MA überschritten wird.

b) Nachhaltigkeit

Das Charakteristikum „fest" enthält gleichsam ein subjektives zeitliches Element.[132] Von Subjektivität kann man insofern sprechen, als es hierbei nicht auf die Erfüllung eines objektiv nachprüfbaren Zeitraums ankommt, sondern darauf, wie das Unternehmen die Dauer der Betriebsstätte bei Begründung beabsichtigt.[133] In diesem Sinne muss die Einrichtung für eine gewisse Dauer bestehen und die Tätigkeit eines Unternehmens darf nicht nur vorübergehend[134] mit dem Standort der Einrichtung verknüpft sein.[135]

---

131 Vgl. Kumpf, Inländische Betriebsstätte, 1982, 31.

132 Vgl. BFH vom 13.02.1974 – I R 218/71, HFR 1974, 231 (232); Wassermeyer, in: Debatin/Wassermeyer, DBA, 2000, Art. 5 Rz. 37 a.

133 *Skaar* systematisiert die Grundtatbestände der Betriebsstätte in objektive, subjektive und funktionale Elemente. Zu den objektiven Merkmalen zählen die Geschäftseinrichtung („place of business") sowie der örtliche Bezug, zu den subjektiven die Verfügungsmacht sowie die Dauerhaftigkeit und zu den funktionalen die Geschäftsätigkeit in dert Betriebsstätte sowie ein Bezug zum Stammhaus, vgl. Skaar, 109 ff., 153ff., 227 ff; s.a. Mössner, in: FS Vogel, 2000, Entwicklungen, 945 (949).

134 Bspw. die Benutzung derselben Hotels und deren Einrichtungen in regelmäßigen Abständen durch einen Exportvertreter, vgl. BFH vom 10.05.1961 – IV 155/60 U, BStBl. III 1961, 317 (317 f.), der einmalige Auftritt eines ausländischen Berufsboxers auf inländischen Sportveranstaltungen, vgl. BFH vom 17.02.1955 – IV 77/53 S, BStBl. III 1955, 100 (101), BFH vom 11.07.1960 – V 182/58 U, BStBl. III 1960, 376 (376), Filmdreharbeiten an verschiedenen Orten im Inland ohne Geschäftsmittelpunkt, vgl. FG München vom 11.12.1985 – I 47/80 L 1, EFG 1986, 259 (260) sowie die Ausführung eines Auf-

Vor dem Hintergrund elektronischer Kommunikationswege zur Abwicklung von grenzüberschreitenden Transaktionen, bei denen eine räumliche Bindung zum Staat des Abnehmers eine immer geringere Rolle spielt, wird der zeitlichen Komponente künftig vermutlich mehr und mehr Bedeutung beizumessen sein, als dies gegenwärtig bereits der Fall ist. Darüber hinaus sieht *Jacobs* die Schwierigkeit des Zeitelements vor allem in der Bestimmung einer zeitlichen Mindestgrenze.[136] Während die Rechtsprechung die Auffassung vertritt, dass die Ausgestaltung des Postulats der Nachhaltigkeit - losgelöst von einer starren Zeitgrenze - entsprechend der Konstellation des jeweiligen Einzelfalls zu bestimmen sei[137], geht die Finanzverwaltung davon aus, dass eine Dauer von mehr als sechs Monaten zur Bejahung der Nachhaltigkeit ausreicht.[138] Allerdings können die in § 12 S. 2 Nr. 8 AO bzw. Art 5 Abs. 3 OECD-MA getroffenen Sonderregelungen für Bauausführungen und Montagen, welche auf nationaler Ebene eine sechsmonatige und auf DBA-Ebene eine zwölfmonatige Frist als Mindestgrenze bestim-

---

trags durch einen Bühnenmaler, dem ein Raum für einen von vornherein festgelegten Zeitraum von sechs Wochen zur Verfügung gestellt wird, vgl. BFH vom 02.12.1992 – I R 77/91, BFHE 170, 126 (128).

135 Vgl. BFH vom 30.10.1973 – I R 50/71, BStBl. II 1974, 107 (109); BFH vom 28.08.1986 – V R 20/79, BStBl. II 1987, 162 (163); BFH vom 03.02.1993 – I R 80-81/91, BStBl. II 1993, 462 (465); BFH vom 19.05.1993 – I R 80/92, BStBl. II 1993, 655 (656); BFH vom 30.10.1996 – II R 12/92, BStBl. II 1997, 12 (14). Mit Hinweis auf einen gewissen Grad von Ständigkeit: OECD-MK, Art. 5 Tz. 6.

136 Vgl. Jacobs, Internationale Unternehmensbesteuerung, 1999, 306.

137 Vgl. BFH, Beschluss vom 27.04.1954 – I B 136/53, BStBl. III 1954, 179 (180); FG München vom 11.12.1985 – I 47/80 L 1, EFG 1986, 259 (259); BFH vom 07.12.2000 – III R 49/98, DStRE 2001, 928 (931).

138 Vgl. BMF vom 24.12.1999, IV B 4 S 1300 – 111/99, Tz. 1.1.1.1, BFH vom 19.05.1993 – I R 80/92, BStBl. II 1993, 655 (656); s.a. Kempermann, FR 1993, 340 (340); Storck, RIW 1979, 767 (768).

men, allenfalls als potenzielle Richtschnur für die Zeitkomponente auf der Ebene des allgemeinen Betriebsstättenbegriffs beurteilt werden.[139] Der überwiegende Teil der Literatur sieht demgegenüber eine Dauer von etwa neun bis zwölf Monaten als erforderlich an.[140] Im Ergebnis ist jedoch die Tatsache zu beachten, dass mit zunehmend abweichender Auslegung des Kriteriums „Nachhaltigkeit" eine Verwässerung der Abgrenzung zwischen Direktgeschäft und Betriebsstätte mit den damit einhergehenden konträren Steuerwirkungen droht.[141]

Aus dem für die Einkünftezurechnung in- und ausländischer Betriebsstätten geltenden Veranlassungsprinzip folgt, dass Aufwendungen vor Errichtung der Betriebsstätte grundsätzlich der zu einem späteren Zeitpunkt tatsächlich errichteten Betriebsstätte zuzuordnen sind.[142] Dies gilt nach Ansicht der Finanzverwaltung auch in den Fällen, in denen es zum Schei-

---

139 Vgl. BFH vom 30.10.1973 – I R 50/71, BStBl. II 1974, 107 (109); BFH vom 27.04.1954 – I B 136/53, BStBl. III 1954, 179 (180); FG München vom 11.12.1985 – I 47/80 L 1, EFG 1986, 259 (260). Parallelen zum Tatbestandsmerkmal „gewöhnlicher Aufenthalt", vgl. Mössner, in: Mössner, Unternehmen, 1998, Rz. B 88; Tipke/Kruse, AO, 1996, § 12 Rz. 8.

140 Vgl. Jacobs mit Hinweis auf die Entstehungsgeschichte und den Sachzusammenhang der Betriebsstätte als standortbezogenen gewerblichen Ort der Tätigkeit eines Unternehmens, Jacobs, Unternehmensbesteuerung, 1999, 306; Feuerbaum, DB 1972, 887 (888); Kumpf, Inländische Betriebsstätte, 1982, 33 f.; Kunze, Begriff, 1963, 55 ff.; Kolck, Betriebsstättenbegriff, 1974, 47 ff.; Storck, Ausländische Betriebsstätten, 1980, 169 ff.; s.a. RFH vom 22.01.1941, welcher eine Dauer von zwölf Monaten fordert, vgl. RFH, Beschluss vom 22.01.1941 – VI B 7/40, RStBl. 1941, 90 (90).

141 Vgl. Jacobs, Unternehmensbesteuerung, 1999, 306.

142 Vgl. BMF vom 24.12.1999, IV B 4 S 1300 – 111/99, Tz. 2.9.1; s.a. Jacobs, Unternehmensbesteuerung, 1999, 548; Schaumburg, Steuerrecht, 1998, Rz. 18.30; Wassermeyer, in: Debatin/Wassermeyer, DBA, 2000, Art. 5 Rz. 186.

tern der Betriebsstättenbegründung kommt.[143] Eine solche Sichtweise ist abzulehnen. Denn sowohl nach nationalem Recht wie auch nach Abkommensrecht ist das Bestehen einer Betriebsstätte zwingende Voraussetzung für die Annahme von Betriebsstätteneinkünften.[144] Liegt im Gegensatz hierzu keine Betriebsstätte vor, mangelt es bereits an ausländischen Einkünften, die gegebenenfalls nach einem DBA freigestellt werden könnten und somit auch einem Veranlassungszusammenhang von Aufwendungen.[145] Aus diesem Grund bilden die Gründungsaufwendungen in diesem Fall Betriebsausgaben des Stammhauses nach § 4 Abs. 4 EStG.[146]

Hinzu kommt, dass auch die ältere Rechtsprechung in diesem Zusammenhang inkonsistent ist: Denn umgekehrt hat der BFH den Werbungskostenabzug verneint, „wenn die Vorbereitungen in einem so frühen Stadium stecken geblieben sind, dass für den Steuerpflichtigen noch alle Möglichkeiten offen bleiben."[147] Für die steuerliche Beurteilung darf es jedoch grundsätzlich keinen Unterschied machen, ob der Steuerpflichtige zeitlich früher oder später die Aussichtslosigkeit seines unternehemrischen Engagements erkennt.[148]

---

143 Vgl. BMF vom 24.12.1999, IV B 4 S 1300 – 111/99, Tz. 2.9.1; BFH vom 28.04.1983 – IV R 122/79, BStBl. II 1983, 566 (568 f.).

144 Vgl. Wassermeyer, in: Debatin/Wassermeyer, DBA, 2000, Art. 7 Rz. 297.

145 Vgl. Kumpf/Roth, DB 2000, 787 (790); Wassermeyer, in: Debatin/Wassermeyer, DBA, 2000, Art. 7 Rz. 300.

146 Vgl. Schaumburg, Steuerrecht, 1998, Rz. 18.31 m.w.N; Schuch, in: Gassner/Lang/Lechner, Aufwendungen, 1998, 197 (205); Schröder, in: Mössner u.a., Unternehmen, 1998, 235 (268 f.); Wassermeyer, in: Debatin/Wassermeyer, DBA, 2000, Art. 7 Rz. 297.

147 Vgl. BFH vom 03.11.1961 – VI 196/60, BStBl. III 1962, 123 (123).

148 Vgl. Schuch, in: Gassner/Lang/Lechner, Aufwendungen, 1998, 197 (205).

c) Verfügungsmacht

Als weiteres subjektives Element muss das Unternehmen „eine gewisse, nicht nur vorübergehende Verfügungsmacht über diese Einrichtung haben.“[149] Ausgangspunkt der herrschenden Meinung ist dabei die Notwendigkeit einer tatsächlichen Dispositionsbefugnis.[150] Hierfür ist nicht zwingend erforderlich, dass der Unternehmer rechtlicher Eigentümer der Ge-

---

149 Vgl. BMF vom 24.12.1999, IV B 4 S 1300 – 111/99, Tz. 1.1.1.1; BFH vom 10.05.1961 – IV 155/60, BStBl. III 1961, 317 (317); BFH vom 09.03.1962 – I B 156/58 S, BStBl. III 1962, 227 (227); BFH vom 16.08.1962 – I B 223/61, BStBl. III 1962, 477 (478); BFH vom 18.03.1976 – IV R 168/72, BStBl. II 1976, 365 (367); FG Rheinland Pfalz vom 25.04.1985 – 3 K 68/84, EFG 593 (593); BFH vom 29.04.1987 – I R 118/83, BFH/NV 1988, 122 (124); BFH vom 11.10.1989 – I R 77/88, BStBl. II 1990, 166 (167); BFH vom 16.05.1990 – I R 113/87, BStBl. II 1990, 983 (984); BFH vom 03.02.1993 – I R 80-81/91, BStBl. II 1993, 462 (466), Tipke/Kruse, AO, 1996, § 12 Rz. 11. Für die Beurteilung als subjektives Element spricht dabei die Tatsache, dass durch die Verfügungsmacht eine Beziehung zwischen der Betriebsstätte und dem Unternehmen hergestellt wird, vgl. Skaar, Establishment, 1991, 155.

150 Aus diesem Grund begründet eine von einer Mineralölfirma an einen selbständigen Tankwart verpachtete Tankstelle mangels uneingeschränkter Verfügungsmacht keine Betriebsstätte der Ölgesellschaft, vgl. BFH vom 16.08.1962 – I B 223/61 S, BStBl. III 1962, 477 (478). Ebenso gilt die Büroeinrichtung eines Reiseleiters als Betriebsstätte des Reiseveranstalters, dessen Angestellter er ist, vgl. BFH vom 28.03.1985 – IV R 80/82, BStBl. II 1985, 405 (406). Vgl. hierzu auch Birk, in: Hübschmann/Hepp/Spitaler, AO, 1998, § 12 Rz. 16; Frotscher, in: Schwarz, AO, 2000, § 12 Rz. 13; Görl, in: Vogel, DBA, 1996, Art. 5 Rz. 25; Jacobs, Unternehmensbesteuerung, 1999, 307; Kumpf, Inländische Betriebsstätte, 1982, 32, OECD-MK, Art. 5 Tz. 4; Schaumburg, Steuerrecht, 1998, Rz. 5.163; Storck, Ausländische Betriebsstätten, 1980, 137 f.; Wied, in: Blümich, EStG, 2000, § 49 Rz. 59. Ebenso wird der Kehrbezirk eines Bezirksschornsteinfegermeisters nicht als seine Betriebsstätte beurteilt. Denn dessen gewerbliche Tätkgkeit umfasse grundsätzlich nicht die erforderliche Verfügungsmacht über die zu reinigenden, zu wartenden und zu prüfenden Anlagen, vgl. BFH vom 13.09.2000 – X R 174/96, DStR 2000, 432 (433).

schäftseinrichtung oder Anlage ist.[151] Vielmehr muss dem Nutzenden gleichsam mit der Überlassung eine Rechtsposition eingeräumt werden, die ihm ohne seine Mitwirkung nicht ohne weiteres entzogen werden kann.[152] Ebenso erfordert eine Betriebsstätte keine alleinige Verfügungsmacht, da dem Erfordernis der Verfügungsgewalt auch in den Fällen entsprochen wird, in denen eine gemeinschaftliche rechtliche und tatsächliche Dispositionsbefugnis besteht.[153] Dies hat zur Folge, dass bei bloßer Möglichkeit

---

151 Für die Annahme einer Betriebsstätte ist es nicht erforderlich, dass die Anlage oder Einrichtung dem Unternehmen gehört. Es genügt, dass diese ihm für die Zwecke des Unternehmens zur Verfügung steht. Die Verfügungsmacht kann auch auf einem Mietvertrag oder auf unentgeltlicher Überlassung beruhen, vgl. BFH vom 30.01.1974 – I R 87/72, BStBl. II 1974, 327 (327). In der Rechtsprechung des I. Senats ist zudem eine Tendenz dahingehend festzustellen, dass die Verwurzelung mit dem Ort der Ausübung unternehmerischer Tätigkeit nicht zwingend rechtlich abgesichert sein muss. Demnach reicht es für die Annahme einer Betriebsstätte aus, wenn eine ausländische Gesellschaft einem inländischen Hotelbetrieb einen General Manager stellt und diesem ein Raum zur Erfüllung seiner Leitungssaufgaben zur Verfügung gestellt wird. Entscheidend dürfte im entschiedenen Fall auch die Vertragsdauer des Managementvertrags von 20 Jahren gewesen sein, vgl. BFH vom 03.02.1993 – I R 80-81/91, BStBl. II 1993, 462, (466). Günkel sieht im Gegensatz hierzu eine zivilrechtliche Vereinbarung als stets erforderlich an. Hierbei ist jedoch anzumerken, dass sich dieses Postulat aus den dort zitierten Entscheidungen nicht ableiten lässt, Günkel, in: Becker/Höppner/Grotherr u.a., DBA, 1999, Art. 5 Rz. 94.

152 Vgl. 17.03.1982 – I R 189/79, BStBl. II 1982, 624 (625); BFH vom 11.10.1989 – I R 77/88, BStBl. II 1990, 166 (167); FG Düsseldorf vom 24.06.1992 – 13 K 560/88 E, EFG 1993, 42 (43); BFH vom 03.02.1993 – I R 80-81/91, BStBl. II 1993, 462 (466). Vgl. Lüdicke, StKongRep 1994, 217 (223); Zur Rechtsentwicklung vgl. Kraft, ET 1993, 349 (349 f.). S.a. Kumpf, in Herrmann/Heuer/Raupach, Kommentar, 1999, § 49 Rz. 214; Görl, in: Vogel, DBA, 1996, Art. 5 Rz. 25; Züger, in: Gassner/Lang/Lechner, Generalklausel, 1998, 44.

153 Vgl. FG Baden-Württemberg vom 11.05.1992 – K 309/91, EFG 1992, 653 (653).

zur Nutzung oder bei lediglich tatsächlicher Mitbenutzung keine Betriebsstätte anzunehmen ist.[154]

Die Auffassung der herrschenden Meinung löst jedoch auch Widersprüche aus.[155] Denn weder aus dem Wortlaut noch aus dem Sinn des § 12 AO bzw. Art. 5 OECD-MA könne nach Ansicht von *Wassermeyer* letztlich die erforderliche Verfügungsmacht abgeleitet werden.[156] Zusätzlich bleibe auch unklar, wie die Dispositionsgewalt ausgestaltet sein solle. Daher betont dieser - mit Hinweis auf Art. 5 Tz. 6 OECD-MK - wiederholt, dass der Ausdruck „fest" lediglich das Erfordernis einer gewissen Ständigkeit der

---

154 Für die Annahme einer Verfügungsgewalt genügt eine bloße Mitbenutzungsmöglichkeit regelmäßig nicht. Vielmehr ist der Nachweis zu erbringen, dass von dieser Möglichkeit auch dauerhaft Gebrauch gemacht wird, vgl. BFH vom 18.03.1976 – IV R 168/72, BStBl. II 1976, 365 (367).
So begründet beispielsweise ein Angestellter, der von seiner Wohnung aus für ein Unternehmen tätig wird, am Ort seiner Wohnung keine Betriebsstätte des Unternehmen, da – ungeachtet eines u.U. ausschließlich dieser Tätigkeit vorbehaltenen häuslichen Arbeitszimmers - dem Angestellten die alleinige Verfügungsgewalt über die Wohnung obliegt, vgl. RFH vom 26.09.1939 – I 254/38, RFHE 47, 257 (259 f.); RFH, Beschluss vom 11.03.1942 – VI B 1/42, RStBl. 1942, 801 (801 f.); Schröder, IWB, F. 3 Gr. 1, 925 (928); Tipke/Kruse, AO, 1996, § 12 Rz. 10. Im Gegensatz hierzu ist das Tatbestandsmerkmal der „Verfügungsmacht" zu bejahen, wenn der Betrieb in Räumen ausgeübt wird, die ein leitender Angestellter des Unternehmens unter seinem Namen mietet und dem Unternehmen zur Verfügung stellt, RFH vom 03.12.1936 – III A 163/36, RStBl. 1937, 67 (69); BFH vom 23.03.1972 – I R 128/70, BStBl. II 1972, 948 (948); BFH vom 30.01.1974 – I R 87/72, BStBl. II 1974, 327 (327); BFH vom 05.10.1977 – I R 90/75, BStBl. II 1978, 205 (206).

155 Vgl. Jacobs, Unternehmensbesteuerung, 1999, 306; Wassermeyer, in: Debatin/Wassermeyer, DBA, 2000, Art. 5 Rz. 42.

156 Vgl. Wassermeyer, in: Debatin/Wassermeyer, DBA, 2000, Art. 5 Rz. 42; Zitzlaff, StuW 1940, 86 (87).

Geschäftseinrichtung ausdrücke und folglich das eigentliche Gewicht bei der zeitlichen Dauer zu liegen habe.[157] Demgegenüber folgert *Kumpf* aus dem Tatbestandsmerkmal „Geschäftseinrichtung, die der Tätigkeit des Unternehmens dient[158]" bzw. „Geschäftseinrichtung, in der die Tätigkeit des Unternehmens ganz oder teilweise ausgeübt wird"[159] in Verbindung mit der erforderlichen Dauer zwingend eine Verfügungsgewalt seitens des Unternehmens. Schließlich dürften diese Voraussetzungen nur in den Fällen erfüllt sein, in denen der Steuerpflichtige auch tatsächlich in der Lage ist, die Einrichtung oder Anlage nach den Bedürfnissen seines Unternehmens zu nutzen und die dafür notwendigen Entscheidungen zu treffen.

d) *Tätigkeit des Unternehmens*

Des weiteren muss die feste Geschäftseinrichtung dem Unternehmenszweck dahingehend dienen, dass sich in dieser die Tätigkeit des Unternehmens vollzieht, bzw. muss in der Betriebsstätteneinrichtung der Betrieb des Unternehmens ausgeübt werden. Infolge der Bezugnahme auf die Tätigkeit eines Unternehmens stellt die Definition des § 12 AO nicht nur auf Gewer-

---

157 Vgl. Wassermeyer, in: Debatin/Wassermeyer, DBA, 2000, Art. 5 Rz. 42 a. *Kumpf* merkt in diesem Zusammenhang an, dass das Kriterium der nicht nur vorübergehenden Verfügungsmacht grundsätzlich der Eingrenzung diene, wann eine Geschäftseinrichtung dem Unternehmen dient. Das Ausweichen auf eine reine Zeitgrenze als Alternativmerkmal erscheine daher – nicht zuletzt vor dem Hintergrund eines Beratungsunternehmens, welches für eine bestimmte Zeit durchgehend bei einer inländischen Firma tätig ist – problematisch. Denn dies hätte strenggenommen für jede länger dauernde Dienstleistung die Bejahung einer Betriebsstätte im Inland zur Folge, vgl. Kumpf, in: Haarmann, Beschränkte Steuerpflicht, 1993, 27 (48).

158 § 12 S. 1 AO; s.a. Kumpf, Inländische Betriebsstätte, 1982, 32.

159 Art. 5 Abs. 1 OECD-MA; vgl. Kumpf, in: Herrmann/Heuer/Raupach, Kommentar, 1999, § 49 Rz. 214.

bebetriebe, sondern auch auf Anlagen oder Einrichtungen der Land- und Forstwirte und Freiberufler ab.[160]

Auf Abkommensebene gilt dies jedoch nicht uneingeschränkt: Denn weder in Art. 7 noch in einer anderen Vorschrift des OECD-MA findet sich eine Begriffsbestimmung des Ausdrucks „Unternehmen".[161] Mit Hilfe des Art. 3 Abs. 2 OECD-MA rekurrieren die Anwendestaaten daher für die Auslegung von Art. 7 OECD-MA auf ihr jeweiliges nationales Recht.[162] Dies bedeutet, dass in den Fällen, in denen Deutschland als Anwendestaat auftritt, der abkommensrechtliche Begriff „Unternehmen" i.S.d. § 15 Abs. 2 EStG auszulegen ist.[163] Damit scheiden - im Gegensatz zur

160 Vgl. BFH vom 05.06.1986 – IV R 338/84, BStBl. II 1986, 661 (663). Im Ergebnis liegt also eine Übereinstimmung mit dem Unternehmensbegriff des § 2 Abs. 1 UStG vor; vgl. Birk, in: Hübschmann/Hepp/Spitaler, AO, 1998, § 12 Rz. 18; Jacobs, Unternehmensbesteuerung, 1999, 312; Tipke/Kruse, AO, 1996, § 12 Rz. 17.

161 Van Raad zeigt die uneinheitliche Verwendung des Begriffs im MA auf und schlägt als möglichen Lösungsweg dessen Streichung vor, vgl. van Raad, Intertax 1994, 491 (498 ff.).

162 Vgl. Schaumburg, Steuerrecht, 1998, Rz. 16.228; Wassermeyer, in: Debatin/Wassermeyer, DBA, 2000, Art. 5 Rz. 16 a.

163 Vgl. Wassermeyer, StuW 1990, 404 (406); Wassermeyer, in: Debatin/Wassermeyer, DBA, 2000, Art. 5 Rz. 21. Mit Hinweis auf die offizielle deutsche Übersetzung des Kommentars zum OECD-MA, welcher die Begriffsbestimmung „gewerbliche Gewinne" verwendet, vgl. Kroppen, in: Becker/Höppner/Grotherr u.a., DBA, 1999, Art. 7 Rz. 2; OECD-MK, Art. 7 Tz. 1. Im Gegensatz hierzu vertreten *Hemmelrath* und *Knobbe-Keuk* die Auffassung, dass der Unternehmensbegriff auf DBA-Ebene ein gemeinsames Verständnis der OECD-Staaten voraussetze, vgl. Knobbe-Keuk, Unternehmenssteuerrecht, 1993, 545; s.a. *Hemmelrath*, der sich um eine „gemeineuropäische" Interpretation anhand des deutschen, französischen sowie englischen Sprachgebrauchs bemüht, vgl. Hemmelrath, in: Vogel, DBA, 1996, Art. 7 Rz. 23; Züger, in: Gassner/Lang/Lechner, Generalklausel, 1998, 41 f.

Definition des § 12 AO - auf Abkommensebene freiberufliche sowie land- und forstwirtschaftliche Tätigkeiten von vornherein aus.[164]

Mit dem Tatbestandsmerkmal des unmittelbaren Dienens[165] wird sowohl auf ein Moment der organisatorischen Verbindung der Geschäftseinrichtung mit dem Unternehmen als auch auf einen dauerhaften Bezug der Tätigkeit zum Unternehmen abgestellt.[166] Dieses Kriterium ist regelmäßig dann erfüllt, wenn Geschäftseinrichtungen objektiv erkennbar zum unmittelbaren Einsatz im Betrieb bestimmt sind.[167] bzw. der Unternehmer diese für eine gewisse Dauer zu unternehmerischen Zwecken benutzt.[168] Demzufolge kann auch schon die (passive) Nutzung eines Vermögensgegenstands zu betrieblichen Zwecken - wie z.B. der Einsatz einer vollautomatisch ar-

---

164 Nach dem Wortlaut des § 15 Abs. 2 EStG ist der Ausdruck „Unternehmen“ als selbstständige, nachhaltige und mit Gewinnerzielungsabsicht unternommene Tätigkeit zu verstehen. Des weiteren setzt der Unternehmensbegriff die Beteiligung am allgemeinen wirtschaftlichen Verkehr voraus und grenzt sich gegenüber freiberuflichen und land- und forstwirtschaftlichen Tätigkeiten sowie privater Vermögensverwaltung ab, vgl. § 15 Abs. 2 EStG. A.A.: Tipke/Kruse, AO, 1996, § 12 Rz. 17.

165 Vgl. BFH vom 18.03.1976 – IV R 168/72, BStBl. II 1976, 365 (366); BFH vom 10.02.1988 – VIII R 159/84, BStBl. II 1988, 653 (654); BVerwG vom 04.08.1993 – 11 C 36.93, BStBl. II 1994, 136 (139); BFH vom 30.10.1996 – II R 12/92, BStBl. II 1997, 12 (14).

166 Vgl. BFH vom 28.08.1986 - V R 20/79, BStBl. II 1987, 162 (163); BFH vom 06.03.1991 – X R 57/88, BStBl. II 1991, 829 (830); Portner, IStR 1999, 641 (642). Nach Ansicht des *FG Düsseldorf* begründet auch eine Schutthalde eine Betriebsstätte, wenn dort mit einer gewissen Stetigkeit Arbeiten durchgeführt werden, die unmittelbar dem Betrieb des Unternehmens dienen, vgl. FG Düsseldorf vom 11.03.1970 – II 520-529/66 G, EFG 1970, 460 (460).

167 Vgl. Schmidt, EStG, 2000, § 4 Rz. 104; BFH vom 06.03.1991 – X R 57/88, BStBl. II 1991, 829 (830).

beitenden Maschine - für die Annahme einer Betriebsstätte gemäß § 12 AO ausreichen.[169] In diesem Zusammenhang legte der II. Senat des BFH im sog. Pipeline-Urteil vom 30.10.1996 „Benutzen zu unternehmerischen Zwecken" als eine unternehmensbezogene Tätigkeit in, an oder mit der Ge-

---

168 Vgl. BFH vom 28.08.1986 - V R 20/79, BStBl. II 1987, 162 (163).

169 So begründen auch in fremden Gaststätten aufgestellte Spielautomaten eine Betriebsstätte des Aufstellers, vgl. BFH vom 05.10.1965 – I B 387/62 U, BStBl. III 1965, 668 (668); Thüringer FG vom 05.06.1996 – I 252/95, EFG 1996, 1005 (1005). Ebenso sind Antennenanlagen, Satellitenempfangsanlagen und Breitkabelhauptverteiler als Betriebsstätten anzusehen, vgl. FG Berlin vom 27.11.1996 – II 233/94, EFG 1996, 701 (702). Allerdings hat der BFH mit Urteil vom 20.12.2000 das Urteil des FG aufgehoben und die Sache an das FG zurückgewiesen, vgl. BFH vom 20.12.2000 – III R 17/97, BFH NV 2001, 914 (916). In einer ebenso neueren Entscheidung des III. Senats des BFH lässt dieser jedoch eine klare Entscheidung zur Betriebsstättenqualität einer Satellitenempfangsanlage vermissen. Dennoch ist diesem Urteil zu entnehmen, dass der BFH von der Betriebsstätteneigenschaft einer Satellitenempfangsanlage ausgeht, vgl. BFH vom 25.05.2000 – III R 20/97, FR 2000, 1150 (1151 f.), mit Anmerkung von Kanzler, der gleichsam einen Ausblick auf die Betriebsstättenproblematik im Electronic-Commerce gibt: Kanzler, FR 2000, 1152; Birk, in: Hübschmann/Hepp/Spitaler, AO, 1998, § 12 Rz. 22; Frotscher, in: Schwarz, AO, 2000, § 12 Rz. 13; Günkel, in: Becker/Höppner/Grotherr u.a., DBA, 1999, Art. 5 Rz. 94; Kumpf, Inländische Betriebsstätte, 1982, 29; ders., in: Herrmann/Heuer/Raupach, Kommentar, 1999, § 49 Rz. 15; Portner, IStR 1998, 553 (554); Tipke/Kruse, AO, 1996, § 12 Rz. 22. *Portner* führt in diesem Zusammenhang ein Urteil des FG Saarland an, demzufolge eine Zweigniederlassung dort tätiges Personal voraussetzt. Dabei ist jedoch anzumerken, dass es sich im Streitfall um eine umsatzsteuerliche Entscheidung handelte und daher grundsätzlich der Betriebsstätten-Auslegung des EuGH Vorrang einzuräumen ist. Nach ständiger Rechtsprechung des EuGH erfordert die Begründung einer festen Niederlassung bzw. Betriebsstätte für Zwecke der Umsatzsteuer zwingend den Einsatz von Personal, vgl. Portner, IStR 1999, 641 (642 f.); s. ausführlich S. 161 im Rahmen der nachstehenden Untersuchung.

schäftseinrichtung aus.[170] Bei dem entschiedenen Sachverhalt handelte es sich um die Tätigkeit eines niederländischen Unternehmens, welches Rohöl von fremden Dritten durch ein eigenes, in Deutschland belegenes Rohrleitungsnetz leitete. Dabei hat der BFH in der Urteilsbegründung betont, dass die Pipeline dem Durchleiten von Öl dient, was auch gleichzeitig die Haupttätigkeit des Unternehmens darstellt. Der unmittelbare Bezug der Rohrleitung zur Unternehmenstätigkeit ergibt sich damit deutlich aus dem Umstand, dass der Pumpvorgang zur Kerntätigkeit des ausländischen Unternehmens zählt.

Hiervon scharf zu trennen sind allerdings die Fälle, in denen betriebliche Einrichtungen nicht der Kerntätigkeit des Unternehmens dienen und damit auch keinen unmittelbaren Bezug zur Geschäftstätigkeit aufweisen. Dazu gehören insbesondere Geschäftseinrichtungen oder Anlagen, welche auf die sozialen Belange bzw. das Wohl der Arbeitnehmer zugeschnitten sind wie z.B. Baracken und Baubuden zum Wohnen oder Umkleiden, Betriebssportanlagen, Betriebskrankenhäuser und Werkswohnungen.[171] Vor

---

170 Vgl. BFH vom 31.10.1996 – II R 12/92, BStBl. II 1997, 12 (14). Der I. Senat des BFH hat dieses Urteil in seinem Beschluss vom 07.07.1997 bestätigt, BFH, Beschluss vom 07.07.1997 – I B 26/97, BFH / NV 1998, 19 (19). Allerdings übernimmt das Gericht das Ergebnis der früheren Entscheidung des II. Senats ohne weitere Begründung und leistet somit einen weiteren Beitrag zur Ausdehnung des Betriebsstättenbegriffs, vgl. Mössner, IWB F. 3 a Gr. 1 831 (840). Bei der Beurteilung der Entscheidung darf auch eine gewisse fiskalpolitische Wertung nicht außer Acht gelassen werden, da ein Vermögensteuersenat in einem Inboundfall zu entscheiden hatte, d.h. über die Besteuerung der inländischen Betriebsstätte eines ausländischen Stammhauses zu entscheiden war.

171 Vgl. RFH, Beschluss vom 22.01.1941 – VI B 7/40, RStBl. 1941, 90 (90); RFH, Beschluss vom 17.09.1941 – VI B 15/41, RStBl. 1941, 764 (764); BFH, Beschluss vom 16.06.1959 – I B 214/58 U, BStBl. III 1959, 349 (349); BFH, Beschluss vom 29.11.1960 – I B

dem Hintergrund dieses lediglich mittelbaren Bezugs zur Gewerbeausübung ist eine Betriebsstättenbegründung grundsätzlich zu verneinen.

Darüber hinaus stellt sich die Frage, ob die Begründung einer Betriebsstätte prinzipiell den Einsatz von Personal erfordert. Während innerstaatlich vorausgesetzt wird, dass die feste Geschäftseinrichtung der Tätigkeit des Unternehmens dient, verlangt Art. 5 Abs. 1 OECD-MA, dass die unternehmerische Tätigkeit ganz oder teilweise durch die feste Geschäftseinrichtung ausgeübt wird. Unklar ist hierbei, ob sich aus den unterschiedlichen Formulierungen auf nationaler und auf Abkommensebene unterschiedliche Anforderungen ergeben.[172]

222/59 U, BStBl. III 1961, 52 (52); BFH vom 07.03.1979 – I R 145/76, BStBl. II 527 (528). *Tipke/Kruse* vertreten hingegen die Auffassung, dass die Formulierung des § 12 Abs. 1 AO „dient" sowohl unmittelbares als auch mittelbares Dienen umfasst und solche Einrichtungen demnach Betriebsstätten darstellen können, vgl. Tipke/Kruse, AO, 1996, § 12 Rz. 22; s.a. Hessisches FG vom 26.03.1982 – VIII 326/78, EFG 1983, 34 (34 f.).

172 Den Unterschied zwischen den Tatbestandsmerkmalen „Ausübung" und „Dienen" hat das FG Baden-Württemberg in einer Entscheidung vom 11.05.1992 deutlich herausgearbeitet: Im Streitfall hatte eine ausländische AG in Deutschland eine feste Geschäftseinrichtung unterhalten, diese jedoch an ein inländisches Unternehmen vermietet. Dieses stellte in der festen Geschäftseinrichtung im Namen und im Auftrag sowie nach Rezeptur der ausländischen AG Gewürzsoßen her. Zusätzlich stellte die ausländische AG die für die Lohnherstellung benötigten Rohstoffe zur Verfügung und zeichnete für den Transport der Rohstoffe sowie der Gewürzsoßen verantwortlich. Das FG hat hierzu ausgeführt, dass die Geschäftseinrichtung der ausländischen AG zwar diene, diese aber nicht mit eigenem Personal dort ihre Tätigkeit ausübe, sondern die Tätigkeit dem selbstständigen inländischen Unternehmen zuzurechnen sei, vgl. FG Baden-Württemberg vom 11.05.1992 – 3 K 309/91, EFG 1992, 653 (653 f.); s.a. Baranowski, Auslandsbeziehungen, 1996, Rz. 230; Lüdicke, StKongRep 1994, 217 (222).

Nach Ansicht des BGH genügt eine feste Geschäftseinrichtung, die lediglich der Tätigkeit eines Unternehmens dient, nicht den Tatbestandsvoraussetzungen einer Betriebsstätte i.S.d. DBA.[173] Vielmehr muss eine unternehmerische Haupttätigkeit durch die feste Geschäftseinrichtung ausgeübt werden.[174] Demzufolge legt der BGH Art. 5 OECD-MA im Hinblick auf die Personalerfordernis weit enger als § 12 AO aus.[175] Ausgangspunkt dieses Standpunktes ist die Tatsache, dass ein Unternehmen im Allgemeinen eine Verknüpfung von menschlicher Schaffenskraft mit sachlichen Betriebsmitteln darstellt. Dementsprechend finden sich auch im Schrifttum Stimmen, welche - mit Hinweis auf die Gefahr einer unkontrollierten Ausdehnung des Betriebsstättenbegriffs i.S.d. Art. 5 OECD-MA - eine Abkehr von der Personalerfordernis des Betriebsstättenbegriffs vehement ablehnen.[176] Zwar fordern diese keinen ständigen Personaleinsatz, betrachten aber selbst bei vollautomatisch arbeitenden Maschinen die Bedienung, In-

---

173 Vgl. BGH vom 24.10.1988 – StR 533/87, HFR 1990, 150 (150). *Görl* fordert in diesem Zusammenhang, dass die Tätigkeit des Unternehmens *in* der festen Einrichtung, *von ihr aus* oder *durch sie* ausgeübt werden muss, vgl. Görl, in: Vogel, DBA, 1996, Art. 5 Rz. 30. Im Gegensatz hierzu nimmt *Portner* die Wortvarianten „in" bzw. „von" der Betriebsstätte ausdrücklich aus, vgl. Portner, IStR 1999, 641 (643).

174 Vgl. Wassermeyer, in: Debatin/Wassermeyer, DBA, 2000, Art. 5 Rz. 10; ebenso: Lüthi, in: Gassner/Lang/Lechner, Wandel, 1998, 13.

175 Vgl. Wassermeyer, in: Debatin/Wassermeyer, DBA, 2000, Art. 5 Rz. 10; Demgegenüber weisen die Betriebsstätten-Verwaltungsgrundsätze auf eine inhaltlich Übereinstimmung von Art. 5 OECD-MA sowie § 12 AO hin, vgl. BMF vom 24.12.1999 – IV B 4 – S 1300 – 111/99, Tz. 1.1.1.1.; Mössner lässt schon allein aus dem Merkmal des „Dienens" den Schluss zu, dass der Betrieb des Unternehmens in der Betriebsstätteneinrichtung ausgeübt werden muss, vgl. Mössner, in: Mössner u.a., Unternehmen, 1998, 51 (99).

176 Vgl. insbesondere F.W., IStR 1997, 149 (150); s.a. Züger, in: Gassner/Lang/Lechner, Generalklausel, 1998, 31 (45 f.).

standhaltung bzw. Überwachung einer solchen Einrichtung als unabdingbare Mindestschwelle menschlicher Betätigung.

Im Gegensatz hierzu ist nach der im o.g. Pipeline-Urteil vom II. Senat des BFH entwickelten und vom I. Senat inzwischen bestätigten Auffassung hinsichtlich des vollautomatischen Betriebs einer eigenen Pipeline, der Einsatz von Personal zur Betriebsstättenbegründung nicht notwendig.[177] Im entschiedenen Fall differenzierte der BFH nicht weiter zwischen dem „Ausüben einer Tätigkeit" innerhalb der Betriebsstätte i.S.d. Art. 5 Abs. 1 OECD-MA und dem davon abweichenden Wortlaut „dem Unternehmen dienen" des § 12 AO. Mit Blick auf die Frage des erforderlichen Personaleinsatzes ergeben sich insoweit auf Abkommensbene keine höheren Anforderungen als nach nationalem Recht.[178] Diese Sichtweise steht auch grundsätzlich im Einklang mit dem Betriebsstättenerlass der deutschen Finanzverwaltung vom 24.12.1999: „Der Einsatz von Personen in oder an der Geschäftseinrichtung ist nicht in jedem Fall erforderlich, vielmehr reicht

177 BFH vom 30.10.1996 – II R 12/92, BStBl. 1997, 12 (14); BFH, Beschluss vom 07.07.1997 – I B 26/97, BFH/NV 1998, 19 (19). Im Schrifttum wird dabei insbesondere die Tatsache kritisiert, dass der BFH nicht zwischen dem „Ausüben einer Tätigkeit" innerhalb der Betriebsstätte i.S.d. Art. 5 Abs. 1 OECD-MA und dem davon abweichenden Wortlaut, der gem. § 12 AO von „dem Unternehmen dienen" spricht, differenzierte und somit den abkommensrechtlichen mit dem nationalen Betriebsstättenbegriff gleichstellte, vgl. Portner, IStR 1998, 553 (555); Günkel, IWB, F. 3 a Gr. 1 585 (589 f.); F.W., IStR 1997, 149 (149). Im Gegensatz hierzu betont die deutsche Finanzverwaltung, dass der Betriebsstättenbegriff der DBA in der Regel vor allem an die feste Geschäftseinrichtung anknüpfe und insoweit mit dem entsprechenden Begriff des § 12 S. 1 AO identisch sei. Im Einzelfall seien Ausnahmetatbestände des in Frage stehenden DBA zu prüfen, vgl. BMF vom 24.12.1999 – IV B 4 – S 1300 – 111/99, Tz. 4.8.

das Tätigwerden des Unternehmens mit der Geschäftseinrichtung aus."[179] Insoweit leistet die vielzitierte Rohrleitungsentscheidung aus dem 1996 eine bedeutenden Beitrag zur Fortentwicklung des Betriebsstättenprinzips. Denn spätestens dann, wenn die Ausübung einer Geschäftstätigkeit keinen Personaleinsatz vor Ort mehr voraussetzt, muss die Sinnhaftigkeit einer solchen Tatbestandsvoraussetzung kritisch hinterfragt werden. Erste Anzeichen hierfür finden sich im Schrifttum bereits 1988. Im Hinblick auf EDV-Anlagen, derer sich ein Unternehmer aus der Ferne bedient, wies *Pankow* darauf hin, dass die Forderung nach in der Betriebsstätte örtlich gebundenen persönlichen Tätigkeiten des Unternehmens oder nach dessen Weisungen handelnden Personen überholt sei.[180]

Ein weiteres Indiz für diese Sichtweise lässt sich indes dem innerstaatlichen Gewerbesteuerrecht entnehmen. In den Fällen, in denen sich eine Betriebsstätte auf mehrere Gemeindebezirke erstreckt, ist gemäß § 30 GewStG der einheitliche Gewerbesteuermessbetrag oder der Zerlegungsanteil auf die an der Betriebsstätte beteiligten Gemeinden zu verteilen. Als Zerlegungsmaßstab für eine Gemeinde mit Betriebsstätte steht primär das Verhältnis der Arbeitslöhne nach § 29 Abs. 1 Nr. 1 GewStG im Vordergrund. Demgegenüber hat der Gesetzgeber für mehrgemeindliche Betriebsstätten keinen festen Zerlegungsmaßstab bestimmt. Allerdings sind gemäß

---

178 Kritisch hierzu: Portner, IStR 1998, 553 (555); Günkel, IWB, F. 3 a Gr. 1 585 (589 f.); F.W., IStR 1997, 149 (149).

179 Vgl. BMF, Schreiben vom 24.12.1999, IV B 4 S 1300 – 111/99, Tz. 4.8.; s.a. Kumpf/Roth, FR 2000, 500 (505 f.).

180 Vgl. Pankow, CDFI LXXIII b, 1988, 147; allgemein im Hinblick auf moderne Telekommunikations- und Transportsysteme: Kumpf, in: Haarmann, Beschränkte Steuerpflicht, 1993, 27 (32). Mit Hinweis auf Maschinen, Automaten, Plakatsäulen bzw.

§ 30 GewStG neben den örtlichen Verhältnissen auch die durch das Vorhandensein der Betriebsstätte erwachsenden Gemeindelasten zu berücksichtigen. Damit trägt die Regelung dem Umstand Rechnung, dass in einzelnen Teilen einer mehrgemeindlichen Betriebsstätte keine oder allenfalls vorübergehend Tätigkeiten stattfinden, mit der Folge, dass dort kein Arbeitslohn gezahlt wird und gleichwohl Gemeindelasten anfallen.[181] Bei einer streng am Wortlaut orientierten Auslegung der gewerbesteuerlichen Zerlegungsvorschrift ist der Einsatz von Personal für eine Betriebsstättenbegründung also nicht zwingend erforderlich. In diesem Sinn hatte bereits die frühere Verwaltungspraxis und Rechtsprechung in Preußen angenommen, dass bei Eisenbahnunternehmen ohne Stationsbetrieb für alle von der Eisenbahn berührten Gemeinden eine mehrgemeindliche Betriebsstätte anzunehmen sei.[182]

2. *Hilfstätigkeit als negatives Kriterium*

Während im deutschen Außensteuerrecht jedes Tätigwerden auf kaufmännischem, technischem oder handwerklichem Gebiet - also auch gewerbliche Hilfs- und Nebentätigkeiten - zu einer Betriebsstätte führen kann,[183] werden auf Abkommensebene grundsätzlich nur sowohl qualitativ als auch quantitativ bedeutsame gewerbliche Tätigkeiten als betriebsstät-

---

1993, 27 (32). Mit Hinweis auf Maschinen, Automaten, Plakatsäulen bzw. –tafeln: Steinberg, FR 1960, 373 (374).

181 Vgl. Glanegger/Güroff, GewStG 1999, § 30 Rz. 4.

182 Vgl. Zitzlaff, StuW 1940, 86 (90).

183 So auch schon der RFH in einem Streitfall, bei dem ein Büro, welches von der ausländischen Hauptniederlassung benötigen Brennstoff auf seine Beschaffenheit prüft und überwacht, als Betriebsstätte qualifiziert wurde, vgl. RFH vom 29.10.1935 – I A 76/35, RStBl. 1935, 1516 (1517); s.a. BFH vom 15.05.1961 – IV 155/60, BStBl. III 1961, 317 (318 f.); BFH vom 07.12.2000 – III R 49/98, DStRE 2001, 928 (931).

tenbegründend angesehen.[184] Insoweit ist der Betriebsstättenbegriff im Abkommensrecht deutlich enger gefasst als im nationalen Recht.[185] Denn es wäre im umgekehrten Fall durchaus denkbar, dass das DBA einem Vertragsstaat das Besteuerungsrecht belässt, der nach innerstaatlichem Recht gar keinen Besteuerungsanspruch erhebt.[186] Eine so erforderliche Grenzziehung zwischen Haupt- und Hilfstätigkeiten versucht das OECD-MA hierbei im Wege einer Negativdefinition zu lösen.[187] Was unter solchen Hilfstätigkeiten konkret zu verstehen ist, zählt Art. 5 Abs. 4 a-d OECD-MA wie folgt auf:

- Einrichtungen, die ausschließlich zur Lagerung, Ausstellung oder Auslieferung von Gütern oder Waren des Unternehmens benutzt werden;

---

184 Vgl. Jacobs, Unternehmensbesteuerung, 1999, 313.

185 Nach Ansicht des OECD-Fiskalausschusses besteht der Sinn und Zweck des Negativkatalogs darin, diejenigen Tätigkeiten der Geschäftseinrichtung von der Besteuerung im Quellenstaat auszuschließen, die der tatsächlichen Gewinnerzielung des Unternehmens so weit entfernt sind, dass es sich als schwierig erweist, der betreffenden Geschäftseinrichtung irgendeinen Gewinn zuzurechnen, vgl. OECD-MK, Art. 5, Tz. 23.

186 Vgl. Wassermeyer, in: Debatin/Wassermeyer, DBA, 1999, Art. 5 Rz. 9. Mit Hinweis auf die entgegengesetzte Interessenlage von nationalen und internationalen Normen, vgl. Halfar, IWB, F. 3Gr.1, 1393 (1397); Günkel, in: Becker/Höppner/Grotherr u.a., DBA, 1999, Art. 5 Rz. 40.

187 Daher zählen z.B. Repräsentationsbüros, welche lediglich der Markterkundung und Informationsbeschaffung dienen, auf Abkommensebene nicht zu den Betriebsstätten, vgl. Baranowski, IWB F. 3 Gr. 2, 619 (624); Lüdicke, StKongRep 1994, 217 (224). Demgegenüber begründen Redaktionsaußenstellen nach nationalem und nach Abkommensrecht Betriebsstätten, da nicht nur Informationen beschafft, sondern darüber hinaus auch bearbeitet werden, vgl. BFH vom 24.11.1982 – I R 123/78, BStBl. II 1983, 113 (113 f.).

- Bestände von Gütern oder Waren des Unternehmens, die ausschließlich zur Lagerung, Ausstellung oder Auslieferung unterhalten werden;

- Bestände von Gütern oder Waren des Unternehmens, die ausschließlich zu dem Zweck unterhalten werden, durch ein anderes Unternehmen bearbeitet oder verarbeitet zu werden.

- eine feste Geschäftseinrichtung, die ausschließlich zu dem Zweck unterhalten wird, für das Unternehmen Güter oder Waren einzukaufen oder Informationen zu beschaffen.

Diese Aufzählung von Hilfstätigkeiten erfährt durch die Generalklausel des Art. 5 Abs. 4 e OECD-MA eine Ergänzung dahingehend, dass vorbereitende und unterstützende Tätigkeiten grundsätzlich keine Betriebsstättenbegründung zur Folge haben.[188] Schließlich führt gemäß Art. 5 Abs. 4 f OECD-MA auch die Kumulierung der in den Buchstaben a-e genannten Ausnahmetatbestände nicht zur Annahme einer Betriebsstätte. Trotz Vorliegens aller erforderlichen Betriebsstättenmerkmale verneint der Katalog von Hilfs- und Nebentätigkeiten somit im Ergebnis - mangels ausreichend enger Verbindung zum Betriebsstättenstaat - eine solche.[189] Allerdings er-

---

188 Vgl. BFH vom 23.01.1985 – I R 292/81, BStBl. II 1985, 417 (419). Mit Hinweis auf die Tatsache, dass Buchstabe e – richtigerweise – der in Art. 5 Abs. 4 getroffenen Regelungen vorangestellt hätte werden müssen, vgl. Wassermeyer, in: Debatin/Wassermeyer, DBA, 2000, Art. 5 Rz. 174.

189 Vgl. Strunk, in: Grotherr/Herfort/Strunk, DBA-Recht, 1998, 473. Kritisch hierzu: Wassermeyer, in: Debatin/Wassermeyer, DBA, 2000, Art. 5 Rz. 151. Hinzu kommt, dass es sich regelmäßig als überaus schwierig erweisen wird, den auf solche Hilfstätigkeiten ent-

weist es sich regelmäßig als schwierig, eine klare Trennlinie zwischen Aktivitäten vorbereitender Art bzw. Hilfstätigkeiten und betriebstättenbegründenden Aktivitäten zu ziehen.[190] Entscheidend ist dann, dass die zu beurteilenden Sachverhalte im Hinblick auf die Gesamttätigkeit eines bestimmten Unternehmens eine nicht nur untergeordnete Rolle spielen.[191] So kann im Einzelfall eine bestimmte Tätigkeit wie z.B. Forschung oder Werbung im Rahmen eines Unternehmens lediglich Hilfstätigkeit sein, während sie bei einem anderen den ausschließlichen Gegenstand seiner gewerblichen Tätigkeit bildet.[192] Hierbei erscheint eine umfassende Funktionsanalyse unumgänglich. Denn die Frage, wann einer festen Geschäfteinrichtung ein signifikanter Teil der gesamten Unternehmenstätigkeit beigemessen werden kann, muss damit von Fall zu Fall beantwortet werden.

Einen abschließenden Überblick über die einzelnen nationalen sowie abkommenrechtlichen Prüfungsschritte zur Feststellung einer inländischen Betriebsstätte gibt Abbildung 2.

---

fallenden Gewinn zu bestimmen, vgl. Görl, in: Vogel, DBA, 1996, Art. 5 Rz. 108. In diesem Zusammenhang weist *Skaar* darauf hin, dass die Ausnahme in den Fällen nicht gerechtfertigt sei, in denen die unterstützende Einrichtung groß sei und einen ins Gewicht fallenden Anteil am Unternehmensertrag erwirtschafte, vgl. Skaar, Establishment, 1991, 288 ff.

190 Vgl. Jacobs, Unternehmensbesteuerung, 1999, 313.

191 „Entscheidend ist, ob die Tätigkeit der festen Geschäftseinrichtung an sich einen wesentlichen und maßgeblichen Teil der Tätigkeit des Gesamtunternehmens ausmacht," vgl. OECD-MK, Art. 5 Tz. 24; Kumpf, Inländische Betriebsstätte, 1982, 35.

192 Vgl. Görl, in: Vogel, DBA, 1996, Art. 5 Rz. 116 a.

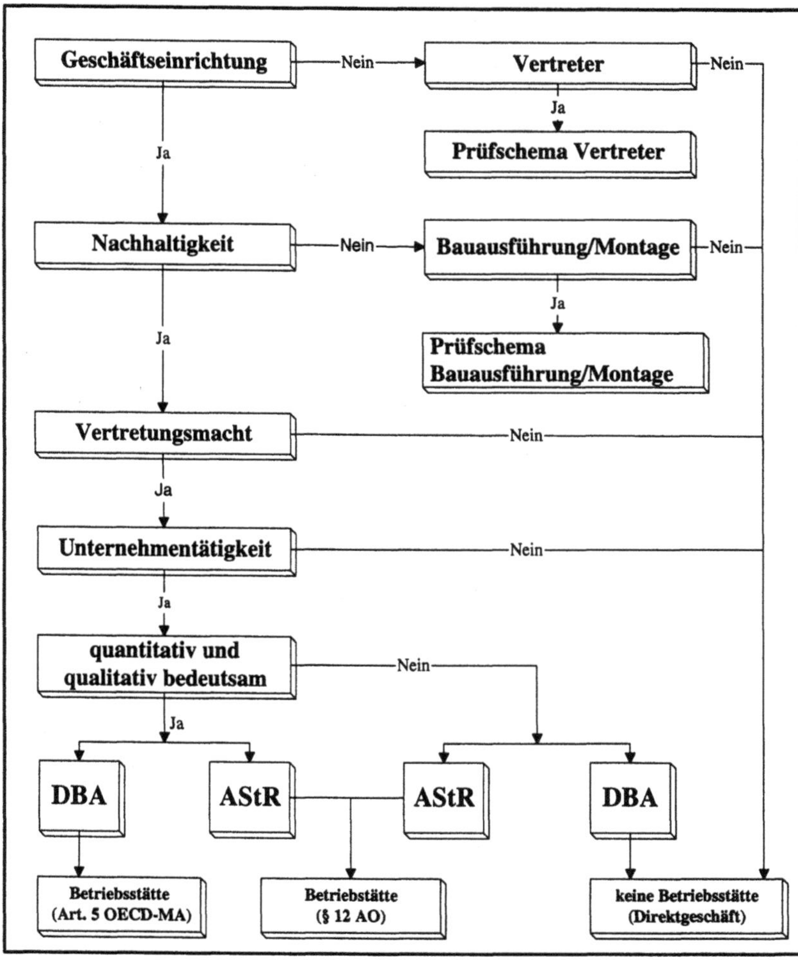

Abbildung 2: Prüfschema bei inländischen Betriebsstätten ausländischer Investoren[193]

193 Vgl. Jacobs, Unternehmensbesteuerung, 1999, 320.

3. *Ausgewählte Betriebsstättenbeispiele*

Sowohl das nationale als auch das Abkommensrecht enthalten einen nicht abschließenden[194] Katalog von Betriebsstättenbeispielen, die in weiten Teilen übereinstimmen. Diese Aufzählungen werden in der Fachwelt vielfach als Erweiterung der allgemeinen Betriebsstättendefinition verstanden, so dass die dort genannten Einzelfälle - isoliert betrachtet - nicht alle Merkmale der allgemeinen Betriebsstättendefinition erfüllen müssen.[195] Dieser Auffassung hat sich der BFH erstmals mit Urteil vom 28.07.1993 sowie die deutsche Finanzverwaltung im Rahmen des Betriebsstättenerlasses vom 24.12.1999 angeschlossen.[196] Im Gegensatz hierzu vertritt die h.M. in der Literatur die Ansicht, dass ungeachtet der Positivkataloge des § 12 S. 2 AO bzw. Art. 5 Abs. 2 OECD-MA dennoch eine Prüfung der Tatbestandsmerkmale des allgemeinen Betriebsstättenbegriffs nicht entbehrlich wird.[197] Dem ist zuzustimmen, da gemäß Tz. 12 OECD-MK die

---

194 An dieser Stelle sei auf den Wortlaut des § 12 S. 2 AO („sind *insbesondere* anzusehen") bzw. Art. 5 Abs. 2 OECD-MA („umfasst *insbesondere*") hingewiesen, der die Tatsache, untermauert, dass es sich hierbei um einen nicht abschließenden Katalog von Betriebsstättensachverhalten handelt, vgl. Tipke/Kruse, AO, 1996, § 12 Rz. 23.

195 Vgl. BFH vom 27.07.1993 – I R 15/93, BStBl. II 1994, 148 (149). *Birk* weist in diesem Zusammenhang auf die Schwierigkeiten hin, die sich ergeben, wenn frei bewegliche – insbesondere frei schwimmende – Anlagen eine Betriebsstätte gemäß § 12 S. 1 AO begründen sollen, vgl. Birk, in: Hübschmann/Hepp/Spitaler, AO, 1998, § 12 Rz. 25. Auf DBA-Ebene vgl. insbesondere Debatin, in: Debatin/Wassermeyer, DBA, 2000, Systematik IV 4 Rz. 56; s.a. Wassermeyer, in: Debatin/Wassermeyer, DBA, 2000, Art. 5 Rz. 61.

196 So sei z.B. eine mehr als sechsmonatige Bauausführung auch dann Betriebsstätte i.S.d. § 12 S. 2 Nr. 8 AO, wenn es an einer festen Geschäftseinrichtung oder Anlage fehle, vgl. BFH vom 27.07.1993 – I R 15/93, BStBl. II 1994, 148 (149); BMF vom 24.12.1999, IV B 4 S 1300 – 111/99, Tz. 1.1.1.1.

197 Vgl. Görl, in: Vogel, DBA, 1996, Art. 5 Rz. 47; Günkel, in: Becker/Höppner/Grotherr u.a., DBA, 1999, Art. 5 Rz. 106; Jacobs, Unternehmensbesteuerung, 1999, 309; Kumpf,

in den Katalogen aufgezählten Beispiele die für die Generalklausel des Art. 5 Abs. 1 OECD-MA erforderliche Geschäftseinrichtung lediglich beispielhaft erläutern, verdeutlichen und unterstreichen sollen.[198] Im Ergebnis kommt dem Positivkatalog daher keine eigenständige normative Funktion zu. Nachfolgend wird auf die in Abbildung 3 dargestellten Betriebsstättenbeispiele des § 12 S. 2 AO und Art. 5 Abs. 2 OECD-MA näher eingegangen.

Inländische Betriebsstätte, 1982, 36; Lüdicke, in: Fischer, Wirtschaftliche Aktivitäten, 1995, 35 (40); Mössner, in: Mössner u.a., Unternehmen, 1998, 51 (97, 101); Schaumburg, Steuerrecht, 1998, Rz. 16.244.

198 Vgl. OECD-MK, Art. 5 Tz. 12; Züger, in: Gassner/Lang/Lechner, Generalklausel, 1998, 40.

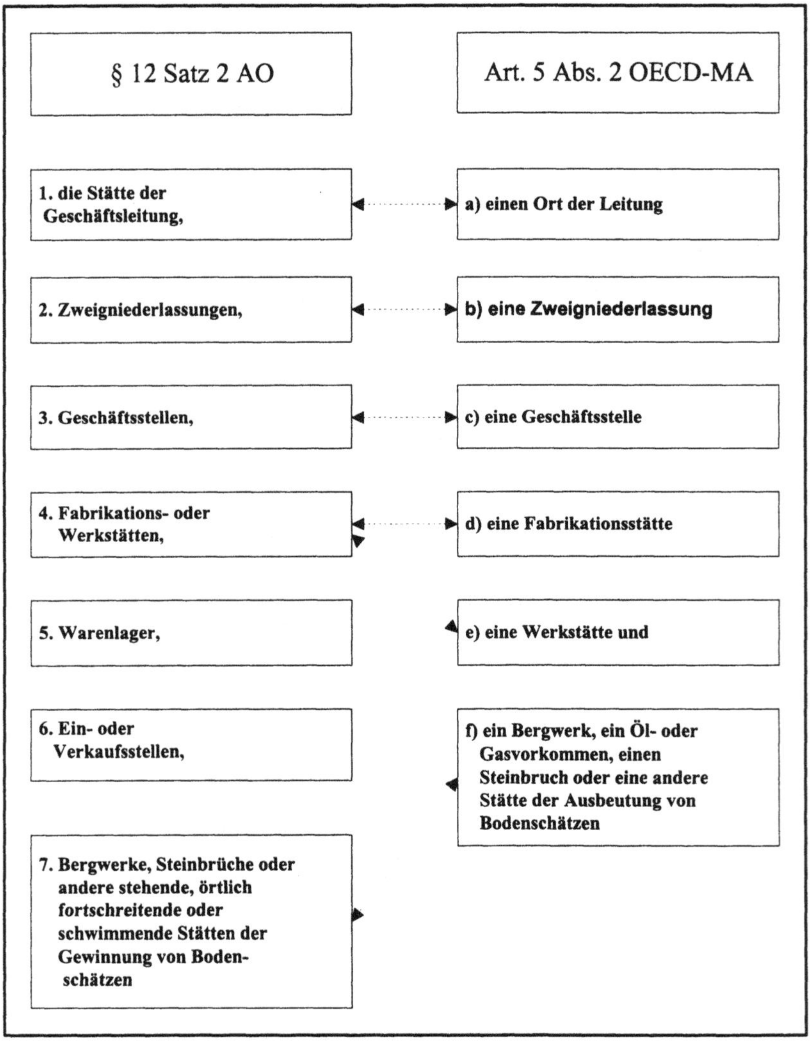

Abbildung 3: Betriebsstättenbeispiele

a) *Stätte der Geschäftsleitung/Ort der Leitung*[199]

§ 12 S. 2 Nr. 1 AO definiert die Geschäftsleitungsbetriebsstätte als „die Stätte der Geschäftsleitung." Nach h.M. ist der in § 12 S. 2 Nr. 1 AO verwendete Begriff der „Geschäftsleitung" identisch mit dem Begriff der Geschäftsleitung in § 10 AO.[200] Hiernach ist unter Geschäftsleitung der Mittelpunkt der geschäftlichen Oberleitung zu verstehen. Dieser befindet sich dort, wo der für die Geschäftsführung maßgebende Wille gebildet wird[201], d.h. wo die für die Geschäftsführung notwendigen Maßnahmen von einiger Wichtigkeit getroffen werden[202].

Der abkommensrechtliche Ausdruck „Ort der Leitung" stellt auf den Ort ab, von dem aus das Unternehmen oder ein Teil des Unternehmens ge-

---

199 Im Zusammenhang mit einer konsequenten Besteuerung im Sitzstaat wird das Anknüpfungsmerkmal der Geschäftsleitungsbetriebsstätte noch eingehender analysiert, vgl. S. 75.

200 Vgl. Birk, in: Hübschmann/Hepp/Spitaler, AO, 1998, § 10 Rz. 26; Gersch, in: Klein, AO, 2000, § 12 Rz. 6 a; Tipke/Kruse, AO, 1996, § 12 Rz. 24.

201 Vgl. RFH vom 23.06.1938 – III 40/38, RStBl. 1938, 949 (949); FG Bremen vom 20.03.1975 – II 98/73, EFG 1975, 384 (384); FG Hamburg vom 02.08.1977 – V 108/76, EFG 1978, 138 (139); FG Düsseldorf vom 08.10.1980 – XV/X 16/75 K, EFG 1981, 148 (148); BFH vom 23.01.1991 – I R 22/90, BStBl. II 1991, 554 (555); BFH vom 07.12.1994 – I K 1/93, BStBl. II 1994, 175 (178); BFH vom 03.07.1997 – IV R 58/95, BStBl. II 1998, 86 (87); BGH vom 07.12.1994 – I K 1/93, BStBl. II 1995, 175 (178); Hessisches FG vom 20.10.1997 – 4 K 1420/93, EFG 1998, 518 (518); BFH vom 16.12.1998 – R 138/97, BStBl. II 1999, 437 (438).

202 Vgl. RFH vom 25.07.1935 – III A 98/35, RStBl. 1935, 1366 (1366); RFH vom 23.06.1938 – III 40/38, RStBl. 1938, 949 (949); BFH vom 26.05.1970 – II 29/65, BStBl. II 1970, 759 (760); FG Bremen vom 20.03.1975 – II 98/73, EFG 1975, 384 (384); FG Hamburg vom 02.08.1977 – V 108/76, EFG 1978, 138 (139); FG Düsseldorf vom 08.10.1980 – XV/X 16/75 K, EFG 1981, 148 (148).

leitet wird.[203] Dabei lässt sich dem Wortlaut des Art. 5 Abs. 2 a OECD-MA - „einen Ort der Leitung“ - entnehmen, dass auf Abkommensebene mehrere Orte der Leitung gegeben sein können, etwa bei getrennter kaufmännischer und technischer Leitung.[204] Damit ist die Geschäftsleitungsbetriebsstätte i.S.d. Art. 5 Abs. 2 a OECD-MA - zumindest auf den ersten Blick - weiter gefasst als ihr innerstaatliches Pendant.

Praktische Bedeutung hat dieses Betriebsstättenbeispiel vor allem im Hinblick auf Kontroll- und Koordinierungsstellen als regionale Führungsstellen im Rahmen von Sparten- oder Matrixkonzernen.[205] Denn in diesem Zusammenhang stellt sich regelmäßig die Frage, ob bzw. inwieweit die in den hierfür vorgesehenen Geschäftseinrichtungen ausgeübten kaufmännischen Tätigkeiten als Hilfstätigkeiten i.S.d. Art. 5 Abs. 4 OECD-MA zu qualifizieren sind. Zu den Aufgaben eines solchen Coordination Centers

---

203 Vgl. Görl, in: Vogel, DBA, 1996, Art. 5 Rz. 49; Strunk, in: Grotherr/Herfort/Strunk, DBA-Recht, 1998, 469. Dabei ist anzumerken, dass der Ort der Leitung gemäß Art. 5 Abs. 2 a OECD-MA von dem Ort der Geschäftsleitung gemäß Art. 4 Abs. 1 OECD-MA sowie dem Ort der tatsächlichen Geschäftsleitung gemäß Art. 4 Abs. 3 OECD-MA klar abgegrenzt werden muss, vgl. Lüthi, in: Gassner/Lang/Lechner, Wandel, 1998, 13.

204 Vgl. Görl, in: Vogel, DBA, 1996, Art. 5 Rz. 49; Günkel, in: Becker/Höppner/Grotherr u.a., DBA, 1999, Art. 5 Rz. 111; Wassermeyer, in: Debatin/Wassermeyer, DBA, 2000, Art. 5 Rz. 64.

205 Internationale Konzerne setzen immer mehr regionale Konzernverwaltungsstellen (regional headquarters) z.B. in Gestalt von Coordination Centers z.B. in Belgien, Hongkong oder der Schweiz als regionale Führungsinstrumente ein. Kerngedanke ist dabei regelmäßig die Vermeidung von Kostenduplizierungen in nicht zum operativen Geschäft der lokalen Unternehmen gehörenden Bereichen, ohne jedoch zeitnahes Reaktionsvermögen auf sich ändernde Rahmenbedingungen einzubüßen, vgl. Becker, DB 1984, 1847 (1847 f.); ders., Intertax 1989, 430 (430 f.); Jacobs, Unternehmensbesteuerung, 1999, 858; Raupach, IStR 1993, 194 (198); Theisen, Konzern, 2000, 169, 172.

gehören z.B. Beratungen bei Einkaufs-, Personal-, und Investitionsplanung sowie die Koordination von Forschung und Entwicklung und Know-how-Transfer. Dient eine Kontrollstelle jedoch ausschließlich dem Zweck der Informationsbeschaffung oder übermittelt und unterstützt diese lediglich Weisungen der Konzernspitze, so liegt nach Auffassung der Finanzverwaltung regelmäßig keine Betriebsstätte im abkommensrechtlichen Sinn vor.[206]

b) Zweigniederlassungen

Der Ausdruck „Zweigniederlassung" gemäß § 12 S. 2 Nr. 2 AO und Art. 5 Abs. 2 b OECD-MA ist dem Handelsrecht (§§ 13 ff. HGB, 42 ff. AktG, 14 f. GenG) entnommen[207] und umfasst einen zivilrechtlich unselbständigen, aber räumlich, organisatorisch und wirtschaftlich selbstständigen Teil eines Unternehmens, der auf eine gewisse Dauer angelegt ist.[208] Zusätzlich muss die Zweigniederlassung sachlich die gleichen, aber nicht notwendigerweise alle gleichartigen Geschäfte wie die Hauptniederlassung tätigen.[209] Demnach sind - analog zum Negativkatalog des Art. 5 Abs. 4 OECD-MA - bei Ausübung bloßer Hilfs- und Ausführungsgeschäfte keine

---

206 Vgl. BMF vom 24.12.1999, IV B 4 S 1300 – 111/99, Tz. 4.4.2; s.a. Sieker, in: Piltz/Schaumburg, Betriebsstättenbesteuerung, 2001, 85 (91) m.w.N.

207 Aufgrund der Tatsache, dass die Zweigniederlassung abkommensrechtlich keine Definition erfährt, ist gemäß Art. 3 Abs. 2 OECD-MA auf innerstaatliches Recht zurückzugreifen. Insoweit kommt die Begriffsbestimmung des § 13 HGB auch auf Abkommensebene zur Anwendung.

208 Vgl. Baumbach/Hopt, HGB, 1995, § 13 Rz. 3; Birk, in: Hübschmann/Hepp/Spitaler, AO, 1998, § 12 Rz. 27; Görl, in: Vogel, DBA, 1996, Art. 5 Rz. 52; Jacobs, Unternehmensbesteuerung, 1999, 309; Schaumburg, Steuerrecht, 1998, Rz. 16.246; Tipke/Kruse, AO, 1996, § 12 Rz. 25; Wassermeyer, in: Debatin/Wassermeyer, DBA, 2000, Art. 5 Rz. 71; s.a. BFH vom 16.12.1992 – I R 46/88, BStBl. II 1993, 677 (679).

Zweigniederlassungen i.S.d. § 13 HGB anzunehmen.[210] Aus dem Erfordernis räumlicher Selbstständigkeit folgt darüber hinaus eine zwingende örtliche Trennung von der Hauptniederlassung, so dass eine Zweigniederlassung grundsätzlich nicht in denselben Räumen wie die Hauptniederlassung begründet werden kann.[211] Schließlich ist ein Zweigstellenleiter zu bestellen, der die Befugnis zu selbstständigem Handeln in nicht ganz unwesentlichen Angelegenheiten innehat.[212]

Die Tatbestandsvoraussetzungen des § 13 HGB sind grundsätzlich nur in den Fällen erfüllt, in denen eine Eintragung der Zweigniederlassung im Handelsregister vorgenommen wurde.[213] Jedoch wirkt die Eintragung nach

---

209 Vgl. BFH vom 16.12.1992 – I R 46/88, BStBl. II 1993, 677 (679).

210 Mit Hinweis auf Empfangs- und Aushändigungsstellen, Warenlager oder Speicher, welche grundsätzlich keine Zweigniederlassungen begründen, vgl. Baumbach/Hopt, HGB, 1995, § 13 Rz. 3. Hieraus ist schließlich nicht zu folgern, dass die Zweigniederlassung sämtliche Geschäfte der Hauptniederlassung erledigt.

211 Dagegen können Zweigniederlassungen regelmäßig in derselben Gemeinde belegen sein, vgl. Baumbach/Hopt, HGB, 1995, § 13 Rz. 3; Birk, in: Hübschmann/Hepp/Spitaler, AO, 1998, § 12 Rz. 27.

212 Vgl. BFH vom 16.12.1992 – I R 46/88, BStBl. II 1993, 677 (678); Lüdicke, StKongRep 1994, 217 (2259).

213 Vgl. Frotscher, in: Schwarz, AO, 2000, § 12 Rz. 31; Gersch, in: Klein, AO, 2000, § 12 Rz. 11; Tipke/Kruse, AO, 1996, § 12 Rz. 25; Wassermeyer, in: Debatin/Wassermeyer, DBA, 2000, Art. 5 Rz. 72. *Strunk* stellt in diesem Zusammenhang fest, dass die Frage, ob eine handelsrechtliche Eintragung die zwingende Voraussetzung für die Qualifizierung einer Zweigniederlassung als Betriebsstätte bildet, weitgehend von akademischer Natur ist. Da es sich nur um eine beispielhafte Aufzählung handelt, sei vielmehr auf das Vorliegen der für eine Betriebsstätte erforderlichen Tatbestandsmerkmale abzustellen, vgl. Strunk, in: Grotherr/Herfort/Strunk, DBA-Recht, 1998, 470.

Ansicht des FG Rheinland-Pfalz vom 04.10.1973 nicht konstitutiv.[214] Vielmehr begründet diese lediglich die widerlegbare Vermutung, dass ein ausländisches Unternehmen im Inland eine Betriebsstätte unterhält.[215] Zur Widerlegung bedarf es allerdings eines substantiierten Vorbringens aus dem hervorgeht, dass die Zweigniederlassung zu Unrecht im Handelsregister eingetragen wurde.[216] Vor dem Hintergrund der genannten Voraussetzungen verkörpert die Zweigniederlassung im Ergebnis eine geradezu „idealtypische Ausprägung des Betriebsstättenleitbildes im Basisbereich".[217]

c) Geschäftsstellen

Der Begriff „Geschäftsstelle" wird sowohl in § 12 S. 2 Nr. 3 AO als auch in Art. 5 Abs. 2 c OECD-MA als Betriebsstättenbeispiel genannt.[218] Darunter sind alle festen Einrichtungen zu verstehen, in denen kaufmännische Aufgaben des Managements eines Unternehmens ausgeführt werden.[219] Geschäftsstellen unterscheiden sich von Zweigniederlassungen insbesondere dadurch, dass in ihnen nur einzelne Teilbereiche der Unternehmenstätig-

---

214 Vgl. FG Rheinland Pfalz vom 04.10.1973 – III 96/71, EFG 1974, 127 (128).

215 Vgl. BFH vom 23.03.1977 – II R 68/70, BStBl. II 1977, 700 (700 f.); BFH vom 31.01.1981 – III R 116/79, BStBl. II 1981, 560 (561).

216 Vgl. Ebling, RIW 1982, 147 (147).

217 Vgl. Jacobs, Unternehmensbesteuerung, 1999, 310; Storck, Ausländische Betriebsstätten, 1980, 158.

218 Gemäß Art. 31 Abs. 1 WÜRV ist die Geschäftsstelle i.S.d. Art. 5 Abs. 2 c OECD-MA ein Begriff tatsächlicher Art, der im Sinne seiner gewöhnlichen Bedeutung auszulegen ist. Dementsprechend ist zu vermuten, dass die Begriffe des Art. 5 Abs. 2 c OECD-MA und des § 12 S. 2 Nr. 3 AO deckungsgleich sind, vgl. Storck, Ausländische Betriebsstätten, 1980, 159; Wassermeyer, in: Debatin/Wassermeyer, DBA, 2000, Art. 5 Rz. 74.

219 Vgl. BFH vom 10.05.1989 – I R 50/85, BStBl. II 1989, 755 (756).

keit ausgeübt werden.[220] Nicht selten handelt es sich hierbei um kleinere Einrichtungen eines Unternehmens z.B. in Gestalt von Zweigstellen, Vertretungen, Verkaufsförderungszentren oder Repräsentanz- und Verbindungsbüros. Auch sog. Kontroll- oder Koordinationsstellen, deren Aufgabenbereiche u.a. die Koordination und Konsolidierung der Jahresabschlüsse der Grundeinheiten oder die Koordinierung der Finanzierungsaktivitäten umfassen, verkörpern Geschäftsstellen.[221] Aufgrund der Tatsache, dass diese Aufgaben nicht den Leitungsaufgaben im engeren Sinn zuzurechnen sind, liegt nach Auffassung der Finanzverwaltung - zu Recht - kein Ort der Leitung, sondern eine Geschäftsstelle vor.[222] Darüber hinaus ist festzustellen, ob die ausgeübten Tätigkeiten von vorbereitender Natur oder Hilfstätigkeiten i.S.d. Art. 5 Abs. 4 d, e OECD-MA sind. Denn in diesen Fällen ist auf Abkommensebene eine Betriebsstätte regelmäßig abzulehnen.

d) Warenlager

Nach nationalem Recht gehört das Warenlager zu den in § 12 S. 2 AO aufgeführten Betriebsstättenbeispielen. Als Warenlager wird eine Geschäftseinrichtung verstanden, in der ein Unternehmen seine Produkte aufbewahrt und von der aus Waren verkauft und/oder ausgeliefert werden.[223] Dazu zählen insbesondere Auslieferungslager, Lagerhäuser, Tanklager und Ausstellungsräume.

---

220 Vgl. Jacobs, Unternehmensbesteuerung, 1999, 310.

221 Vgl. Storck, Ausländische Betriebsstätten, 1980, 159.

222 Vgl. BMF vom 24.12.1999, IV B 4 S 1300 – 111/99, Tz. 4.4.2.

223 Vgl. Birk, in: Hübschmann/Hepp/Spitaler, AO, 1998, § 12 Rz. 30; Frotscher, in: Schwarz, AO, 2000, § 12 Rz. 37; Jacobs, Unternehmensbesteuerung, 1999, 311; Tipke/Kruse, AO, 1996, § 12 Rz. 27.

Um die Tatbestandsvoraussetzungen des § 12 AO zu erfüllen, muss der Unternehmer die Verfügungsgewalt über die Lagereinrichtung innehaben. Dies ist regelmäßig dann der Fall, wenn das Warenlager durch eigene Arbeitnehmer oder weisungsgebundenes fremdes Personal verwaltet wird.[224] Demgegenüber besitzt der Unternehmer keine Dispositionsbefugnis über ein von einem anderen Unternehmer selbstständig verwaltetes Warenlager.[225] Das gleiche gilt im Ergebnis auch für sog. Konsignationslager, die sich insbesondere dadurch auszeichnen, dass Waren bei einem Unternehmer eingelagert werden und dieser - je nach Bedarf - Waren entnimmt und nach Entnahme abrechnet.[226]

Auf Abkommensebene begründen Einrichtungen, die ausschließlich zur Lagerung, Ausstellung oder Auslieferung von Gütern genutzt werden, genauso wie die Bestände selbst, gemäß Art. 5 Abs. 4 OECD-MA grundsätz-

---

224 Vgl. RFH vom 03.10.1935 – III A 267/34, RStBl. 1935, 1399 (1400 f.); BFH vom 08.10.1941 – VI B 11/41, RStBl. 1941, 814 (814); BFH, Beschluss vom 09.03. 1962, I B 156/58 S, BStBl. III 1962, 227 (228); BFH, Beschluss vom 18.06.1962 – I B 223/61 S, BStBl. III 1962, 477 (477); BFH vom 18.03.1976, IV R 168/72, 365 (365); FG München, Beschluss vom 24.04.1997 – 7 V 1181/97, EFG 1997, 1482 (1484), bestätigt durch BFH vom 10.11.1998 – I B 80/97, BFH/NV 1999, 665 (666).

225 So begründen z.B. nach Ansicht des BFH Tankstelleneinrichtungen, die Mineralölfirmen an selbstständige Tankwarte verpachten, keine Betriebsstätten der Mineralölfirmen, sondern vielmehr Betriebsstätten der Pächter, vgl. BFH, Beschluss vom 18.06.1962 – I B 223/61 S, BStBl. III 1962, 477 (477). Ebenso zieht ein im Rahmen eines Kommissionsverhältnisses unterhaltenes Kommissionslager des ausländischen Kommittenten beim inländischen Kommissionär für ersteren keine inländische Betriebsstätte nach sich, vgl. RFH vom 24.03.1942 – I 445/40, RStBl. 1942, 714 (714).

226 Vgl. Kumpf, in: Herrmann/Heuer/Raupach, Kommentar, 1999, § 49 Rz. 400; ders., Inländische Betriebsstätte, 1982, 94. Konsignationslager als Betriebsstätten nach § 12 AO bejahend, abkommensrechtlich ablehnend: Frotscher, in: Schwarz, AO, 2000, § 12 Rz. 38.

lich keine Betriebsstätte.[227] Zu einem anderen Ergebnis kommt man lediglich in den Fällen, in denen z.B. ein lagerverwaltender abhängiger Vertreter die Vollmacht besitzt, Verträge über den Verkauf der verwalteten Güter abzuschließen. Dabei ist der dadurch begründeten Vertreterbetriebsstätte das Warenlager zuzurechnen.[228]

e) Ein- oder Verkaufsstellen

Ein- und Verkaufsstellen i.S.d. § 12 Nr. 6 AO sind Geschäftseinrichtungen, die dem Ein- oder Verkauf von materiellen oder immateriellen Gütern dienen.[229] Nach nationalem Recht führen derartige Einrichtungen - bei Vorliegen der allgemeinen Betriebsstättenvoraussetzungen - stets zur Annahme einer Betriebsstätte. Demzufolge ist auch bei Ein- und Verkaufsstellen zwingend die Verfügungsmacht über diese Einrichtungen zu fordern.[230] Erfolgt der Ein- und Verkauf im Gegensatz hierzu über einen selbstständigen Unternehmer, scheidet eine Betriebsstättenbegründung von vornherein aus. Hiervon ausgenommen sind allerdings die Fälle, in denen dieser Unternehmer weisungsgebunden ist und seitens des Unternehmers,

---

227 Vgl. zur Entwicklung der Vorschrift: Lang, in: Gassner/Lang/Lechner, Ausnahmekatalog, 1998, 90.

228 Vgl. Flick/Wassermeyer/Wingert/Kempermann, DBA-Schweiz, Art. 5 Rz. 57.

229 Vgl. Birk, in: Hübschmann/Hepp/Spitaler, AO, 1998, § 12 Rz. 31; Jacobs, Unternehmensbesteuerung, 1999, 311; Storck, Ausländische Betriebsstätten, 1980, 165; Tipke/Kruse, AO, 1996, § 12 Rz. 29.

230 Vgl: Birk, in: Hübschmann/Hepp/Spitaler, AO, 1998, § 12 Rz. 31; Tipke/Kruse, AO, 1996, § 12 Rz. 29. *Frotscher* vertritt demgegenüber die Ansicht, dass eine Dispositionsgewalt über die Ein- oder Verkaufsstelle nicht erforderlich sei. Folglich handle es sich hierbei um eine Erweiterung der allgemeinen Betriebsstättendefinition, vgl. Frotscher, in: Schwarz, AO, 2000, § 12 Rz. 45.

für den eingekauft oder verkauft wird, eine nicht nur vorüberhegende Verfügungsmacht über die Einrichtung vorliegt.[231]

Abkommensrechtlich stellt der Einkauf von Gütern oder Waren gemäß Art. 5 Abs. 4 d OECD-MA eine Hilfstätigkeit dar. Eng mit dieser Regelung verbunden ist die Vorschrift des Art. 7 Abs. 5 OECD-MA.[232] Diese bestimmt nämlich, dass einer Betriebsstätte aufgrund der bloßen Einkaufstätigkeit für ein Unternehmen kein Gewinn zugerechnet werden darf.[233] Im Ergebnis bleibt damit festzuhalten, dass nur Verkaufsstellen, nicht aber Einkaufsstellen eine Betriebsstätte i.S.d. OECD-MA bilden können.

4. *Beginn und Ende der Anknüpfung*

Die sachliche Anknüpfung beginnt, sobald eine feste Geschäftseinrichtung vorliegt, durch die ein Unternehmen seine Tätigkeit ausübt.[234] Unter der Voraussetzung, dass bereits eine feste Geschäftseinrichtung besteht, zählt darüber hinaus auch die Zeit dazu, in der die unternehmerische Tätig-

---

231 Vgl. BFH vom 18.03.1976, IV R 168/72, BStBl. II 1976, 365 (365); Tipke/Kruse, AO, 1996, § 12 Rz. 20.

232 Im Betriebsstättenerlass des BMF fehlt ein socher Hinweis auf Art. 7 Abs. 5 OECD-MA, vgl. Kumpf, Roth, FR 2000, 500 (507).

233 Vgl. Kumpf, in: Herrmann/Heuer/Raupach, Kommentar, 1999, § 49 Rz. 400; ders., Inländische Betriebsstätte, 1982, 59. *Görl* leitet die Ausklammerung aller Beschaffungstätigkeiten auf Ebene des OECD-MA aus dem Ziel eines ungehinderten internationalen Wirtschaftsverkehrs ab, vgl. Görl, in: Vogel, DBA, 1996, Art. 5 Rz. 114.

234 Vgl. BGH, Beschluss vom 13.10.1994 – 5 StR 134/94, HFR 1995, 476 (477); Gersch, in: Klein, AO, 2000, § 12 Rz. 11; Görl, in: Vogel, DBA, 1996, Art. 5 Rz. 77; Kumpf, Inländische Betriebsstätte, 1982, 45; Wassermeyer, in: Debatin/Wassermeyer, DBA, 2000, Art. 5 Rz. 56.

keit noch vorbereitender Natur ist.[235] Davon abzugrenzen sind allerdings diejenigen vorbereitenden Tätigkeiten, die nach Art. 5 Abs. 4 OECD-MA als Hilfstätigkeiten grundsätzlich keine Betriebsstätte begründen. Nach Auffassung des BFH spricht für den Fall einer Zweigniederlassung jedenfalls eine - wenn auch widerlegbare - Vermutung dafür, dass ab Eintragung ins Handelsregister eine Betriebsstättenanknüpfung einsetzt.[236] Zur Frage, ob es eine zeitliche Mindestgrenze gibt, nach deren Überschreitung - bei Vorliegen der übrigen Tatbestandsmerkmale - eine Betriebsstätte anzunehmen ist, sei auf die Ausführungen auf S. 52 verwiesen.

Praktische Bedeutung hat der Beginn der Anknüpfung vor allem im Hinblick auf den Ansatz bzw. die Zuordnung u.a. von Gründungsaufwendungen zum Stammhaus oder zur Betriebsstätte. Zu Recht ordnet die Finanzverwaltung den Gründungsaufwand sowie sonstige vor der Errichtung einer Betriebsstätte entstandenen Aufwendungen dieser zu, soweit sie in einem Veranlassungszusammenhang mit ihr stehen.[237] Dadurch vermindern sich bei einer ausländischen Betriebsstätte eines inländischen Investors dessen

---

235 Demgegenüber soll die Zeit, während der die feste Geschäftseinrichtung selbst vom Unternehmen errichtet wird, unberücksichtigt bleiben. Dies gilt allerdings nur in den Fällen, in denen sich diese Tätigkeit wesentlich von derjenigen unterscheidet, der die Geschäftseinrichtung dienen soll, vgl. OECD-MK, Art. 5 Tz. 11 S. 2; Kumpf, Inländische Betriebsstätte, 1982, 45.

236 Vgl. BFH vom 30.01.1981 – III R 116/79, BStBl. II 1981, 560 (561); s.a. Ebling, RIW 1982, 146 (147); Lüdicke, StKongRep 1994, 217 (223).

237 Vgl. BMF vom 24.12.1999, IV B 4 S 1300 – 111/99, Tz. 2.9.1; s.a. Kumpf/Roth, DB 2000, 787 (790); Schaumburg, Steuerrecht, 1998, Rz. 16.269; Schuch, in: Gassner/Lang/Lechner, Aufwendungen, 1998, 197 (205); Schröder, in: Mössner u.a., Unternehmen, 1998, 235 (263). A.A.: Ritter JbFfSt 1976/77, 288 (308).

gegebenenfalls freizustellende Einkünfte bzw. verringert sich der Anrechnungshöchstbetrag.[238]

Bei der Bestimmung des Zeitpunkts, in dem die Betriebsstätte erlischt, kommen dieselben Grundsätze zur Anwendung. Demnach ist die sachliche Anknüpfung beendet, sobald die Tatbestandsmerkmale einer Betriebsstätte z.B. in Folge der Auflösung bzw. Einstellung der Tätigkeit nicht mehr vorliegen oder der Unternehmer seine bisherige Verfügungsmacht über die feste Geschäftseinrichtung aufgibt.[239] In den Fällen, in denen der Unternehmer die feste Geschäftseinrichtung verpachtet, kann eine sog. „ruhende Betriebsstätte“ entstehen, die jedoch abkommensrechtlich wie eine nicht vorhandene Betriebsstätte behandelt wird.[240] Im Gegensatz hierzu bleibt die Betriebsstätte bestehen, wenn lediglich die unternehmerische Tätigkeit eine vorübergehende Unterbrechung erfährt.[241] Eine solche Unterbrechung kann typischerweise durch Urlaub oder ein Saisongeschäft begründet sein.[242] Bezüglich der Zuordnung von nachlaufenden Aufwendungen und Erträgen fordert die Finanzverwaltung die Erstellung einer „Liquidationsbilanz.“[243] Dementsprechend finden Betriebseinnahmen und -ausgaben nur

---

238 Vgl. Kumpf/Roth, DB 2000, 787 (790). A.A.: Wassermeyer, in: Debatin/Wassermeyer, DBA, 2000, Art. 7 Rz. 295.

239 Vgl. BMF vom 24.12.1999, IV B 4 S 1300 – 111/99, Tz. 2.9.2.; Kumpf, in: Herrmann/Heuer/Raupach, Kommentar, 1999, § 49 Rz. 193; OECD-MK, Art. 5 Tz. 11 S. 4; Görl, in: Vogel, DBA, 1996, Art. 5 Rz. 78. Mit Hinweis auf die Tatsache, dass die Finanzverwaltung die Frage der Auflösung systematisch richtig unter Tz. 1.1 bzw. 1.2 hätte regeln müssen, vgl. Kumpf/Roth, DB 2000, 787 (791).

240 Vgl. Wassermeyer, in: Debatin/Wassermeyer, DBA, 2000, Art. 5 Rz. 57.

241 Vgl. BMF vom 24.12.1999, IV B 4 S 1300 – 111/99, Tz. 2.9.1.

242 Vgl. OECD-MK, Art. 5 Tzn. 11, 18; s.a. Görl, in: Vogel, DBA, 1996, Art. 5 Rz. 29.

243 Vgl. BMF vom 24.12.1999, IV B 4 S 1300 – 111/99, Tz. 2.9.2.

bis zu diesem Stichtag Berücksichtigung; danach sind sie dem Stammhaus zuzurechnen.[244]

III. Vertreterbetriebsstätte als personelles Anknüpfungsmerkmal

1. Allgemein

Besteht bei Auslandsengagements international tätiger Unternehmen keine sachliche Anknüpfung an eine feste Einrichtung, so bejahen sowohl das nationale Recht als auch das Abkommensrecht eine inländische beschränkte Steuerpflicht bzw. eine Zuweisung des Besteuerungsrechts an den Quellenstaat, wenn die gewerbliche Tätigkeit des Steuerausländers durch einen Vertreter personifiziert ist.[245] Vertreter ist grundsätzlich jede natürliche und juristische Person, die ein Unternehmen „tatsächlich repräsentiert"[246]. Auch eine Tochtergesellschaft kann daher - ungeachtet ihrer rechtlichen Verselbstständigung - als Vertreterin ihres Mutterunternehmens tätig werden.[247] Dies ist beispielsweise dann der Fall, wenn ein Konzernunternehmen seine Produktpalette durch Angebote der Produkte

244 Dabei fällt auf, dass der Betriebsstättenerlass in Tz. 2.9.2 Abs. 2 nicht zwingend die Aufstellung einer „Liquidationsbilanz" postuliert, widersprüchlicherweise diese in Abs. 3 im Zusammnenhang mit nachträglichen Einkünften aber voraussetzt, vgl. Kumpf/Roth, DB 2000, 787 (791).

245 Vgl. Gersch, in: Klein, AO, 2000, § 13 Rz. 1; Jacobs, Unternehmensbesteuerung, 1999, 329; Kumpf, Inländische Betriebsstätte, 1982, 46; Skaar, Establishment, 1991, 463.

246 Vgl. Jacobs, Unternehmensbesteuerung, 1999, 331; Vetter, in: Gassner/Lang/Lechner, Vertreter, 1998, 99.

247 Vgl. Görl, in: Vogel, DBA, 1996, Art. 5 Rz. 137; Storck, Ausländische Betriebsstätten, 1980, 201; Wassermeyer, in: Debatin/Wassermeyer, DBA, 2000, Art. 5 Rz. 197. Mit Hinweis auf die Tatsache, dass eine Tochtergesellschaft abkommensrechtlich nur dann als Vertreterbetriebsstätte ihrer Muttergesellschaft angesehen werden kann, wenn sich die Vertreterstellung aus Umständen außerhalb der Beherrschung ergibt und nicht in ihrer or-

unternehmen seine Produktpalette durch Angebote der Produkte anderer Konzernunternehmen abrundet. Ähnliche Kommissionärsstrukturen ergeben sich auch im Bereich des Global Trading, wenn eine rechtlich selbstständige „Abteilung" aus Gründen des Risiko-Managements bestimmte Funktionen zentral ausübt, der eigentliche Handel aber dezentral in den einzelnen ausländischen Gesellschaften erfolgt.[248]

Nach nationalem Recht begründet gemäß § 49 Abs. 1 Nr. 2 a EStG i.V.m. § 13 AO die Bestellung eines ständigen Vertreters für einen Gewerbebetrieb im Inland ebenfalls die beschränkte Steuerpflicht für gewerbliche Einkünfte. Dabei gilt zu beachten, dass das Vorhandensein der personellen Anknüpfung - im Gegensatz zum sachlichen Anknüpfungsmoment - keine Gewerbesteuerpflicht für das ausländische Unternehmen auslöst.[249] Die Gewerbesteuer knüpft nämlich in § 2 Abs. 1 GewStG allein an die Existenz einer Betriebsstätte an.

Auf Abkommensebene fingiert Art. 5 Abs. 5 bzw. 6 OECD-MA das Vorliegen einer Betriebsstätte des vertretenen Unternehmens soweit die Tatbestandsmerkmale eines abhängigen Vertreters nach Art. 5 Abs. 5 O-ECD-MA, der die Vollmacht besitzt, Verträge im Namen des Unternehmens abzuschließen, erfüllt sind.[250] Eine Vertreterbetriebsstätte kann dar-

---

dentlichen Geschäftstätigkeit begründet ist, vgl. BMF vom 24.12.1999, IV B 4 S 1300 – 111/99, Tz. 1.2.2.

248 Vgl. ausführlich: Lüdicke, in: Fischer, Wirtschaftliche Aktivitäten, 1995, 35 (37).

249 Vgl. Kumpf, Inländische Betriebsstätte, 1982, 47.

250 Vgl. Birk, in: Hübschmann/Hepp/Spitaler, AO, 1998, § 13 Rz. 18; Kumpf, Inländische Betriebsstätte, 1982, 47; Tipke/Kruse, AO, 1996, § 13 Rz. 9. Demgegenüber vertritt *Wassermeyer* die Auffassung, dass es sich bei Art. 5 Abs. 5 oder 6 OECD-MA um keine Be-

über hinaus auch dann begründet werden, wenn zwar ein unabhängiger Vertreter i.S.d. Art. 5 Abs. 6 OECD-MA vorliegt, dieser aber nicht innerhalb des Rahmens seiner ordentlichen Geschäftstätigkeit handelt. Im Vergleich zu § 13 AO ist der abkommensrechtliche Vertreterbegriff damit erheblich enger gefasst, mit der Folge, dass die nach nationalem Recht mögliche Besteuerung bei personeller Anknüpfung eingeschränkt wird.[251]

2. Verhältnis zur sachlichen Anknüpfung

Das personelle Anknüpfungsmerkmal des Vertreters hat gegenüber dem sachlichen nur subsidiäre Bedeutung, d.h. soweit der Vertreter im Rahmen einer dem ausländischen Unternehmen zuzurechnenden festen Geschäftseinrichtung tätig wird, tritt die personelle Vertretung hinter die sachliche Anknüpfung zurück.[252] Zweckmäßigerweise ist daher regelmäßig in einem ersten Schritt zu prüfen, ob eine Betriebsstätte i.S.d. § 12 AO bzw. des Art. 5 Abs. 1-3 OECD-MA vorliegt.[253] Andererseits sind auch Sachverhalte denkbar, in denen ein ausländisches Unternehmen im Inland eine feste Geschäftseinrichtung unterhält und - unabhängig davon - zusätzlich

---

triebsstättenfiktion handle. Vielmehr liege eine definitorische Erweiterung des Betriebsstättenbegriffs vor, vgl. Wassermeyer, in: Debatin/Wassermeyer, DBA, 2000, Art. 5 Rz. 192.

251 Vgl. Frotscher, in: Schwarz, AO, 2000, § 13 Rz. 12; Kumpf, in: Herrmann/Heuer/Raupach, Kommentar, 1999, § 49 Rz. 232.

252 Vgl. Jacobs, Unternehmensbesteuerung, 1999, 331; Kumpf, in: Herrmann/Heuer/Raupach, Kommentar, 1999, § 49 Rz. 222; ders., Inländische Betriebsstätte, 1982, 47; Mössner, in: Mössner u.a., Unternehmen, 1998, 51 (115); Storck, Ausländische Betriebsstätten, 1980, 196; Vetter, in: Gassner/Lang/Lechner, Vertreter, 1998, 109.

noch einen Vertreter bestellt. Zumal sich beide Anknüpfungsmomente weder tatbestands- noch rechtsfolgemäßig ausschließen, kommt dem Vertretertatbestand in diesen Fällen nicht mehr nur subsidiäre Bedeutung zu, so dass im Quellenstaat zwei Betriebsstätten getrennt voneinander zu beurteilen sind.[254]

Als Folge der Subsidiarität des Vertretertatbestands wird in der Literatur vereinzelt angenommen, die personelle Anknüpfung sei insbesondere für die Gruppe der unternehmensangehörigen Vertreter weitgehend ohne Bedeutung, da diese ihre Tätigkeit regelmäßig in inländischen Büros des ausländischen Unternehmens ausüben.[255] Diese Überlegung erscheint allerdings vor dem Hintergrund der rasanten Entwicklung in der Kommunikationstechnologie in Verbindung mit Telearbeitsplätzen äußerst zweifelhaft. Denn bedingt durch den Einsatz des Internet können organisatorische Standortbindungen durch medienunterstützte Zusammenarbeit aufgegeben und nicht selten bis in den Bereich der Privatwohnung der Arbeitnehmer dezentralisiert werden.[256] Bereits 1982 wies daher *Kumpf* - zutreffend - auf die Tatsache hin, dass Angestellte wie z.B. Servicepersonal oder Kunden-

---

253 Zur vorrangigen Untersuchung, ob eine sachliche Anknüpfung vorliegt, vgl. BFH vom 30.01.1974 - I R 87/72, BStBl. II 1974, 327 (327 f.); s.a. Pleijsier, Intertax 2001, 167 (169).

254 Vgl. Kumpf, in: Haarmann, Beschränkte Steuerpflicht, 1993, 27 (33); Vetter, in: Gassner/Lang/Lechner, Vertreter, 1998, 109; Wassermeyer, in: Debatin/Wassermeyer, DBA, 2000, Art. 5 Rz. 192.

255 *Strobl/Kellmann* weisen hierbei nachdrücklich darauf hin, dass ein Vertreter ohne Büro und Telefon kaum mehr denkbar sei und fordern deshalb eine Klarstellung im Rahmen einer Revision der Doppelbesteuerungsabkommen, vgl. Strobl/Kellmann, AWD 1969, 405 (408); s.a. Storck, Ausländische Betriebsstätten, 1980, 198.

256 Vgl. Picot/Reichwald/Wigand, Unternehmung, 2001, 374; Utescher, Internet, 1999, 36.

betreuer eine nachhaltige Tätigkeit entfalten können, ohne ein Büro zu unterhalten.[257] Mangels Verfügungsmacht über die Räumlichkeiten lehnt es die Rechtsprechung jedoch grundsätzlich ab, z.B. die Privatwohnung eines Reisenden zur Geschäftseinrichtung des Unternehmens umzudeuten.[258] Folglich ist in diesen Fällen die steuerrechtliche Beurteilung nach den Kriterien der personellen Anknüpfung vorzunehmen.

Zu einem anderen Ergebnis kommt man, wenn der Arbeitgeber berechtigt ist, die Räume in einem gewissen Umfang und nicht nur vorübergehend für eigene Zwecke zu nutzen.[259] Handelt es sich bei den Räumlichkeiten um angemietete Büroräume, welche ein leitender Angestellter unter seinem Namen mietet und dem Unternehmen zur Verfügung stellt, so ist nach Auffassung der Rechtsprechung eine Dispositionsgewalt seitens des vertretenen Unternehmens anzunehmen.[260] Das gleiche gilt, wenn das Unternehmen in den Räumen des Angestellten einen weiteren Angestellten arbeiten lässt[261] oder dem Unternehmen in den Büroräumen des Angestellten wirt-

---

257 Vgl. Kumpf, Inländische Betriebsstätte, 1982, 48; s.a. Birk, in: Hübschmann/Hepp/Spitaler, AO, 1998, § 13 Rz. 4; Mössner, in: Mössner, u.a., Unternehmen, 1998, 51 (118).

258 Vgl. RFH, Beschluss vom 11.03.1942 – VI B 1/42, RStBl. 1942, 801 (802); BFH vom 21.02.1963 – I B 98/61, HFR 1963, 260 (261 f.). Dieser Einschätzung steht nach Auffassung des BFH weder die Ausübung einer Kontrollbefugnis noch das vertraglich gesicherte Recht des Arbeitgebers, zur Prüfung von Geschäftsvorfällen, Büchern oder Belegen die Räume des Abgestellten zu betreten, entgegen, vgl. BFH, Beschluss vom 09.03.1962 – I B 156/58 S, BStBl. 1962 III, 227 (228).

259 Vgl. z.B. BFH, Beschluss vom 16.08.1962 – I B 223/61 S, BStBl. III 1962, 477 (478).

260 Vgl. BFH, Beschluss vom 09.03.1962 – I B 156/58 S, BStBl. III 1962, 227 (228).

261 Vgl. RFH, Beschluss vom 11.03.1942 – VI B 1/42, RStBl. 1942, 801 (801 f.).

schaftlich ins Gewicht fallende Einrichtungsgegenstände gehören[262]. Damit kommen im Ergebnis jedoch die Tatbestandsmerkmale der sachlichen Anknüpfung zur Anwendung. Ungeachtet der Tatsache, dass die Finanzverwaltung unvermindert an dem in diesem Zusammenhang entscheidenden Kriterium der Verfügungsmacht festhält[263], stellt sich darüber hinaus die Frage, ob sich angesichts einer „gewissen Fortentwicklung“[264] dieses nicht gesetzlich normierten Tatbestandsmerkmals - zumindest auf lange Sicht - eine Abkehr von der ablehnenden Haltung einer möglichen Betriebsstättenbegründung durch die Privaträume des Arbeitnehmers abzeichnen wird.[265]

Bei rechtlich selbstständigen Vertretern liegt prinzipiell kein Fall der sachlichen Anknüpfung vor.[266] Etwas anderes gilt nur beim Vorhandensein

262 Vgl BFH, Beschluss vom 09.03.1962 – I B 156/58 S, BStBl. III 1962, 227 (228); BFH vom 14.07.1971 – I R 127/68, BStBl. II 1971, 776 (778).

263 Vgl. BMF vom 24.12.1999, IV B 4 S 1300 – 111/99, Tz. 1.1.1.1.

264 Im entschiedenen Fall hielt der BFH zwar grundsätzlich an dem Merkmal fest, dass der Steuerpflichtige eine Rechtsposition innehaben muss, die ihm nicht mehr ohne weiteres entzogen werden kann, ließ aber für die Annahme der Verfügungsgewalt eine „allgemeine rechtliche Absicherung“ ausreichen, dergestalt, dass dem Steuerpflichtigen tatsächlich ein Raum ständig zur Verfügung gestellt wird, vgl. BFH vom 03.02.1993 – I R 80-81/91, BStBl. II 1993, 462 (466).

265 Allerdings kommt *Utescher* zu dem Ergebnis, dass de lege lata im Fall der Teleheimarbeit eines Angestellten mangels Verfügungsmacht über die Räumlichkeiten regelmäßig keine Betriebsstätte des Unternehmens angenommen werden kann. Ausnahmen hiervon könnten sich lediglich z.B. durch den Einsatz eines weiteren Arbeitnehmers oder die Übernahme eines erheblichen Mietkostenzuschusses ergeben, vgl. Utescher, Internet, 1999, 164 ff.

266 Vgl. Jacobs, Unternehmensbesteuerung, 1999, 330; Kumpf, Inländische Betriebsstätte, 1982, 47; Mössner, in: Mössner u.a., Unternehmen, 1998, 51 (117 f.).

der bereits im Zusammenhang mit dem unselbstständigen Vertreter geschilderten Ausnahmetatbestände, bei denen eine wirtschaftliche Dispositionsgewalt des Unternehmens über die vom Vertreter benutzte Einrichtung bejaht werden kann.[267] Allerdings tendiert die Rechtsprechung dazu, diese Ausnahmefälle in starkem Maße einzuschränken.[268]

3. Kriterien der Anknüpfung

a) Sachliche Weisungsgebundenheit

Zunächst ist festzustellen, dass eine Person nur dann ein in einem anderen Staat ansässiges Unternehmen repräsentieren kann, wenn sie unter der Verfügungsmacht des vertretenen Unternehmens steht.[269] Dabei ist nicht entscheidend, unter welchem Namen und auf wessen Rechnung der Vertreter nach außen auftritt. Ausschlaggebend ist allein die tatsächliche Weisungsgebundenheit und damit die Gestaltung des Innenverhältnisses.[270]

Nach nationalem Recht ist gemäß § 13 S. 1 AO ständiger Vertreter, wer den Sachweisungen des ausländischen Unternehmens unterliegt.[271] Damit

---

267 Vgl. Fn. 148 f.

268 Beispielsweise reicht die Vermietung oder Verpachtung der Geschäftseinrichtung an den Vertreter nicht für das Vorliegen einer gemeinsamen Verfügungsmacht aus, vgl. BFH vom 14.07.1971 – I R 127/68, BStBl. II 1971, 776 (778); s.a. BFH, Beschluss vom 30.08.1960 – I B 148/59 U, BStBl. III 1960, 468 (469). Das gleiche gilt auch im Hinblick auf eine ausgeübte Kontrollbefugnis des Unternehmens, vgl. BFH, Beschluss vom 09.03.1962 – I B 156/58 S, BStBl. III 1962, 227 (228).

269 Vgl. Jacobs, Unternehmensbesteuerung, 1999, 333.

270 Vgl. Grotherr, in: Grotherr/Herfort/Strunk, DBA-Recht, 1998, 100; Tipke/Kruse, AO, 1996, § 13 Rz. 5.

271 Das Merkmal der sachlichen Weisungsgebundenheit wurde mit dem Grundsatzurteil des BFH vom 28.06.1972 in das innerstaatliche deutsche Recht eingeführt. Dadurch wurde

wird sichergestellt, dass nur solche Fälle erfasst werden, in denen das Handeln des Vertreters durch den Willen des Unternehmers bestimmt wird, der Unternehmer selbst also die eigentliche Entscheidung trifft.[272] Handelt es sich dabei um einen Arbeitnehmer des vertretenen Unternehmens, so ergibt sich die erforderliche sachliche Weisungsgebundenheit prinzipiell schon aus dem Anstellungsverhältnis.[273] Hinzu kommt, dass dieses Merkmal nicht dadurch von vorn herein ausgeschlossen ist, dass der ständige Vertreter seinerseits selbstständiger Unternehmer ist und die weisungsgebundenen Tätigkeiten aufgrund eines gesetzestypischen Auftragsverhältnisses (§§ 662, 675 BGB) in den Bereich seines eigenen selbstständigen Gewerbebetriebs fallen.[274] Entscheidend für eine personelle Anknüpfung ist in sol-

---

klargestellt, dass es nicht erforderlich ist, dass zwischen dem Unternehmer und dem Vertreter ein persönliches Abhängigkeits- und Weisungsverhältnis besteht, vgl. BFH vom 28.06.1972 – I R 35/70, BStBl. II 1972, 785 (785); s.a. Winnefeld, FR 1970, 245 (245 f.).

272 Vgl. BFH vom 12.04.1978 – I R 136/77, BStBl. II 1978, 494 (497); Tipke/Kruse, AO, 1996, § 13 Rz. 5.

273 Vgl. Birk, in: Hübschmann/Hepp/Spitaler, AO, 1998, § 13 Rz. 18; Jacobs, Unternehmensbesteuerung, 1999, 332; Mössner, in: Mössner u.a., Unternehmen, 1998, 51 (120); Amann, Dienstleistungen, 1998, 43. Mit Hinweis auf die Tatsache, dass im Fall des angestellten Vertreters häufig eine sachliche Anknüpfung vorliegen dürfte, vgl. Frotscher, in: Schwarz, AO, 2000, § 13 Rz. 12; s.a. BFH vom 30.04.1975 – I R 152/73, BStBl. II 1975, 626 (627 f.).

274 Vgl. BFH vom 28.06.1972 – I R 35/70, BStBl. II 1972, 785 (785). Aufgrund der Tatsache, dass damit der innerstaatliche Begriff des Vertreters weiter gefasst ist, als dies international üblich ist, hat die Finanzverwaltung auf der Grundlage des § 50 Abs. 7 EStG in A 222 Abs. 1 EStR für jene Fälle einen Steuerverzicht ausgesprochen, in denen der ständige Vertreter ein Kommissionär oder Makler ist, der Geschäftsbeziehungen für das ausländische Unternehmen im Rahmen seiner ordentlichen Geschäftstätigkeit unterhält. Das gleiche gilt im Ergebnis auch für einen Handelsvertreter i.S.d. § 84 HGB, der keine allgemeine Vollmacht zu Vertragshandlungen und –abschlüssen besitzt, vgl. BMF vom

chen Fällen vielmehr die tatsächliche Mitbestimmung der laufenden Geschäftstätigkeit des Vertreters durch das auftraggebende Unternehmen.[275]

Abkommensrechtlich führt nach Art. 5 Abs. 5 OECD-MA die Tätigkeit eines vom Unternehmen abhängigen Vertreters mit Abschlussvollmacht regelmäßig zur Annahme einer Betriebsstätte. Dem Wortlaut dieser Regelung zufolge ist daher - zumindest bei Personen, die in einem Arbeitnehmerverhältnis stehen - auf Abkommensebene ebenso eine wirtschaftliche Verfügungsmacht bzw. sachliche Weisungsgebundenheit anzunehmen.[276] Anzumerken ist, dass die von Natur aus vorhandene gewisse Weisungsgebundenheit eines Vertreters allerdings insofern keine alleinige Richtschnur bilden kann, als sie - bei weiter Auslegung des Tatbestandsmerkmals - immer zu bejahen wäre, auch in den Fällen, in denen es sich um einen rechtlich selbstständigen Vertreter, etwa einen Makler oder Kommissionär[277]

24.12.1999, IV B 4 S 1300 – 111/99, Tz. 1.1.2; Schaumburg, Steuerrecht, 1998, Rz. 5.177.

275 *Jacobs* fordert in diesem Zusammenhang die fallweise Einflussnahme auf die Tätigkeit des Vertreters als Mindestschwelle für das Vorliegen einer sachlichen Weisungsgebundenheit und würdigt die gesetzestypische Ausgestaltung des Weisungsrechts als nicht ausreichend, vgl. Jacobs, Unternehmensbesteuerung, 1999, 332; s.a. Schürmann/Reinhardt, AWD 1974, 603 (604). *Birk* vertritt demgegenüber die Auffassung, dass die Beantwortung der Frage, ob der Vertreter den Sachweisungen des Unternehmers unterliegt, nicht davon abhängen kann, ob sich der Unternehmer tatsächlich einmischt. Vielmehr sei auf die Tatsache abzustellen, dass dieser nach der rechtlichen und tatsächlichen Ausgestaltung der Beziehung in der Lage ist, auf das Handeln des Vertreters Einfluss zu nehmen, vgl. Birk, in: Hübschmann/Hepp/Spitaler, AO, 1998, § 13 Rz. 12.

276 Vgl. Jacobs, Unternehmensbesteuerung, 1999, 332; Kumpf, Inländische Betriebsstätte, 1982, 49; Storck, Ausländische Betriebsstätten, 1980, 203 m.w.N.

277 *Kroppen/Hüffmeier* weisen nachdrücklich darauf hin, dass das OECD-MA auf die Eigenverantwortlichkeit jedes Unternehmers für sein Unternehmen und seine unternehmeri-

handelte.[278] In Anlehnung an den OECD-MK fordert *Kumpf* deshalb eine sachliche Weisungsgebundenheit erst dann anzuerkennen, wenn das auftraggebende Unternehmen eingehende Anweisungen erteilt, eine umfassende Aufsicht ausübt oder das Unternehmerrisiko übernimmt.[279]

b) Tätigwerden für das vertretene Unternehmen

Damit die durch den Vertreter verkörperte personelle Anknüpfung auf Abkommensebene betriebsstättenbegründend wirkt bzw. nach innerstaatlichem Recht als ständiger Vertreter qualifiziert werden kann, ist - analog zur sachlichen Anknüpfung - ein nachhaltiges Tätigwerden erforderlich.[280]

Unter Hinzunahme der Kriterien für den allgemeinen Betriebsstättenbegriff setzt der Ausdruck „nachhaltig" in diesem Zusammenhang voraus, dass die Tätigkeit bereits zu Beginn der Vertretereigenschaft für längere Zeit geplant war bzw. nicht nur vorübergehend ausgeübt werden sollte.[281]

---

schen Entscheidungen abstellt. Ist diese Eigenverantwortlichkeit beim Kommissionär – im Ausnahmefall - nicht gegeben, so fällt auch der Grund dafür weg, keine Vertreterbetriebsstätte begründen zu können, vgl. Kroppen/Hüffmeier, IWB, F. 3 Gr. 2, 637 (638); s.a. Görl, in: Vogel, DBA, 1996, Art. 5 Rz. 169; Zehetner, in: Gassner/Lang/Lechner, Kommissionär, 1998, 117.

278 Vgl. Kumpf, Inländische Betriebsstätte, 1982, 49.

279 Vgl. OECD-MK, Art. 5 Tz. 37; Kumpf, Inländische Betriebsstätte, 1982, 50.

280 Das Tatbestandsmerkmal der Nachhaltigkeit ist auf nationaler Ebene bereits im Wortlaut des § 13 S. 1 AO („*ständiger* Vertreter") verankert. Abkommensrechtlich ergibt sich das Erfordernis der nachhaltigen Geschäftsbesorgung aus dem OECD-MK: „Die Verwendung des Ausdrucks Betriebsstätte in diesem Zusammenhang setzt selbstverständlich voraus, dass die Person diese Vollmacht wiederholt und nicht nur gelegentlich ausübt." Vgl. OECD-MK, Art. 5 Tz. 32.

281 Vgl. FG München vom 10.09.1997 – 7 V 3061/97, DStRE 1998, 177 (178). AdV-Beschwerde als unbegründet zurückgewiesen durch BFH, Beschluss vom 15.07.1998 –

Leider lässt bisher jedoch sowohl die Rechtsprechung als auch die Finanzverwaltung offen, welche konkreten zeitlichen Anforderungen an das Merkmal der Nachhaltigkeit bei einem Vertreter zu stellen sind.[282] Im Schrifttum wird dieses Erfordernis zum Teil bereits bei einer mehr als sechsmonatigen Tätig-

---

I B 134/97 (n.v.). S.a. Görl, in: Vogel, DBA, 1996, Art. 5 Rz. 142; Kumpf, Inländische Betriebsstätte, 1982, 49. *Tipke/Kruse* stellen hierzu fest, dass die bloße Wiederholung und Wiederholungsabsicht – wie sie die Rechsprechung zum umsatzsteuerlichen Unternehmerbegriff gelten lässt (z.B. BFH vom 03.06.1954 – V 262/53 U, BStBl. III 1954, 238 (238)) - nicht ausreichen, vgl. Tipke/Kruse, AO, 1996, § 13 Rz. 7; Wassermeyer, in: Debatin/Wassermeyer, DBA, 2000, Art. 5 Rzn. 195, 202. Vereinzelt finden sich in der Literatur auch Vorschläge, auf die Rechtsprechung zum „gewöhnlichen Aufenthalt" i.S.d. § 9 AO zurückzugreifen, vgl. Flick/Wassermeyer/Wingert/Kempermann, DBA-Schweiz, Art. 5 Rz. 79.

282 Vgl. BMF vom 24.12.1999, IV B 4 S 1300 – 111/99, Tz. 1.1.2; Schaumburg, Steuerrecht, 1998, Rz. 1.1.2.; s.a. Göttsche/Stangl, DStR 2000, 498 (499). Zu weitgehend ist es, wenn das Niedersächsische Finanzgericht eine ständige Anwesenheit im Inland voraussetzt. Doch ist nach Auffassung des Gerichts nicht notwendige Voraussetzung für § 13 AO, dass der Vertreter unbeschränkt steuerpflichtig ist, vgl. Nds. FG vom 04.07.1991 – VI 480/89, RIW 1991, 1055 (1057); s.a. kritische Würdigung von Kumpf, in: Haarmann, Beschränkte Steuerpflicht, 1993, 27 (42). A.A.: Görl, in: Vogel, DBA, 1996, Art. 5 Rz. 143.

keit bejaht.[283] Angesichts der Tatsache, dass der personellen Anknüpfung gegenüber der sachlichen lediglich subsidiäre Bedeutung zukommt, sollte diese allerdings um so mehr durch eine entsprechende Nachhaltigkeit verfestigt sein, um eine Besteuerung im Quellenstaat zu rechtfertigen.[284] *Jacobs* befürwortet daher - zutreffend -, eine Nachhaltigkeit erst bei einer längeren Tätigkeit von mehr als neun bis zwölf Monaten anzunehmen.[285]

Als ständige Vertreter kommen gemäß § 13 S. 1 AO nur Personen in Betracht, die Geschäfte für ein Unternehmen besorgen. Unter Geschäftsbesorgung wird jede Tätigkeit wirtschaftlicher Art verstanden, die unmittelbar dazu dient, den Unternehmenszweck zu fördern.[286] Diese allgemeine Umschreibung erfährt in § 13 S. 2 AO eine Präzisierung in Gestalt einer beispielhaften Aufzählung:

---

283 Vgl. Bellstedt, DB 1968, 1554 (1555); Günkel, in: Becker/Höppner/Grotherr u.a., DBA, 1999, Art. 5 Rz. 223; Schaumburg, Steuerrecht, 1998, Rz. 5.175; Strobl/Kellmann, AWD 1964, 405 (407). Diese Auffassung lässt sich durch Heranziehen der zeitlichen Schwelle im Rahmen des § 9 AO („gewöhnlicher Aufenthalt") zusätzlich untermauern. Allerdings gilt hierbei zu beachten, dass diese Zeitgrenze grundsätzlich über das Vorliegen einer beschränkten bzw. unbeschränkten Steuerpflicht entscheidet, s.a. Flick/Wassermeyer/Wingert/Kempermann, DBA-Schweiz, Art. 5 Rz. 79.

284 Dementsprechend umschreibt *Günkel* die Betriebsstätte bzw. den Vertreter als Anknüpfungsmerkmal, welches dem Grundsatz der Wirtschaftszugehörigkeit Rechnung trägt und Ausprägung einer gewissen Dauerhaftigkeit der Wirtschaftstätigkeit im anderen Staat darstellt, vgl. Günkel, in: Becker/Höppner/Grotherr u.a., DBA, 1999, Art. 5 Rz. 221; Kumpf, in: Haarmann, Beschränkte Steuerpflicht, 1993, 27 (42).

285 Vgl. Jacobs, Unternehmensbesteuerung, 1999, 331; Kumpf, in: Haarmann, Beschränkte Steuerpflicht, 1993, 27 (42 f.); ders., Inländische Betriebsstätte, 1982, 50; Storck, Ausländische Betriebsstätten, 1980, 202.

286 Vgl. Birk, in: Hübschmann/Hepp/Spitaler, AO, 1998, § 13 Rz. 8; Frotscher, in: Schwarz, AO, 2000, § 12 Rz. 6; Tipke/Kruse, AO, 1996, § 13 Rz. 4.

- Abschluss oder Vermittlung von Verträgen,
- Einholung von Aufträgen
- Unterhaltung eines Bestands von Gütern und Waren, von dem aus Auslieferungen vorgenommen werden.

Es stellt sich aber vor dem Hintergrund dieser Regelbeispiele die Frage, welche Tätigkeiten von § 13 AO ausgenommen sind. Ungeachtet der Tatsache, dass das nationale Recht - im Gegensatz zum Abkommensrecht - keine ausdrückliche Verneinung eines ständigen Vertreters in den Fällen vorsieht, in denen dieser lediglich sog. Hilfsgeschäfte vergleichbar Art. 5 Abs. 4 OECD-MA ausführt, ist z.B. die Durchführung von Überweisungsaufträgen oder die bloße Abgabe von Steuererklärungen grundsätzlich als nicht ausreichend zu beurteilen.[287] Aus diesem Grund fordert *Kumpf* - zu Recht -, dass die besorgten Geschäfte eine „gewisse Bedeutung" haben müssen.[288] Schließlich zählen solche Hilfsgeschäfte grundsätzlich nicht zu den Geschäften, die unmittelbar dazu dienen, den Unternehmenszweck zu fördern.[289] Neben der Rechtsprechung[290] gehen auch weite Teile des

---

287 Vgl. BFH vom 12.04.1978 – I R 136/77, BStBl. II 1978, 494 (497). Zwischen Hilfs- und Nebengeschäften differenzierend: Birk, in: Hübschmann/Hepp/Spitaler, AO, 1998, § 13 Rz. 8; Pleijsier, Intertax 2001, 167 (173 f.).

288 Vgl. Kumpf, in: Herrmann/Heuer/Raupach, Kommentar, 1999, § 49 Rz. 226; ders., in: Haarmann, Beschränkte Steuerpflicht, 1993, 27 (41 f.).

289 Vgl. Tipke/Kruse, AO, 1996, § 13 Rz. 4.

290 „Der Begriff des ständigen Vertreters ist nicht bürgerlich-rechtlich, sondern nach wirtschaftlichen Gesichtspunkten zu bestimmen", vgl. BFH vom 14.07.1971 – I R 127/68, BStBl. II 1971, 776 (777); BFH vom 12.04.1978 – I R 136/77, BStBl. II 1978, 494 (496). Demgegenüber hat der BFH in seinem Urteil vom 18.12.1990 offen gelassen, ob der Ver-

Schrifttums[291] davon aus, dass das Handeln des Vertreters keiner ausdrücklichen Vollmacht oder gesetzlichen Vertretungsbefugnis i.S.d. §§ 164 ff. BGB bedarf. Ebenso ist unerheblich, ob der Vertreter Dritten gegenüber im eigenen Namen oder im Namen des Unternehmens handelt.[292] Allerdings kommt es entscheidend darauf an, dass der Vertreter anstelle des Unternehmers Handlungen vornimmt, die in dessen Betrieb fallen.[293]

Nach Abkommensrecht begründet ein abhängiger Vertreter i.S.d. Art. 5 Abs. 5 OECD-MA nur dann eine Betriebsstätte, wenn dieser eine Vollmacht besitzt, Verträge im Namen des Unternehmens abzuschließen, und diese auch regelmäßig ausübt. Allerdings ist der Begriff des „abhängi-

---

treter – in Anlehnung an § 164 BGB – eine Person ist, die rechtsgeschäftliche Tätigkeiten für einen anderen vornimmt, oder ob eine bloße wirtschaftliche Repräsentanz ausreicht, vgl. BFH vom 18.12.1990 – X R 82/89, BStBl. II 1991, 395 (396).

291 Vgl. Birk, in: Hübschmann/Hepp/Spitaler, AO, 1998, § 13 Rz. 7; Grotherr, in: Grotherr/Herfort/Strunk, DBA-Recht, 1998, 100; Mössner, in: Mössner u.a., Unternehmen, 1998, 51 (119 f.); Schaumburg, Steuerrecht, 1998, Rz. 5.176; Tipke/Kruse, AO, 1996, § 13 Rz. 4. A.A.: Kumpf, Inländische Betriebsstätte, 1982, 47; Storck, Ausländische Betriebsstätten, 1980, 210.

292 Vgl. BFH vom 28.06.1972 – I R 35/70, BStBl. II 1972, 785 (787); BFH vom 12.04.1978 - I R 136/77, BStBl. II 1978, 494 (496).

293 Vgl. BFH vom 27.11.1963 – I 335/60 U, BStBl. III 1964, 76 (76); BFH vom 18.12.1990 – X R 82/89, BStBl. II 1991, 395 (396); Schaumburg, Steuerrecht, 1998, Rz. 5.176. Dies hat zur Folge, dass der Geschäftsführer einer Kapitalgesellschaft regelmäßig nicht „ständiger Vertreter“ seiner Kapitalgesellschaft sei kann. Schließlich ist sein Tätigwerden als Organ mit dem Handeln der Kapitalgesellschaft gleichzustellen und nicht als Handeln für einen anderen zu verstehen. A.A.: FG München vom 28.05.1998 – 7 V 1/98, EFG 1998, EFG 1998, 1491 (1491). Im Gegensatz zur Vorinstanz ging der BFH in seinem Beschluss vom 17.12.1998 jedoch nicht mehr auf die Frage der Vertretereigenschaft des Geschäftsführers ein, da er grundsätzlich eine Geschäftsleitungsbetriebsstätte im Inland annahm, vgl. BFH, Beschluss vom 17.12.1998 – I B 101/98, BFH/NV 1999, 753 (753 f.).

gen Vertreters“ im Abkommen nicht definiert. Vielmehr ergibt sich dieser im Umkehrschluss aus Art. 5 Abs. 6 OECD-MA[294]: Demnach sind abhängige Vertreter solche, die nicht unabhängig i.S.d. Abs. 6 sind.

Die Frage nach der Unabhängigkeit bzw. Abhängigkeit des Vertreters bezieht sich grundsätzlich nicht auf eine sachliche Weisungsgebundenheit, da diese als typisches Merkmal jeder Vertretertätigkeit zu beurteilen ist, sondern sowohl auf rechtliche als auch auf wirtschaftliche Gesichtspunkte.[295] In diesem Zusammenhang stellt der OECD-Steuerausschuss auf das „Ausmaß der Verpflichtungen des Vertreters gegenüber dem Unternehmen“ ab.[296] Demzufolge kommt es entscheidend auf die tatsächliche Ges-

---

294 Vgl. OECD-MK, Art. 5 Tz. 32.

295 Vgl. Skaar, Establishment, 1991, 508 f.; Vetter, in: Gassner/Lang/Lechner, Vertreter, 1998, 104; Wassermeyer, in Debatin/Wassermeyer, DBA, 2000, Art. 5 Rz. 203. An einigen Stellen im Schrifttum wird stattdessen auf eine sachliche und persönliche Unabhängigkeit abgestellt, vgl. z.B. Görl, in: Vogel, DBA, 1996, Art. 5 Rz. 169. Der BFH schließlich zieht zur Abgrenzung von Abhängigkeit und Unabhängigkeit die Merkmale heran, die nach originär nationalem Recht zum Begriff „Selbstständigkeit“ i.S.d. § 15 Abs. 2 EStG entwickelt wurden. Daher prüft dieser, ob der Vertreter sowohl sachlich als auch persönlich unabgängig ist. Wird lediglich eines dieser Kriterien erfüllt, handelt es sich um eine abhängige Person, vgl. BFH vom 30.04.1975 – I R 152/73, BStBl. II 1975, 626 (627 f.). Kritisch dazu: Mössner, in: Mössner u.a., Unternehmen, 1998, 51 (122). Im Ergebnis bleibt jedoch unklar, welche Unterschiede zwischen rechtlicher und wirtschaftlicher Unabhängigkeit einerseits und persönlicher und sachlicher Unabhängigkeit andererseits bestehen sollen. *Endres* vertritt die Ansicht, dass sich hieraus keine materiellen Auslegungsunterschiede zum OECD-Verständnis ergeben, vgl. Endres, IStR 1996, 1 (3); s.a. Zehetner, in: Gassner/Lang/Lechner, Kommissionär, 1998, 117; s.a. Schwartz, Journal of International Taxation, Vol. 6, 1995, 292 (299).

296 Vgl. OECD-MK, Art. 5 Tz. 38.

taltung des Innenverhältnisses zwischen Vertreter und Unternehmen an, nicht aber auf die Beziehung des Vertreters zu außenstehenden Dritten.[297]

Als konkrete Anhaltspunkte für die Annahme der rechtlichen Abhängigkeit nennt der OECD-Kommentar eingehende Anweisungen und umfassende Aufsicht des Unternehmers gegenüber dem Vertreter, wie dies z.B. bei einem Arbeitsverhältnis der Fall ist.[298] Dies hat zur Folge, dass der abhängige Vertreter vollständig in das Unternehmen eingebunden sein muss und beispielsweise Vorgaben hinsichtlich der Arbeitszeit oder der räumlichen Abgrenzung seiner Tätigkeit zu beachten hat.[299] Wirtschaftliche Abhängigkeit zeichnet sich demgegenüber insbesondere durch die Übernahme des Unternehmerrisikos durch das vertretene Unternehmen aus.[300] Aufschlussreich kann darüber hinaus auch die Anzahl der Klienten des Vertreters sein.[301] Denn in den Fällen, in denen dieser allein für einen einzigen Auftraggeber tätig wird, dürfte sich der Nachweis einer wirtschaftlichen Unabhängigkeit regelmäßig als schwierig erweisen.[302] Bleibt festzuhalten,

---

297 Vgl. Görl, in: Vogel, DBA, 1996, Art. 5 Rz. 169 a; Jacobs, Unternehmensbesteuerung, 1999, 332; Skaar, Establishment, 1991, 503.

298 Vgl. OECD-MK, Art. 5 Tz. 38.

299 Vgl. Günkel, in: Becker/Höppner/Grotherr u.a., DBA, 1999, Art. 5 Rz. 234.

300 Vgl. OECD-MK, Art. 5 Tz. 38; BMF vom 24.12.1999, IV B 4 S 1300 – 111/99, Tz. 1.2.2; Wassermeyer, in Debatin/Wassermeyer, DBA, 2000, Art. 5 Rz. 203; Frotscher, in: Schwarz, AO, 2000, § 12 Rz. 13.

301 Vgl. Görl, in: Vogel, DBA, 1996, Art. 5 Rz. 170.

302 *Wassermeyer* weist in diesem Zusammenhang darauf hin, dass sich – ausnahmsweise – in solchen Fällen die Unabhängigkeit aus der Freiheit ergeben könnte, bestimmte Geschäfte aus Gründen abzulehnen, die in der Person des Vertreters liegen, vgl. Wassermeyer, in: Debatin/Wassermeyer, DBA, 2000, Art. 5 Rz. 203; s.a. Jacobs, Unternehmensbesteuerung, 1999, 333.

dass die zuvor skizzierten Merkmale der wirtschaftlichen und rechtlichen Abhängigkeit keinesfalls als Gegensätze anzusehen sind, sondern vielmehr einander ergänzen.[303] Schließlich wird ein Vertreter kaum bereit sein, das wirtschaftliche Risiko zu tragen, wenn andererseits keine Möglichkeit zur Beeinflussung des unternehmerischen Erfolgs besteht.[304]

Weitere Tatbestandsvoraussetzung von Art. 5 Abs. 5 OECD-MA ist das Vorliegen einer gewöhnlich ausgeübten Vollmacht, im Namen des vertretenen Unternehmens Verträge abzuschließen.[305] Der OECD-MK führt hierzu aus, dass sich die geforderte Abschlussvollmacht - der abkommensrechtlichen Betriebsstättenkonzeption folgend - auf „gewerbliche Kernbereiche“[306] beziehen müsse.[307] Damit sind die Einschränkungen des Art. 5 Abs. 4 OECD-MA angesprochen. So führt z.B. die Vollmacht zum Abschluss von Einkaufskontrakten regelmäßig nicht zur Annahme einer Betriebsstätte.[308] Hinzu kommt, dass der Ausdruck Abschlussvollmacht nicht

---

303 Vgl. Vetter, in: Gassner/Lang/Lechner, Vertreter, 1998, 105.

304 Vgl. Mössner, in: Mössner u.a., Unternehmen, 1998, 51 (123).

305 Nach Ansicht der Finanzverwaltung liegt eine Abschlussvollmacht dann vor, wenn das Unternehmen rechtlich oder wirtschaftlich von dem Vertreter gebunden werden kann, vgl. BMF vom 24.12.1999, IV B 4 S 1300 – 111/99, Tz. 1.2.2.

306 Vgl. Jacobs, Unternehmensbesteuerung, 1999, 333.

307 Vgl. OECD-MK, Art. 5 Tz. 33; BMF vom 24.12.1999, IV B 4 S 1300 – 111/99, Tz. 1.2.2. Das OECD-MA von 1963 hatte diese Einschränkung nur für den Einkauf von Gütern und Waren enthalten, vgl. Görl, in: Vogel, DBA, 1996, Art. 5 Rz. 150.

308 Ebenso ist auch eine Bankvollmacht nicht als Vollmacht i.S.d. Art. 5 Abs. 5 OECD zu beurteilen, vgl. FG Berlin vom 03.12.1969 – VI 86/69, EFG 1970, 327 (327); Art. 5 Abs. 4 d OECD-MA. Mit Hinweis auf die Tatsache, dass die bloße Möglichkeit, über die Grenzen des Abs. 4 hinausgehende Geschäfte abzuschließen, nicht von Bedeutung sei, solange von dieser Möglichkeit nicht Gebrauch gemacht wird, vgl. Görl, in: Vogel, DBA, 1996, Art. 5 Rz. 145.

im zivilrechtlichen Sinn, sondern seinem wirtschaftlichen Gehalt nach auszulegen ist.[309] Bezöge sich Art. 5 Abs. 5 OECD-MA nämlich lediglich auf eine Abschlussvollmacht im Sinn des Zivilrechts, so liefe die Vorschrift immer dann leer, wenn der Vertreter die Vertragsverhandlungen bis zur Abschlussreife führte, die Unterzeichnung des Vertrags aber letztlich von der Unternehmensleitung im anderen Staat vorgenommen würde.[310] In solchen Fällen nimmt der OECD-Steuerausschuss daher bereits beim verbindlichen Aushandeln des Vertrags eine Vertreterbetriebsstätte an.[311] Offen bleibt dabei jedoch zwangsläufig, wann genau die Schwelle zwischen betriebsstättenbegründendem „verbindlichen Aushandeln" und dem von Art. 5 Abs. 5 OECD-MA ausgenommenen unverbindlichen Vorbereiten eines Geschäftsabschlusses überschritten wird. Sammelt der Vertreter beispielsweise lediglich Bestellungen, wobei der ausländische Kunde nicht tatsächlich davon ausgehen kann, dass er ein Produkt bereits gekauft hat, - insbesondere weil noch keine abschließende Einigung über „Preis und Ware"

---

309 Vgl. Birk, in: Hübschmann/Hepp/Spitaler, AO, 1998, § 13 Rz. 20; Görl, in: Vogel, DBA, 1996, Art. 5 Rz. 140. Eines Rückgriffs auf § 42 AO bedarf es hierzu allerdings nicht, vgi. Mössner, in: Mössner u.a., Unternehmen, 1998, 51 (124); Vetter, in: Gassner/Lang/Lechner, Vertreter, 1998, 107; Wassermeyer, in: Debatin/Wassermeyer, DBA, 2000, Art. 5 Rz. 204.

310 *Görl* beurteilt einen solchen „Umgehungsversuch" als erfolglos, vgl. Görl, in: Vogel, DBA, 1996, Art. 5 Rz. 140; Ebenso *Strobl/Kellmann*: „ ..., da man bei einer derartig formalen Handhabung der Aufspaltung von kaufmännisch-wirtschaftlicher Verantwortung einerseits und rechtlicher Machtbefugnis andererseits von einer Gesetzesumgehung sprechen müsse.", vgl. Strobl/Kellmann, AWD 1969, 405 (408).

311 Vgl. OECD-MK, Art. 5 Tz. 33.

zustande gekommen ist - sprechen gute Gründe dafür, die geforderte Abschlussvollmacht zu verneinen.[312]

Der unabhängige Vertreter begründet nach Art. 5 Abs. 6 OECD-MA nur dann eine Betriebsstätte, wenn er außerhalb des Rahmens seiner ordentlichen Geschäftstätigkeit handelt.[313] Neben der - bereits weiter oben angeführten - rechtlichen und wirtschaftlichen Unabhängigkeit des Vertreters kommt es damit entscheidend darauf an, was konkret der ordentlichen Geschäftstätigkeit eines unabhängigen Vertreters zuzurechnen ist. In seiner Entscheidung vom 14.09.1994 hat sich der BFH[314] richtigerweise nicht der vom Wortlaut her naheliegenden subjektiven Betrachtung angeschlossen,

---

312 Vgl. Loukota, SWI 1996, 101 (104); Vetter, in: Gassner/Lang/Lechner, Vertreter, 1998, 108.

313 Grundsätzlich gilt als Intention des Betriebsstättentatbestands, nur solche Sachverhalte zu erfassen, bei denen der Vertreter im Inland kein selbstständiges und eigenverantwortliches Geschäft betreibt, sondern lediglich das Geschäft des ausländischen Unternehmers auf dessen Weisung und an dessen Stelle fortsetzt. Im Gegensatz hierzu kann ein Vertreter, der in erster Linie als selbstständiger Gewerbetreibender eigene Interessen verfolgt, nicht als „verlängerter Arm" des ausländischen Unternehmers im Inland betrachtet werden und begründet damit keine Vertreterbetriebsstätte für den ausländischen Prinzipal. Insoweit kommt Art. 5 Abs. 6 OECD-MA im Ergebnis ausschließlich klarstellende Funktion zu, vgl. Endres, IStR 1996, 1 (2); Jacobs, Unternehmensbesteuerung, 333; Skaar, Establishment, 1991, 508; Zehetner, in: Gassner/Lang/Lechner, Kommissionär, 1998, 117, 124. Ebenso stellt auch der OECD-Steuerausschuss fest, dass es sich von selbst versteht, wenn ein solcher Vertreter, der ein gesondertes Unternehmen darstellt, keine Betriebsstätte des ausländischen Unternehmens begründen kann. Dementsprechend sei Abs. 6 im Interesse der Klarheit in den Artikel aufgenommen worden, vgl. OECD-MK, Art. 5 Tz. 36.

314 Vgl. BFH vom 14.09.1994 – I R 116/93, BStBl. II 1995, 238 (240).

wonach es auf die gewöhnliche, übliche[315] Tätigkeit des einzelnen Vertreters ankommt, so dass jedes Überschreiten seiner bisherigen Geschäftstätigkeit eine Betriebsstätte begründen würde.[316] Vielmehr ist nach Auffassung des BFH auf den in der Branche verkehrsüblichen Geschäftsbereich der Berufsgruppe der Kommissionäre, Makler oder anderer unabhängiger Vertreter abzustellen.[317] Als Beispiel für einen außerhalb seiner ordentlichen Geschäftstätigkeit handelnden unabhängigen Vertreter schildert der OECD-MK den Fall eines Kommissionärs, der nicht nur Waren des vertretenen Unternehmens im eigenen Namen verkauft, sondern darüber hinaus auch mit einer entsprechenden Abschlussvollmacht Verträge für dieses Un-

---

315 Vgl. „ordinary" und „ordinaire" im englischen bzw. französischen Abkommenstext; s.a. BFH vom 14.09.1994 – I R 116/93, BStBl. II 1995, 238 (240).

316 Vgl. Endres, IStR 1996, 1 (4); Mühlehner, SWI 1995, 179 (180). *Kempermann* vertritt hierbei - im Gegensatz zum BFH - die Auffassung, dass sich der Ausdruck „ordentliche Geschäftstätigkeit" auf die Gesamttätigkeit des Vertreters nebst sonstiger gewerblicher Tätigkeiten bezieht, vgl. Kempermann, FR 1995, 240 (240).

317 Was nach Ansicht der beteiligten Wirtschaft als verkehrsüblich anzusehen ist, kann mittels eines Gutachtens der zuständigen Handelskammer ermittelt werden, vgl. Mössner, in: Mössner u.a., Unternehmen, 1998, 51 (123); kritisch: Wassermeyer, in: Debatin/Wassermeyer, DBA, 2000, Art. 5 Rz. 230. Eine solche Vorgehensweise grundsätzlich ablehnend: Hey, RIW 1994, 889 (890). Den konkreten Einzelfall – wie auch schon der BFH in der Entscheidung vom 30.04.1975 - schließlich heranziehend: Görl, in: Vogel, DBA, 1996, Art. 5 Rz. 172; BFH vom 30.04.1975 – I R 152/73, BStBl. II 1975, 626 (628). Ebenso stellt der BFH in seinem Urteil vom 23.09.1983 fest, dass die von nahezu allen Brachenbeteiligten ausgeübte Praxis jedenfalls dann nicht maßgebend sein kann, wenn es sich bei der Vermittlung und dem Abschluss von Leasing-Verträgen für Container Chassis um eine Tätigkeit handelt, die im Hinblick auf die erforderliche Kapitalausstattung in der Bundesrepublik nur von einzelnen kapital- und innovationsstarken Unternehmen ausgeführt werden kann, vgl. BFH vom 23.09.1983 – III R 76/81, BStBl. II 1984, 94 (96);

ternehmen selbst abschließt.[318] Damit steht die Ansicht des BFH prinzipiell im Einklang mit den vom OECD-Steuerausschuss herausgearbeiteten Grundsätzen.[319] Schließlich gehört ein Handeln im fremden Namen nicht gerade zum typischen Geschäftsbild eines Kommissionärs. Einem früheren Urteil des BFH[320] zufolge soll zur Beurteilung der Verkehrsüblichkeit stets der zivilrechtlich vorgegebene Tätigkeitsbereich des Vertreters herangezogen werden. So ist beispielsweise gemäß § 84 HGB Handelsvertreter, wer als selbstständiger Gewerbetreibender ständig damit betraut ist, für einen anderen Unternehmer Geschäfte zu vermitteln oder in dessen Namen abzuschließen. Festzuhalten bleibt damit, dass das typische Berufsbild des Handelsvertreters nicht nur die Vermittlung von Aufträgen, sondern auch eine mögliche Abschlussvollmacht umfasst.[321]

Errichtet ein Unternehmen im Ausland eine Tochtergesellschaft, unterliegen deren Einkünfte dort unzweifelhaft der Besteuerung.[322] Allerdings ist fraglich, ob neben diesen der Tochtergesellschaft zuzurechnenden Einkünften nicht auch der Muttergesellschaft zuzurechnende Einkünfte im Staat der Tochtergesellschaft besteuert werden dürfen. Rechtliche Grundlage für eine solche Steuerpflicht der Muttergesellschaft wäre das Vorliegen

---

318 Vgl. OECD-MK, Art. 5 Tz. 38.

319 Vgl. Günkel, in: Becker/Höppner/Grotherr u.a., DBA, 1999, Art. 5 Rz. 239; Zehetner, in: Gassner/Lang/Lechner, Kommissionär, 1998, 121.

320 Vgl. BFH vom 12.10.1965 – I B 282/62, BStBl. III 1965, 690 (691).

321 *Jacobs* nennt als weiteres Beispiel die Inkassovollmacht i.S.d. § 91 i.V.m. § 55 BGB, vgl. Jacobs, Unternehmensbesteuerung, 1999, 334; Kroppen/Hüffmeier, IWB, F. 3 Gr. 2, 637 (640).

322 Eine Ausnahme besteht jedoch in den Fällen, in denen die Tochtergesellschaft zwar ihren Sitz in diesem Staat hat, der Ort der Geschäftsleitung sich aber in einem anderen Staat befindet, vgl. Art. 4 Abs. 3 OECD-MA.

einer Betriebsstätte in diesem Staat. Vor diesem Hintergrund drängt sich - die für die Praxis bedeutende - Frage, ob bzw. unter welchen Umständen eine Tochtergesellschaft als Vertreter der Muttergesellschaft oder einer anderen konzernzugehörigen Gesellschaft angesehen werden kann.

Die sog. „Anti-Organ-Klausel“[323] Art. 5 Abs. 7 OECD-MA stellt zunächst klar, dass ein Beherrschungsverhältnis zwischen Mutter- und Tochtergesellschaft als solches nicht dazu führt, dass die beherrschte Tochtergesellschaft zur Betriebsstätte der beherrschenden Gesellschaft wird.[324] Aufgrund besonderer - außerhalb des gesellschaftsrechtlichen Beherrschungs-

---

323 Vgl. Görl, in: Vogel, DBA, 1996, Art. 5 Rz. 189; Schaumburg, Steuerrecht, 1998, Rz. 16.256.

324 Vgl. auch BMF vom 24.12.1999, IV B 4 S 1300 – 111/99, Tz. 1.2.2. Diese Ansicht der Finanzverwaltung ist auch vor dem Hintergrund zu sehen, dass in Art. 9 OECD-MA bereits eine Korrekturvorschrift besteht. Demzufolge muss die von der Tochtergesellschaft ausgeführte Tätigkeit nach dem Grundsatz des Fremdvergleichs angemessen vergütet werden. Wenn aber bedingt durch diese Vorschrift der im Staat der Tochtergesellschaft erwirtschaftete Gewinn schon besteuert wird, bedarf es keiner Fiktion einer Betriebsstätte mehr, vgl. Runge, in: Piltz/Schaumburg, Betriebsstättenbesteuerung, 2001, 131 (134). Kritisch hierzu: Wassermeyer, in: Debatin/Wassermeyer, DBA, 2000, Art. 5 Rz. 24. Die Vorschrift richtet sich insbesondere gegen die vom RFH in zwei Urteilen aus dem Jahr 1930 entwickelte Filialtheorie. Demzufolge wurde eine rechtlich selbstständige deutsche Gesellschaft allein wegen ihrer Zugehörigkeit zu einem ausländischen Konzern als Betriebsstätte des Konzerns angesehen, ohne dass das Bestehen eines Organschaftsverhältnisses dazu für notwendig gehalten wurde. Dieser Auffassung wurde jedoch mit dem BFH-Urteil vom 07.12.1994 eine klare Absage erteilt, vgl. RFH vom 30.01.1930 – I A 682/28, RStBl. 1930, 148 (150 f.); RFH vom 16.09.1930 – I A 129/30, RStBl. 1930, 757 (758); BFH vom 07.12.1994 – I K 1/93, BStBl. II 1995, 175 (179); s.a. OECD-MK, Art. 5 Tz. 40; Görl, in: Vogel, DBA, 1996, Art. 5 Rz. 191; Toifl, in: Gassner/Lang/Lechner, Tochtergesellschaft, 1998, 125 (129); Wassermeyer, in: Debatin/Wassermeyer, DBA, 2000, Art. 5 Rz. 241.

verhältnisses - liegender Beziehungen zur Muttergesellschaft kann jedoch auch eine Tochterkapitalgesellschaft die Tatbestandsvoraussetzungen eines Vertreters erfüllen.[325] Dies hat zur Folge, dass die Tochtergesellschaft zur Betriebsstätte der Muttergesellschaft wird, soweit die Merkmale des Vertreters nach Art. 5 Abs. 5 bzw. 6 OECD-MA vorliegen. Allerdings erwähnt die Musterkommentierung zu Art. 5 diese Möglichkeit ausdrücklich nur für den Fall des abhängigen Vertreters nach Abs. 5.[326] Dem ist entgegenzuhalten, dass eine Tochtergesellschaft als Vertreterin der Mutter ebenso Verträge aufgrund einer Abschlussvollmacht abschließen kann, die über ihre ordentliche Geschäftstätigkeit hinausgehen.[327] Insoweit muss - obwohl

325 Vgl. BMF vom 24.12.1999, IV B 4 S 1300 – 111/99, Tz. 1.2.2; s.a. Jacobs, Unternehmensbesteuerung, 1999, 333; Görl, in: Vogel, DBA, 1996, Art. 5 Rz. 192; Toifl, in: Gassner/Lang/Lechner, Tochtergesellschaft, 1998, 125 (139); Pleijsier, Intertax 2001, 218 (223). In diesem Zusammenhang vertritt die österreichische Finanzverwaltung die Auffassung, dass Tochtergesellschaften „abhängige Personen" sein können, die – soweit sie mit einer Abschlussvollmacht im Sinn des OECD-MA ausgestattet sind - als Vertreterbetriebsstätten auftreten können, vgl. öMF vom 29.12.1995, SWI 1996, 50 (54); s.a. Loukota, SWI 1996, 101 (103).

326 Vgl. OECD-MK, Art. 5 Tz. 41.

327 Im sog. Akron-Fall des BFH unterhielt die deutsche Enkelgesellschaft A-GmbH der US-Akron Inc. ein Auslieferungslager für den Vertrieb industrieller Produkte durch die englische Tochterkapitalgesellschaft. Daneben produzierte die A-GmbH auch Teile dieser Produkte, vertrieb zusätzlich Produkte eines anderen Herstellers und führte Wartungen und Reparaturen durch. Die A-GmbH übernahm gegenüber ihrer englischen Muttergesellschaft die Verpflichtung, deren Produkte in deren Namen in bestimmten europäischen Ländern zu verkaufen und auszuliefern. Dabei führte der BFH aus, dass die A-GmbH jedenfalls nicht als abhängiger Vertreter angesehen werden kann. Ungeachtet der Beurteilung als unabhängiger Vertreter verneinte der BFH jedoch die Begründung einer Vertreterbetriebsstätte nach Art. 5 Abs. 6 OECD-MA, da die GmbH im Rahmen ihrer ordentlichen Geschäftstätigkeit handelte, vgl. BFH vom 14.09.1994 – I R 166/93, BStBl. II 1995, 238 (240); s.a. Endres, IStR 1996, 1 (1, 4); Toifl, in: Gassner/Lang/Lechner, Toch-

nicht ausdrücklich erwähnt - dasselbe für den Fall des unabhängigen Vertreters i.S.d. Art. 5 Abs. 6 OECD-MA gelten.[328] Zudem sollen diese Grundsätze nicht nur im Verhältnis zur Muttergesellschaft, sondern auch im Verhältnis zu Schwesterngesellschaften gelten.[329]

Für die Praxis schwierige Abgrenzungsfragen ergeben sich dann, wenn die Tochtergesellschaft Aufträge ganz oder teilweise an verbundene Unternehmen subkontrahiert oder sie sich die zur Vertragserfüllung erforderlichen Mittel bei verbundenen Unternehmen z.B. in Gestalt von Arbeitnehmern beschafft.[330] Bekannt geworden ist in diesem Zusammenhang vor allem der norwegische Siemens-Fall.[331] Grundsätzlich führt die Zurverfü-

---

tergesellschaft, 1998, 125 (133). Aus dem BFH-Urteil vom 14.09.1994 zieht *Wassermeyer* den Schluss, dass in der Praxis kaum ein Fall auftreten wird, in der eine Tochtergesellschaft als unabhängiger Vertreter anzusehen ist, vgl. Wassermeyer, IStR 1995, 134 (134). Für eine Tochtergesellschaft als unabhängiger Vertreter ist dann in einem weiteren Schritt auf die üblichen Geschäftstätigkeiten des Berufsbilds derjenigen Berufsgruppe abzustellen, welcher der Vertreter angehört, vgl. Jacobs, Unternehmensbesteuerung, 1999, 334.

328 Vgl. Görl, in: Vogel, DBA, 1996, Art. 5 Rz. 192; Toifl, in: Gassner/Lang/Lechner, Tochtergesellschaft, 1998, 125 (130).

329 Vgl. OECD-MK, Art. 5 Tz. 42.

330 Vgl. Peschcke-Koedt, Tax Analysts Document Number: Doc 98 – 15547.

331 Die deutsche Siemens-AG unterstützte im Jahr 1985 ihre durch eine 100%ige deutsche Tochtergesellschaft gehaltene norwegische Enkelgesellschaft Siemens A/S bei der Bewerbung um eine Ausschreibung für die Installation eines elektronischen Überwachungs- und Sicherheitssystems für einen von der Siemens-Gruppe unabhängigen norwegischen Kunden. Als Teil des schließlich zwischen der Siemens A/S und dem Kunden abgeschlossenen Vertrags verpflichtete sich diese, dass die Lieferung der Hardware durch die deutsche Mutter durchgeführt wird. So sollten zwischen 1987 bis 1989 einige Mitarbeiter der Siemens AG nach Norwegen kommen, um die Montagearbeiten durchzuführen. Dabei kam der norwegische Gerichtshof zu dem Ergebnis, dass die deutsche Siemens AG mit ihrer Tätigkeit in Norwegen eine Betriebsstätte begründet hatte, da die Tätigkeiten der

gungsstellung von Leiharbeitskräften zu keiner Betriebsstättenbegründung seitens der überlassenden Muttergesellschaft, da die Tätigkeiten dieser Arbeitnehmer in diesem Fall der Tochtergesellschaft zuzurechnen sind.[332] Etwas anderes gilt erst dann, wenn die Muttergesellschaft das wirtschaftliche Risiko der Vertragserfüllung gegenüber dem Kunden (mit)übernimmt[333] und auf diese Weise Mutter- und Tochtergesellschaft eine faktische Gesellschaft bilden. Steuerliche Konsequenz einer solchen Beurteilung ist, dass die Muttergesellschaft im Staat der Tochtergesellschaft mit dem Gewinn der Besteuerung unterliegt, den sie aus den in ihrem Namen abgeschlossenen Verträgen erzielt.[334] Damit kann die Steuerpflicht eines Unternehmens im Quellenstaat nicht allein dadurch umgangen werden, dass anstatt einer rechtlich unselbstständigen Betriebsstätte eine rechtlich selbstständige Tochtergesellschaft begründet wird.

Vor dem Hintergrund administrativer (Mehr-) Belastungen sowie der Gefahr einer verdeckten Gewinnausschüttung im Hinblick auf die für die Geschäftsbesorgung vorgesehene Provision, dürfte ein ausländischer Konzern allerdings bestrebt sein, eine Vertreterbetriebsstätte im Inland zu vermeiden. Aus Sicht der Beratungspraxis sollte daher daran gedacht werden, die

---

deutschen AG einen der Kernbestandteile des Vertrags gegenüber dem Auftraggeber darstellte, vgl. Andersen, ET 1997, 388 (388 f.); Toifl, in: Gassner/Lang/Lechner, Tochtergesellschaft, 1998, 125 (130).

332 Vgl. Görl, in: Vogel, DBA, 1996, Art. 5 Rz. 192 a.

333 Vgl. Görl, in: Vogel, DBA, 1996, Art. 5 Rz. 192 a; Peschcke-Koedt, Tax Analysts Document Number: Doc 98 – 15547.

334 Vgl. Andersen, ET 1997, 388 (388 f.); Görl, in: Vogel, DBA, 1996, Art. 5 Rz. 192 a; Peschcke-Koedt, Tax Analysts Document Number: Doc 98 – 15547; Skaar, Establishment, 1991, 539 f.; Toifl, in: Gassner/Lang/Lechner, Tochtergesellschaft, 1998, 125 (130).

inländische Tochtergesellschaft gegenüber dem Mutterhaus möglichst mit weitgehenden rechtlichen und wirtschaftlichen Freiräumen auszustatten und die Vergütung am Fremdvergleichsgrundsatz zu orientieren.[335]

---

335 *Endres* warnt in diesem Zusammenhang davor, die Provision nach der Kostenaufschlagsmethode zu ermitteln, vgl. Endres, IStR 1996, 1 (5). Die Kostenaufschlagsmethode im Einzelfall ebenfalls als anwendbar erachtend: Prinz, FR 1996, 479 (484); s.a. Sieker, DB 1996, 110 (111 f.)

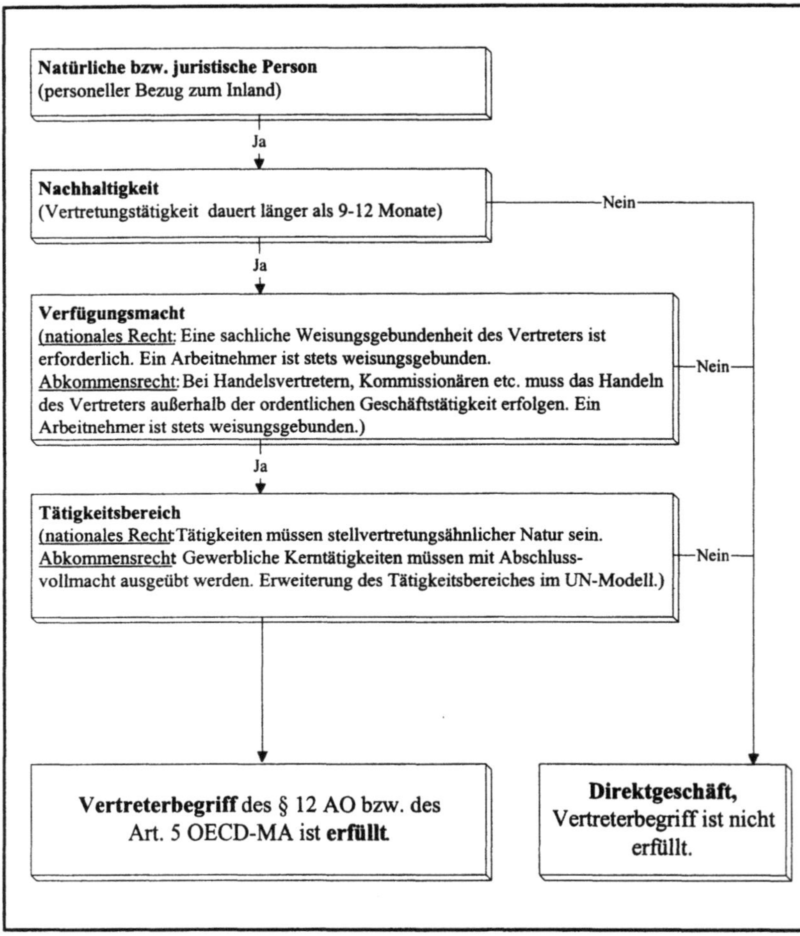

Abbildung 4: Prüfschema bei inländischen Vertretern ausländischer Investoren[336]

336 Vgl. Jacobs, Unternehmensbesteuerung, 1999, 336.

E. Weiterentwicklung des Betriebsstättenprinzips

I. Technische Grundlagen und ökonomische Bedeutung des Internet

Vor dem Hintergrund einer technisch vielfach undifferenzierten Untersuchung möglicher Betriebsstättenanknüpfungspunkte im Rahmen des Mediums Internet soll die folgende Darstellung in erster Linie die für die weitere Analyse notwendigen Grundlagen schaffen. Aus diesem Grund konzentrieren sich die nachstehenden Ausführungen primär auf die internettypischen Akteure sowie die informationstechnische Einrichtung eines Internet-Servers. Zur Beantwortung weiterer technischer Fragestellungen - beispielsweise im Hinblick auf das Internet-Protokoll TCP/IP oder die Internet-Dienste e-mail, FTP, oder WWW - sei an dieser Stelle auf die einschlägige Computerfachliteratur verwiesen.[337]

---

337 Vgl. z.B. Abrams/Doernberg, Tax Notes Int'l, May 12, Doc 97 – 12872; Alpar, Kommerzielle Nutzung, 1996, 28 f.; Back-Hock/Wagner, DSWR 1996, 78 (78 ff.); Conrads, Datenkommunikation, 1996, 258; Deller/Stubenrath/Weber, DB 1997, 1577 (1580); Gora/Mann, Kompendium, 2001, 7 ff.; Gorys, Arbeitsbuch, 1993, 25; Hoppe/Kracke, ZfbF 1998, 390 (391); Huitema, Generation, 2000, 19 ff.; Institut für Informatik und Gesellschaft (IIG), Albert-Ludwigs-Universität Freiburg, Electronic-Commerce-Enquête II, 2000, 4; Kalmring, Internet, 1996, 36; Kuner, Jurist, München 1996, 15-21; Krause, Geschäftsfelder, 1998, 254; Kröger, in: Kröger/Kellersmann, 1998, Einstieg, 1 (3); Lampe, Internet, 1996, 11; Leffler/Mc Kusick/Karels, Unix, 1990; Lienemann, Routing, 2000; Müller, SteuerStud 1998, 6; Mundorf/Zimmermann, Spektrum, 1996, 125 ff.; Pagé/Ehring, E-Business, 2001, 8 ff.; Precht, EDV, 1992; Radtke, DSWR 1996, 82; Rossipaul, Netzwerkführer, 1991; RRZN, Rechenzentrum, 1999, 28; Santifaller, Lokale Netze, 1990, 18; Shipley/Fish, Funktionsweise, 1996, 45; Völker/Weidert, WRP 1997, 652; Zerdick/Picot/Schrape/Artopé, u.a., Internet-Ökonomie, 1999, 77 ff.

1. Akteure

Bei den Akteuren ist grundsätzlich zwischen Zugangsanbietern (Access-Provider, Internet Service Provider, Online Dienst) und Nutzern (Inhaltsanbieter, Inhaltsnachfrager) zu differenzieren, die jeweils in verschiedenen Ländern ansässig sein können. Dementsprechend konzentriert sich die Diskussion über die Besteuerung des E-Business vornehmlich auf das Leistungsverhältnis zwischen Inhaltsanbietern und Inhaltsnachfragern einerseits sowie Nutzern und Zugangsanbietern andererseits. Einen Überblick über die wichtigsten Akteure sowie die zwischen ihnen bestehenden Leistungsbeziehungen gibt Abbildung 5.

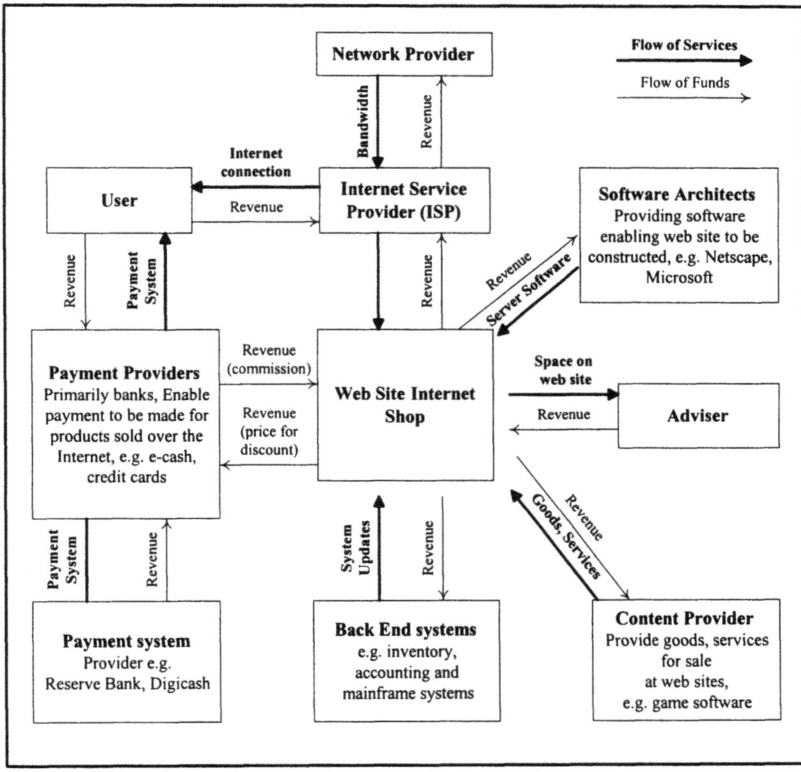

Abbildung 5: Akteure im Internet[338]

Prinzipiell benötigt jeder Internet-Nutzer einen Anbieter, der ihm den Netzzugang ermöglicht. Folglich besteht zwischen Inhaltsanbietern und Inhaltsnachfragern kein direkter Kontakt. Im Hinblick auf den Netzzugang stehen dem Nutzer zwei Möglichkeiten offen: Zum einen kann er mit einem bloßen Access Provider (Zugangsanbieter) einen Nutzungsvertrag über den Internetzugang und eine eigene e-mail-Adresse schließen. Zum anderen kann er auch das wesentlich umfangreichere Leistungspaket eines Internet Service Providers (z.B. AOL, T-Online, nacamar) in Anspruch

338 Vgl. Australian Taxation Office, Tax, 1997, 13.

nehmen. Das Dienstleistungsangebot, das von Anbieter zu Anbieter variiert, umfasst dabei beispielsweise den direkten Zugang zu Serviceleistungen Dritter (Banken, Versandhäuser, etc.), ein eigenes redaktionelles Programm sowie thematisch gegliederte Foren (Chat-Räume).[339]

Weiter bieten Internet Service Provider sog. Web-Hosting-Leistungen an. Gegen-stand eines Web-Hosting-Vertrags kann die bloße Überlassung von Speicherplatz auf einem Server verbunden mit einer vertraglich fixierten Übertragungskapazität sein. Denkbar ist aber auch die Programmierung und Pflege der Web-Site des Kunden sowie die Zurverfügungstellung von Software, welche die Abwicklung von Geschäften ermöglicht. In nicht wenigen Fällen übernimmt der Provider darüber hinaus das Inkasso für den Inhaltsanbieter und überlässt diesem nach bestimmten Kriterien aufbereitete Zugriffsstatistiken. Allerdings erschwert die aufgezeigte Vielfalt von

339 Aufgrund ihrer Vorteile durch die bereits bestehende Infrastruktur eröffnen sich Telekommunikationsunternehmen wie z.B. der Telekom durch den Einstieg in den Internetmarkt weitreichende Entwicklungsperspektiven. Access Provider und kleine Internet Service Provider hingegen, die sich ausschließlich auf den Zugang beschränken und hierfür Leitungskapazitäten mieten, werden nach Ansicht von *Martinoli* nicht in der Lage sein, zu überleben. Um den bevorstehenden Verdrängungswettbewerb mit den Telekommunikationsunternehmen zu überstehen empfiehlt dieser, Allianzen mit bestehenden Telekommunikationsunternehmen einzugehen bzw. den Access Markt zugunsten der Entwicklung von Inhalten und mehrwertorientierten Dienstleistungen zu verlassen, vgl. Martinoli, in: Zerdick/Picot/Schrape/Artopé, u.a., Internet-Ökonomie, 1999, 90. Telekommunikationsnetze werden heute überwiegend noch für das Telefonieren genutzt. So gibt es allein in der Bundesrepublik Deutschland mehr als 40 Millionen Festnetzanschlüsse und etwa 10 Millionen Mobilfunkteilnehmer, aber nur ein Teil davon wird für die Übertragung von Daten, Text und Bildern eingesetzt. Das jährliche Wachstum der Datenkommunikation beträgt jedoch ein Vielfaches des Wachstums der Sprachkommunikation, vgl. Gora/Mann, Kompendium, 2001, 7.

möglichen Vertragsgestaltungen, von „dem“ typischen Web-Hosting-Vertrag zu sprechen.[340]

Innerhalb der Gruppe der Internet-Nutzer ist zwischen Inhaltsanbietern (Content Provider), die als Anbieter von Waren und Dienstleistungen auftreten, und Inhaltsnachfragern, welche sich als Konsumenten der Web-Sites bzw. als Auftraggeber oder Käufer im Internet bewegen, zu unterscheiden.

Bei der Datenübermittlung bedienen sich Inhaltsanbieter regelmäßig sog. Internet-Server, um die z.T. multimedial aufbereiteten Produktinformationen, digitalisierten Güter oder Dienstleistungen zum Abruf vorzuhalten.[341] Als typisches Beispiel für einen Inhaltsanbieter sei die Otto-Handelsgruppe genannt, welche sich durch eine konsequente Weiterentwicklung im Versandhandel auszeichnet.[342] Neben dem klassischen Printkatalog, Telefon und Fax, Btx und CD-ROM-Katalogen wird seit 1995 das

---

340 Vgl. ausführlich zu ASP sowie dessen steuerliche Konsequenzen Kessler/Maywald/Peter, IStR 2000, 425 (430) m.w.N.

341 Dabei eröffnen sich mehrere Handlungsalternativen, welche vom Abschluss eines Web-Hosting-Vertrags, dem Mieten eines Servers bis zur Unterhaltung eines eigenen Servers reichen, vgl. ausführlich S. 119. Vgl. anschaulich: Australian Taxation Office, Tax, 1997, 13; Pagé/Ehring, E-Business, 2001, 31; Zerdick/Picot/Schrape/Artopé, u.a., Internet-Ökonomie, 1999, 32.

342 Die Otto-Handelsgruppe ist mit 40 Handelsunternehmen in 19 Ländern auf drei Kontinenten engagiert. Der Otto-Versand verstand das Internet als die konsequente Erweiterung der bestehenden Ansätze des elektronischen Handels. Vor diesem Hintergrund wurde in den Unternehmensgrundsätzen festgesetzt, die neuen Medien als neuen Vertriebsweg und als neues Geschäftsfeld zu integrieren. Dazu betreibt der Otto-Versand sowohl eine eigene Web-Site als auch die virtuelle Mall „Shopping 24“, in der die verschiedenen Töchter, aber auch externe Unternehmen ihre Waren präsentieren können, vgl. Gora/Mann, Kompendium, 2001, 306.

Internet als Informations- und Verkaufsplattform genutzt. Auch die öffentliche Verwaltung weist bereits erste Ansätze dahingehend auf, Dienstleistungen wie beispielsweise KFZ-Zulassungen oder elektronische Steuererklärungen (Projekt „Elster") über das Internet anzubieten (sog. E-Government).[343]

Inhaltsnachfrager - wie private Haushalte, Unternehmen oder der öffentliche Sektor - konsumieren Leistungen, die über das Internet bereitgestellt werden.[344] Für die Einspeisung in das Internet bieten sich allgemein zugängliche Netze wie z.B. ein universitäres Netz oder aber Server von Internet Service Providern an. Ferner verfügen Internet Service Provider in den meisten deutschen Städten über Einwahlknoten (sog. PoPs), so dass Nutzer regelmäßig bereits zum Ortstarif die Angebote des Internet wahrnehmen können.[345]

2. *Server*

Die Gemeinsamkeit sämtlicher Internetangebote liegt darin begründet, dass diese auf Rechnern abgespeichert werden, die an das Internet angeschlossen sind. Als Server bezeichnet man dabei diejenigen Computer ei-

---

343 Vgl. ausführlich Ahrens, DSWR 2001, 226 (226 f.).

344 In allen drei Nachfragesektoren kann dabei die knappe Ressource Kaufkraft, die das größtmögliche Erlöspotential darstellt, für unterschiedliche Leistungen verausgabt werden, so dass Konkurrenzsituationen zwischen Medien- und Kommunikationsleistungen und anderen Verwendungsmöglichkeiten auftreten (in privaten Haushalten z.B. Wohnen, Kleidung oder Reisen), vgl. Zerdick/Picot/Schrape/Artopé, u.a., Internet-Ökonomie, 1999, 32.

345 Mit Hinweis auf die Einführung einer „Flat Fee", bei der Ortsgespräche in der Grundgebühr enthalten sind, sowie das hieraus resultierende Potential für den deutschen Tele-

nes solchen Verbundes, die Daten vorhalten und - entsprechend der sog. Client-Server-Architektur[346] des Internet - die gewünschten Informationen einem Nutzer zur Verfügung stellen.

Nicht selten verbinden Internet-Nutzer mit dem Begriff Server eine besondere Art von Großrechner, auf dem Web-Sites vorgehalten werden, welche von vielen Usern gleichzeitig abgerufen werden können. Vielmehr besteht ein Server jedoch aus zwei zunächst voneinander unabhängigen Komponenten, der Server-Hardware und der Server-Software. Während die Hardware in Form des Computers die sichtbare physische Grundlage für die Datenverarbeitungs- und Übertragungsfunktionen bildet, kommt der Software die Aufgabe zu, diese Prozesse unsichtbar zu steuern. Denn um die Daten eines Inhaltsanbieters im Internet abrufen zu können, bedarf es zwingend beider Elemente.

Für ein Unternehmen, das einen Internetauftritt plant, ergeben sich im Hinblick auf die Nutzung eines Internet-Servers grundsätzlich mehrere Handlungsalternativen. Die in der Praxis am häufigsten anzutreffende Variante dürfte dabei der sog. Web-Hosting-Vertrag zwischen Inhaltsanbieter und Drittunternehmen (Provider), das den Internetzugang vermittelt, sein. Vielfach sind an einer solchen Datenübertragungsleistung mehrere physi-

---

kommunikationsmarkt bei Einführung einer solchen, vgl. Zerdick/Picot/Schrape/Artopé, u.a., Internet-Ökonomie, 1999, 77.

346 Als Client-Server-Prinzip bezeichnet man einen bestimmten Aufbau einer Computerverbindung, d.h. die Teilnehmer eines Netzwerks werden nach ihrer Funktion in Server und Clients eingeteilt. Während der Server dem Client bestimmte Dienste bereitstellt, fordert der Client diese Ressourcen des Servers an und nimmt sie in Anspruch. Dabei kann ein Server auch mehrere Clients bedienen, vgl. Alpar, Kommerzielle

sche Server beteiligt. Denn je nach Intensität der Zugriffe spiegelt der Provider des Inhaltsanbieters eine identische Web-Site auf mehrere sog. „Mirror-Server" - nicht zuletzt auch um die vertraglich festgelegte Übertragungskapazität gewährleisten zu können. Im Rahmen eines Web-Hosting-Vertrags[347] bedarf es dazu keiner ausdrücklichen Genehmigung durch den Inhaltsanbieter, da der Provider regelmäßig allein die Zugriffsmöglichkeit auf die Dateien schuldet, während bezüglich des Orts und der konkreten Art der Anbindung an das Internet i.d.R. keine ausdrücklichen Vereinbarungen getroffen werden. Schließlich sind sowohl der Ort als auch der Anbindungsmodus für den Inhaltsanbieter prinzipiell ohne Bedeutung.[348] Die so temporär auf verschiedenen physischen Servern gespeicherten Daten werden ebenso sporadisch - bei Bedarf der entsprechenden Kapazität - wieder gelöscht. Dies hat zur Folge, dass die Web-Site des Inhaltsanbieters so u.U. von Server zu Server bzw. von einem Teil der Festplatte zu einem anderen wandert.

Als Gegenstand der Vereinbarung zwischen Inhaltsanbieter und Provider kommt - anstelle eines Werkvertrags in Form der Übertragung von Da-

---

Server auch mehrere Clients bedienen, vgl. Alpar, Kommerzielle Nutzung, 1996, 23; Precht, EDV, 1992, 93; RRZN, Rechenzentrum, 1999, 16.

347 Gegenstand eines Web-Hosting-Vertrags ist die generelle Bereitstellung des erforderlichen Speicherplatzes auf einem der Server des Providers. Dabei dürfte es sich um einen Werkvertrag handeln, da der Provider regelmäßig den Erfolg der Präsentation im Internet schuldet, vgl. ausführlich Kessler/Maywald/Peter, IStR 2000, 425 (427f.); Pinkernell, StuW 1999, 281 (282); Strunk, IStR 1998, 428 (428); Wiater/Bosch, IStR 1998, 757 (758). Davon abzugrenzen ist das sog. Web-Housing, bei dem das Providerunternehmen einen im Eigentum des Anbieters stehenden physikalischen Server in seinen entsprechend ausgestatteten und gesicherten Räumlichkeiten betreut.

348 Vgl. Wiater/Bosch, IStR 1998, 757 (759).

ten - darüber hinaus auch das Bereitstellen der Hardwarekomponente eines Servers mit entsprechender Internetanbindung bzw. der hierzu erforderlichen Infrastruktur im Rahmen eines Mietvertrags in Betracht, oder aber die bloße Internetanbindung, falls der Inhaltsanbieter einen eigenen Server unterhält. Dies ist vor allem dann der Fall, wenn größere Unternehmen beispielsweise über eigene Rechenzentren verfügen. In der Terminologie der Informationstechnik bezeichnet man beide Varianten als dedizierte Server. Bleibt festzuhalten, dass lediglich bei dieser Sachlage die Softwarekomponente an einen bestimmten physikalischen Server gebunden ist.

3. E-Business

Electronic Business umfasst die Abwicklung administrativer und betriebswirtschaftlicher Geschäftsprozesse unter Einsatz von IT-Anwendungen wie insbesondere die Kommunikation über Inter-, Intra-, oder Extra-Net.[349] Diese elektronisch abgewickelten Geschäftsprozesse unterscheiden sich häufig grundlegend von den traditionellen und zeichnen sich vor allem durch eine möglichst enge Kopplung von Funktionen mit direktem elektronischem Informationsaustausch über ein Kommunikationsnetz aus.[350] Ein solcher Informationsaustausch findet regelmäßig zwischen Kunden und Lieferanten, zwischen Partnerunternehmen zur Entwicklung von Leistungsketten (Supply Chains), bei der Errichtung elektronischer Marktplätze, der Erzeugung von Verbundprodukten (virtuelle Produktentwicklung) sowie der allgemeinen Verbesserung der Zusammenarbeit (Geschäftsführungsprozesse, Knowledge Management, Dokumenten

---

349 Vgl. Pagé/Ehring, E-Business, 2001, 30; Picot, in: Schmidt, Potentiale, 2001, 23 (23); Picot/Reichwald/Wigand, Unternehmenung, 2001, 337.

350 Vgl. Pagé/Ehring, E-Business, 2001, 30; Geimer/Becker, in: Lawrenz/Hildebrand/Nenninger/Hillek, Supply Chain Management, 2001, 19 (22).

Management, usw.) - insbesondere innerhalb eines Unternehmens - statt.[351]

Damit kann der Begriff „E-Commerce“ keinesfalls als Synonym für den Ausdruck „E-Business“ verwendet werden, da dieser tatsächlich nur eine Facette des umfassenderen E-Business-Ansatzes bildet. Innerhalb des Teilbereichs E-Commerce ist eine aus steuerlicher Sicht entscheidende Differenzierung zwischen sog. Offline- und Online-Geschäften vorzunehmen:

- Bei Offline-Transaktionen erfolgen zwar die Anbahnung und der Abschluss eines Geschäfts über das Internet, die Ausführung - d.h. die Erbringung der geschuldeten Leistung - vollzieht sich aber auf konventionellem Weg.[352] Dabei übernimmt das Internet nur die Funktion des Kommunikationsmediums, welche bisher von Telefon, Fax oder Post übernommen wurde. Im Ergebnis handelt es sich bei Offline-Geschäften - auch aus rechtlicher Sicht[353] - damit lediglich um eine moderne Ausprägung des klassischen Versandhandels.

---

351 Vgl. ausführlich zur Erschließung neuer Wertschöpfungspotentiale durch Electronic Supply Chain Management: Hillek, in: Lawrenz/Hildebrand/Nenninger/Hillek, Supply Chain Management, 2001, 1 (4 ff.).

352 Vgl. Vellen, in Fischer/Strunk, Aspekte, 1998, 81 (84).

353 Mit Hinweis auf den Fall einer niederländischen Internet-Apotheke, welche verschreibungsfreie und verschreibungspflichtige Arzneimittel europaweit anbot und sich dabei auf das für Online-Leistungen vorgesehene Herkunftslandprinzip gemäß der E-Commerce-Richtlinie vom 07.07.2000 berief, vgl. Arndt/Köhler, EWS 2001, 102 (102, 104).

- Im Gegensatz dazu werden Online-Geschäfte vollständig via Internet abgewickelt, d.h. auch die Auslieferung findet ausschließlich per Internet statt.[354] Wesentliches Merkmal dieser Erscheinungsform ist, dass das Internet insbesondere zur Erbringung der geschuldeten Hauptleistung genutzt wird. Folglich werden bisherige körperliche Warenbewegungen durch die Übermittlung der Ware in digitalisierter Form von Rechner zu Rechner substituiert. Neben dem Download von Software,[355] Musikstücken, Videos und elektronischen Informationen[356] können auch Dienstleistungen in Gestalt von Beratungen aller Art,[357] Agentur- und Maklergeschäften sowie Distance-Learning[358] Gegenstand von Online-Transaktionen sein.

---

354 Vgl. Illik, HMD 1998, 10 (15 f.); Schumann, DSWR 1998, 54 (56).

355 Vgl. ausführlich zur Frage der Qualifikation der Einkünfte beim Online-Vertrieb von Standardsoftware nach nationalem und DBA-Recht, Teil 1 und 2: Kessler, IStR 2000, 70 (70 ff.), 98 (98 ff.).

356 Vgl. Cook/Coupey, J Busn Res 1998, 231 (231).

357 Während das Internet für Steuerberater und Wirtschaftsprüfer gegenwärtig vor allem für die Bereiche Kommunikation innerhalb der Kanzlei und mit Mandanten, Einrichtung einer Homepage, Beteiligung an Diskussionsforen und Informationsbeschaffung genutzt wird, gibt es bereits erste Ansätze für eine Steuerberatung via Internet, vgl. Kellersmann: Kröger/Kellersmann, Handbuch, 1998, 228 (228); Kessler, in: Kessler, Neue Medien, 2000, Teil 3/Tz. 1 ff.

358 Unter den Begriff Distance-Learning bzw. Telelearning fallen die vielfältigen Möglichkeiten des Lernens mit Hilfe neuer Informations- und Kommunikationstechnologien. Dabei eröffnet sich die Möglichkeit computergestützten, individuellen und interaktiven Lernens via Internet, vgl. z.B. Bruns/Gajewski, Lernen, 2000, 160 ff.; Fischer, in: Schwarzer, Multimedia, 1998, 121 (121ff.).

Weiter kann der E-Commerce in die Bereiche Business-to-Business (B2B) und Business-to-Consumer-Bereich (B2C) unterteilt werden.[359] Ursprünglich hat sich dieser vor allem B2C-orientiert entwickelt.[360] Unter B2C versteht man die geschäftliche Verbindung von Unternehmen und privaten Haushalten. Diese Art der Beziehung ist wohl die in der Öffentlichkeit am bekanntesten und wird häufig mit dem Begriff des Electronic Commerce gleichgesetzt.[361]

---

359 Vgl. Höhl/Ponader, DSWR 1996, 88 (88); Illik, HMD, 1998, 10 (14). Als weiteres Segment ließe sich darüber hinaus der Bereich Government-to-Consumer anführen, beispielsweise in Gestalt der Online-KFZ-Zulassung.

360 Dabei ist das Internet die Plattform für Verkauf, Service, technische Unterstützung und den Aufbau von direkten Kundenbeziehungen unter Ausschaltung von Intermediären (sog. Disintermediation), vgl. Pagé/Ehring, E-Business, 2001, 96.

361 Bei Business-to-Consumer-Aktivitäten handelt es sich überwiegend um sogenannte "Webshops", in denen sich Unternehmen im Internet präsentieren und den Kunden die Möglichkeit geben, die gewünschte Waren oder Dienstleistung online zu bestellen. Dieser Bereich bietet einem Kunden neben dem Zugriff auf einen globalen Markt und einer aktuellen multimedia-gestützten Produktpräsentation uneingeschränkte Öffnungszeiten, die die angebotenen Produkte und Dienstleistungen 24 Stunden pro Tag verfügbar machen, vgl. Illik, HMD 1998, 10 (11); Kröger, in: Kröger/Kellersmann, Handbuch, 1998, 133 (135). Durch die Umstellung traditioneller Vertriebskanäle auf den Direktvertrieb erlaubt ein auf dem Internet basierendes Distributionssystem zudem die Ausschaltung des Zwischenhandels (Disintermediation), vgl. Bichler/Hansen, Information Management 1997, 47 (47 f.); Ghosh, Harvard Business Review 1998, 126 (127); Krause, Geschäftsfelder, 1998, 75 f. Eine Barriere für die Ausweitung des Geschäfts mit privaten Endkunden bildet derzeit allerdings noch der Mangel an geeigneten Zahlungsmethoden bzw. das Misstrauen der Konsumenten gegenüber der bestehenden Technik, vgl. Baldi/Achleitner, in: Burkhardt/Lohmann, Internet-Banking, 1998, 235 (240 ff.); Fiege, CR 1998, 41 (43); v. Radetzky, DSWR 1998, 58 (58 f.); Merz, Märkte, 1996, 57 ff.; Raßmann, CR 1998, 36

Die eigentlich treibende Kraft und den am schnellsten wachsenden Bereich der E-Commerce-Anwendungen bilden gegenwärtig B2B-Anwendungen.[362] So sollen rund 70 bis 85 Prozent der gesamten E-Commerce-Umsätze allein auf den elektronischen Geschäftsverkehr zwischen Unternehmen entfallen.[363] Schillernde Beispiele hierfür sind nicht zuletzt die digitalen Beschaffungssysteme von Bayer, BMW, Novartis oder der ING-Gruppe.[364]

Zwar stehen gegenwärtig (noch) technische und vertriebsorientierte Probleme des E-Commerce im Zentrum der Aufmerksamkeit des übergeordneten E-Business-Ansatzes. Nicht weniger von Interesse für die steuer-

---

(38); Schmidt/Schunter/Weber, in: Müller/Rannenberg, Cash, 1999, 301 (301 ff.); Sturm, DSWR 1998, 61 (63); Thießen, B. Bl. 1998, 217 (217).

362 Vgl. Institut für Informatik und Gesellschaft (IIG), Albert-Ludwigs-Universität Freiburg, Electronic-Commerce-Enquête II, 2000, 4. Einer am 10.05.2001 veröffentlichten Studie von *PricewaterhouseCoopers* zufolge sind bereits 19% der Business-to-Consumer-Gesellschaften an der Börse weniger wert als ihr Bestand an Zahlungsmitteln und Wertpapieren, vgl. Schnell, Handelsblatt vom 10.05.2001, 37. Im Bereich Business-to-Business wird dabei den Branchen Hardware/Software, Finanzdienstleistung, Fahrzeugbau und Energie das größte Wachstum vorausgesagt.

363 Vgl. Schmidt, in: Schmidt, Potentiale, 2001, 97 (98); ders., FAZ vom 28.08.2001, 13; *Kreienbaum* geht gar von einem Business-to Business-Anteil von 90 Prozent des gesamten E-Commerce-Umsatzes aus, vgl. Kreienbaum, in: Strunk, Steuergestaltung, 2000, 1 (8).

364 Der sog. Built-to-Order-Ansatz in der Automobilindustrie, bei dem ein Kundenauftrag über die B2C-Schnittstelle direkt an die Zulieferkette weitergeleitet wird, führt zur einer Risikoumschichtung in der Branche. Im traditionellen Vertriebsmodell trägt der Handel das Kapazitätsrisiko, wobei die Handelslager als Puffer fungieren. Im Rahmen der Internet-Ökonomie wandern die Kapazitätsrisiken zum Zulieferer, vgl. Dudenhöffer, in: Schmidt, Potentiale, 2001, 83 (86 f.); s.a. Koschnike, in: Lawrenz/Hildebrand/Nenninger/Hillek, Supply Chain Management, 2001, 281 (281f.). Vgl. ausführlich S. 129.

rechtliche Beurteilung von E-Business-Unternehmen ist jedoch die zunehmende Einrichtung eines verteilten - häufig auch über Unternehmensgrenzen hinweg - arbeitenden Managements.[365] Denn die mit der kommerziellen Nutzung des Internet eingeleiteten ökonomischen Veränderungen spiegeln sich nicht zuletzt auch in der Organisation eines Unternehmens wider.[366] So unterstützt die Dezentralisierung der Organisation und damit der Entscheidungskompetenz die für die New Economy zwingend benötigte Flexibilität. Entscheidende Bedeutung kommt dabei der direkten Kommunikation - z.B. via Videokonferenzen oder e-mail - zu, deren Aufgabe primär darin besteht, Informationen möglichst zeitnah an die entsprechenden Entscheider zu leiten.[367] Das Schlagwort dafür heißt „virtuelles Unternehmen" bzw. „virtuelle Organisation." Unter dem Begriff „virtuelle Organisation" sind Zusammenschlüsse von Firmen, Abteilungen und Einzelpersonen zu verstehen, die zu einem bestimmten Zweck auf der Grundlage elekt-

---

365 *Picot/Reichwald/Wigand* sprechen in diesem Zusammenhang gar von der Auflösung traditioneller Unternehmensgrenzen zugunsten hybrider Organisationsstrukturen wie z.B. Symbiosen und Netzwerke, vgl. Picot/Reichwald/Wigand, Unternehmenung, 2001, 289; s.a. Ebers, in: Ebers, Networks, 1997, 3 (5); Schlueter-Langdon, in: Schmidt, Potentiale, 2001, 63 (64).

366 Vgl. Heinemann, in: Eggers/Hoppen, E-Commerce-Management, 2001, 125 (128 f.).

367 E-Business-Unternehmen stellen immer mehr den Kunden, den Partner und den Lieferanten in den Mittelpunkt der organisatorischen Struktur. Diese sog. Outside-in-Organisation lässt sich in einem zentralistisch geführten Unternehmen nur in Ausnahmefällen realisieren. Für die Old Economy stellt hierbei die direkte Kommunikation die größte Herausforderung dar. Die direkte Kommunikation stellt sicher, dass Informationen zeitnah zu Entscheidern gelangen, vgl. Heinemann, in: Eggers/Hoppen, E-Commerce-Management, 2001, 125 (129).

ronischer Informations- und Kommunikationsdienste zusammenarbeiten.[368]

4. *Typische Geschäftsmodelle*

a) *Elektronisches Auktionshaus „ebay" (www.ebay.com)*

Bei Auktionen treten regelmäßig mehrere Nachfrager um die Leistung eines Anbieters zueinander in Wettbewerb. Übernehmen Auktionen in den Märkten der Old Economy bislang eine Außenseiterrolle, so ist jedoch festzustellen, dass diese in elektronischen Märkten mehr und mehr Beachtung finden. Ursache hierfür ist zum einen die kostengünstige automatische Abwicklung der Auktion durch eine entsprechende Software, zum anderen aber auch der Umstand, dass durch das Medium Internet ein ungleich größerer Kundenkreis angesprochen werden kann als dies bei der klassischen Auktion der Fall ist.[369]

---

368 Während im konventionellen Handel vielerlei Beziehungen zwischen Unternehmen und Teilen von Unternehmen existieren, welche dafür Sorge tragen, dass der Kunde die gewünschte Ware pünktlich und in vereinbarter Güte erhält, müssen derartige kooperative Beziehungen im E-Business durch spezielle Geschäftsprozesse nachgebildet und durch Informations- und Kommunikationsdienste unterstützt werden, vgl. Gora/Mann, Kompendium, 2001, 216; Lange, BB 2001, 1801 (1801). Zur Rolle der Informations- und Kommunikationstechnik bei virtuellen Organisationen, vgl. Picot/Reichwald/Wigand, Unternehmenung, 2001, 440.

369 Angesichts der zunehmenden Bedeutung von Online-Auktionen stellen *Picot/Reichwald/Wigand* darüber hinaus die wichtigsten Auktionsmechanismen vor. Im hier interessierenden Zusammenhang sei daher angemerkt, dass „ebay" der „Englischen Auktion" zuzuordnen ist. Dieser Auktionsmechanismus eignet sich insbesondere für Güter, deren Preis vom Verkäufer ex ante nur schwer festzulegen ist. Bei dieser Variante müssen sich die Nachfrager – ausgehend von einem Mindestangebot – in einem offenen Wettbewerb immer wieder überbieten. Typischerweise werden Online-Auktionen nach einer Woche

Vom Kursturz anderer Internetwerte unbeeindruckt zeigt sich der im September 1998 an der Börse eingeführte elektronische Auktionator „e-bay."[370] Käufer und Verkäufer von über vier Millionen Artikeln in 4320 Kategorien sind Privatpersonen und Unternehmen („ebay pro"), denen „e-bay" als elektronisches Auktionshaus die Möglichkeit bietet, via Internet zu verkaufen und zu ersteigern. Die eigentliche Geschäftsidee von „ebay" besteht darin, nicht selbst als Anbieter von Gütern im Internet aufzutreten, sondern nur den marktlichen Informationsaustausch gegen eine vom Transaktionsvolumen abhängige Kommission zu koordinieren (sog. Infomediär).[371] Während für den Käufer grundsätzlich keine Gebühren anfallen, muss der Verkäufer in den Vereinigten Staaten eine Festgebühr entrichten, die zwischen 30 Cent und 3,30 US-Dollar liegt. Hinzu kommt eine Verkaufsprovision von maximal fünf Prozent des Verkaufspreises. Kernproblem einer Online-Auktion ist die Schaffung des notwendigen Vertrauens zwischen Anbieter und Nachfrager.[372] „ebay" begegnet diesem Problem, indem es die beiden Handelspartner sich nach jeder abgeschlossenen Transaktion gegenseitig bewerten lässt. Auf diese Weise werden wiederholt schlecht bewertete Anbieter oder Nachfrager automatisch aus dem Markt gedrängt.

---

geschlossen, vgl. Picot/Reichwald/Wigand, Unternehmenung, 2001, 345; s.a. Horstmann/Butterwegge, DSWR 2000, 206 (206 f.).

370 So konnte die ebay-Aktie im Zeitraum August 2000 bis August 2001 eine Kurssteigerung von rund acht Prozent verzeichnen, vgl. Knop, FAZ vom 25.08.2001, 16.

371 Infomediäre treten als Vermittler zwischen Unternehmen und Kunden auf. Dabei gilt zu beachten, dass das Geschäftsmodell der Infomediäre erst durch das Internet möglich geworden ist, vgl. Ludewig, in: Ludewig/Buschmann/Herbrand, Silicon Valley, 2000, 21 (31).

Das Konzept von „ebay“ ist sehr erfolgreich: So stieg der „ebay“-Gewinn im zweiten Quartal 2001 auf 24,6 Millionen US-Dollar (Vorjahr: 7,6). Darüber hinaus hat „ebay.de“ mit über 2,6 Millionen registrierten Nutzern und einem Handelsumsatz von 193 Millionen US-Dollar im zweiten Quartal 2001 die deutsche Marktführerschaft inne.[373]

b) B2B-Plattform in der Automobilindustrie „Covisint“ (www.covisint.com)

Charakteristisches Merkmal der Automobilbranche ist ein hoher Integrationsgrad von Zulieferern und Herstellern.[374] Dabei erbringen die meist mittelständischen Zulieferbetriebe bis zu 70 Prozent der Wertschöpfung.[375] Bedingt durch den steigenden Marktdruck und den damit einhergehenden Zwang zur stetigen Optimierung der Geschäftsprozesse seitens der Hersteller, rückt der Wettbewerb ganzer Wertschöpfungs-ketten immer mehr in den Vordergrund der Branche.[376] Verstärkt wird diese Entwicklung durch immer kürzere Produktlebenszyklen, globale Produktion sowie den zuneh-

---

372 Vgl. Koch/Möslein/Wagner, Vertrauen, 2000, Tagungsbeitrag.

373 Vgl. Janz/Schick, in: Ludewig/Buschmann/Herbrand, Silicon Valley, 2000, 177 (197); Knop, FAZ vom 25.08.2001, 16; s.a. Gora/Mann, Kompendium, 2001, 340.

374 Vgl. Koschnike, in: Lawrenz/Hildebrand/Nenninger/Hillek, Supply Chain Management, 2001, 281 (281).

375 Vgl. Jocham, Handelsblatt vom 10.09.2001, N 1. Dies führt bei gleichzeitigem Aufbau von Entwicklungskompetenzen zu einer steigenden Marktmacht gegenüber den Herstellern.

376 Diese Entwicklung umfasst neben dem Händler und dem Hersteller insbesondere den sog. First-tier Supplier, der als Systemlieferant in direktem Kontakt mit Hersteller steht, den Second-tier-Supplier (Komponentenfertiger) sowie nicht zuletzt auch den Third-tier-Supplier, der für die Fertigung von hohen Volumina wie z.B. Stahlblechen verantwortlich zeichnet, vgl. Koschnike, in: Lawrenz/Hildebrand/Nenninger/Hillek, Supply Chain Management, 2001, 281 (285 f.); s.a. Dudenhöffer, in: Schmidt, Potentiale, 2001, 83 (86).

menden Preiswettbewerb.[377] Vor dem Hintergrund der Tatsache, dass regelmäßig 40 bis 70 Prozent der Gesamtkosten einer Unternehmung auf die Beschaffung entfallen, sind gerade in diesem Bereich enorme Kostensenkungspotentiale zu vermuten.[378] Dies gilt vor allem für die Kosten, die mit internen Verwaltungsabläufen verbunden sind. Insoweit besteht weitgehend Einigkeit, dass sich in dieser Umgebung langfristig elektronische Marktplätze durchsetzen werden (sog. E-Procurement).[379] Nicht zuletzt spiegelt diese Tendenz auch eine Studie der Beratungsgesellschaft *KPMG Consulting* über die E-Business-Aktivitäten der Automobilzulieferer wider.[380]

Allerdings sind die Hersteller bislang nur mit großen Zulieferunternehmen wie z.B. Bosch oder Continental elektronisch via Standleitungen verknüpft. Lieferanten auf der zweiten oder dritten Stufe der Zulieferkette erhalten Bestellungen noch zu 80 Prozent per Fax, e-mail oder auf dem

---

377 Zu den Herausforderungen der mittelständischen Zulieferbetriebe zählen im Zuge der Globalisierung vor allem der Aufbau von Fertigungskapazitäten vor Ort, welcher regelmäßig mit einem hohen Investitionsrisiko verbunden ist. Diesem Umbruch in der Automobilindustrie versuchen kleinere und mittelständische Zulieferer mit einer engeren Kooperation zu begegnen. Vor diesem Hintergund ist die Prognose von Alex Trotmann – dem ehemaligen Chairman von Ford nicht verwunderlich: „Kleinere Zulieferer müssen sich überlegen, wie sie die Zukunft bewältigen wollen," vgl. Koschnike, in: Lawrenz/Hildebrand/Nenninger/Hillek, Supply Chain Management, 2001, 281 (291).

378 Damit hat die alte Händlerweisheit „Im Einkauf liegt der Gewinn" bis dato nichts an Aktualität verloren, vgl. Weiber, in: Schmidt, Potentiale, 2001, 55 (55).

379 Vgl. z.B. Pagé/Ehring, E-Business, 2001, 155; s.a. Amor, in: Ludewig/Buschmann/Herbrand, Silicon Valley, 2000, 233 (248).

380 Nach dieser Studie beschafft bereits die Hälfte der Unternehmen Materialien über das Internet; bis zum Jahr 2003 sollen es 90 Prozent sein, vgl. Storbeck, Handelsblatt vom 10.09.2001, N 5.

Postweg.[381] Dementsprechend beschränken sich die zentralen Funktionen der B2B-Marktplätze gegenwärtig auf Lieferantenverzeichnisse sowie den Einkauf von Teilen und Komponenten. Dieser Rahmen bildet den Ausgangspunkt der gemeinsamen E-Business-Plattform „Covisint" von DaimlerChrysler, General Motors, Ford und Renault/Nissan.

Ziel von „Covisint" ist es, die Möglichkeiten des E-Business entlang der gesamten Wertschöpfungskette zu nutzen.[382] Dabei bilden Kostenoptimierungen durch sog. Reverse-Auktionen lediglich einen Teilsapekt dieses Geschäftsmodells.[383] Daneben soll sich der sog. Order-to-Delivery-Zyklus, d.h. die gesamte Durchlaufzeit beginnend bei der Bestellung eines kundenspezifischen Fahrzeugs bis hin zur Auslieferung an den Endkunden, auf bis zu 14 Tage verkürzen.[384] Ermöglicht wird dies primär durch den

---

381 Vgl. Jocham, Handelsblatt vom 10.09.2001, N 1. Beispielsweise gehören zum B2B-Markt für Autoersatzteile über 160.000 Einkäufer, 66.000 Verkäufer und Millionen Teilenummern. Verfügbare Teile mussten bislang per Telefon, Fax und durch Datenabfragen auf proprietären Systemen ausfindig gemacht werden. Insbesondere dringende Aufträge waren daher von Ineffizienz gekennzeichnet, vgl. Pagé/Ehring, E-Business, 2001, 155.

382 Vgl. ausführlich zu den Zielen und Teilprojekten: www.omnexus.com.

383 Im Gegensatz zur klassischen Auktion vermindert sich bei Reverse-Auktionen der Preis mit jedem Gebot, vgl. Grundmann/Feige, Handelsblatt vom 04.10.2000, Beilage, 4; Horstmann/Butterwegge, DSWR 2000, 206 (208).

384 Die Verkürzung dieses Prozesses bis auf 14 Tage oder weniger steht im Mittelpunkt vieler Bestrebungen von Automobilherstellern. Kernproblem stellt dabei die Integration der Lieferanten dar. Die Chance für den Hersteller liegt in der Abkehr von der herkömmlichen Quotenplanung hin zu einer kundenauftragsbezogenen Fertigung. Damit soll die Zahl der auf Halde produzierten Fahrzeuge um mehr als die Hälfte gesenkt werden können, vgl. Dudenhöffer, in: Schmidt, Potentiale, 2001, 83 (86); Koschnike, in: Lawrenz/Hildebrand/Nenninger/Hillek, Supply Chain Management, 2001, 281 (282); Pagé/Ehring, E-Business, 2001, 155 f.

Ansatz „Built-to-Order“, bei dem der Kundenauftrag über die B2C-Schnittstelle in Stücklisten zerlegt und an die Zulieferkette weitergeleitet wird.[385] Insoweit überschreitet dieser Ansatz die traditionellen Grenzen zwischen B2C und B2B. Die wesentliche Herausforderung stellt hierbei ein kostengünstiger und durchgehender Datenfluss vom Direktlieferanten zu den Unterlieferanten dar. Denn an dieser Stelle erschwerten bislang vor allem die zeitlichen Verzögerungen bei der Informationsweiterleitung über den Hersteller und Systemlieferanten die Planung auf den nachgeordneten Lieferantenebenen.[386] Vor diesem Hintergrund bietet die gemeinsame Umgebung „Covisint“ durch eine Aufgabenverfolgung in Echtzeit entscheidende Wettbewerbsvorteile.

Darüber hinaus soll die auf „Covisint“ basierende Vernetzung die Produktentwicklung in virtuellen Arbeitsräumen mit den Zulieferern entscheidend vorantreiben (sog. Collaborative Engineering),[387] so dass Fahrzeugentwicklungszyklen von maximal 12-18 Monaten möglich werden. Weiteres Ziel stellt der Aufbau eines gemeinsamen Wissensmanagements dar.[388]

---

385 Dabei ist elektronischer Datenverkehr in der Serienfertigung zwischen dem Autohersteller und den Direktlieferanten keine Neuheit. EDI (Electronic Data Interchange) unterstützt bereits in vielen Fällen die Vernetzung auf dieser Stufe, vgl. Dudenhöffer, in: Schmidt, Potentiale, 2001, 83 (86); Koschnike, in: Lawrenz/Hildebrand/Nenninger/Hillek, Supply Chain Management, 2001, 281 (282).

386 Vgl. zur notwendigen Transparenz in der Wertschöpfungskette: Jocham, Handelsblatt vom 10.09.2001, N 1. Zwischen den einzelnen Lieferantenebenen differenzierend: Koschnike, in: Lawrenz/Hildebrand/Nenninger/Hillek, Supply Chain Management, 2001, 281 (285 ff.).

387 Vgl. Gora/Mann, Kompendium, 2001, 369.

388 In diesem Zusammenhang sei angemerkt, dass das Data Warehouse bereits seit einigen Jahren als innovative IT-Lösung ein vieldiskutiertes Thema ist. Während Data-

Dies erlaubt - neben dem Austausch von Ideen - den Zugriff auf Erfahrungsdatenbanken mit erprobten und bewährten Vorgehensweisen.

Nach der o.g. Studie beabsichtigen 47 Prozent der befragten Automobilzulieferer, mit „Covisint" zusammenzuarbeiten, 30 Prozent hingegen mit dem Konkurrenten „SupplyOn".[389] Ein zusätzliches Spannungverhältnis zwischen diesen beiden führenden E-Marktplätzen ergibt sich dabei aus der Tatsache, dass es sich bei „Covisint" um eine herstellerdominierte Handelsplattform handelt und bei „SupplyOn" um einen von Bosch, Continental, ZF Friedrichshafen, etc. initiierten Zuliefermarktplatz.[390]

c) *Application Service Providing „citrix" (www.citrix.com)*

Ausgangspunkt des Geschäftsmodells „Application Service Providing" ist der Umstand, dass Investitionen in Informationstechnologie insbesondere für Klein- und mittelständische Unternehmen in vielen Fällen mit erheblichen Kosten verbunden sind.[391] Hierzu zählen die u.U. sehr hohen Fixkosten für das Vorhalten und die permanente Aktualisierung einer breiten Palette von EDV-Programmen sowie die Sicherung der damit erzeugten

---

Warehouse-Lösungen bisweilen noch als Management Information System mit Zugang nur für einen kleinen Nutzerkreis beschrieben werden, zeigt sich vielmehr in praktischen Einsätzen, dass das Data Warehouse eher als Bestandteil der operativen Lösungslandschaft gesehen werden muss, wenn das volle Potential erschlossen werden soll. An diesem Punkt setzt auch die Plattform „Covisint" an, vgl. Pagé/Ehring, E-Business, 2001, 198.

389 Vgl. Storbeck, Handelsblatt vom 10.09.2001, N 5.

390 Vgl. Dudenhöffer, in: Schmidt, Potentiale, 2001, 83 (86).

391 So beträgt im Mittelstand das durchschnittliche Investitionsvolumen für eine ERP-Lösung (Enterprise-Resource-Planning) für 20-30 Arbeitsplätze rund DM 500.000. Hinzu kom-

Daten. Vor diesem Hintergrund gehen Softwarehäuser mehr und mehr dazu über, ihre Programme nicht mehr nur zum Kauf anzubieten, sondern zusammen mit einem Paket von zusätzlichen Diensten gegen eine nutzungsabhängige Gebühr über das Internet zu vermarkten.[392] Software-Anwendungen und Daten werden also nicht mehr auf lokalen Rechnern der Unternehmen installiert und ausgeführt, sondern über das Internet oder private Netzwerke zeitlich begrenzt zur Verfügung gestellt.[393] Für das nutzende Unternehmen hat diese internetbasierte Variante des IT-Outsourcing vor allem den Vorteil, dass die bereits geschilderten Fixkostenbestandteile entfallen und zu variable Kosten werden, deren Höhe allein vom tatsächlichen Umfang der Nutzung abhängt. Damit wandelt sich Software nach Ansicht von *Kruppa*, Vorstandsvorsitzender des ASP-Konsortiums Deutschland, zunehmend vom Produkt zur Dienstleistung.[394]

---

men Implementierungs- und Beratungskosten von bis zu DM 1.500.000. Vgl. Kruppa, business user 2000, No. 5, 20 (20).

392 Die Anbieter von ASP-Dienstleistungen kommen zumeist aus dem Software-Bereich oder haben Erfahrung als Systemhäuser. In vielen Fällen konzentrieren sich die Application Service Provider auf ein aufgrund ihrer Kernkompetenz entwickeltes Programm, das sie mit zugekaufter Standardsoftware zum Leistungspaket bündeln, vgl. Steinmüller, business user 2000, No. 5, 16 (17); s.a. Schlueter-Langdon, in: Schmidt, Potentiale, 2001, 63 (66).

393 Der Kunde darf dabei weder eine Kopie der Software erstellen, noch ist ihm gestattet, die Software anderweitig als auf dem Server des Application Service Providers zu nutzen. Dies hat zur Folge, dass es im Fall des Application Service Providing zu einer räumlich verteilten Nutzung kommt: Zum einen wird das entsprechende Computerprogramm auf dem Server des ASP dauerhaft vorgehalten und zum anderen befindet sich dieses temporär für den Zeitraum der Nutzung im Arbeitsspeicher des inländischen Kunden, vgl. ausführlich auch zu den steuerlichen Konsequenzen im grenzüberschreitenden Application-Service-Providing-Fall: Kessler/Maywald/Peter, IStR 2000, 425 (430).

394 Vgl. Kruppa, business user 2000, No. 5, 20 (21).

Die 1989 gegründete „Citrix Systems Inc." ist weltweit führender Anbieter von Application Server Software.[395] Diese Programme ermöglichen es, Anwendungen vollständig auf einem Server vorzuhalten und die Benutzeroberfläche auf jedem Endgerät über das Internet darzustellen. Bei einem Jahresumsatz von 470,4 Millionen US-Dollar im Geschäftsjahr 2000 zählt das Unternehmen seit der Einführung der Citrix-Umgebung im Jahr 1996 bereits 24 Millionen Nutzer. Weitere Impulse werden aus der Zusammenarbeit mit dem Software-Provider „2Way" erwartet.[396] Diese Kooperation eröffnet beiden Unternehmen neue Chancen: „2Way" stellt „Citrix" einerseits neue Applikationen zur Verfügung, „Citrix" macht „2Way" im Gegenzug für einen größeren Markt zugänglich.

Einschränkend ist jedoch feszustellen, dass der Application-Service-Providing-Markt in der Bundesrepublik Deutschland bislang stark hinter den prognostizierten Wachstumsraten geblieben ist.[397] Angesichts sensibler Firmendaten gelten Sicherheitsbedenken potentieller Kunden als Kern-

---

395 Vgl. www.citrix.com.

396 Dies hat zur Folge, dass die Microsoft-Plattform Windows nicht länger Systemvoraussetzung für die Citrix-Kunden ist, vgl. Wall Street Correspondents, Handelsblatt vom 21.08.2001, 9.

397 Vgl. www.asp-konsortium.de. Die Entwicklung im Bereich des Application Service Providing zeichnet damit den Weg im weiten E-Business-Softwaremarkt nach. Hinzu kommt, dass neue Aktienpakete bei institutionellen Investoren derzeit kaum zu platzieren sind. Als erfolgversprechender Ausweg gilt die Beteiligung oder Übernahme durch ein anderes Unternehmen – wie bei dem Softwarehersteller „SAP", der sich an „Commerce One" für 225 Millionen US-Dollar beteiligt hat, vgl. Koenen/Nonnast, Handelsblatt vom 06.08.2001, 11.

problem der noch schleppenden Kundenakzeptanz.[398] Die zukünftige Entwicklung dieses Geschäftsmodells hängt daher entscheidend von der Ausdehnung auf den Bereich B2C ab. Denn die Nutzung vieler Anwendungen über mobile Endgeräte wie beispielsweise Handys oder Navigationssysteme ist nur dann sinnvoll möglich, wenn die Software nicht im begrenzten Speicher des Geräts installiert ist, sondern vielmehr via Internet verfügbar gemacht wird.[399]

5. Standortbestimmung zwischen Hype und Flop

Aus ökonomischer Perspektive stellt sich die bisherige Entwicklung des Internet vor allem als Spagat zwischen Euphorie und Pessimismus dar. Vielfach überzeichnete Wachstumsprognosen,[400] die Bereitschaft, in junge

---

398 Insbesondere in der Bundesrepublik Deutschland spielen Sicherheitsbedenken eine große Rolle. Insoweit muss sich der junge Application-Service-Provider-Markt das notwendige Vertrauen erst noch erarbeiten, vgl. Steinmüller, in: business user 2000, No. 5, 16 (18).

399 *Kruppa* bezeichnet die Ausdehnung auf den B2C-Markt als Schlüsselelement für das Wachstum des Application-Service-Provider-Marktes, vgl. Kruppa, in: business user 2000, No. 5, 20 (21). Zum Bereich M-Commerce (Mobile Commerce) beispielsweise via internetfähigem Handy, vgl. Pagé/Ehring, E-Business, 2001, 253 ff.

400 Nicht selten werden Umsatzgrößen bereits im Zeitpunkt der Nennung von der rasanten Dynamik des E-Business überholt. Die nachstehenden Angaben sollen daher allenfalls der groben Orientierung dienen. Eine am 31.01.2000 veröffentlichte Untersuchung der *International Data Corporation* kommt zu dem Ergebnis, dass der Umsatz im elektronischen Handel um jährlich 86% zunehmen und damit 2003 die Marke von 1,3 Billionen US-Dollar überschreiten wird. Nach einer Schätzung des Marktforschungsinstituts *Forrester* sollen im Jahr 2003 Waren und Dienstleistungen im Wert von gar 3,2 Billionen US-Dollar über das Internet verkauft werden. Angesichts der tatsächlichen Entwicklungen zwischen Hype und Flop erscheinen diese Werte jedoch vielfach stark überzeichnet, vgl. z.B. Siemens, Internet-Turbo, 2000, http://www.ic.siemens.com/sbs/de/news_press.

Unternehmen zu investieren, schillernde Börsenmillionäre[401] und medienbewusste Startups leisteten jeweils einen entscheidenden Beitrag dazu, dass unprofitable Unternehmen von den Kapitalmärkten nicht mehr länger diskriminert wurden.[402] Am Scheitelpunkt dieser Entwicklung, als die Finanzmärkte ihre Bindung an die realwirtschaftlichen Märkte ganz zu verlieren schienen, setzte schließlich ein umfassender Selbstreinigungsprozess ein, der in den Börsenzusammenbrüchen der Neuen Märkte vom März und Oktober 2000 seine (vorläufigen) Höhepunkte fand.[403]

Um die wirtschaftliche und mit Blick auf die Steuerbasis auch fiskale Bedeutung der New Economy zu messen, bedarf es zunächst einer Standortbestimmung der ökonomischen Realität des E-Business. Allerdings wird dies dadurch erschwert, dass einerseits nur wenig verlässliche Zahlen zur

---

401 Vgl. ausführlich: Lewald, in: Ludewig/Buschmann/Herbrand, Silicon Valley, 2000: 251 (253).

402 Hierzu nimmt die „ebay"-Vorstandsvorsitzende *Whitman* Stellung: „Es gab eine Zeit, da wurde ein Internetunternehmen mit 50 Millionen US-Dollar Verlust mehr geschätzt als eines mit 20 Millionen Gewinn." Ein prominentes Beispiel für die überzeichnete Börsenkapitalisierung junger Unternehmen ist das - ursprünglich allein auf den Internetbuchhandel ausgerichtete – Unternehmen *„Amazon"*, welches im ersten Quartal 1999 noch eine Verlust in Höhe von 61,7 Millionen US-Dollar und im ersten Quartal 2000 einen Verlust von 308,4 Millionen US-Dollar verbuchte. Bereits im Februar 1999 hatte das Unternehmen demgegenüber einen Marktwert von über 30 Milliarden US-Dollar – mehr als alle US-amerikanischen Buchhandlungen zusammen, vgl. Knop, FAZ vom 25.08.2001, 16.

403 Vgl. Glotz, in: Eggers/Hoppen, E-Commerce-Management, 2001, Geleitwort; Schmidt, in: Schmidt, Potentiale, 2001, 97 (97). Als Beispiele für junge Unternehmen, die im Wettbewerb der New Economy aufgegeben haben seien „eToys", „boo.com", die „Direkt Kauf AG", „toysmart.com", „e-stamp", „priceline.com" und „living.com" genannt. Demgegenüber wurden „infoseek.com" von der „Deutschen Telekom AG" oder „evenbetter.com" von „Bertelsmann" übernommen.

Gründungsdynamik der New Economy existieren und andererseits die jungen innovativen Unternehmen von der amtlichen Statistik (bisher) nicht erfasst werden. Einer Studie der *European Business School* in Zusammenarbeit mit der Beratungsgesellschaft *Boston Consulting Group* zufolge, scheiterten von 676 venture-capital-finanzierten dot.coms im Zeitraum vom 01.07.2000 bis 01.05.2001 insgesamt 52 (7,7 Prozent).[404] Damit fallen die vielzitierten Internet-Insolvenzen geringer aus, als manche Schlagzeile glauben machen will.[405] Allerdings wird die Zahl der Aufgaben vieler in den Jahren 1999 und 2000 finanzierter Unternehmen aufgrund mangelnder Liquidität - als Kernproblem innovationsdynamischer Unternehmen - vermutlich noch ansteigen.[406]

In der öffentlichen Wahrnehmung dominieren regelmäßig sog. „Goldgräber"-Unternehmen, die Waren und Dienstleistungen online anbieten.[407] Das eigentliche Marktwachstum wird jedoch verstärkt von bereits etablierten Unternehmen aufgenommen. Angesichts erheblicher Kostensenkungspotentiale im Rahmen der elektronischen Beschaffung (E-Procurement), gehen global agierende Konzerne der Old Economy immer mehr dazu über, virtuelle Marktplätze und unternehmensübergreifende Plattformen zu entwickeln. Bedingt durch diese Konzentration auf eine Vernetzung aller Un-

---

404 Davon haben 11 Unternehmen bereits in der Aufbauphase aufgegeben, 41 Firmen sind erst nach dem Markteintritt gescheitert, vgl. Krafft, European Business School, 2001, 7.

405 Vgl. Knüwer, Handelsblatt vom 11.09.2001, 10.

406 Hinzu kommt, dass Venture Capital von Investoren – im Gegensatz zur anfänglichen „Dot.com-Euphorie" – immer weniger in diese Branche fließt und daher die Unternehmen gezwungen sind, sich aus eigenen Mitteln zu finanzieren, vgl. Schnell, Handelsblatt vom 10.05.2001, 37; Koenen/Nonnast, Handelsblatt vom 06.08.2001, 11.

ternehmen innerhalb einer Wertschöpfungskette wachsen New und Old Economy mehr und mehr zusammen.[408] Auch wenn sich der Integrationsprozess in vielen Fällen schwieriger als erwartet erweist, deutet viel darauf hin, dass die Digitalisierung der Wirtschaft damit eine zweite Evolutionsstufe erreicht hat. Ob sich hieraus mittel- bis langfristig auch Rückwirkungen auf den B2C-Bereich ergeben werden, der zu Beginn der E-Business-Evolution weitgehend im Vordergrund stand, ist gegenwärtig noch nicht absehbar. Damit ist das Internet - entgegen der originären wirtschaftlichen Zielsetzung - vor allem zu einem Informations- und Kommunikationsmedium, aber noch nicht zu einem Transaktionsmedium geworden.[409]

Als Folge dieser Akzentverschiebung bildet sich gleichsam für die internationale Steuerrechtsdiskussion im E-Business ein weiterer Kernpunkt heraus. Neben Fragen in Bezug auf die steuerliche Erfassung des grenzüberschreitenden digitalen Waren- und Dienstleistungsverkehrs rückt zusätzlich die Einordnung global agierender virtuell geführter Unternehmen in den Mittelpunkt des Interesses.

---

407 Vgl. Gora/Mann, Kompendium, 2001, 186; Krafft, European Business School, 2001, 7; Schmidt, FAZ vom 28.08.2001, 13.

408 Vgl. ausführlich zum Wandel zu vernetzten Geschäftsprozessen im Rahmen des E-Business: Pagé/Ehring, E-Business, 2001, 30 ff.; s.a. Picot/Reichwald/Wigand, Unternehmung, 2001, 392.

409 Vgl. Schmidt, FAZ vom 28.08.2001, 13.

II. Begründung einer Betriebsstätte im elektronischen Handel

1. Schrifttum

Der nationale deutsche Besteuerungsanspruch bei gewerblichen Einkünften eines ausländischen Unternehmens wird gemäß § 49 Abs. 1 Nr. 2 a EStG - vorbehaltlich der in § 49 Abs. 1 Nr. 2 b-f EStG genannten Sondertatbestände - auf das Vorliegen einer Betriebsstätte bzw. eines ständigen Vertreters beschränkt. Ebenso setzt eine Besteuerung im Quellenstaat i.S.d. Art. 5 OECD-MA abkommensrechtlich regelmäßig voraus, dass dort eine Betriebsstätte unterhalten wird bzw. ein Vertreter bestellt ist. Dies bedeutet für beide Rechtskreise, dass in den Fällen, in denen keine besondere Beziehung zum Inland von gewisser Dauer und Intensität durch eine sachliche und/oder personelle Anknüpfung festgestellt werden kann, keine inländischen Einkünfte erzielt werden (Direktgeschäft).[410] Vor diesem Hintergrund findet in der Fachwelt eine ausgesprochen kontroverse Diskussion darüber statt, ob bzw. unter welchen Voraussetzungen Wirtschaftaktivitäten im Internet zur Begründung einer Betriebsstätte führen. Als mögliche Anknüpfungspunkte kommen dabei

- das Internet selbst i.S. einer Global-Betriebsstätte,
- die Web-Site des Inhaltsanbieters,
- der Rechner eines Nutzers,

- der Internet Service Provider des Inhaltsanbieters,
- ein Internetserver als Schnittstelle zwischen der physischen Welt und dem Cyberspace[411]

in Betracht.

a) Internet

Das gesamte Internet wird - zu Recht - nicht als Anknüpfungspunkt für eine Betriebsstätte angesehen. Denn grundsätzlich scheitert eine solche Global-Betriebsstätte, die weder über einen Zentralrechner noch über einen physischen Belegenheitsort verfügt, von vornherein an der Tatbestandsvoraussetzung der körperlichen Beschaffenheit.[412] Hinzu kommt die Tatsache, dass Inhaltsanbieter einerseits und Internet Service-Provider andererseits keine tatsächliche nachhaltige Verfügungsmacht über das Internet bzw. die diesem zugrundeliegende gesamte technologische Infrastruktur besitzen.[413] Vielmehr handelt es sich lediglich um eine zufällige, zeitlich begrenzte Nutzung bestimmter Internet-Abschnitte, welche - je nach Router und

---

410 *Portner* bezeichnet diese international anerkannte Mindestschwelle, welche eine Besteuerung im Quellenstaat bei gewerblichen Einkünften rechtfertigt, als „Inlands-Nexus“, vgl. Portner, StbJb 1998/99, 351 (359).

411 Vgl. Kessler/Peter, BB 2000, 1545 (1545); Wichmann, K&R 1999, 193 (198).

412 Vgl. Eicker/Scheifele, IWB, F. 3 Gr. 2, 783 (788). So vertrat auch das *FG Düsseldorf* die Auffassung, dass verschiedene ausländische Baustellen keine einheitliche Welt-Betriebsstätte bilden, vgl. FG Düsseldorf vom 14.09.1990 – 10 K 580/85, EFG 1991, 290 (290 f.).

413 Vgl. Kessler/Peter, BB 2000, 1545 (1545); Reiner, in: Toifl/Züger, Schriftenreihe, 2000, 33 (52); Zimmermann, in: Fischer/Strunk: Aspekte, 1998, 53 (56); Zimmermann/Rech, BC 1998, 229 (231).

Netzauslastung - ganz unterschiedlich ausfallen kann. In diesem Zusammenhang ist auf ein Urteil des BFH vom 18.10.1962[414] zu Taxiunternehmern ohne festen Standplatz hinzuweisen. Im entschiedenen Fall hatte der BFH die zeitlich begrenzte, zufällige Nutzung von Straßen eines Stadtgebiets zu beurteilen. Nach dessen Auffassung ist es grundsätzlich nicht mit dem Betriebsstättenbegriff vereinbar, ganze Straßenzüge bzw. das gesamte „Straßen-Netz" als Betriebs- oder Arbeitsstätte anzusehen. Darüber hinaus dürfte sich die internationale Aufteilung des Steuersubstrats bei Annahme einer Globalbetriebsstätte in Gestalt des Internet wohl kaum als praktikabel erweisen. Zu denken wäre allenfalls an eine globale formelhafte Gewinnzuordnung i.S.d. „global formulary apportionment".[415]

b) Web-Site des Inhaltsanbieters

Der aus Text-, Grafik-, und Multimediaapplikationen erstellte Web-Auftritt[416] des Inhaltsanbieters unterstützt bzw. substituiert gar in einigen

414 Vgl. BFH vom 18.10.1962 – IV 319/60 U, BStBl. III 1963, 38 (38); s.a. BFH vom 08.03.1988 – VIII R 270/81, BFH/NV 1988, 735, DANUS-Dokumentnummer: 0088075.

415 Die auf das weltweite Einkommen anzuwendende Formel beruht auf Zuordnungsfaktoren wie z.B. Lohnsumme, Umsatz oder Vermögen und unterstellt, dass diese Faktoren unabhängig von Standort und Art des Unternehmens gleich produktiv sind. International ist diese – in einigen US-Bundesstaaten angewandte – Methode auf größte Ablehnung gestoßen. Ob sich dadurch im E-Commerce internationale Doppelbesteuerungen vermeiden lassen und eine faire internationale Aufteilung des Steueraufkommens gewährleistet wird, bleibt letztlich dahingestellt. Entscheidende Rolle käme vielmehr der politischen Einflussnahme durch die jeweiligen Staaten zu, vgl. Jacobs, Unternehmensbesteuerung, 1999, 888; Wichmann, K&R, 193 (197).

416 Vgl. ausführlich zu den kommerziellen Einsatzmöglichkeiten, technischen Merkmalen sowie der bilanzsteuerlichen Behandlung von Internet-Auftritten: Kessler, DB 1998, 1341 (1341); s.a. Otte, in: Fischer/Strunk, Aspekte 1998, 19 (21 ff.); Siegler, Webdateien, 2001, 121 ff.

Fällen materielle Verkaufsstellen im Inland.[417] Ruft ein Kunde die Internetadresse des Inhaltsanbieters auf, so werden die Daten der Web-Site temporär in seinen Arbeitsspeicher übertragen und mittels eines Browsers als Bildschirmseiten auf seinem PC dargestellt. Der physikalische Speicherplatz, auf dem der Internetauftritt vorgehalten wird, ist regelmäßig ein Internetserver des Internet Service Providers bzw. des Inhaltsanbieters selbst.[418]

Unter funktionalen Gesichtspunkten ist eine Web-Site prinzipiell mit einer Verkaufsstelle im traditionell physischen Handel gleichzusetzen. Hinzu kommt, dass Web-Dateien nach der hier vertretenen Ansicht als Sache i.S.d. § 90 BGB einzuordnen sind. In diesem Sinne bejaht auch die h.M. des neueren zivilrechtlichen Schrifttums die Sacheigenschaft online-überlassener Standardcomputerprogramme.[419] So spricht - auf den ersten Blick - viel dafür, die Web-Site eines Inhaltsanbieters als Betriebsstätte anzusehen. Über die Web-Site wird dem Kunden nicht nur ein Einblick in die Angebotspalette gewährt, sondern darüber hinaus werden über diese auch

---

417 Vgl. Hinnekens, Intertax 1998, 192 (194).

418 Vgl. Fetzer, Kontrollansatz, 2000, 110.

419 Vgl. z.B. Diedrich, RIW 1993, 441 (449); Kessler/Peter, Teil 5/Tz. 5.3.3 m.w.N.; König, Das Computerprogramm im Recht, 1991, Rz. 318; Marly, BB 1991, 432 (433); ders., Softwareüberlassungsverträge, 1997, Rz. 102; Taeger, CR 1996, 257 (262). Keine eindeutige Stellungnahme liegt bislang seitens der Rechtsprechung vor. Der *BGH* hat zwar bereits mit Urteil vom 18.10.1989 einen Fall entschieden, bei dem es um die unkörperliche Überlassung von Standardsoftware ging. Dabei hat der BGH die Frage der Sachqualität allerdings ausdrücklich offengelassen, vgl. BGH vom 18.10.1989 - VIII ZR 325/88, JZ 1990, 236 (238). Das *OLG Stuttgart* als Vorinstanz hatte demgegenüber die Sacheigenschaft von Software ausdrücklich bejaht, vgl. OLG Stuttgart vom 08.11.1988 – 6 U 135/87, CR 1989, 692.

schuldrechtliche Verträge abgeschlossen, die Online-Überlassungen zugrunde liegen.

Für das Vorliegen einer Betriebsstätte ist allerdings erforderlich, dass es sich um eine feste Geschäftseinrichtung i.S.v. örtlich fixierten körperlichen Gegenständen handelt. Zwar haben Internetauftritte ihren Ursprung regelmäßig in der „realen" Welt, da diese als virtuelle Nachahmungen der physischen Vorbilder z.B. in Gestalt eines Ladenlokals oder einer Shopping-Mall zu betrachten sind.[420] Letztlich können die digitalen Surrogate jedoch regelmäßig mangels körperlicher Beschaffenheit keine Betriebsstätten begründen.[421] Ferner gilt zu beachten, dass eine Web-Site auf jedem an das

---

420 Hinzu kommt, dass der Anwender auf seinem Bildschirm immer nur eine Kopie des Originals der Web-Site zu sehen bekommt, welche aber nicht von einem Server in „fertiger" Form übermittelt, sondern mittels dessen Browsers interpretiert auf dem Bildschirm visualisiert wird, vgl. Kessler, DB 1998, 1341 (1347, 1350).

421 Vgl. Arndt/Köhler, Recht, 1999, 52; Bernütz, IStR 1997, 354 (355); Bloom/Giusti, International Tax Journal 1997, No. 4, 45 (54); Borraccia, e-commerce 1999, No. 2, 33 (35); Boyle/Peterson/Sample/Schottenstein/Sprague, Tax Management International Journal 1999, No. 6, 357 (367); Casadei, e-commerce 2000, No. 11, 14 (27); Cockfield, Tax Notes Int'l 2000, 223 (225); Deloitte & Touche LLP, Tax Notes Int'l 1997, 1483 (1492 f.); Doernberg, Tax Sharing, Tax Analysts Document Number: Doc – 98 – 10656; Eicker/Scheifele, IWB, F. 3 Gr. 2, 783 (788); Endriss/Käbisch/Labermeier, BB 1999, 2276 (2280); Fairpo, e-commerce 1999, No. 3, 13 (15); dies., e-commerce 2000, No. 5, 3 (3); Field, Realities of Electronic Commerce, Tax Analysts Document Number: Doc 97 – 29272; Fischer, in: Fischer/Strunk, Aspekte, 1998, 1 (5); Hardesty, e-commerce 1998, No. 1, 29 (30); Hardesty, Planning, 1999, 12.25; Horner/Owens, ET 1996, 516 (518); Kessler/Peter, BB 2000, 1545 (1545); dies., in: Kessler, Neue Medien, 2000, Teil 5/Tz. 5.1.1, 5; Kowallik, DStR 1999, 223 (225); Kuipers, e-commerce 2000, No. 8, 7 (9); Murata, Intertax 1997, 127 (127); Ponti, Tax Planning International Review 2001, No. 9, 25 (25); Portner, IStR 1998, 553 (557); Young/Tsang, e-commerce 1998, No. 1, 8 (9); Spatscheck, CR 1999, 165 (167); Strunk/Zöllkau, INF 1998, 609 (610); Strunk, in: Klein-

Internet angeschlossenen Rechner für die Dauer der jeweiligen Nutzung darstellbar ist.[422] Es fehlt damit zusätzlich an einer örtlichen Fixierung von gewisser Dauerhaftigkeit.[423]

Im Gegensatz hierzu finden sich im Schrifttum vereinzelt auch Überlegungen dahingehend, eine virtuelle Betriebsstätte in Gestalt der Web-Site eines Unternehmens anzunehmen.[424] Entscheidende Bedeutung kommt in

---

eidam, 1999, Unternehmenspolitik, 1999; Tadmore, Tax Notes Int'l 2001, 1821 (1824); Tsang/Belder, e-commerce 1999, No. 2, 28 (29); Utescher, Internet und Steuern, 1999, 236 f.; Wiater/Bosch, IStR 1998, 757 (758); Zimmermann/Rech, BC 1998, 229 (231); Züger, in: Gassner/Lang/Lechner, Generalklausel, 1998, 31 (33). A.A.: Abrahamson, e-commerce 1999, No. 2, 3 (5); Fairpo, e-commerce 1999, No. 3, 13 (15); Mohandas/Goradia, e-commerce 1999, No. 6, 10 (12 f.).

422 Etwas anderes gilt aber in den Fällen, in denen ein Zwischenspeicher (Cache) aktiviert wurde, der die aufgerufenen Web-Sites unmittelbar auf der Festplatte des Nutzers speichert.

423 Vgl. Bernütz, IStR 1997, 354 (355); Doernberg/Hinnekens, International Taxation, 1999, 140; Fetzer, Kontrollansatz, 2000, 110 f.; Fischer, in: Fischer/Strunk, Aspekte, 1998, 1 (5); Hinnekens, e-commerce 1999, No. 6, 3 (5); Strunk/Zöllkau, in: Strunk, Steuergestaltung, 2000, 58 f.

424 So vertreten *Spanien* und *Portugal* die Auffassung, dass ein physischer Anknüpfungspunkt für die Begründung einer Betriebsstätte nicht zwingend notwendig sei und eine Web-Site daher grundsätzlich die Tatbestandsmerkmale einer Betriebsstätte erfüllen könne, vgl. Doernberg/Hinnekens, International Taxation, 1999, 311; Hardesty, Planning, 1999, Tz. 12.25; Hinnekens, Intertax, 1998, 192 (195 ff.); Reiner, in: Toifl/Züger, Schriftenreihe, 2000, 33 (46). Allgemein zur Ausweitung der steuerlichen Tatbestandsmerkmale mit dem Ziel, einer Umverteilung des Steueraufkommens entgegenzuwirken: Kessler, StbJb 1998/99, 333 (345). *Skaar* zur Frage der Beibehaltung des Tatbestandsmerkmals „feste Geschäftseinrichtung", vgl. Skaar, Establishment, 1991, 573; *Thiele* untersucht unter dem Schlagwort „virtuelle Betriebsstätte" allerdings nicht – wie der Titel vermuten lässt - eine Web-Site, sondern vielmehr einen Internetserver, vgl. Thiel, ÖStZ 1999, 328 (328).

diesen Fällen einem wahrnehmbaren Wirtschaftkreis i.S. einer intensiven Marktteilnahme zu. Voraussetzung ist somit ein dauerhaftes, zielgerichtetes und systematisches Auftreten am Markt.[425] Hat beispielsweise ein Computerhersteller eine weltweite Web-Site und werden einige Rechner zufällig von Kunden aus demselben Staat bestellt, ist allerdings noch nicht von einem zielgerichteten Marktauftreten auszugehen. Aufbauend auf dem zuvor skizzierten Gedanken eines wahrnehmbaren Marktauftritts könnte allenfalls daran gedacht werden, dass der via Web-Site betriebene Wirtschaftskreis - nicht aber die Web-Site selbst - eine Betriebsstätte begründet.

Vor dem Hintergrund der Tatsache, dass die Tätigkeit einer komplexen Web-Site[426] im Einzelfall identisch mit der eines Vertreters sein kann, ist fraglich, ob ein solches Web-Dokument die Voraussetzungen eines ständigen Vertreters i.S.d. § 13 AO bzw. einer Vertreterbetriebsstätte gemäß Art. 5 Abs. 5 OECD-MA erfüllt. Hierfür ist nach dem Wortlaut des § 13 AO erforderlich, dass eine „Person" für das Unternehmen agiert. Allerdings werden von dieser Norm ausschließlich natürliche und juristische Personen erfasst.[427] Folglich scheitern Web-Sites, welche prinzipiell als immaterielle Wirtschaftsgüter einzustufen sind,[428] - auch bei teleologisch extensiver

---

425 Vgl. Doernberg/Hinnekens, International Taxation, 1999, 313.

426 Eine intelligente Web-Site ist aufgrund einer entsprechenden Programmierung nach erfolgten Eingaben bezüglich des gewünschten Produkts in der Lage, Geschäftsvorgänge automatisch anzubahnen und abzuwickeln, vgl. Brenner/Schubert, HMD 1998, 25 (27).

427 Vgl. Tipke/Kruse, AO, 1996, § 12 Rz. 2. Damit scheiden prinzipiell auch informationstechnische Einrichtungen wie beispielsweise Internetserver oder Glasfaserkabel als ständige Vertreter bzw. Vertreterbetriebsstätten aus.

428 Vgl. Kessler, DB 1998, 1341 (1349 f.).

Interpretation - grundsätzlich an diesem Merkmal.[429] Das gleiche gilt im Rahmen des Art. 3 Abs. 1 a OECD-MA im Ergebnis auch auf Abkommensebene. Denn dort bezieht der Ausdruck „Person" nur natürliche Personen, Gesellschaften und Personenvereinigungen mit ein.[430] Hinzu kommt, dass bei dem Einsatz einer solchen Web-Site kein Dritter für den Anbieter Handlungen vornimmt, sondern vielmehr das Unternehmen für sich selbst mittels besonderer Technik aktiv wird.

c) *Computer des Nutzers*

Ruft ein Nutzer die WWW-Adresse eines Inhaltsanbieters auf, besteht für ihn die Möglichkeit, die auf dem angewählten Server vorgehaltenen Daten auf seinen Rechner zu übertragen. Aufgrund der Tatsache, dass der Rechner des inländischen Nutzers bzw. Kunden eine solche Online-Überlassung von digitalisierten Waren oder Dienstleistungen überhaupt erst ermöglicht, gehen einige Überlegungen im Schrifttum davon aus, dass dessen PC möglicherweise zur Annahme einer Betriebsstätte des im Ausland ansässigen Inhaltsanbieters führen könne.[431]

---

429 Vgl. Arndt/Köhler, Recht, 1999, 59; Fetzer, Kontrollansatz, 2000, 117; Strunk/Zöllkau, in: Strunk, Steuergestaltung, 2000, 43 (64); Utescher, Steuern und Internet, 1999, 237. Im Ergebnis auch ablehnend: Schönauer, in: Toifl/Züger, Schriftenreihe, 2000, 55 (67).

430 *Schönauer* geht an dieser Stelle noch einen Schritt weiter und legt ihrer Untersuchung die Annahme zugrunde, dass die – hier österreichische – Vorschrift auch „virtuelle Personen" erfasst, vgl. Schönauer, in: Toifl/Züger, Schriftenreihe, 2000, 55 (67).

431 Vgl. Doernberg/Hinnekens, International Taxation, 1999, 139; Fetzer, Kontrollansatz, 2000, 112 f.; Strunk, in: Kröger/Kellersmann, Handbuch, 1998, 185 (195); Strunk/Zöllkau, in: Strunk, Steuergestaltung, 2000, 59; Utescher, Internet und Steuern, 1999, 237.

Der Rechner selbst erfüllt grundsätzlich die Tatbestandsvoraussetzungen einer festen Geschäftseinrichtung, die der Tätigkeit des Unternehmens dient. Neben der körperlichen Dimension ist jedoch zusätzlich eine räumliche und zeitliche Dimension erforderlich.

So scheiden tragbare Computer (Laptops) - soweit der Kunde das Endgerät nicht dauerhaft in bestimmten Büroräumen nutzt - mangels fester räumlicher Verbindung zu einem bestimmten Punkt der Erdoberfläche bereits aus.[432] Die geforderte Nachhaltigkeit als zeitliche Komponente kann bei stationären Rechnern nur in den Fällen bejaht werden, in denen der Nutzer regelmäßig Geschäfte mit dem ausländischen Inhaltsanbieter abschließt. Wohl zu Recht wird hierbei betont, dass eine tatsächliche Nachhaltigkeit zwar denkbar, aus Sicht des Anbieters aber weder konkretisierbar noch planbar ist.[433]

Die entscheidende Hürde für eine Qualifikation des Kunden-PCs als Betriebsstätte bildet letztlich die Notwendigkeit einer tatsächlichen Dispo-

---

432 Vgl. Strunk/Zöllkau, in: Strunk, Steuergestaltung, 2000, 59.

433 *Strunk/Zöllkau* stellen in diesem Zusammenhang zusätzlich auch auf die fehlende Bestimmbarkeit seitens des Inhaltsanbieters ab. Dadurch werden – strenggenommen - die Kriterien der Verfügungsmacht mit denen der Nachhaltigkeit vermischt, vgl. Strunk/Zöllkau, in: Strunk, Steuergestaltung, 2000, 59; s.a. Strunk, in: Kleineidam, Unternehmenspolitik, 1999, 259 (266). *Utescher* geht – zu Recht – davon aus, dass der PC als Geschäftseinrichtung dem Unternehmen nur gelegentlich dient, da sich die Daten einer Web-Site nur temporär im Arbeitsspeicher des Nutzer-PCs befinden, vgl. Utescher, Internet und Steuern, 1999, 238; s.a. Doernberg/Hinnekens, International Taxation, 1999, 138. Hinzu kommt, dass nur in Ausnahmefällen eine dem Merkmal der Nachhaltigkeit genügende Kundenbindung vorliegen dürfte.

sitionsbefugnis.[434] Denn grundsätzlich liegt es einerseits ausschließlich im Ermessen des Nutzers, bestimmte Web-Sites aufzurufen, und andererseits erlangt der Inhaltsanbieter weder rechtlich noch tatsächlich eine Position, die ihm eine Berechtigung hinsichtlich der Verwendung des Endgeräts vermitteln würde. Im Ergebnis kann der PC des Kunden daher nicht als Betriebsstätte i.S.d. nationalen bzw. abkommensrechtlichen Normen beurteilt werden.[435] Etwas anderes gilt nur dann, wenn beispielsweise ein Versandhandelsunternehmen bestimmten Großkunden unentgeltlich Rechner überlasst, welche ausschließlich zur Bestellung und Kommunikation via Internet dauerhaft in Betrieb gehalten werden müssen.[436]

d) Internet Service Provider

New-Economy-Unternehmen verfügen nur in Ausnahmefällen über die erforderliche informationstechnische Ausstattung, den Internetzugang selbst zu unterhalten. In der Vielzahl der Fälle bedienen sie sich daher eines Providerunternehmens, das diese Funktion übernimmt und darüber hinaus z.B. den Web-Auftritt betreut. Dabei stellt sich die Frage, ob die Einrichtungen eines inländischen Internet Service bzw. Access Providers eine Betriebsstätte des ausländischen Inhaltsanbieters begründen können.[437]

---

434 Vgl. z.B. Arndt/Köhler, Recht, 1999, 52; Kowallik, DStR 1999, 223 (226); Spatscheck, CR 1999, 165 (167).

435 Vgl. z.B. Bernütz, IStR 1997, 353 (355); Doernberg/Hinnekens, International Taxation, 1999, 139; Fetzer, Kontrollansatz, 2000, 113; Schönauer, in: Toifl/Züger, Schriftenreihe, 2000, 55 (67); Strunk, in: Kröger/Kellersmann, Handbuch, 1998, 185 (195); Utescher, Internet und Steuern, 1999, 238.

436 Vgl. ausführlich zu diesem konstruierten Geschäftsmodell: Arndt/Köhler, Recht, 1999, 52; Strunk/Zöllkau, in: Strunk, Steuergestaltung, 2000, 59.

437 Vgl. Arndt/Köhler, Recht, 1999, 52; Bernütz, IStR 1997, 353 (355); Doernberg/Hinnekens, International Taxation, 1999, 137; Eicker/Scheifele, IWB F. 3, Gr. 2,

Unzweifelhaft können die Einrichtungen des Providers - im weitesten Sinn - als Gesamtheit von körperlichen Gegenständen qualifiziert werden, die dem Inhaltsanbieter unmittelbar dienen. Dessen informationstechnische Ausstattung ist nämlich grundsätzlich dazu geeignet, den Unternehmenszweck des im anderen Staat ansässigen Anbieters beispielsweise im Rahmen der Abwicklung des Vertragsabschlusses und der Lieferung bzw. Dienstleistung einschließlich des Zahlungsverkehrs auf digitalem Weg zu fördern.[438]

Unter der Annahme einer gegebenen örtlichen Fixierung sowie einer gewissen Mindestdauer bietet ein Providerunternehmen damit den innerstaatlichen und abkommensrechtlichen Anknüpfungspunkt einer festen Geschäftseinrichtung. Letztlich scheitert eine Betriebsstättenbegründung der Providereinrichtung jedoch am Tatbestandsmerkmal der Verfügungsmacht.[439] Ungeachtet der Tatsache, dass für den Inhaltsanbieter die Möglichkeit zur Einflussnahme z.B. hinsichtlich der überlassenen Speicherkapazität im Rahmen des Providervertrags besteht, wird dieser weder zum Eigentümer der Provideraustattung noch werden ihm z.B. einen bestimmten Rechner betreffende Befugnisse eingeräumt.[440] Dieses Ergebnis vermag auch im Hinblick auf die Zielsetzung des Betriebsstättenprinzips zu

---

783 (788); Fetzer, Kontrollansatz, 2000, 108; Utescher, Internet und Steuern, 1999, 242; Zimmermann, in: Fischer/Strunk, Aspekte, 1998, 53 (56 f.).

438 Vgl. Eicker/Scheifele, IWB F. 3, Gr. 2, 783 (788); Fetzer, Kontrollansatz, 2000, 108.

439 Vgl. z.B. Arndt/Köhler, Recht 1999, 52.

440 Vgl. ausführlich zu sog. Web-Hosting-Verträgen: Kessler/Maywald/Peter, IStR 2000, 425 (427 f.); Pinkernell, StuW 1999, 281 (282).

überzeugen. Denn demzufolge soll ein eigenständiges Unternehmen gerade keine Betriebsstätte für ein anderes Unternehmen begründen.[441]

Sowohl das nationale Recht als auch das Abkommensrecht bejahen eine inländische beschränkte Steuerpflicht bzw. eine Zuweisung des Besteuerungsrechts an den Quellenstaat auch in den Fällen, in denen die gewerbliche Tätigkeit des Steuerausländers durch einen Vertreter personifiziert ist.[442] Vor diesem Hintergrund ist im Weiteren besonderes Augenmerk auf die Frage zu richten, ob der inländische Internet Service Provider eines ausländischen Inhaltsanbieters die Tatbestandsvoraussetzungen eines Vertreters erfüllt.

Nach nationalem Recht ist gemäß § 13 S. 1 AO ständiger Vertreter, wer nachhaltig die Geschäfte eines Unternehmens besorgt und dabei dessen Sachweisungen unterliegt. Wesentliches Merkmal einer Geschäftsbesorgung ist, dass sie nicht zuletzt auch im fremden Interesse erfolgt. Erforderlich ist daher, dass der ständige Vertreter für das Unternehmen Handlungen

441 Vgl. Arndt/Köhler, Recht, 1999, 52; Bernütz, IStR 1997, 353 (355); Deloitte & Touche LLP, Tax Notes Int'l 1997, 1483 (1493); Doernberg/Hinnekens, International Taxation, 1999, 137; Endriss/Käbisch/Labermeier, BB 1999, 2276 (2279 f.); Portner, IStR 1999, 641 (642); Reiner, in: Toifl/Züger, Schriftenreihe, 2000, 33 (51); Spatscheck, Steuerprobleme, 2000, 22; Utescher, Internet und Steuern, 1999, 242; Zimmermann, in: Fischer/Strunk, Aspekte, 1998, 53 (57). A.A. soweit vertragliche Regelungen getroffen werden, welche ein hinreichend konkretisiertes Nutzungsrecht regeln und ein Ausschließlichkeitsrecht des Nutzers gewährleisten, vgl. Gießler, K & R 1998, 349 (351). Dies dürfte jedoch bei einem typischen Providerunternehmen regelmäßig nicht der Fall sein.

442 Vgl. Gersch, in: Klein, AO, 2000, § 13 Rz. 1; Jacobs, Unternehmensbesteuerung, 1999, 329; Kumpf, Inländische Betriebsstätte, 1982, 46; Skaar, Establishment, 1991, 463.

vornimmt, die in dessen Betrieb fallen.[443] Damit kommt der konkreten Ausgestaltung des Providervertrags im Einzelfall entscheidende Bedeutung zu. Das Angebot eines Providers im Rahmen eines Web-Hosting-Vertrags reicht von der bloßen Internetanbindung und Überlassung von Speicherplatz bis zur Komplettlösung verbunden mit der Programmierung der Web-Site sowie der Übernahme von Back-Office-Funktionen.[444] Die aufgezeigte Vielfalt von möglichen Vertragsgestaltungen schließt eine pauschale Bejahung oder Ablehnung des § 13 AO - zumindest in Web-Hosting-Fällen - letztlich aus. Tendenziell lässt sich jedoch festhalten, dass ein ständiger Vertreter umso eher anzunehmen sein wird, je mehr Zusatzleistungen das Providerunternehmen erbringt.[445]

Auf Abkommensebene sind an die Definition der Vertreterbetriebsstätte weitere Voraussetzungen geknüpft, so dass der Personenkreis im Vergleich zu den innerstaatlichen Vorschriften eingeschränkt wird. Demnach begründet ein abhängiger Vertreter i.S.d. Art. 5 Abs. 5 OECD-MA nur dann eine Betriebsstätte, wenn dieser eine Vollmacht besitzt, Verträge im Namen des Unternehmens abzuschließen, und diese auch regelmäßig ausübt. Derartige

---

443 Vgl. z.B, Schaumburg, Steuerrecht, 1998, Rz. 5.176.

444 Vgl. ausführlich Kessler/Maywald/Peter, IStR 2000, 425 (427 f.); Pinkernell, StuW 1999, 281 (284).

445 Vgl. insbesondere Pinkernell, StuW 1999, 281 (284). Im Schrifttum findet sich demgegenüber vielfach eine pauschale - auf der bloßen Internetanbindung basierende - Verneinung der Vertretereigenschaft eines Internet Service Providers, vgl. z.B. Fetzer, Kontrollansatz, 2000, 119; Strunk, in: Kröger/Kellersmann, Handbuch, 1998, 185 (201); Strunk/Zöllkau, in: Strunk, Steuergestaltung, 2000, 45 (63 f.). Nach innerstaatlichem brasilianischem Recht würde ein solcher - um Zusatzleistungen erweiteter – Web-Hosting-Vertrag grundsätzlich eine beschränkte Steuerpflicht zur Folge haben, vgl. de Abreu/Nobre, e-commerce 2000, No. 12, 13 (13 f.).

Vertreteraufgaben liegen aber einerseits nicht im typischen Aufgabenbereich eines Providers und andererseits qualifiziert das Vorhalten mehrerer Web-Sites verschiedener Unternehmen den Internet Service Provider regelmäßig als unabhängigen Vertreter i.S.d. Art. 5 Abs. 6 OECD-MA.[446] Etwas anderes kann im Ergebnis nur in - E-Commerce-untypischen - Ausnahmefällen gelten, wenn es sich bei dem Provider beispielsweise um ein verbundenes Unternehmen handelt.[447]

e) Internetserver

Eine der meistdiskutierten Fragen in Bezug auf die Besteuerung des Electronic Commerce ist, ob bzw. unter welchen Voraussetzungen ein Internetserver - als Schnittstelle zwischen der physischen Welt und dem Cyberspace - eine Betriebsstätte begründen kann. Bereits 1988 wies *Pankow*[448] - zutreffend - darauf hin, dass EDV-Anlagen, „derer sich ein Unternehmer aus der Ferne bedient", grundsätzlich als Betriebsstätten denkbar sind. Ebenso stellt *Kumpf*[449] schon 1993 die fortdauernde Tragfähigkeit des Betriebsstättenprinzips angesichts „moderner Telekommunikations- und Transportsysteme" in Frage. Besonders aufschlussreich ist in dem hier zu

---

446 Vgl. Arndt/Köhler, Recht, 1999, 59; Bernütz, IStR 1997, 353 (355); Casadei, e-commerce 2000, No. 11, 20 (22); Doernberg/Hinnekens, International Taxation, 1999, 148 f.; Fetzer, Kontrollansatz, 2000, 139; Frieden, Cybertaxation, 2000, 453; Hinnekens, e-commerce 1999, No. 6, 3 (6); Lejeune/Vanham/Verlinden/Verbeken, ET 1998, 50 (51); Pinkernell, StuW 1999, 281 (286); Schönauer, in: Toifl/Züger, Schriftenreihe, 2000, 55 (68 f.); Spatscheck, Steuerprobleme, 2000, 25; Strunk, in: Kröger/Kellersmann, Handbuch, 1998, 185 (204); Strunk/Zöllkau, INF 1998, 609 (610); Tsang/Belder, e-commerce 1999, No. 2, 28 (30); Utescher, Internet und Steuern, 1999, 285; Zimmermann/Rech, BC 1998, 229 (231).

447 Vgl. z.B. Fetzer, Kontrollansatz, 2000, 119; Utescher, Internet und Steuern, 1999, 285.

448 Vgl. Pankow, CDFI LXXIII b, 1988, 139.

erörternden Kontext ein Beitrag von *Bernütz*[450] aus dem Jahr 1997, welcher sich schließlich ausdrücklich mit der potenziellen Betriebsstättenbegründung durch die Installation eines Servers auseinandersetzt und damit in der deutschsprachigen Fachliteratur erstmals Stellung zu diesem Themenkomplex bezieht. Auf internationler Ebene erörterte das *US-Treasury-Department* bereits 1996 im Rahmen des sog. „White Paper" diese Fragestellung.[451]

(1) § 12 AO

Ein Server besteht grundsätzlich aus zwei zunächst voneinander unabhängigen Komponenten, der Server-Hardware und der Server-Software. Aufgrund der Tatsache, dass sich das Softwareelement regelmäßig auf einem oder mehreren Server-Rechnern befindet, umfasst der Ausdruck „Server" also auch stets zumindest einen körperlichen Gegenstand, der die Grundlage der unternehmerischen Tätigkeit bilden kann.[452] Damit liegt die

---

449 Vgl. Kumpf, in: Haarmann, (Beschränkte Steuerpflicht, 1993, 27 (32).

450 Vgl. Bernütz, IStR 1997, 353 (353 ff.). *Strunk* veröffentliche ebenso 1997 einen Beitrag zum Thema „Grenzüberschreitende Geschäftsaktivitäten durch das Internet als weißer Fleck der Besteuerung?", ging jedoch nicht explizit auf die potenzielle Betriebsstättenanknüpfungspunkte des Internet ein, vgl. Strunk, IStR 1997, 257 (259).

451 Vgl. U.S. Department of the Treasury, White Paper, 1996, Tz. 7.2.3.1; s. ausführlich S. 174.

452 Vgl. Arndt/Köhler, Recht, 1999, 53; Biegler, in: Biegler, electronicbusiness, 2000, 105 (113); Brodersen, Intertax 1997, 133 (134); Endriss/Käbisch/Labermeier, BB 1999, 2276 (2280); Gießler, K & R 1998, 349 (351); Holler/Heerspink, BB 1998, 771 (772); Kowallik, DStR 1999, 223 (225); Spatscheck, CR 1999, 165 (167); Strunk/Zöllkau, FR 1998, 589 (593 f.); Strunk, BB 1998, 1824 (2825); ders., in: Kleineidam, Unternehmenspolitik, 1999, 259 (265); Utescher, Internet und Steuern, 1999, 227; Zimmermann/Rech, BC 1998, 229 (231). Dies gilt auch für sog. Serverparks von Providerunternehmen, in denen sich eine Vielzahl von Rechnern befinden, vgl. Pinkernell, StuW 1999, 281 (282).

Betriebsstättenvoraussetzung „Geschäftseinrichtung" prinzipiell vor. Zudem ist erforderlich, dass es sich bei der Geschäftseinrichtung um eine „feste" Einrichtung handelt, d.h. die Einrichtung muss für eine gewisse Dauer über einen Bezug zu einem bestimmten Punkt der Erdoberfläche verfügen. Handelt es sich hierbei um sog. „Serverparks" von Providerunternehmen, sind diese Voraussetzungen im Regelfall zu bejahen. Denn in den meisten Fällen betreiben Internet Service Provider im Rahmen eines solchen Computer-Clusters eine Vielzahl von Hochleistungsrechnern, die in klimatisierten Räumen fest verkabelt sind und daher auch nicht fortbewegt werden.[453] Etwas anderes gilt dann, wenn z.B. ein digitalisiertes Produkt auf mehreren Mirror-Servern in verschiedenen Ländern zum Download bereitsteht oder aber ein tragbarer Computer (Laptop)[454] eine Web-Site vorhält. In diesen Fällen wird der Nachweis einer festen Geschäftseinrichtung wohl erhebliche Schwierigkeiten bereiten.[455] Bleibt festzuhalten, dass ein Internetserver grundsätzlich eine ungleich höhere Mobilität als die in § 12 S. 2 AO genannten Betriebsstättenbeispiele aufweist. Das Tatbestandsmerkmal „feste Geschäftseinrichtung" muss daher - unter Berücksichtigung

---

453 Vgl. Pinkernell, StuW 1999, 281 (282).

454 Grundsätzlich ist es technisch möglich, dass selbst ein portabler Computer die Aufgaben des Servers übernimmt. Allerdings machen die sehr großen Datenmengen den Einsatz von Rechnern mit großer Speicherkapazität erforderlich, so dass – zumindest zum gegenwärtigen Zeitpunkt – vielmehr stationäre Computer genutzt werden. Vgl. Biegler, in: Biegler, electronicbusiness, 2000, 105 (115); Fischer, in: Fischer/Strunk, Aspekte, 1998, 1 (5); Skaar, Intertax 2000, 188 (189).

455 *Pinkernell* bezeichnet die Position der deutschen Finanzverwaltung hierbei als „fast aussichtslos", vgl. Pinkernell, StuW 1999, 281 (283); Utescher, Internet und Steuern, 1999. In diesem Sinne wohl auch *Bendlinger*, vgl. Bendlinger, SWI 1999, 306 (307).

der tatsächlich eingesetzten Serverstandorte - von Fall zu Fall neu beurteilt werden.

Denkbar wäre darüber hinaus auch ein Satellit, auf dem der Server eines Unternehmens installiert ist und welcher via Funk aktualisiert bzw. gewartet wird. Auf diese Weise könnten - ohne den Einsatz einer „irdischen Betriebsstätte“ - digitale Güter mittels „Orbitalserver“ weltweit vertrieben werden.[456]

Für die Annahme einer Betriebsstätte ist weiter erforderlich, dass das Unternehmen eine gewisse Verfügungsmacht über die Geschäftseinrichtung hat. Als unproblematisch erweisen sich hierbei die Konstellationen, in denen der Steuerpflichtige einen im Eigentum stehenden Internetserver betreibt bzw. einen dedizierten Server dauerhaft mietet. Auch wenn mehrere Unternehmer einen bestimmten Server gemeinsam nutzen, besitzt der einzelne Unternehmer noch die Dispositionsgewalt i.S.d. § 12 AO.[457]

Schwieriger gestaltet sich demgegenüber die Beurteilung im Rahmen von sog. Web-Hosting-Verträgen. In derartigen Fällen besitzt der Inhaltsanbieter regelmäßig weder Eigentum noch sonstige dingliche Rechte an der genutzten informationstechnischen Einrichtung. Prinzipiell entscheidet allein der Web-Hoster - je nach Intensität der Zugriffe -, auf welchem Server

---

456 Vgl. Utescher, Internet und Steuern, 1999, 229. Ausführlich zu Fernsehsatelliten: Kessler/Maywald/Peter, IStR 2000, 425 (425 ff.). S.a. Zöllkau, CR 1998, 290 (293).

457 Vgl. BFH vom 30.01.1974 – I R 87/72, BStBl. II 1974, 327 (327); BFH vom 03.02.1993 – I R 80-81/91, BStBl. II 1993, 462, (466 f.). S.a. Arndt/Köhler, Recht, 1999, 53; Bernütz, IStR 1997, 353 (355); Gießler, K & R 1998, 349 (351); Spatscheck, CR 1999, 165 (167); Strunk/Zöllkau, in: Strunk, Steuergestaltung, 2000, 58 f.

die Daten gespeichert und wie viele Kunden auf diesem Server noch untergebracht werden, um die vertraglich festgelegte Übertragungskapazität gewährleisten zu können. Denn der wirtschaftliche Gehalt eines Web-Hosting-Vertrags besteht gerade nicht in der Nutzung eines Servers bzw. einer bestimmten Partition eines Servers, sondern vielmehr in der Erfüllung des Vertragsgegenstands dauerhafte Gewährleistung von Speicherplatz verbunden mit einer Mindestübertragungskapazität.[458]

Unter diesen Bedingungen ergeben sich Zweifel am Vorliegen der Dispositionsgewalt aus der Tatsache, dass dieses Merkmal für die Nutzung von Gebäuden und Räumlichkeiten entwickelt wurde, über die der Steuerpflichtige eine gewisse Sachherrschaft ausübt.[459] Nach Auffassung des BFH im

---

458 Vgl. insbesondere Satelliten-Urteil des BFH: Gegenstand des Vertrags zwischen Satellitenbetreiber und inländischem Fernsehveranstalter war dem Wortlaut nach die Nutzungsüberlassung eines Transponders auf dem Satelliten Astra. Bei Anwendung einer formalistisch geprägten Sichtweise kommt insbesondere eine Qualifikation der Einkünfte als Einkünfte aus Vermietung und Verpachtung i.S.d. § 49 Abs. 1 Nr. 6 EStG bzw. als sonstige Einkünfte i.S.d. § 49 Abs. 1 Nr. 9 EStG in Frage. Im zu entscheidenden Fall stellt jedoch gerade nicht die Zurverfügungstellung des Transponders die wirtschaftlich relevante Hauptleistung dar, sondern vielmehr der Erfolg der Abstrahlung eines Sendesignals mit einer genau festgelegten Mindestabstrahlstärke. Daher hat der BFH zu Recht entschieden, dass eine gewerbliche Dienstleistung in Gestalt eines Werkvertrags gemäß §§ 631 ff. BGB und somit mangels Betriebsstätte keine beschränkte Steuerpflicht i.S.d. § 49 Abs. i Nr. 2 a EStG in Deutschland vorliegt, vgl. ausführlich Kessler/Maywald/Peter, IStR 2000, 425 (431).

459 Vgl. z.B. Wiater/Bosch, IStR 1998, 757 (759). Den bisherigen „Erledigungen" durch das österreichische BMF ist zu entnehmen, dass die bloße entgeltliche Überlassung von Speicherkapazität an einen ausländischen Unternehmer für Zwecke elektronisch aufbereiteter Daten zur Produktdarstellung keine Betriebsstätte begründet, vgl. Biegler, in: Biegler, e-lectronicbusiness, 2000, 105 (115). Das entsprechende Dokument des österreichischen BMF zu Informationsangeboten über BTX oder Internet (EAS.926 vom 20.08.1996) ist abgedruckt in: Loukota/Jirousek, Steuerfragen, 1997, 55 f.

sog. „Hotel-Management-Fall" ist hierfür nicht erforderlich, dass der Unternehmer die Möglichkeit hat, eine geographisch exakte Belegenheit der Einrichtung zu beeinflussen.[460]

Im entschiedenen Sachverhalt hatte der Unternehmer nämlich keinen Einfluss darauf, in welchen konkreten Räumlichkeiten eines Hotels dieser sein Büro einrichten sollte. Vor dem Hintergrund, dass das Hotel und damit alle dazugehörigen Räume jedoch im Inland belegen waren, spielt diese Rechtsauffassung für die Fälle des Web-Hosting, bei denen ein Web-Hoster - nicht zuletzt auch um einen schnellen Zugriff auf die angewählte Web-Sites zu gewährleisten - regelmäßig in mehreren Ländern Internetserver betreibt, allenfalls am Rande eine Rolle.[461] Im Ergebnis kommt es also entscheidend darauf an, ob das Unternehmen einen dedizierten Server gemietet hat oder ob dem konkreten Fall vielmehr eine Web-Hosting-Vereinbarung zugrunde liegt.[462]

Vereinzelt finden sich im Schrifttum auch Stimmen, welche ebenso durch das Anmieten einer bestimmten Festplatte, d.h. eines unselbständigen Teils eines Servers, bereits eine Betriebsstättenbegründung bejahen. Einschränkend ist demgegenüber einzuwenden, dass diese Annahme nicht den

---

460 „Zwar mag die Klägerin keinen Anspruch auf einen bestimmten Raum gehabt haben.", vgl. BFH vom 03.02.1993 – I R 80-81/91, BStBl. II 1993, 462 (466).

461 Ungeachtet der Tatsache, dass ein Web-Hoster nicht zwingend nur im Inland eine informationstechnische Einrichtung unterhält, beurteilt es *Fetzer* demgegenüber als ausreichend, wenn rechtlich sichergestellt ist, dass dem Unternehmen ein bestimmter Teil einer bestimmten Geschäftseinrichtung zur Verfügung gestellt wird, vgl. Fetzer, Kontrollansatz, 2000, 99.

technischen Abläufen entspricht. Denn regelmäßig sind die Daten des Inhaltsanbieters nicht auf einer bestimmten Festplatte lokalisiert, sondern werden mittels spezieller Softwaretechniken (RAID)[463] über mehrere Festplatten redundant verteilt. Darüber hinaus bliebe in den Fällen, in denen vertraglich tatsächlich eine bestimmte Festplatte einem Inhaltsanbieter vorbehalten wäre, offen, inwieweit diesem ein Anspruch auf Prozessorleistung bzw. auf die Bandbreite des Netzwerkinterfaces zukommt.[464] Ein weiterer bedeutender Aspekt, der aus technischer Sicht gegen das Anmieten einer

---

462 Vgl. Farrenkopf, DSWR 1999, 44 (44); Spatscheck, Steuerprobleme, 2000, 23; Utescher, Internet und Steuern, 1999, 231; Strunk/Zöllkau, in: Strunk, Steuergestaltung, 2000, 58.

463 RAID (**R**edundant **A**rray of **I**ndependent **D**isks) wurde 1987 von der Berkeley University als Beschreibung der Datensicherheit festgelegt. Um RAID anwenden zu können, sind zwei oder mehr Festplatten erforderlich, die gekoppelt, je nach Level, sich entweder Daten teilen und/oder Daten doppelt speichern. Zweck dieser Teilung ist, dass doppelt so viele Daten gleichzeitig geliefert werden können, da sie unabhängig voneinander auf zwei Festplatten liegen. RAID-Anordnungen werden insbesondere in Servern verwendet, da hier viele Anfragen zur gleichen Zeit verarbeitet werden müssen. Dabei unterscheidet man zwischen verschiedenen RAID-Typen: Beim RAID 0-Verfahren (Stripping) werden mehrere kleine Laufwerke zu einem großen logischen Laufwerk zusammengeschlossen. Der Nachteil dieses Verfahrens ist darin zu sehen, dass bei einem Ausfall nur einer Platte alle Daten auf dem logischen Laufwerk verloren sind. Dem gegenüber werden beim RAID 1-Verfahren (Mirroring) zwei Festplatten zeitgleich mit denselben Daten beschrieben. Bei Ausfall einer Platte bleiben die Daten daher weiter online verfügbar. Im Rahmen des E-Commerce kommt auf Grund der hohen Ausfallsicherheit regelmäßig das RAID 0+1-Verfahren, welches eine Vereinigung von Mirroring und Stripping darstellt, zur Anwendung. Vgl. http//computerlexikon.com.

464 Aktuelle technologische Ansätze suchen derzeit nach Lösungen, welche einem Internet Service Provider ermöglichen sollen, z.B. exakt 20 % CPU (**C**entral **P**rocessing **U**nit = Prozessor), 40 % Netzwerk und 10 % Festplatte eines Servers einem Kunden und andere Verteilungen anderen Kunden auf dem gleichen Server zu garantieren. Einen interessan-

bestimmten Festplatte spricht, ist das derzeit noch relativ hohe Ausfallrisiko.[465] Die Folge eines solchen Ausfalls wären potenzielle Umsatzeinbußen und hohe Wartungskosten seitens des Inhaltsanbieters.

Nutzt ein Inhaltsanbieter einen dedizierten Internetserver, so bleibt nach nationalem Recht zu prüfen, ob die feste Geschäftseinrichtung der Tätigkeit des Unternehmens dient oder ob es sich bloß um in Deutschland belegenes Betriebsvermögen handelt.[466] Unter rein funktionalen Gesichtspunkten kommt dem Server regelmäßig die gleiche Bedeutung wie dem in § 12 S. 2 Nr. 5 AO genannten Warenlager oder der Verkaufsstelle (§ 12 S. 2 Nr. 6 AO) zu. Prima facie erfüllt ein Rechner damit auch die Voraussetzung des „Dienens", da dieser die Werbung für und den Vertrieb von digitalisierten Gütern und Dienstleistungen z.T. erst ermöglicht, auf jeden Fall aber fördert und insoweit der Unternehmenstätigkeit dient.[467] Das gleiche gilt im Ergebnis um so mehr für ein Providerunternehmen. Denn regelmäßig ermöglicht dessen Server den Kunden den Zugang zum Internet und dient

---

ten Ansatz bietet hierzu bspw. das Projekt Eclipse, vgl. http://www.bell-labs.com/project/eclipse.

465 Die Messzahl für das Ausfallrisiko einer Hardwarekomponente ist die sog. MTBF-Größe (**M**ean **T**ime **B**efore **F**ailure), welche eine geschätzte ausfallfreie Periode angibt. Eine MTBF-Größe von 800.000 Stunden erweckt hierbei durchaus den Eindruck eines überaus stabilen Systems. Dem ist jedoch entgegenzuhalten, dass sich die Wahrscheinlichkeit eines früheren Ausfallzeitpunkts beim Zusammenwirken mehrerer Hardwarekomponenten exponentiell erhöht, vgl. z.B. die MTBF des IBM Ultrastar ES 2.16 GB unter http://servicepac.mainz.ibm.com/eprmhtml/eprmx/12524.htm.

466 Zu dieser Abgrenzung im Zusammenhang mit der grenzüberschreitenden Betriebsaufspaltung, vgl. Schaumburg, Steuerrecht, 1998, Rz. 5.164.

damit der hauptsächlichen unternehmerischen Tätigkeit des Providers. Umstritten ist allerdings in Literatur und Rechtsprechung, ob das Merkmal „Tätigkeit“ gleichsam ein „Tätigwerden“ durch Personal des Steuerpflichtigen erfordert oder die betrieblichen Handlungen auch von Automaten vorgenommen werden können.

In diesem Zusammenhang verweist *Portner* auf die Rechtsprechnung des EuGH zur Betriebsstättenbegründung i.S.d. Sechsten-EG-Richtlinie, wonach eine Betriebsstätte grundsätzlich den Einsatz von Personal erfordert.[468] Allerdings erscheint in diesem Zusammenhang eine Übertragung der Rechtsprechung des EuGH auf die mögliche Auslegung des § 12 AO - im ertragsteuerlichen Sinn - aus mehreren Gründen unzulässig. Dem EuGH kommt die Aufgabe zu, nicht das jeweilige nationale Recht, sondern vielmehr das zugrundeliegende europäische Recht auszulegen.[469] Dementsprechend sind die o.g. Entscheidungen auch auf Grundlage von Art. 9 Abs. 1 der Sechsten-EG-Richtlinie ergangen, welche die Basis für die weitgehend stattgefundene Harmonisierung in der EU im Bereich der indirekten Steuern bildet.[470] Für das Vorliegen einer beschränkten Steuerpflicht mit inländischen Einkünften i.S.d. § 49 Abs. 1 Nr. 2 a EStG i.V.m. § 12 AO ist die Rechtsprechung des EuGH zur Umsatzsteuer daher entscheidungsu-

---

467 Grundsätzlich ist das Merkmal des „Dienens“ zu bejahen, wenn Wirtschaftsgüter objektiv erkennbar zum unmittelbaren Einsatz im Betrieb bestimmt sind, vgl. BFH vom 06.03.1991 – X R 57/88, BStBl. II 1991, 829 (830).

468 Vgl. Portner, IStR 1998, 553 (554); dies., IStR 1999, 641 (642); dies., in: FS Rädler, Integration, 1999, 519 (525); dies., e-commerce 1999, 20 (21). Zur Rechtsprechung des EuGH s. ausführlich S. 42.

469 Vgl. Arndt, Europarecht, 1999, 39.

nerheblich.[471] Hinzu kommt, dass der Wortlaut des Art. 9 Abs. 1 der Sechsten-EG-Richtlinie bedeutend von der nationalen Regelung des § 12 AO abweicht. Diese verwendet nämlich nicht den innerstaatlichen Ausdruck „Betriebsstätte", sondern den Begriff der „festen Niederlassung".

Nach der vieldiskutierten Pipeline-Entscheidung des BFH ist der Einsatz von Personal zur Betriebsstättenbegründung nicht zwingend notwendig.[472] So gesehen erfüllt ein Internetserver - im Einklang mit einem Großteil der einschlägigen Literatur - auch die Voraussetzung des „Dienens" i.S.d. § 12 AO.[473] Bleibt festzuhalten, dass - unabhängig davon, ob es sich

---

470 Vgl. Fetzer, Kontrollansatz, 2000, 104; Lohse/Peltner, 6. MwSt-Richtlinie, 1999, Art. 9, 6 ff.

471 Während der EG gemäß Art. 93 EGV ausdrücklich die Kompetenz zur Regelung und Harmonisierung der indirekten Steuern zugewiesen wird, fehlt eine entsprechende Regelung für direkte Steuern. Regelungen im Hinblick auf diese Steuern liegen nur ausnahmsweise im Kompetenzbereich der EG, nämlich dann, wenn es um die Verwirklichung des gemeinsamen Marktes geht, vgl. ausführlich Bieg, Gerichtshof, 1997, 36 ff.; Eicker/Scheifele, IWB, F. 3 Gr. 2, 783 (788); Ohler, Europäische Gemeinschaft, 1997, 191 ff.

472 Vgl. BFH vom 30.10.1996 – II R 12/92, BStBl. II 1997, 12 (14). Der I. Senat des BFH hat dieses Urteil in seinem Beschluss vom 07.07.1997 bestätigt, BFH, Beschluss vom 07.07.1997 – I B 26/97, BFH / NV 1998, 19 (19). Ebenso der BFH bereits 1977: „Das FG hat es zu Recht als unschädlich angesehen, dass die von der AG in L vorgenommenen betrieblichen Handlungen nicht durch am Ort tätige Arbeitnehmer vorgenommen werden, sondern durch ferngesteuerte Maschinen. Diese Betrachtungsweise trägt der modernen technischen Entwicklung Rechnung, vgl. BFH vom 12.10.1977 – I R 227/75, BStBl. II 1978, 160 (162).

473 Vgl. Ammann, IStR 1999, 449 (455); Arndt/Köhler, Recht 1999, 54; Bernütz, IStR 1997, 353 (356); Farrenkopf, DSWR 1999, 44 (44); Fetzer, Kontrollansatz, 2000, 106 f.; End-riss/Käbisch/Labermeier, BB 1999, 2276 (2280); Gießler, K & R 1998, 349 (352); Pinkernell, StuW 1999, 281 (284); Prinz, FR 1997, 517 (522); Spatscheck, CR 1999, 165

im Einzelfall um einen Inhaltsanbieter oder ein Providerunternehmen handelt - die Installation eines Servers im Inland zur beschränkten Steuerpflicht i.S.d. § 49 Abs. 1 Nr. 2 a EStG i.V.m. § 12 AO führt. Allerdings ist die Frage der Betriebsstättenbegründung durch einen Internetserver höchstrichterlich noch nicht entschieden. Hinzu kommt, dass die Betriebsstättendefinition des § 12 AO ohnehin nur in den eher seltenen Fällen uneingeschränkt zur Anwendung kommt, in denen zwischen den beteiligten Staaten kein Doppelbesteuerungsabkommen abgeschlossen wurde.

(2) Art. 5 OECD-MA

Folgt man der hier vertretenen Ansicht, wonach ein dedizierter Server eine Betriebsstätte nach § 12 AO begründet, ist in einem zweiten Schritt zu klären, ob das inländische Besteuerungsrecht durch das anzuwendende Abkommen zur Vermeidung der Doppelbesteuerung eingeschränkt oder gar ausgeschlossen ist. Der abkommensrechtliche Betriebsstättenbegriff erfordert - ebenso wie das nationale deutsche Recht - eine feste Geschäfteinrichtung, über die der Steuerpflichtige eine gewisse Dispositionsgewalt hat.

---

(167); ders., Steuerprobleme, 2000, 24; Strunk, in: Fischer/Strunk, Aspekte, 1998, 39 (42); ders., in: Kessler, Neue Medien, 2000, Teil 5/Tz. 2.3, 4 ff.; ders., in: Kröger/Kellersmann, Handbuch, 1998, 185 (192); Strunk/Zöllkau, FR 1998, 589 (593); dies., in: Strunk, Steuergestaltung, 2000, 58 f.; Utescher, Internet und Steuern, 1999, 230; Zimmermann/Rech, BC 1998, 229 (231); Zöllkau, CR 1998, 290 (293). A.A.: Portner, IStR 1998, 553 (554); dies., IStR 1999, 641 (642); dies., in: FS Rädler, Integration, 1999, 519 (525); dies., e-commerce 1999, 20 (21); Wiater/Bosch, IStR 1998, 757 (759). *Kowallik* untersucht – pauschalierend – nur den Fall, bei dem der Inhaltsanbieter keinen Server im Inland unterhält, vgl. Kowallik, DStR 1999, 223 (226). *Kessler* betont in diesem Zusammenhang, dass die Bejahung einer Serverbetriebsstätte zu einer beachtlichen Ausweitung des steuerlichen Gestaltungspotentials führen würde, da ein Internetserver ohne große Transaktionskosten in ein Land mit einer günstigeren steuerlichen Jurisdiktion verlagert werden kann, vgl. Kessler, DSWR 1998, 234 (235).

Insoweit findet das im Zusammenhang mit § 12 AO Gesagte auch Anwendung für Art. 5 OECD-MA. Dementsprechend stellt auf Abkommensebene nur ein dedizierter Internetserver eine feste, in der Verfügungsgewalt des Steuerpflichtigen stehende Geschäfteinrichtung dar.[474] In den Fällen des Web-Hosting hingegen droht keine Doppelbesteuerung, da Deutschland bereits nach den Vorschriften des § 49 Abs. 1 Nr. 2 a EStG i.V.m. § 12 AO kein Besteuerungsrecht ausübt.

In zweierlei Hinsicht weicht die Betriebsstättendefinition des OECD-MA vom nationalen Recht ab. Während innerstaatlich lediglich vorausgesetzt wird, dass die feste Geschäftseinrichtung der Unternehmenstätigkeit dient, postuliert Art. 5 Abs. 1 OECD-MA, dass die Tätigkeit des Unternehmens durch die Betriebsstätte ganz oder teilweise ausgeübt wird, d.h. es muss eine funktionelle Verknüpfung der festen Geschäftseinrichtung mit der unternehmerischen Betätigung vorliegen. Zusätzlich genügt es - im Gegensatz zu § 12 AO - für die Begründung einer Betriebsstätte nicht, wenn die Tätigkeit in der Geschäftseinrichtung nur vorbereitenden oder Hilfscharakter hat.

Damit ist der abkommensrechtliche Betriebsstättenbegriff - nicht zuletzt auch im Einklang mit der lange Zeit unbestrittenen h.M. - enger als der entsprechende Begriff des deutschen Steuerrechts.[475] Welche Folgen

---

474 Vgl. Geurts, Intertax 2000, 173 (174).

475 Vgl. z.B. Wassermeyer, in: Debatin/Wassermeyer, DBA, 2001, Art. 5 Rz. 9; s.a. BGH vom 24.10.1988 – StR 533/87, HFR 1990, 150 (150).

diese restriktive Tendenz des OECD-MA für die steuerliche Beurteilung eines Internetservers letztlich hat, ist umstritten.[476]

Im Einklang mit der h.M. in Deutschland zur nationalen Beurteilung der Betriebsstätteneigenschaft eines Servers bejaht auch ein Teil des internationalen Schrifttums das Vorliegen einer Serverbetriebsstätte auf DBA-Ebene.[477] Zur Untermauerung finden sich dort vor allem im Hinblick auf das Erfordernis von Personal Verweise auf die - in der steuerrechtlichen Diskussion zum E-Business - oft zitierte „Pipeline-Entscheidung" des BFH.[478] Andere Autoren ziehen eine Parallele zwischen Verkaufsautoma-

476 Die Tätigkeit eines Internetservers unter Art. 5 Abs. 4 OECD-MA subsumierend: Bloom/Giusti, International Tax Journal 1997, No. 4, 45 (54); Eicker/Scheifele, IWB F. 3, Gr. 2, 783 (790); Gonzales-Bendiksen, e-commerce 1999, No. 3, 6 (7); Haccius, Tax Planning International Review 1998, No. 2, 7 (10); Holler/Heerspink, BB 1998, 771 (772 f.); Horner/Owens, ET 1996, 516 (518); Keijzer, Tax Planning International Review 1998 No. 2, 19 (19); Tillinghast, ET 1996, 524 (525); Lurie, Tax Planning International Review 1998, 4 (5); Tsang/Belder, e-commerce 1999, No. 2, 28 (32).

477 Vgl. Abrahamson, e-commerce 2000, No. 1, 3 (5); ders., e-commerce 1999, No. 2, 3 (5); Bernütz, IStR 1997, 353 (356 f.); Boidman/Brender, e-commerce 2000, No. 3, 3 (5); Borraccia, e-commerce 1999, No. 2, 33 (35); Bourtourault, Intertax 1997, 137 (137 f.); Dreßler, Gewinnverlagerung, 2000, 292; Endriss/Käbisch/Labermeier, BB 1999, 2276 (2280). Zwischen Provider und Inhaltsanbieter differenzierend: Hinnekens, e-commerce 1999, No. 6, 3 (7); Fairpo, e-commerce 1999, No. 3, 13 (15); Galli, Tax Planning International Review 1998, No. 2, 11 (13); Lejeune/Vanham/Verlinden/Verbeken, ET 1998, 50 (51 ff.); Murata, Intertax 1997, 127 (127); Portner, Tax Planning International Review 1998, No. 4, 19 (21); Prinz, FR 1997, 517 (522); Tulloch/Rosenthal, Tax Planning International Review 1998, No. 2, 15 (16); Van Wettum/Kraan, e-commerce 1999, No. 5, 15 (16); Zimmermann/Rech, BC 1998, 229 (231).

478 Vgl. BFH vom 30.10.1996 – II R 12/92, BStBl. II 1997, 12 (14); Kessler, DSWR 1998, 234 (235); Skaar, Intertax 2000, 188 (190). A.A. Baranowski, IWB Nr. 6/1997, 265 (265); Becker, Intertax 1998, 410 (411). Vgl. ausführlich zum Pipeline-Urteil: S. 61.

ten und Internetserver und kommen dann - unter Berufung auf Tz. 10 des Kommentars zum OECD-MA - zum gleichen Ergebnis.[479]

Im Zusammenhang mit einem Verkaufsautomaten gilt allerdings zu beachten, dass dieser nur dann eine Betriebsstätte begründet, wenn eine Mindestschwelle personeller Präsenz in Gestalt des Aufbaus, der Bedienung, der Überwachung oder der Instandhaltung der festen Einrichtung überschritten wird.[480] Insoweit begründet ein Automat ohne Einsatz von Personal zur Instandhaltung - man denke beispielsweise an Fernwartungsarbeiten - strenggenommen keine abkommensrechtliche Betriebsstätte.[481] Dabei lässt sich dem Wortlaut der Tz. 10 des Musterkommentars nicht entneh-

---

479 Vgl. Bernütz, IStR 1997, 353 (356); Casadei, e-commerce 2000, No. 11, 20 (21 f.); Fleming, Tax Notes Int'l 1999, 675 (680); Hickey, ET 1998, 255 (258); Kay, Intertax 1997, 141 (141); Perthold, in: Gassner/Lang, Bilanzierung, 1998, 305 (315). Ebenso scheint das österreichische BMF davon auszugehen, dass für die Begründung einer Betriebsstätte Personal nicht zwingend erforderlich ist. Werden von einem deutschen Unternehmen bei österreichischen Tankstellen Kreditkartenautomaten aufgestellt, dann wird darin die Errichtung einer inländischen Betriebsstätte gesehen. Denn die Funktion des Kreditkartenautomaten wird mit jener eines Verkaufsautomaten verglichen, wobei der Unterschied im Wesentlichen nur in der Zahlungsart besteht, vgl. öBMF, EAS 1100 vom 07.07.1997, SWI 1997, 464 (464). Das gleiche gilt im Ergebnis für den Fall, bei dem eine deutsche Gesellschaft in österreichischen Bädern Bräunungsanlagen aufstellt, deren Benutzung durch den Erwerb von Münzen an der Badekasse ermöglicht wird, vgl. öBMF, EAS 1112 vom 21.07.1997, SWI 1997, 427 (427 f.).

480 Vgl. OECD-MK, Art. 5 Tz. 10.

481 Vgl. Fetzer, Kontrollansatz, 2000, 138; Pavon/Gabarro, Tax Planning International Review 1998, No. 2, 17 (17); Pinkernell, StuW 1999, 281 (286); Portner, IStR 1998, 594 (599); dies., IStR 1999, 641 (647); Spatscheck, CR 1999, 165 (169); Sprague/Hersey, Intertax 1999, 40 (42); Twardosz, in: Toifl/Züger, Schriftenreihe, 2000, 151 (161); Young/Tsang, e-commerce 1998, No. 1, 8 (9). Ausführlich zum Erfordernis des Personaleinsatzes: Züger, in: Gassner/Lang/Lechner, Generalklausel, 1998, 31 (45 f.).

men, ob sich die Personen, die die Automaten betreiben und warten, tatsächlich physisch im Quellenstaat aufhalten müssen oder ob auch eine Fernwartung genügt.[482] Daraus kann man schließen, dass ein Zugangsanbieter jedenfalls eine Betriebsstätte begründet, wenn er den Internetserver selbst oder mit Hilfe von Personen wartet, die in einem Abhängigkeitsverhältnis zu ihm stehen.[483] Mit Blick auf einen Inhaltsanbieter ist jedoch festzustellen, dass gerade die Serverwartung in der Vielzahl der Fälle nicht durch das Personal des Inhaltsanbieters, sondern durch das Personal des Zugangsanbieters erfolgt.[484] Das Personal des Zugangsanbieters steht aber in keinem Abhängigkeitsverhältnis gegenüber dem Inhaltsanbieter. Eine Betriebsstättenbegründung seitens des Inhaltsanbieters scheidet daher in diesen Fällen aus. Hinzu kommt, dass eine sich auf den ersten Blick eröffnende und weit verbreitete Analogie zwischen Servereinrichtung und Verkaufsautomat i.S.d. OECD-MKs[485] kritisch zu hinterfragen ist. Denn im Gegensatz zum Internetserver kann ein Verkaufsautomat nur im Zuge eines

---

482 Demgegenüber schließt *Pinkernell* aus Tz. 10 des OECD-MK, dass zumindest Wartungspersonal des Steuerpflichtigen im Quellenstaat tätig sein muss, vgl. Pinkernell, StuW 1999, 281 (285).

483 Vgl. Eicker/Scheifele, IWB F. 3, Gr. 2, 783 (788); Fetzer, Kontrollansatz 2000, 134;); Holler/Heerspink, BB 1998, 771 (772).

484 Vgl. Brodersen, Intertax 1997, 133 (134); Twardosz, in: Toifl/Züger, Schriftenreihe, 2000, 151 (161). Mit Hinweis auf vergleichbare Leistungen im Bereich des Teleshopping, bei denen ein Inhaltsanbieter über die Fernsehanstalten Produktwerbung unter gleichzeitiger Einblendung einer Bestell-Telefonnummer ausstrahlen lässt und sich hinter der Telefonnummer ein selbstständig arbeitendes Unternehmen verbirgt, das unter Bereitstellung seiner Telefonanlage und diverser Telefonisten die Bestellung der Kundschaft des Inhaltsanbieters entgegennimmt, vgl. Wiater/Bosch, IStR 1998, 757 (759).

485 OECD-MK, Art. 5, Tz. 10.

unmittelbar physischen Kontakts mit dem Abnehmer Umsätze „tätigen", die sich zwangsläufig innerhalb der gleichen Jurisdiktion vollziehen.[486]

Im hier interessierenden Kontext ist darüber hinaus eine von *Görl* vertretene Auffassung von besonderem Interesse, wonach für die Annahme einer Betriebsstätte kein Personal für erforderlich ist, wenn die Geschäftstätigkeit auch ohne Personal im Belegenheitsstaat der festen Einrichtung ausgeübt werden kann.[487] Damit kommt es entscheidend darauf an, welche Arten von Tätigkeiten von der Einrichtung übernommen werden, d.h. welche Funktion dieser in Relation zur gesamten Unternehmenstätigkeit zugeordnet werden kann.[488] Setzt also die Ausübung der Geschäftstätigkeit des Unternehmens - in Anlehnung an *Görl* - kein Personal voraus, so begründet ein Internetserver auch dann eine Betriebsstätte, wenn keine Installations- bzw. laufenden Wartungsarbeiten vor Ort durchgeführt werden.[489]

Ist indessen bei der Prüfung der Betriebsstättenmerkmale das Vorliegen einer Serverbetriebsstätte zu bejahen, bedarf es weiter der Prüfung, ob diese informationstechnische Einrichtung lediglich vorbereitend oder hilfswei-

---

486 Vgl. Utescher, Internet und Steuern 1999, 278; Wichmann, K&R 1999, 193 (198). Schließlich ist der Rückgriff auf den OECD-MK nur dann ein Argument, wenn man einen Internetserver mit den dort genannten automatischen Einrichtungen – insbesondere mit Waren- und Spielautomaten – vergleichen kann. S.a. Levine/Weintraub, e-commerce 1999, No. 9, 7 (9).

487 Vgl. Görl, in: Vogel, DBA, 1996, Art. 5 Rz. 35. *Kessler* empfiehlt – vorsorglich – die personelle Ausstattung einer Serverbetriebsstätte im Zusammenhang mit dem Download von Standardsoftware, vgl. Kessler, IStR 2000, 98 (103).

488 *Fetzer* stellt hierbei eine rein funktionale Betrachtungsweise grundsätzlich in Frage, vgl. Fetzer, Kontrollansatz, 2000, 131.

489 Vgl. Twardosz, in: Toifl/Züger, Schriftenreihe, 2000, 151 (163).

se tätig wird i.S.d. Art. 5 Abs. 4 OECD-MA. Grundsätzlich kommt einem Internetserver lediglich die Aufgabe zu, Daten zwischen verschiedenen Punkten des weltweiten Internetverbunds zu übermitteln. Eine solche Kommunikationsleistung ist durchaus mit der Leistung einer Pumpstation i.S.d. o.g. Pipeline-Urteils vergleichbar. Dies führt - bei engerer Interpretation dieser Entscheidung - im Verhältnis zu den Staaten, mit denen ein DBA besteht, zu einer differenzierten Betriebsstättenbeurteilung in Abhängigkeit vom jeweiligen Unternehmenszweck.[490]

Der BFH hat in der Urteilsbegründung betont, dass die Pipeline dem Durchleiten von Öl dient, was auch gleichzeitig die Haupttätigkeit des Unternehmens darstellt. Bei analoger Anwendung würde ein in Deutschland belegener Server eines im Ausland ansässigen Unternehmens also nur in den Fällen eine Betriebsstätte in Deutschland begründen, wenn es sich dabei um ein Unternehmen handelt, dessen Haupttätigkeit darauf gerichtet ist, Telekommunikationsleistungen[491] in Form des „Durchleitens“ von Datenströmen auf eigenen Anlagen anzubieten. Damit dürften im Ergebnis sowohl die Computerausstattung als auch telekommunikationstechnische Einrichtungen wie z.B. Glasfaserkabel eines Internet Service Providers unstrit-

---

490 Vgl. Strunk, Habilitation, 1999, 113; Wichmann, K&R 1999, 193 (198).

491 Der Begriff Telekommunikationsleistungen umfasst solche Leistungen, „mit denen die Übertragung, die Ausstrahlung oder der Empfang von Signalen, Schrift, Bild und Ton oder Informationen jeglicher Art über Draht, Funk, optische oder sonstige elektromagnetische Medien gewährleistet werden; dazu gehören auch die Abtretung und die Einräumung von Nutzungsrechten an Einrichtungen zur Übertragung, Ausstrahlung oder zum Empfang. Von der Begriffsbestimmung werden ferner die Ermöglichung des Zugangs zu einem Informationsnetz und die Einräumung des Rechts erfasst, das Informationsnetz zu nutzen.“ Vgl. BMF vom 29.04.1997, IV C 4 – S 7117 f – 25/97, IStR 1997, 311.

tig als Betriebsstätte zu qualifizieren sein.[492] Im Gegensatz hierzu stellt jedoch der via Telekommunikationsleistung übertragene Inhalt z.B. in Gestalt eines Softwareprodukts Hauptgegenstand der Tätigkeit eines Inhaltsanbieters dar. Die Anwendung des Pipeline-Urteils verbietet sich daher in den Fällen, in denen es um die Tätigkeit von Inhaltsanbietern geht.

Damit bleibt die Frage zu klären, wann aus der Sicht eines Inhaltsanbieters die Grenze zwischen einer Hilfstätigkeit und einer Haupttätigkeit überschritten wird. Bei sog. Offline-Geschäften kommt dem Server stets die Funktion eines Kommunikationsmediums - vergleichbar einem Telefon oder Telefaxgerät - zu.[493] Im Ergebnis handelt es sich hierbei lediglich um moderne Ausprägungen des klassischen Versandhandels. In diesen Fällen würde man wohl zu dem Ergebnis kommen, dass auf Grund der Betonung

---

492 Vgl. Boyle/Peterson/Sample/Schottenstein/Sprague, Tax Management International Journal 1999, No. 6, 357 (368); Doernberg/Hinnekens, International Taxation, 1999, 141 f.; Hinnekens, Intertax 1998, 52 (64); Hinnekens, e-commerce 1999, No. 6, 3 (5); Rainermann/Clegg/Anolik, e-commerce 1999, No. 11, 8 (10); Slapio/Bornemann, IWB, F. 3 Gr. 2 799 (801 ff.). Demgegenüber vertritt die OFD Hannover die Auffassung, dass eine Basis-Station eines Mobilfunkunternehmens – bestehend aus Antennenanlage, Energieversorgung, Funkschrank und Klimagerät – keine Betriebsstätte i.S.d. § 12 AO begründet, vgl. OFD Hannover, Erlass vom 14.04.1999, G-1450 – 14 – StO 232 /-1450 – 46 – StH 241, GewStK § 28 GewStG Karte 4.

493 Mit Hinweis auf vergleichbare Leistungen im Bereich des Teleshopping, bei denen ein Inhaltsanbieter über die Fernsehanstalten Produktwerbung unter gleichzeitiger Einblendung einer Bestell-Telefonnummer ausstrahlen lässt und sich hinter der Telefonnummer ein selbstständig arbeitendes Unternehmen verbirgt, das unter Bereitstellung seiner Telefonanlage und diverser Telefonisten die Bestellung der Kundschaft des Inhaltsanbieters entgegennimmt, vgl. Wiater/Bosch, IStR 1998, 757 (759).

der eher technischen Komponente des Servers als Kommunikationsinstrument eine Qualifikation als Betriebsstätte ausscheidet.[494]

Im Gegensatz hierzu muss die Frage, wann der Computerausstattung ein signifikanter Teil der gesamten Unternehmenstätigkeit beigemessen werden kann, im Rahmen von Online-Transaktionen von Fall zu Fall beantwortet werden. Dabei erscheint - im Einklang mit dem geltenden Kommentar zum OECD-MA - eine umfassende Funktionsanalyse unumgänglich.[495] In der Literatur wird teilweise die Auffassung vertreten, dass eine Haupttätigkeit jedenfalls dann vorliegt, wenn sowohl Vertragsabschluss als auch Auslieferung durch den Server erfolgen.[496] Parallel stellt sich die Frage, wie im Bereich des E-Commerce zwei sich deckende Willenserklärungen zustande kommen können und somit ein Vertragsabschluss zwischen Inhaltsanbieter und Abnehmer vollzogen wird. So gelten Werbemaßnahmen eines Unternehmens auf dessen Homepage nach h.M. lediglich als

---

494 Diesbezüglich herrscht auch in der Literatur Einstimmigkeit dahingehend, dass es sich bei der dem Internetserver zuzuordnenden Tätigkeit lediglich um vorbereitende Handlungen i.S.d. Art. 5 Abs. 4 OECD-MA handelt und dieser somit keine Betriebsstätte begründet, vgl. Brodersen, Intertax 1997, 133 (134); Eicker/Scheifele, IWB F. 3, Gr. 2, 783 (788); Geurts, Intertax 2000, 173 (174 f.); Kay, Intertax 1997, 141 (141); Kessler/Maywald/Peter, IStR 1999, 439 (440); Sprague/Hersey, Intertax 1999, 40 (43); Strunk, IStR 1997, 257 (259); ders., BB 1998, 1824 (1825).

495 Das Prinzip der funktionalen Betriebsstätte findet sich auch schon in Tz. 24 Satz 2 des geltenden OECD-MKs zu Art. 5 OECD-MA: „Entscheidend ist, ob die Tätigkeit der festen Geschäftseinrichtung an sich einen wesentlichen und maßgeblichen Teil der Tätigkeit des Gesamtunternehmens ausmacht."

496 Vgl. Strunk, BB 1998, 1824 (1826). *Thiele* hält eine Betriebsstättenbegründung durch einen Internetserver bei automatisiertem Vertragsabschluss für unzutreffend, vgl. Thiele, ÖStZ 1999, 328 (331).

Aufforderung an den Kunden, zu bestellen („invitatio ad offerendum"), und daher nicht als Angebot i.S.d. § 145 BGB.[497] Diese Auffassung scheint sich auch auf internationaler Ebene durchzusetzen („invitation to treat").[498] Damit geht das Angebot auf Abschluss eines Vertrags vom Besteller aus und dem Inhaltsanbieter steht es grundsätzlich frei, dieses Angebot anzunehmen.

Demgegenüber sind auch Gestaltungen denkbar, die eine Qualifikation der mit Verkaufsabsicht im Internet präsentierten Ware bzw. Dienstleistung als Angebot „ad incertas personas" nahe legen. Dies ist vor allem dann der Fall, wenn sich der Abnehmer unmittelbar nach Eingabe seiner Kreditkartennummer ein digitalisierbares Produkt aus dem Internet downloadet. Im Zusammenhang mit Btx vertrat das LG Osnabrück die Auffassung, dass ein Vertrag - soweit er formungebunden ist - durch konkludentes Handeln zustande kommt.[499] Beim Download digitaler Güter stellt die Annahme des Angebots durch Mausklick ein solches konkludentes Handeln dar.[500]

---

497 Vgl. in Bezug auf Btx (Bildschirmtext): OLG Oldenburg, CR 1993, 558 (558); Bartl, DB 1982, 1097 (1100); Brinkmann, BB 1981, 1183 (1185). In Bezug auf das Internet: Koehler, MMR 1998, 289 (2910); Köhler, NJW 1998, 185 (187); Rüßmann, K&R 1998, 129 (129); Waldenberger, BB 1996, 2365 (2365); a.A.: Mehrings, BB 1998, 2373 (2375).

498 Vgl. Haccius, Tax Planning International 1998, No. 2, 7 (8); Lurie, Tax Planning International 1998, No. 2, 4 (4).

499 Vgl. LG Osnabrück, Urteil vom 10.11.1995 – 2 O 60/94, CR 1996, 227 (228).

500 Vgl. Börner/Heitmann/Sengpiel/Strunk/Zöllkau, Der Internet Rechtsberater, 1999, 63; Pinkernell, StuW 1999, 281 (285); Tulloch/Rosenthal, Tax Planning International 1998, No. 2, 15 (15). Im Gegensatz hierzu führt nach *Thiele* ein automatisierter Vertragsabschluss über den Server nicht dazu, dass Hilfstätigkeiten i.S.d. Art. 5 Abs. 4 OECD-MA ausgeschlossen werden können, vgl. Thiele, ÖStZ 1999, 328 (330). Vor diesem Hinter-

Festzuhalten bleibt damit für den Bereich der Inhaltsanbieter, dass die von einem Internetserver übernommene Tätigkeit nur dann als Haupttätigkeit eingestuft werden kann, wenn es sich um Online-Geschäfte handelt, bei denen sowohl Vertragsabschluss, Zahlungsvorgang aber auch Auslieferung ausschließlich auf digitalem Weg erfolgen.[501]

---

grund gilt zu beachten, dass es im Vereinigten Königreich entscheidend darauf ankommt, ob dort Verträge geschlossen wurden, vgl. Richards, CDFI LXXXVI a, 2001, 723.

501 Vgl. Doernberg/Hinnekens, Electronic Commerce and International Taxation, 1999, 137; Cockfiled, Tax Notes Int'l 2000, 200 (225); Fairpo, e-commerce 1999, No. 12, 25 (25); Hinnekens, e-commerce 1999, No. 6, 3 (7); Gummert/Trapp, MMR 1998, 350 (354); Lehner, Tax Planning International Review 1998, No. 2, 21 (22); Koch/Frey, e-commerce 1999, No. 5, 11 (12); Postma, Intertax 1998, 303 (304); Strunk, BB 1998, 1824 (1826); Strunk/Zöllkau, in: Strunk, Steuergestaltung, 2000, 67; Utescher, Steuern und Internet 1999, 280. A.A.: Arndt/Köhler, Recht des Internet, 1999, 56; Avi-Yonah, Tax Law Review 1997, Vol. 52, 507 (540 f.); Bloom/Giusti, International Tax Journal 1997, No. 4, 45 (54); *Eicker/Scheifele* vertreten die Ansicht, man müsse der technischen Möglichkeit eines Internetservers folgen und unter Anlehnung an die Fähigkeit von Telefon und Telefax eine Betriebsstättenbegründung des Servers – zumindest - im DBA-Fall versagen, vgl. Eicker/Scheifele, IWB F. 3, Gr. 2, 783 (789 f.); Fetzer, Kontrollansatz, 2000, 138; Gießler, K&R 1998, 349 (351); Hardesty, e-commerce 1998, No. 1, 29 (31); ders., Hardesty, Planning, 1999, Rz. 12.24; Lejeune/Vanham/Verlinden/Verbeken, ET 1998, 50 (52); Mattson/Maguire/Ullman/Perkins, e-commerce 1998, No. 1, 16 (19 f.); Portner, IStR 1998, 552 (557); Spatscheck, Steuerprobleme, 2000, 29; Toifl, in: Biegler, electronicbusiness, 2000, 133 (149); Zimmermann, in: Fischer/Strunk: Aspekte, 1998, 53 (57); Zöllkau, CR 1998, 290 (293). *Pinkernell* differenziert im Gegensatz hierzu beim Download digitaler Güter zwischen zwei Elementen: Die Lieferung des Produkts und der Abschluss der dazugehörigen Verträge. Während die Lieferung ein rein tatsächlicher Vorgang sei, den ein Automat bewirken könne, setze die Abgabe von Willenserklärungen eine geschäftsfähige Person voraus. Ein Server sei jedoch als Sache nicht in diesem Sinne handlungsfähig. Deshalb würden die einzelnen Vertragsabschlüsse auch nicht durch Willenserklärungen des Servers zustande kommen, sondern in der Inbetriebnahme des Servers liege eine einmalige Willenserklärung des ausländischen Unternehmens, bis auf weiteres

2. *„White Paper" des U.S.-Treasury-Department*[502]

Im Jahr 1996 legte das US-Finanzministerium ein Diskussionspapier mit dem Titel „Selected Tax Policy Implications of Global Electronic Commerce"[503] vor, welches - neben einer dezidierten Analyse der Erscheinungsformen und wirtschaftlichen Chancen des elektronischen Handels - auf nahezu alle Problembereiche der steuerlichen Behandlung grenzüberschreitender Internet-Transaktionen aufmerksam gemacht hat.[504] For-

---

Kaufverträge mit einem unbestimmten Kundenkreis abschließen zu wollen. In Anbetracht der Tatsache, dass die Willenserklärung des Verkäufers ihren Ursprung im Sitzstaat des Anbieters habe, sei der Vertrieb über einen Internetserver insoweit mit Direktgeschäften i.S.d. Art. 7 Abs. 1 OECD-MA vergleichbar, vgl. Pinkernell, StuW 1999, 281 (286). *Twardosz* ist der Ansicht, dass die Haupttätigkeit eines Unternehmens, das Internethandel betreibt, im Verkauf der Produkte liege und die Auslieferung lediglich eine Nebentätigkeit darstelle. Daher komme es entscheidend auf den Vertragsabschluss an, vgl. Twardosz, in: Toifl/Züger, Schriftenreihe, 2000, 151 (161).

502 Vgl. U.S. Department of the Treasury, White Paper, 1996, abgedruckt in: Intertax 1997, 148 (148 ff.). Die immense Bedeutung, die den USA für die Entwicklung des Internet zukommt, findet sich auch im Rahmen der steuerrechtlichen Problembehandlung von Internet-Transaktionen. Ein deutliches Indiz hierfür ist nicht zuletzt die Tatsache, dass in den USA bis einschließlich 30.04.1997 757 Beiträge zur Besteuerung von Internet-Transaktionen veröffentlicht wurden, wohingegen in der Bundesrepublik Deutschland weniger als 10 Veröffentlichungen verfügbar waren, vgl. Kessler, Grundprobleme 1997, 1 (1).

503 S.a. U.S. Department of the Treasury, White Paper, http://jya.com/taxpolicy.htm.

504 Dabei handelt es sich um das weltweit erste Diskussionspapier, welches sich mit den Besteuerungsproblemen bei Geschäften im Internet befasst, vgl. Dunahoo/Carlisle, Tax Notes Int'l 1997, 693 (693); Eicker/Scheifele, IWB F. 3, Gr. 2, 783 (790); Fetzer, Kontrollansatz, 2000, 34; Levine/Weintraub, e-commerce 1999, No. 9, 7 (7 f.); Powers, Intertax 1997, 120 (120 ff.); Sher, Tax Management International Journal 1999, No. 7, 415 (418 f.); Strunk, Habilitation, 1999, 310. Dabei beschränkte sich das US-Finanzministerium nicht auf einen Problemaufriss, sondern hatte bereits zu diesem frühen

mal beinhaltet das „White Paper“ fünf Kapitel, die sich mit den technischen Aspekten des elektronischen Handels beschäftigen, sowie vier weitere Abschnitte, die sich auf materiell- sowie verfahrensrechtliche Fragestellungen der Besteuerung konzentrieren. Den Kern der Studie bildet Kapitel 7 („Substantive tax law issues“).[505] Denn an dieser Stelle wird - bereits in diesem frühen Entwicklungsstadium des internationalen Diskussionsverlaufs - ausführlich u.a. die Problematik der Betriebsstättenbegründung, der Qualifikation von Einkünften sowie der Festlegung von Verrechnungspreisen verbundener Unternehmen im E-Commerce aufgezeigt.[506] Erstmals Erwähnung findet in dieser Stellungnahme auch das heute allgemein anerkannte Postulat nach der Neutralität entsprechender Besteuerungskonzepte.[507]

Auf US-Bundesebene unterliegen ausländische natürliche bzw. juristische Personen gemäß IRC Sec. 871 b und IRC Sec. 882 a in den USA der Quellensteuer, wenn das zugrundeliegende Einkommen der Voraussetzung „effectively connected to a United States trade or business“ genügt.[508]

Zeitpunkt der Entwicklung des E-Commerce einen konkreten Anforderungskatalog für die Besteuerung des elektronischen Handels.

505 Vgl. U.S. Department of the Treasury, White Paper, 1996, Intertax 1997, 148 (158 ff.).

506 Vgl. Avi-Yonah, Tax Law Review 1997, Vol. 52, 507 (523); Dunahoo/Carlisle, Tax Notes Int'l 1997, 693 (694).

507 Vgl. U.S. Department of the Treasury, White Paper, 1996, Tz. 6.2; s.a. Dunahoo/Carlisle, Tax Notes Int'l 1997, 693 (694); Fetzer, Kontrollansatz, 2000, 34; Young/Tsang, International Tax Review Dec1998/Jan 1999, 13 (14).

508 Unter „effectively connected income“ ist regelmäßig jede nicht unbedeutende und mit der Absicht der Gewinnerzielung ausgeübte Tätigkeit von gewisser Dauer zu verstehen, vgl. z.B. American Chamber of Commerce in Germany e.V./PricewaterhouseCoopers GmbH (Hrsg.), Leitfaden, 2001, 50; Debatin/Endres, DBA USA, 1990, Art. 5 Rz. 3; Isenbergh,

Damit stellt das nationale US-Recht - im Gegensatz zu der auf gewerbliche Einkünfte abzielenden deutschen Regelung des § 49 Abs. 1 Nr. 2 EStG - nicht auf das Anknüpfungskriterium der Betriebsstätte ab. Vielmehr unterliegt der amerikanischen Steuerpflicht alles Einkommen, das tatsächlich zu einer geschäftlichen oder gewerblichen Tätigkeit gehört. Im Ergebnis können also schon geringe Geschäftskontakte mit den USA eine nationale amerikanische Steuerpflicht auslösen.[509]

In diesem Zusammenhang weist die Studie des US-Finanzministeriums darauf hin, dass das Vorliegen eine US-Gewerbes bzw. US-Geschäfts grundsätzlich die physische Anwesenheit des beschränkt Steuerpflichtigen voraussetzt.[510] Dementsprechend bezieht sich das „White Paper“ auch auf den Fall „Piedras Negras v. United States“ als ein auf den elektronischen Handel anwendbares Urteil.[511] Danach reicht es nicht aus, um ein US-Gewerbe bzw. US-Geschäft zu begründen, wenn beispielsweise eine mexikanische Rundfunkanstalt amerikanische Werbespots gegen Entgelt sendet und sich deren physische Anknüpfung in den USA auf ein Postfach beschränkt.

Conception, 2000, 95; Müssener, in: Mennel/Förster, USA, 2000, Rz. 222; U.S. Department of the Treasury, White Paper, 1996, Tz. 7.2.1.

509 Vgl. Debatin/Endres, DBA USA, 1990, Art. 5 Rz. 3; Frieden, Cybertaxation, 2000, 446.

510 Vgl. U.S. Department of the Treasury, White Paper, 1996, Tz. 7.2.3.1. Die Rechtsprechung fügte dem hinzu, dass die Tätigkeit von dauerhafter, regelmäßiger und bedeutender Natur sein muss, vgl. Inez de Amodio v. Commissioner, 299 F. 2d 623 (3rd Cir. 1962).

511 Vgl. Piedras Negras Broadcasting Co. v Commissioner, 127 F. 2d (5th Cir. 1942); s.a. Doernberg/Hinnekens, Electronic Commerce and International Taxation, 1999, 142; Hardesty, Planning, 1999, Rzn. 12.07, 12.15; Levine/Weintraub, e-commerce 1999, No. 9, 7 (8); O'Donnell/DiSangro, Intertax 1997, 429 (435).

Übertragen auf den digitalen Geschäftsverkehr wäre ein Inhaltsanbieter als Radiogesellschaft zu interpretieren, welcher mangels physischer Anwesenheit die Voraussetzungen einer beschränkten Steuerpflicht in den USA jedoch nicht erfüllt. Bejaht man das Vorliegen von „effectively connected income“ in den Fällen, in denen ein Internetserver in den USA betrieben wird, prognostiziert die US-Finanzverwaltung, dass sich das hieraus erhoffte Steueraufkommen nicht realisieren lässt.[512] Denn letztlich spricht vor allem die vergleichsweise leichte Verlagerungsmöglichkeit eines Interservers gegen eine weite Auslegung dieses Tatbestandsmerkmals. Angesichts der Probleme, die sich bei der Feststellung der beschränkten Steuerpflicht unter Anwendung des Wortlauts des IRC Sec. 871 b und IRC Sec. 882 a im Rahmen von Internet-Transaktionen stellen, zieht die Stellungnahme schließlich in Betracht, die geltenden Besteuerungsprinzipien generell durch die international anerkannte Betriebsstättendefinition zu ersetzen.[513]

---

512 Vgl. U.S. Department of the Treasury, White Paper, 1996, Tz. 7.2.3.1; s.a. Hardesty, Planning, 1999, Rz. 12.23. In diesem Zusammenhang ist gleichsam ein nicht steuerrechtsbezogenes Urteil des Staats New York von besonderem Interesse. Hierin wurde befunden, dass Werbung mittels einer Web-Site, die auf einem Server in Missouri vorgehalten wurde, in New York keine Möglichkeit zur Durchsetzung eines Rechtsanspruchs bietet, obwohl eine Zugriffsmöglichkeit auf diese Site mittels Browser in New York bestand. Diese Entscheidung stützte sich vorrangig auf die fehlende physische Präsenz des Servers, was den Gedanken verstärken dürfte, dass im Rahmen von Internet-Transaktionen der Server als möglicher Nexus zur Begründung einer beschränkten Steuerpflicht denkbar ist, vgl. Bensusan Restaurant Corp. v. King 96 Civ. 3992 (S.D.N.Y. 09. September 1996); s.a. Frieden, Cybertaxation, 2000, 448.

513 Vgl. U.S. Department of the Treasury, White Paper, 1996, Tz. 7.2.3.1, Fn. 52; s.a. Hardesty, Planning, 1999, Rz. 12.08; ders., e-commerce 1998, No. 1, 29 (30); Lejeune/Merrill/Farell/Boutellis, Tax Notes Int'l 2000, 1839 (1842). Kritisch hierzu: Deloitte & Touche, Tax Notes Int'l 1997, 1483 (1494).

Ungeklärt bleiben damit allerdings Fragen beispielsweise im Hinblick auf die Ausnahmeregelung des IRC Sec. 864 b,[514] welche nach geltendem Recht unmittelbar am Kriterium des „effectively connected income“ anknüpft.

Im Hinblick auf das im nationalen US-Steuerrecht verankerte Prinzip des Einkommens, welches tatsächlich einer geschäftlichen oder gewerblichen Tätigkeit in den USA zuordenbar ist, bewirkt das im Verhältnis zu DBA-Staaten verankerte Betriebsstättenprinzip eine erhebliche Einschränkung der amerikanischen Besteuerung.[515] Daher stellt sich für die US-Finanzverwaltung weiter die Frage, ob telekommunikations- oder informationstechnische Einrichtungen - ohne den Einsatz von Personal - den Anforderungen einer Betriebsstätte im abkommensrechtlichen Sinn Rechnung zu tragen vermögen. Kernelement jeder Überlegung ist für das Department of Treasury grundsätzlich die Forderung nach Gleichbehandlung der Geschäfte im Internet mit denen in der physischen Geschäftswelt.[516] Dementsprechend schlägt das Diskussionspapier vor, einem Internetserver der New Economy - analog zu einem Warenlager der Old Economy - lediglich eine Hilfsfunktion i.S.d. Art. 5 Abs. 4 OECD-MA beizumessen.[517] Ungeachtet

---

514 Die Regelung des IRC Sec. 864 b nimmt ausdrücklich Einkünfte aus dem Handel mit Wertpapieren oder bestimmten Rohstoffen aus der beschränkten Steuerpflicht i.S.d. IRC Sec. 871 b und IRC Sec. 882 a aus.

515 Vgl. Debatin/Endres, DBA USA, 1990, Art. 5 Rz. 3.

516 Vgl. U.S. Department of the Treasury, White Paper, 1996, Tz. 7.2.4; s.a. Powers, Intertax 1997, 120 (121); Strunk, Habilitation, 1999, 310; Sugrue/Tober, CDFI LXXXVI a 2001, 725 (747).

517 Vgl. U.S. Department of the Treasury, White Paper, 1996, Tz. 7.2.4; s.a. Avi-Yonah, Tax Law Review 1997, Vol. 52, 507 (524); Cockfield, Tax Notes Int'l 2000, 223 (224); Doernberg/Hinnekens, Electronic Commerce and International Taxation, 1999, 370; Le-

dieser stark erkennbaren Tendenz zur Ablehnung einer Serverbetriebsstätte legt die Studie jedoch nahe, das geltende Betriebsstättenprinzip grundlegend auf seine Anwendbarkeit im Rahmen des elektronischen Geschäftsverkehrs zu überprüfen.[518]

Die US-Finanzverwaltung weist - zu Recht - darauf hin, dass ein Zugangsanbieter u.U. als Vertreterbetriebsstätte des ausländischen Unternehmens angesehen werden kann.[519] Hierfür müssen die Tatbestandsmerkmale eines abhängigen Vertreters, der die Vollmacht besitzt, Verträge im Namen des Unternehmens abzuschließen, erfüllt sein (Art. 5 Abs. 5 OECD-MA). Das Vorliegen einer Vertreterbetriebsstätte verneint das Department of Treasury allerdings aus zweierlei Blickwinkeln: Zum einen wird ein Internet Service Provider in der Mehrzahl der Fälle nicht der tatsächlichen Weisungsgebundenheit seiner Kunden unterliegen, d.h. ein U.S.-

---

vine/Weintraub, e-commerce 1999, No. 9, 7 (9); dies., Tax Management International Journal 2000, 220 (223); Maguire/Mattson, International Tax Review Jul/Aug 1998, 7 (9); Mihaly, e-commerce 2000, No. 3 15 (18); O'Donnell/DiSangro, Intertax 1997, 429 (436); Powers, Intertax 1997, 120 (123); Rainerman/Clegg/Anolik, e-commerce 1999, No. 11, 8 (10).

518 Mit Hinweis auf eine hieraus resultierende fiskalpolitisch geprägte internationale Diskussion, vgl. U.S. Department of Treasury, White Paper, 1996, Tz. 7.2.4. Auf öffentlichen Veranstaltungen erläuterte der im Wesentlichen verantwortliche Mitarbeiter des Department of Treasury Bruce Cohen, dass an einen Anknüpfungspunkt „virtuelle Betriebsstätte" zu denken sei, wenn die bisher im Rahmen der physischen Geschäftsabwicklung erzielten Einkünfte durch die gezielte Substitution durch das Internet nicht mehr zu beschränkt steuerpflichtigen Einkünften führen, vgl. Hinnekens, Intertax 1998, 192 (192 f.); Strunk, Habilitation, 1999, 312. Eine Modifikation des Betriebsstättenprinzips in Gestalt einer „Impermanent Establishment" ausdrücklich fordernd: Avi-Yonah, Tax Law Review 1997, Vol. 52, 507 (535).

519 Vgl. U.S. Department of the Treasury, White Paper, 1996, Tz. 7.2.5.

amerikanisches Providerunternehmen begründet bereits dem Grunde nach kein Vertreterverhältnis. Zum anderen spricht die Tatsache, dass der Internet Service Provider viele ausländische Kunden betreut für seine Unabhängigkeit. Ein unabhängiger Vertreter kann aber nur dann eine Betriebsstätte begründen, wenn er für Geschäfte - außerhalb seiner ordentlichen Geschäftstätigkeit - rechtlich oder tatsächlich eine Abschlussvollmacht besitzt.[520] Regelmäßig lassen sich der Tätigkeit eines Zugangsanbieters aber keine Anzeichen hierfür entnehmen.

Aufschlussreiche Anhaltspunkte für die steuerliche Analyse einer Serverbetriebsstätte bietet schließlich Gliederungspunkt „7.2.6. Besteuerung von Zugangsanbietern". An dieser Stelle differenziert die amerikanische Finanzverwaltung nämlich zwischen der steuerlichen Beurteilung eines Zugangsanbieters bzw. Serviceproviders und der steuerlichen Einordnung eines Inhaltsanbieters.[521] Nach dem Wortlaut des Papiers komme es entscheidend darauf an, ob die Tätigkeit der Betriebsstätte lediglich einen Beitrag zur Steigerung der Produktivität eines Unternehmens leiste oder ob diese die tatsächliche Erzielung von Unternehmensgewinnen umfasse. Vor diesem Hintergrund erscheint die Begründung einer Betriebsstätte durch die Installation eines Internetservers vor allem in den Fällen denkbar, in denen es sich um Internet Service Provider handelt, welche ihre Gewinne aus der Verschaffung des Netzzugangs mittels informationstechnischer Einrichtungen generieren. In allen anderen Konstellationen drängt sich hingegen eine Qualifikation als Hilfs- oder Nebentätigkeit i.S.d. Art. 5 Abs. 4 OECD-MA auf. Damit nimmt die US-Finanzverwaltung die im Zusam-

520 Vgl. U.S. Department of the Treasury, White Paper, 1996, Tz. 7.2.5; s.a. Hardesty, Planning, 1999, Rz. 12.12.

menhang mit dem Pipeline-Urteil viel diskutierte Frage, wann die abkommensrechtliche Grenze zwischen einer Hilfs- und Haupttätigkeit überschritten ist, bereits zu diesem frühen Zeitpunkt vorweg.

Im Ergebnis kommt das Department of Treasury zu dem Schluss, dass sich die angestrebte Neutralität der Besteuerung nur durch die Übertragung geltender Besteuerungsregelungen auf die Charakteristika des Internet erzielen lässt und sieht daher von einer Fundamentalreform bestehender Besteuerungsprinzipien ab.[522] Dabei ist jedoch anzumerken, dass bei unveränderter Anwendung der auf physische Transaktionen zugeschnittenen und primär national ausgerichteten Besteuerungsnormen auf den elektronischen Handel aus fiskalischer Sicht mittel- bis langfristig mit einer weltweiten Umverteilung des Steueraufkommens zu rechnen ist. Dies ist vor allem auf die Tatsache zurückzuführen, dass sich der Besteuerungsanspruch der Staaten, in denen die Konsumenten digitaler Güter ansässig sind, tendenziell reduzieren wird, da die Anbieter digitaler Güter und Dienstleistungen dort - mangels physischer Präsenz - nunmehr keine steuerbegründenden Merkmale erfüllen.[523]

---

521 Vgl. Devereaux/Godfrey/Martin/Tsilas/Matthews, Tax Notes Int'l 1996, 2073 (2079).

522 Vgl. Hinnekens, Intertax 1998, 192 (193); Kortenaar/Spanjersberg, Intertax 1999, 180 (181); Katsushima, Intertax 1998, 86 (86); Levine/Weintraub, e-commerce 1999, No. 9, 7 (7 f.); Lyons, Tax Notes Int'l 1997, 1199 (1201).

523 Vgl. U.S. Department of the Treasury, White Paper, 1996, Tz. 7.1.5; s.a. Boyle/Peterson/Sample/Schottenstein/Sprague, Tax Management International Journal 1999, 357 (368); Kessler, StbJb 1998/99, 333 (343); ders., in: Eggers/Hoppen, E-Commerce-Management, 2001, 307 (318); McLure, CESifo Forum 2000, Vol. 1, No. 3, 10 (10); Powers, Intertax 1997, 120 (121). Im Gegensatz hierzu vertritt *Avi-Yonah* die Auffassung, dass eine Quellenbesteuerung dem Grunde nach nicht das Kernproblem der Besteuerung des E-Commerce darstellt. Das eigentliche Problem sei vielmehr in der Auf-

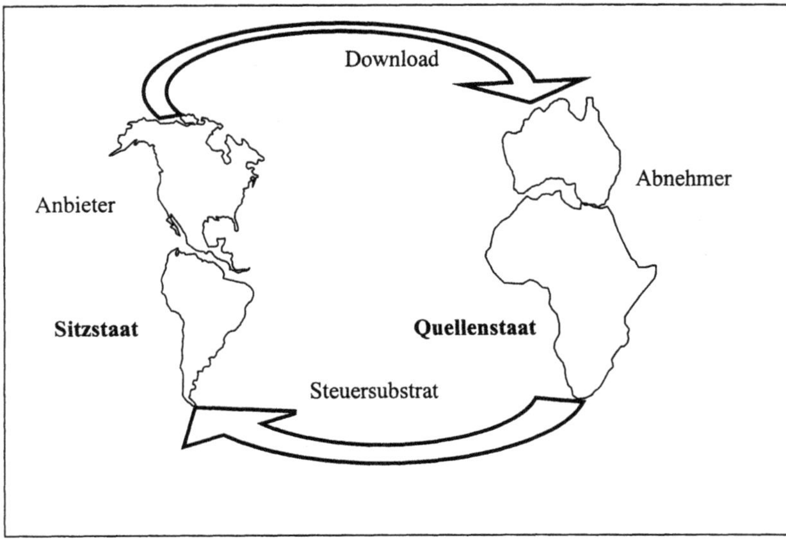

Abbildung 6: Umverteilung des Steueraufkommens

So plädiert die Stellungnahme des US Treasury klar für eine ausschließliche Besteuerung im Ansässigkeitsstaat (residence-based-taxation) der Anbieter und lehnt dementsprechend eine Besteuerung im Quellenstaat ab.[524] Mit dieser Ablehnung des Quellenbesteuerungsprinzips sagt das Tre-

---

teilung des Quellensteuersubstrats auf die Staaten, die einen Quellenbesteuerungsanspruch erheben, zu finden. Diese Schwierigkeit stelle sich jedoch bereits bei Geschäftsbeziehungen im Rahmen der Old Economy, vgl. Avi-Yonah, Tax Law Review 1997, Vol. 52, 507 (529).

524 Vgl. U.S. Department of the Treasury, White Paper, 1996, Tz. 7.1.5; Avi-Yonah, Tax Law Review 1997, Vol. 52, 507 (524, 530); Dunahoo/Carlisle, Tax Notes Int'l 1997, 693 (695); Frieden, Cybertaxation, 2000, 441; McLure, CESifo Forum 2000, Vol. 1, No. 3, 10 (10); Strunk, Habilitation, 1999, 311. *Pinkernell* äußert an dieser Stelle – zu Recht – die Vermutung, dass die von der US-Finanzverwaltung vertretene Position nicht zuletzt da-

asury Department letztlich einen künftigen Bedeutungsverlust der Betriebsstätte zu Gunsten einer Stärkung des Ortes der Geschäftsleitung voraus.[525] Dies impliziert jedoch, dass die Bestimmung des Ortes der Geschäftsleitung - als abkommensrechtliches Tatbestandsmerkmal zur Bestimmung der Ansässigkeit - bei sog. polyzentrischen oder virtuellen Unternehmen kein signifikantes praktisches Problem darstellt. Demgegenüber verliert das Geschäftsleitungskonzept vor allem in den Fällen an Bedeutung, in denen auf Grund technischer Möglichkeiten (z.B. e-mail, Videokonferenzen) und dezentralisierter Geschäftsführung kein eindeutiger Ort der Geschäftsleitung mehr auffindbar ist.[526] Eine weitergehende Untersuchung der Bedeutung des Tatbestandsmerkmals „Ort der Geschäftsleitung" bei polyzentrischen Unternehmensstrukturen wird noch an anderer Stelle im Mittelpunkt der Betrachtung stehen.[527] Insoweit ist eine konsequente Anwendung des Prinzips der Besteuerung im Ansässigkeitsstaat i.S.d. „White Paper" nur be-

---

durch zustande kommt, dass die USA ein weitgehendes Angebotsmonopol für Software und digitale Unterhaltungsprodukte besitzen, welche typischerweise via Internet heruntergeladen werden können. Vor dem Hintergrund einer positiven digitalen Handelsbilanz sind die USA deshalb bei der Verschiebung des internationalen Steueraufkommens zu den Gewinnern zu zählen, vgl. Pinkernell, Selected Tax Policy, 1997, http://www.pinkernell.de/taxnet.htm. Kritisch hierzu: James, Management, November 1999, 38 (39); Lee, Tax Notes Int'l 1999, 2569 (2571 ff.); Forst, Tax Notes Int'l 1997, 1455 (1458). Im Gegensatz hierzu ist Australien – als Nettoimportstaat digitaler Güter und Dienstleistungen – bestrebt, einen Quellenstaat-orientierten Ansatz zur Besteuerung des elektronischen Handels herbeizuführen, vgl. Levine/Weintraub, e-commerce 1999, No. 9, 7 (15); Walsh, The Mid Atlantic Journal of Business 2000, Vol. 36, No. 1, 61 (64).

525 Vgl. Doernberg/Hinnekens, Electronic Commerce and International Taxation, 1999, 372.

526 Vgl. Avi-Yonah, Tax Law Review 1997, Vol. 52, 507 (524) Dunahoo/Carlisle, Tax Notes Int'l 1997, 693 (6954); McLure, CESifo Forum 2000, Vol. 1, No. 3, 10 (10).

527 Vgl. ausführlich S. 258.

dingt als „Königsweg" bei der Besteuerung grenzüberschreitender Internettransaktionen zu werten.

3. *Verfügung der OFD Karlsruhe*

Die Verfügung der OFD Karlsruhe[528] ist die erste offizielle Stellungnahme der deutschen Finanzverwaltung zur möglichen Begründung einer Betriebsstätte durch die Installation eines Internet-Servers. Unter der Tätigkeit eines Internet-Servers versteht die OFD Karlsruhe das Verschaffen eines Eindrucks über ein Unternehmen für Kunden, die Einsichtnahme in die Angebotspalette sowie die Entgegennahme von Bestellungen. Bezüglich den ersten beiden Tätigkeiten beschreitet die Finanzverwaltung keine neuen Wege. Hier besteht auch in der Literatur weitgehend Einigkeit, dass ein Internet-Server, der reine Werbefunktionen erfüllt, zwar grundsätzlich eine feste Geschäftseinrichtung bilden kann, letztlich aber stets unter den Ausnahmekatalog des Art. 5 Abs. 4 OECD-MA zu subsumieren ist. Denn das Betreiben von Werbung, die Lagerung von Waren oder das Unterhalten eines Auslieferungsprogramms gehört zu den klassischen Hilfstätigkeiten.

Auf die Frage, wann die Grenze zwischen einer Hilfstätigkeit und einer Haupttätigkeit überschritten wird, hält die o.g. Verfügung keine Antwort bereit. Denn die Verfügung bezieht sich ausdrücklich nur auf die Bestellfunktion und somit auf den Vertragsabschluß. Im Ergebnis verneint die Finanzverwaltung die abkommensrechtlichen Betriebsstätteneigenschaften eines Internet-Servers damit nicht grundsätzlich, sondern führt lediglich an, dass die ausdrücklich genannten Tätigkeiten unter den Negativkatalog des Art. 5 Abs. 4 OECD-MA zu subsumieren sind. Die Ansicht der OFD Karls-

---

528 Vgl. OFD Karlsruhe, Verfügung vom 11.11.1998, S 1301 A – St 332; ausführlich: Kessler/Maywald/Peter, IStR 1999, 439 (439 f.).

ruhe entspricht insoweit den sich auf internationaler Ebene abzeichnenden Tendenzen.[529]

Weite Teile der Literatur legen den Schwerpunkt ihrer Ausführungen jedoch primär auf die Frage, ob eine Betriebsstätte auch ohne Personal vorliegen kann.[530] Ebenso lassen sich im Bereich des E-Business zahlreiche Beiträge finden, die die Betriebsstätteneigenschaft eines Internet-Servers anhand der Personalerfordernis zu klären suchen. Um so mehr ist es verwunderlich, dass die Verfügung dieser vorrangig diskutierten Frage keine Beachtung schenkt. Nach der im sog. Pipeline-Urteil vom II. Senat des BFH entwickelten und vom I. Senat inzwischen bestätigten Auffassung hinsichtlich des vollautomatischen Betriebs einer eigenen Pipeline, ist der Einsatz von Personal zur Betriebsstättenbegründung nicht notwendig.[531]

Die OFD Karlsruhe weist in der Verfügung lediglich darauf hin, dass bei Vorliegen eines im Ausland belegenen Servers Hilfstätigkeiten i.S.d. Art. 5 Abs. 4 OECD-MA anzunehmen sind und den Grundsätzen des Pipeline-Urteils keine Beachtung geschenkt werden soll. Damit wird offenbar ein Widerspruch zwischen der Meinung des BFH und der in der Verfügung geäußerten Ansicht gesehen. Dies vermag jedoch nicht zu überzeugen: Das Durchleiten des Rohöls stellte nach Auffassung des BFH bei einem auf die-

529 Vgl. Strunk/Wichmann, CDFI LXXXVI a, 2001, 416.

530 Vgl. z.B. Bernütz, IStR 1997, 353 (356); Eicker/Scheifele, IWB F. 3, Gr. 2, 783 (788), Hardesty, Electronic Commerce: Taxation and Planning, 1999, Rz. 11.60; Holler/Heerspink, BB 1998, 771 (772); Koch/Frey, e-commerce 1999, No. 5, 11 (12 f.); Portner, e-commerce 1999, No. 9, 20 (21 f); Young/Tsang, e-commerce 1998, No. 1, 8 (9).

531 Vgl. BFH vom 30.10.1996 – II R 12/92, BStBl. II 1997, 12 (14). S. ausführlich S. 61.

se Tätigkeit spezialisierten Transportunternehmen keine Hilfstätigkeit i.S.d. Art. 5 Abs. 4 OECD-MA dar. Diese Beurteilung ist allerdings nicht vorbehaltlos auf "online"-Geschäfte von Inhaltsanbietern übertragbar. Denn die Tätigkeit eines Servers bei Inhaltsanbietern erstreckt sich primär auf das Zurverfügungstellen von eigenen Daten, die Kontaktaufnahme mit den Kunden, das Vorhalten der Web-Site sowie den Abschluss von Verträgen. Die Funktion eines Servers im elektronischen Geschäftsverkehr geht daher in diesen Fällen u.U. weit über den reinen Transport von Datenströmen hinaus. Ein Widerspruch zwischen dem Pipeline-Urteil und der Verfügung der OFD Karlsruhe wäre folglich nur dann verständlich, wenn die Betriebsstätteneigenschaft auch dann ausgeschlossen würde, wenn der Server eine unternehmerische Haupttätigkeit ausübt. Hinzu kommt, dass es im Pipeline-Urteil des BFH um das Tätigwerden eines im Ausland ansässigen Unternehmens im Inland ging. Im Gegensatz hierzu behandelt die Verfügung der OFD Karlsruhe den Fall des Tätigwerdens eines inländischen Unternehmens im Ausland. Insoweit sind die zugrundeliegenden Sachverhalte sowie die aus der Annahme bzw. Ableitung einer Betriebsstätte resultierenden Rechtsfolgen nicht unmittelbar vergleichbar.

Die Verfügung der OFD Karlsruhe lässt überdies - ebenso wie weite Teile der Literatur - eine differenzierte technologisch und rechtlich orientierte Betrachtung vermissen. Offen bleibt darüber hinaus auch die Frage der Verfügungsmacht über "den" Server. Aus dem Wortlaut der Verfügung lässt sich schließen, dass die Finanzverwaltung hier ausschließlich den Fall eines im Eigentum des Unternehmens stehenden Servers regeln wollte - welcher in der Realität des elektronischen Handels wohl eher die Ausnahme darstellen dürfte. Im Ergebnis verringert sich die bestehende Rechtsunsicherheit für die im Electronic-Commerce tätigen Unternehmen durch die

Verfügung streng genommen nur für den Teilbereich der Offline-Geschäfte.[532] Da eine überzeugende Lösung der Besteuerungsproblematik von Internet-Geschäften letztlich nur auf Basis einer internationalen Kooperation zu erzielen sein dürfte, ist es zu begrüßen, dass die Verfügung der OFD Karlsruhe ausdrücklich den vorläufigen Charakter dieser Stellungnahme betont und auf die Beratungen auf OECD-Ebene verweist. Um so bedauerlicher ist es, dass der Betriebsstättenerlass auf die Verfügung mit keinem Wort hinweist.[533]

4. Adaption des Kommentars zum OECD-MA zu Art. 5 OECD-MA

Am 22.12.2000 verabschiedete der Fiskalausschuss der OECD eine Ergänzung des Kommentars zum OECD-MA, die größere Klarheit bei der Anwendung des Art. 5 auf den elektronischen Handel schaffen soll.[534] Im Vorfeld waren bereits zwei inhaltlich unterschiedliche Entwürfe zu der in der Fachwelt[535] ausgesprochen kontrovers diskutierten Frage vorgelegt worden,[536] ob und unter welchen Voraussetzungen ein Internetserver eine Betriebsstätte begründen kann. Formal bilden die sehr ausführlich formulierten Ergänzungen einen in sich geschlossenen Textblock, der an die bestehende Kommentierung angefügt wird. Mit dieser Vorgehensweise macht

---

532 Offline-Geschäfte liegen dann vor, wenn zwar die Anbahnung und der Abschluss eines Geschäfts über das Internet erfolgen, die Auslieferung sich aber auf konventionellem Weg vollzieht, vgl. hierzu ausführlich S. 21.

533 Vgl. BMF vom 24.12.1999, IV B 4 S 1300 – 111/99, Tz. 1.1.1.1 ff.; s.a. Strunk/Kaminski, IStR 2000, 33 (35).

534 Vgl. OECD, Framework, 2001, 79 ff.

535 Vgl. stellvertretend für viele: Fetzer, Kontrollansatz, 2000, 95; Kessler/Peter, in: Kessler, Handbuch, 2000, Teil 5/Tz. 5.1.4.

536 Vgl. ausführlich Kessler/Peter, BB 2000, 1545 (1545 ff.).

die OECD deutlich, dass sie die bestehende Kommentierung inhaltlich nicht verändern, sondern lediglich zu deren Anwendbarkeit auf eine neue Form des Geschäftsverkehrs Stellung nehmen will. Dementsprechend konzentrieren sich die folgenden Ausführungen auf die Frage, ob die geltenden Prinzipien zur Auslegung von Art. 5 OECD-MA im Zuge der Ergänzung des Musterkommentars konsequent angewendet werden.

a) Feste Geschäftseinrichtung

Nach Auffassung des OECD-Fiskalausschusses können prinzipiell auch automatisierte Einrichtungen die Voraussetzungen für eine Betriebsstätte erfüllen. Damit steht die Ergänzung des Kommentars zum OECD-MA in Bezug auf den elektronischen Handel grundsätzlich in Einklang mit den für die Old Economy geltenden Grundsätzen.[537] Den technischen Besonderheiten der New Economy wird dabei in Tz. 42.2 OECD-MK durch eine Differenzierung zwischen physischer und unphysischer Komponente der informationstechnischen Grundausstattung zutreffend Rechnung getragen. Denn um die Verfügbarkeit der Daten eines Inhaltsanbieters im Internet zu gewährleisten, bedarf es sowohl der Hardware in Gestalt des Computers, welche die sichtbare physische Grundlage für die Datenverarbeitungs- und Übertragungsfunktionen übernimmt, als auch der Software, die diese Prozesse unsichtbar steuert.[538] Als Server gelten in der Informationstechnik beide Elemente.

---

537 Vgl. OECD-MK, Art. 5, Tz. 10.

538 Vgl. Cockfield, Tax Notes Int'l 2000, 223 (224); Galli, Tax Planning International 1998, No. 2, 11 (11); Kessler/Maywald/Peter, IStR 1999, 439 (440); Kessler/Maywald/Peter, IStR 2000, 425 (428); Kessler/Peter, BB 2000, 1545 (1548); Kessler/Peter, in: Kessler, Handbuch, 2000, Teil 5/Tz. 5.1.4; Sher, Tax Management International Journal 1999, No. 7, 415 (422); Utescher, Internet und Steuern, 1999, 227.

Demgegenüber kann eine Web-Site, deren Daten ein Nutzer bei Aufruf der entsprechenden URL[539] temporär in den Arbeitsspeicher seines Rechners lädt, nach Auffassung der OECD - mangels körperlicher Beschaffenheit - keine Betriebsstätte i.S.d. Art. 5 OECD-MA begründen.[540] Entgegen der einhelligen Meinung in der Literatur[541] und der klaren Stellungnahme des Fiskalausschusses vertreten Spanien und Portugal jedoch die Auffassung, dass ein physischer Anknüpfungspunkt für die Begründung einer Betriebsstätte nicht zwingend notwendig sei und eine Web-Site daher grund-

---

539 Für jedes Web-Dokument existiert eine weltweit eindeutige Adresse, die in die Befehlszeile des Browsers eingegeben wird, die sog. URL (= **U**niform **R**esource **L**ocator).

540 Mit Hinweis auf die Tatsache, dass die Betriebsstättendefinition des Art. 5 OECD-MA das Bestehen einer Geschäftseinrichtung, d.h. einer Einrichtung wie Räumlichkeiten oder in gewissen Fällen maschinelle Anlagen oder Ausrüstungen verlangt, vgl. OECD-MK, Art. 5, Tz. 42.2.

541 Vgl. Arndt/Köhler, Recht des Internet, 1999, 52; Bernütz, IStR 1997, 354 (355); Bloom/Giusti, International Tax Journal 1997, No. 4, 45 (54); Boyle/Peterson/Sample/Schottenstein/Sprague, Tax Management International Journal 1999, No. 6, 357 (367); Cockfield, Tax Notes Int'l 2000, 223 (225); Deloitte & Touche, Deloitte & Touche Offers Comments on Tax Policy Implications of Global Electronic Commerce, Tax Notes Int'l 1997, 1483 (1492); Doernberg, Electronic Commerce and International Tax Sharing, Tax Analysts Document Number: Doc – 98 – 10656; Frieden, Cybertaxation, 2000, 461; Eicker/Scheifele, IWB, F. 3 Gr. 2, 783 (788); Fairpo, e-commerce 1999, No. 3, 13 (15); Field, Permanent establishment concept collides with realities of Electronic Commerce at IFA Seminar, Tax Analysts Document Number: Doc 97 – 29272; Fetzer, Kontrollansatz, 2000, 109 ff.; Hardesty, e-commerce 1998, No. 1, 29 (30); Horner/Owens, ET 1996, 516 (518); Kowallik, DStR 1999, 223 (225); Murata, Intertax 1997, 127 (127); Pavon/Gabarro, Tax Planning International 1998, No. 2, 17 (17); Portner, IStR 1998, 553 (557); Young/Tsang, e-commerce 1998, No. 1, 8 (9); Utescher, Internet und Steuern, 1999, 236 f.; Wiater/Bosch, IStR 1998, 757 (758); Zimmermann/Rech, BC 1998, 229 (231).

sätzlich die Tatbestandsmerkmale einer Betriebsstätte erfüllen könne.[542] Aus diesem Grund wird seitens Spaniens und Portugals das Ergebnis der TAG (= **T**echnical **A**dvisory **G**roup) für Unternehmensgewinne abgewartet, deren Aufgabe in erster Linie darin besteht, geltende Abkommensregeln auf ihre Anwendbarkeit im Rahmen des elektronischen Handels sowie Vorschläge zu alternativen Besteuerungskonzeptionen zu überprüfen.

Besondere Bedeutung misst der Fiskalausschuss der OECD dem Tatbestandsmerkmal „fest" i.S.d. Art. 5 Abs. 1 OECD-MA bei.[543] Allerdings bezieht sich die nach Tz. 42.4 OECD-MK erforderliche örtliche Fixierung - wie auch schon im Rahmen der Entwürfe der Working Party No. 1 vom Oktober 1999 bzw. März 2000[544] - ausdrücklich nur auf die Hardwarekomponente („computer equipment") eines Servers. Angesichts der Tatsache, dass erst das unphysische Software-Element einen automatisierten Betrieb zur Abwicklung von Transaktionen ermöglicht, steht diese Interpretation offensichtlich im Widerspruch zu der noch in Tz. 42.2 herausgestellten Zusammengehörigkeit von Hard- und Software. Insoweit hätte also vielmehr die Schlussfolgerung nahe gelegen, dass sowohl die physischen als auch unphysischen Komponenten eines Servers an einem Standort zusammenfallen müssen.

Unter der Prämisse, dass diese Voraussetzung als erfüllt anzusehen ist, stellt sich darüber hinaus die Frage, wann die für die Annahme einer festen Geschäftseinrichtung erforderliche Mindestdauer erreicht ist. Doch weder

---

542 Vgl. Tz. 6 der Einleitung zur Ergänzung des OECD-MK, vgl. OECD, Framework, 2001, 80.

543 OECD-MK, Art. 5, Tz. 42.4.

544 Vgl. Abs. 5 des OECD-Entwurfs vom Oktober 1999 bzw. Abs. 4 der überarbeiteten Fassung.

dem Wortlaut der Ergänzung noch dem ausdrücklichen Verweis auf Tz. 1 OECD-MK[545] lässt sich ein Anhaltspunkt für die Annahme einer konkreten Zeitgrenze entnehmen.[546] Vor dem Hintergrund elektronischer Kommunikationswege zur Abwicklung von grenzüberschreitenden Transaktionen, bei denen eine räumlichen Bindung zum Staat des Abnehmers eine immer geringere Rolle spielt, wird aber gerade der zeitlichen Komponente künftig mehr Bedeutung beizumessen sein, als dies gegenwärtig bereits der Fall ist. Umso mehr wäre im Rahmen der Ergänzung des OECD-MK ein Hinweis zur Konkretisierung des Zeitelements wünschenswert gewesen.

b) Tätigkeit des Unternehmens

Im Mittelpunkt der bisherigen Diskussion über die Anwendung des Betriebsstättenkonzepts auf den E-Commerce stand insbesondere die Frage, ob eine Betriebsstätte auch ohne den Einsatz von Personal angenommen werden kann. Hierzu bezieht der Fiskalausschuss in Tz. 42.6 OECD-MK nunmehr eindeutig dahingehend Stellung, dass automatisierte Einrichtungen auch ohne menschliches Tätigwerden vor Ort eine Betriebsstätte begründen können.[547] Im Ergebnis bestätigt die OECD damit das vielzitierte Pipeline-Urteil des BFH[548] und die im Betriebsstättenerlass vom

---

545 OECD-MK, Art. 5 Tz. 42.4.

546 Vgl. Rosam, SWI 2001, 345 (348).

547 Vgl. Frieden, Cybertaxation, 2000, 461; Hübl, in: Toifl/Züger, Schriftenreihe, 2000, 164 (203); Lambooij/Sinyor/Chew, Tax Notes Int'l 2001, 2091 (2092); Levine/Weintraub, International Tax Report May 2001, 2 (3); Pijl, e-commerce 1999, No. 11, 3 (6); Rosam, SWI 2001, 345 (347). Kritisch: Watrin, IStR 2001, 425 (427).

548 Vgl. BFH vom 30.10.1996 – II R 12/92, BStBl. II 1997, 12 (14). Der I. Senat des BFH hat dieses Urteil in seinem Beschluss vom 07.07.1997 bestätigt, BFH, Beschluss vom 07.07.1997 – I B 26/97, BFH / NV 1998, 19 (19). Allerdings übernimmt das Gericht das Ergebnis der früheren Entscheidung des II. Senats ohne weitere Begründung und leistet

24.12.1999[549] niedergelegte Auffassung der deutschen Finanzverwaltung. Diese Auslegung wird nach Auffassung des Fiskalausschusses durch den geltenden Kommentar zum OECD-MA gestützt.[550]

Mit dieser klaren Stellungnahme zu der in der Literatur heftig umstrittenen Frage trägt die OECD dem technischen Fortschritt Rechnung und entwickelt das Betriebsstättenprinzip konsequent fort. Ob hierdurch allerdings mehr Rechtssicherheit geschaffen wird, kann durchaus bezweifelt werden. Die Zahl der Streitfälle wird durch diese Auslegung sicher nicht abnehmen. Dies gilt um so mehr, weil die Abkehr von der Personalerfordernis nicht ohne Rückwirkungen auf die Old Economy bleiben wird. Die Tatsache, dass die Erweiterung ausdrücklich mit „Elektronischer Handel" als „quasi-lex-specialis-Regelung" überschrieben ist und sich daher streng genommen ausschließlich auf den elektronischen Geschäftsverkehr bezieht, bildet dabei wohl kaum ein Hindernis, wie das Beispiel in Tz. 42.6 OECD-MK zeigt. Als Beleg dafür, dass eine Betriebsstätte auch ohne Personal angenommen werden kann, verweist der erweiterte Musterkommentar auf

---

somit einen weiteren Beitrag zur Ausdehnung des Betriebsstättenbegriffs, vgl. Mössner, IWB F. 3 a Gr. 1 831 (840).

549 Ungeachtet der Tatsache, dass sich der Betriebsstättenerlass in diesem Zusammenhang lediglich auf Transportanlagen beschränkt und somit keine Stellung zur möglichen Betriebsstättenbegründung durch einen Internet-Server bezieht, ist dem dort zitierten Pipeline-Urteil keine sachliche Beschränkung auf Transportunternehmen zu entnehmen. Im Ergebnis ist daher von einer allgemein anzuwendenden Regelung auszugehen. Vgl. BMF vom 24.12.1999, IV B 4 S 1300 – 111/99, Tz. 4.8; s.a. Kumpf/Roth, FR 2000, 500 (505 f.).

550 Unter Hinweis auf die Tzn. 2 und 10 S. 1 des OECD-MK betont der OECD-Fiskalausschuss, dass eine Unternehmenstätigkeit zumindest teilweise auch ohne Personal

automatisierte Pumpstationen, welche zur Gewinnung von Bodenschätzen eingesetzt werden, und schlägt damit selbst eine Brücke in Richtung Old Economy.

c) *Verfügungsgewalt*

Die in Tz. 42.2 OECD-MK explizit zum Ausdruck gebrachte Unterscheidung zwischen Hardware- und Software-Komponente gewinnt vor dem Hintergrund der Tatsache, dass es sich bei dem Unternehmen, welches den Server betreibt, und dem Unternehmen, welches mittels auf diesem Server gespeicherter Web-Site seine Geschäftstätigkeit ausübt, häufig um verschiedene Unternehmen handeln wird, zusätzlich an Bedeutung. Im Rahmen eines sog. Web-Hosting-Vertrags hält das Providerunternehmen auf dem(n) von ihm betriebenen Server(n) Speicherplatz für die Web-Site des Inhaltsanbieters vor und gewährleistet darüber hinaus eine bestimmte Übertragungskapazität, um die lückenlose Verfügbarkeit der Daten des Inhaltsanbieters im Internet sicherzustellen.[551] In diesen Fällen verneint der neue Kommentar zum OECD-MA mangels Verfügungsmacht - zutreffend - eine Betriebsstätte seitens des Inhaltsanbieters.[552] Denn ungeachtet der Formulierungen im jeweiligen Vertrag wird der Inhaltsanbieter weder Eigentümer eines Servers des Providers noch werden ihm eine bestimmte Festplatte betreffende Befugnisse eingeräumt. Schließlich hält das Providerunternehmen die Web-Site des Inhaltsanbieters in vielen Fällen auf ver-

---

ausgeübt werden kann, vgl. Tzn. 8-13 der Einleitung zur Ergänzung des OECD-MK, vgl. OECD, Frameworg, 2001, 81.

551 Dementsprechend fordert die große Mehrheit der Income Tax TAG nachdrücklich eine Qualifikation der Web-Hosting–Leistung als gewerbliche Dienstleistung, deren zugrundeliegende Einkünfte als Unternehmensgewinne i.S.d. Art. 7 OECD – MA einzuordnen sind, vgl. OECD, Framework, 2001, 168.

552 OECD-MK, Art. 5, Tz.

schiedenen Servern vor und schaltet diese - z.B. um die begrenzten transatlantischen Datenleitungen möglichst effizient einzusetzen - von Server zu Server bzw. von einem Teil der Festplatte zu einem anderen weiter.

Zu einem anderen Ergebnis kommt Tz. 42.3 OECD-MK dann, wenn anstelle eines Werkvertrags in Form der Übertragung von Daten die Zurverfügungstellung eines bestimmten Servers zwischen dem Inhaltsanbieter und dem Provider im Rahmen eines Miet- oder Leasingvertrags vereinbart wird bzw. der Inhaltsanbieter einen eigenen Server unterhält (sog. dedizierter Server).[553]. Allerdings kann ein dedizierter Server nur unter der zusätzlichen Voraussetzung eine Betriebsstätte begründen, dass der Inhaltsanbieter bzw. der Provider diesen auch selbst betreibt.[554] Diese Klarstellung ist zu begrüßen, da sie weniger der zivilrechtlichen Ausgestaltung als vielmehr der technischen Realität des elektronischen Handels Rechnung trägt und damit zugleich Vertragsgestaltungen, die auf eine Begründung von Betriebsstätten ohne wirtschaftliche Substanz abzielen, einen Riegel vorschiebt.

d) *Abkommensrechtlicher Negativkatalog*

Eine klare Haltung nimmt der Fiskalausschuss der OECD auch bezüglich des Ausnahmekatalogs in Art. 5 Abs. 4 OECD-MA ein. In Tz. 42.8 OECD-MK wird zunächst allgemein darauf hingewiesen, dass eine Computerausstattung nur dann eine Betriebsstätte begründen kann, wenn sie eine nicht unwesentliche, gewichtige Funktion innerhalb der gesamten

---

553 OECD-MK, Art. 5 Tz. 42.3.

554 "..., if the enterprise carrying on business through a web-site has the server at its own disposal, for example it owns (or leases) *and operates* the server on which the web-site is stored and used, the place where that server is located could constitute a permanent establishment of the enterprise ...", vgl. OECD-MK, Art. 5 Tz. 42.3.

eine nicht unwesentliche, gewichtige Funktion innerhalb der gesamten wirtschaftlichen Aktivität des Unternehmens übernimmt. Damit betont der Fiskalausschuss den individuellen Charakter dieses Abgrenzungsmerkmals.[555] Gegenüber dem allgemeinen Teil des Kommentars beschreitet die OECD hierbei keine neuen Wege. Vielmehr findet sich das Prinzip der funktionalen Betriebsstätte auch schon in Tz. 24 Satz 2 OECD-MK: „Entscheidend ist, ob die Tätigkeit der festen Geschäftseinrichtung an sich einen wesentlichen und maßgeblichen Teil der Tätigkeit des Gesamtunternehmens ausmacht."

Um die Beantwortung dieser Frage zu erleichtern, hat die OECD in Tz. 42.7 OECD-MK zusätzlich einen Katalog von typischen digitalen Hilfstätigkeiten i.S.d. Art. 5 Abs. 4 OECD-MA aufgenommen. Als Hilfstätigkeiten sind danach anzusehen:

- der Aufbau einer Kommunikationsverbindung zwischen Anbieter und Kunden,
- Werbemaßnahmen für Güter oder Dienstleistungen,
- die Wiedergabe von Informationen aus Sicherheits- bzw. Kapazitätsgründen durch einen Mirrorserver,
- die Erfassung von Marktdaten für ein Unternehmen sowie
- die Versorgung mit Informationen.

Berücksichtigt man zudem, dass im E-Commerce sowohl Offline- als auch Online-Transaktionen getätigt werden, so folgt daraus in der Tendenz folgende Grenzziehung:

---

555 Vgl. OECD-MK, Art. 5 Tz. 42.7.

- Bei sog. Offline-Leistungen, bei denen zwar die Anbahnung und der Abschluss des Geschäfts über das Internet erfolgen, die Auslieferung sich aber auf konventionellem Weg vollzieht, kommt dem Internet-Server lediglich die Funktion eines Kommunikations- und Werbemediums - vergleichbar einem Telefon, Telefaxgerät oder einem Schaufenster bzw. einer Litfasssäule - zu. In diesen Fällen scheidet gemäß Tz. 42.9 OECD-MK - auf Grund der Betonung der vertragsanbahnenden bzw. rein technischen (Hilfs-)Funktion des Servers als Kommunikationsinstrument - eine Qualifikation als Betriebsstätte aus.[556]

- Im Gegensatz hierzu werden Online-Transaktionen vollständig über das Internet abgewickelt, d.h. auch die Auslieferung findet ausschließlich über das Internet statt. Dies hat zur Folge, dass die im traditionell physischen Handel notwendigen körperlichen Warenbewegungen oder die persönliche Leistung des Anbieters durch die Übermittlung der Waren oder Dienste in digitaler Form von Computer zu Computer ersetzt werden. Für diesen Fall kommt der OECD-Fiskalausschuss im Rahmen der Tz. 42.9 OECD-MK - zutreffend - zu dem Ergebnis, dass die Summe der durch die Computerausstat-

556 Diesbezüglich herrscht auch in der Literatur Einstimmigkeit dahingehend, dass es sich bei der dem Internet-Server zuzuordnenden Tätigkeit lediglich um vorbereitende Handlungen i.S.d. Art. 5 Abs. 4 OECD-MA handelt und dieser somit keine Betriebsstätte begründet, vgl. z.B. Kessler/Maywald/Peter, IStR 1999, 439 (440); Kessler/Peter, in: Kessler, Handbuch, 2000, Teil 5/Tz. 5.1.4.

tung ausgeübten Unternehmenstätigkeiten nicht als bloße Hilfstätigkeit oder vorbereitende Tätigkeit qualifiziert werden kann.[557]

Offen bleibt dabei jedoch zwangsläufig, wann genau die Schwelle zwischen einer Hilfstätigkeit und einer Haupttätigkeit im Einzelfall überschritten wird.[558] Grundsätzlich erscheint daher eine umfassende Funktionsanalyse unumgänglich. Denn die Frage, was eine Kernfunktion für ein bestimmtes Unternehmen ausmacht, muss stets vor dem Hintergrund der konkreten Unternehmenstätigkeit beantwortet werden.[559] So lehnt die OECD im Fall eines Internet Service Providers, dessen Haupttätigkeit regelmäßig darin besteht, Festplattenspeicherplatz bzw. Datenleitungen für die Internetanbindung im Rahmen eines Werkvertrags bereitzustellen und damit die Daten eines Inhaltsanbieters im Internet verfügbar zu machen, eine Einordnung der Servertätigkeit als Hilfstätigkeit gemäß Tz. 42.9 OECD-MK prinzipiell ab.[560]

e) Vertreterbetriebsstätte gem. Art. 5 Abs. 5 OECD-MA

Nicht vollständig geklärt war bislang auch die Frage, ob ein Internet Service Provider eine Vertreterbetriebsstätte des Inhaltsanbieters i.S.d. Art.

---

557 *Watrin* greift, um z.B. das Tatbestandsmerkmal der „Hilfstätigkeit" präziser fassen zu können, auf die ökonomische Theorie der Firma zurück, vgl. Watrin, IStR 2001, 425 (427 f.).

558 Um die in diesem Bereich bestehende Rechtsunsicherheit zu verringern, schlugen einige Länder vor, generell im Fall eines Inhaltsanbieters eine Betriebsstättenbegründung durch einen Internet-Server auszuschließen, vgl. Tz 14 der Einleitung zur Ergänzung des OECD, Framework, 2001, 81.

559 Vgl. Frieden, Cybertaxation, 2000, 462.

5 Abs. 5 OECD-MA begründen kann. Hierfür müsste der Provider eine Person i.S.d. Art. 3 Abs. 1 lit. a OECD-MA sein und zusätzlich über eine Abschlussvollmacht des von ihm vertretenen Unternehmens verfügen. Da der Ausdruck Personen i.S.d. Art. 3 Abs. 1 lit. a OECD-MA natürliche Personen, Gesellschaften und Personenvereinigungen umfasst, scheitert eine „intelligente Web-Site", die individuelle Kundenwünsche im Rahmen eines interaktiven Prozesses berücksichtigen kann, von vornherein an diesem Tatbestandsmerkmal.[561] Das Providerunternehmen des Inhaltsanbieters ist zwar als Person zu qualifizieren, besitzt regelmäßig aber keine Abschlussvollmacht gem. Art. 5 Abs. 5 OECD-MA und fällt zudem typischerweise in den Anwendungsbereich von Art. 5 Abs. 6 OECD-MA. Danach wird ein Unternehmen nicht schon deshalb so behandelt, als habe es eine Betriebsstätte in einem Vertragsstaat, weil es dort seine Tätigkeit durch einen unabhängigen Vertreter ausübt, sofern diese Person im Rahmen ihrer ordentlichen Geschäftstätigkeit handelt.[562] Die Tatsache, dass Internet Service Provider regelmäßig mehrere Web-Sites verschiedener Unternehmen auf ihren Servern vorhalten, qualifiziert diese i.d.R. als unabhängige Vertreter i.S.d. Art. 5 Abs. 6 OECD-MA.[563] Somit scheidet gemäß Tz. 42.10 O-ECD-MK der Internet Service Provider des Inhaltsanbieters als Vertreterbetriebsstätte im Ergebn aus.

---

560 Vgl. BFH vom 30.10.1996 – II R 12/92, BStBl. II 1997, 12 (14); BFH, Beschluss vom 07.07.1997 – I B 26/97, BFH / NV 1998, 19 (19); s.a. Kessler/Peter, BB 2000, 1545 (1549); Perkins, Journal of Internaional Taxation 2001, 50 (50).

561 OECD-MK, Art. 5 Tz. 42.10.

562 Vgl. Art. 5 Abs. 6 OECD MA.

563 Vgl. OECD-MK, Art. 5 Tz. 42.10.

Server / Art. 5 OECD-MA	**Web-Hosting** (Dienst- oder Werkvertrag zur Bereitstellung von Daten)	**Dezidierter Server** (eigener bzw. be- stimmter gemieteter Server)
Geschäftseinrichtung	**ja** (Hard- und Software)	**ja** (Hard- und Software)
Festigkeit	**nein** (Unphysische Komponente wird vom Provider je nach Kapazitätserfordernis verlagert und dient somit der Provider-Tätigkeit.)	**ja** (Falls unphysische Komponente tatsächlich auf einem bestimmten Server verbleibt und keine Mirrorserver zum Einsatz kommen.)
Tätigkeit des Unternehmens	**ja** (Personal nicht erforderlich)	**ja** (Personal nicht erforderlich)
Verfügungsgewalt	**nein** (Verfügungsgewalt liegt regelmäßig beim ISP)	**ja**
Negativkatalog Art. 5 Abs. 4 OECD-MA	**tendenziell nein**	**einzelfallabhängig**
	(I.d.R. wesentliche wirtschaftliche Funktion vor dem Hintergrund der gesamten Unternehmenstätigkeit.)	Haupttätigkeit insbesondere bei reinen Online-Geschäften
		Hilfstätigkeit insbesondere bei reinen Offline-Geschäften
Betriebsstätte	**Provider**	**Inhaltsanbieter**

Abbildung 7: *Checkliste zur Server-Betriebsstätte*[564]

---

564 In Anlehnung an: Kessler/Peter, IStR 2001, 238 (242).

f) Zwischenergebnis

Zusammenfassend lässt sich feststellen, dass die Ergänzungen des Kommentars zum OECD-Musterabkommen in Bezug auf den E-Commerce auf alle wesentlichen in der Literatur im Zusammenhang mit der Anwendung des Art. 5 OECD-MA diskutierten Fragen Stellung nehmen. Insbesondere die in Verbindung mit dem vielzitierten Pipeline-Urteil des BFH entstandene Unsicherheit über die Notwendigkeit einer personellen Mindestausstattung einer Betriebsstätte wird ausgeräumt, da nach Auffassung der OECD kein Personal für die Begründung einer Betriebsstätte erforderlich ist.[565] Ebenso eindeutig ausgefallen ist die Festsstellung, dass eine Web-Site mangels körperlicher Verfestigung keine Betriebsstätte begründen kann.[566] Damit wird der Anknüpfung an eine virtuelle Betriebsstätte eine eindeutige Absage erteilt.[567] Im Ergebnis können also nur dedizierte Internet-Server - bei Zurechnung einer wirtschaftlich bedeutsamen Funktion innerhalb des Unternehmens - eine Betriebsstätte begründen.[568] Nachdem diese „Vorfragen" geklärt sind, können sich die weiteren Arbeiten auf Ebene der OECD u.a. der bislang noch viel zu wenig beachteten Frage zu-

---

565 Vgl. OECD-MK, Art. 5 Tz. 42.6.

566 Vgl. OECD-MK, Art. 5 Tz. 42.2.

567 Insbesondere Spanien und Portugal vertreten hier die Auffassung, dass eine physische Anknüpfung für die Begründung einer Betriebsstätte nicht erforderlich sei, vgl. Tz. 6 der Einleitung zur Ergänzung des OECD-MK, OECD, Framework, 2001, 80; Lambooij/Sinyor/Chew, Tax Notes Int'l 2001, 2091 (2093).

568 Großbritannien hat hierzu bereits eindeutig Stellung dahingehend bezogen, dass Internet-Server unter keinen Umständen Betriebsstätten begründen können, vgl. Tz. 14 der Einleitung zur Ergänzung des OECD-MK, vgl. OECD, Framework, 2001, 80.; United Kingdom, e-commerce 2000, No. 4, 28 (28); s.a. Strunk, IWB, F. 10, Gr. 2, 1509 (1509).

wenden, welcher Gewinn einer Server-Betriebsstätte zugeordnet werden kann bzw. muss.[569]

Da der Umfang der zuzuordnenden Gewinne allerdings i.d.R. nicht sehr hoch sein dürfte und - falls höhere Gewinne zu erwarten sind - eine gezielte Verlagerung von Server-Betriebsstätten ohne große Schwierigkeiten möglich ist, vermögen auch die Ergänzungen des Kommentars zum OECD-MA die dem E-Commerce immanente Tendenz zur Erosion des Steueraufkommens im Quellenstaat nicht zu stoppen.[570] Alle Lösungsansätze, die glauben dieser vielfach stark überzeichneten Entwicklung durch eine Ausweitung des Betriebsstättenprinzips entgegenwirken zu können, sind zwangsläufig mit dem Dilemma behaftet, dass Server-Betriebsstätten ähnlich mobil und ähnlich scheu sind, wie Kapitaleinkünfte. Für die Höhe des Steuer-

---

569 Hierzu hat die OECD im Februar 2001 einen Textentwurf zur Diskussion auf ihrer Web-Site eingestellt. Einschränkend ist hierbei anzumerken, dass sich das veröffentlichte Diskussionspapier ausschließlich auf das Verhältnis zwischen Inhaltsanbieter und Serverbetriebsstätte beschränkt und darüber hinausgehende steuerverfahrensrechtliche bzw. verwaltungstechnische Fragen nicht in die Betrachtung einbezieht, vgl. OECD, Framework, 2001, 107. Um dem „dealing-at-arm`s-length"-Prinzip Rechnung zu tragen und eine verursachungsrechte Aufteilung des Gesamterfolgs zu gewährleisten, ist nach Auffassung der OECD-Arbeitsgruppe die Erfolgsabgrenzung nach funktionalen Gesichtspunkten vorzunehmen. Entscheidende Bedeutung kommt hierbei den eingesetzten Wirtschaftsgütern einerseits und dem übernommenen wirtschaftlichen Risiko andererseits zu. Denn aufgrund der Tatsache, dass vor allem Immaterialgüter im Zusammenhang mit Geschäftsaktivitäten im elektronischen Handel eine zentrale Rolle spielen, ist in einem ersten Schritt zu klären, ob die genutzten immateriellen Wirtschaftsgüter wirtschaftlich dem Stammhaus oder vielmehr der Betriebsstätte zuzurechnen sind bzw. in welchem Teil des Einheitsunternehmens diese Vermögenswerte geschaffen wurden, vgl. Lambooij/Sinyor/Chew, Tax Notes Int`l 2001, 2091 (2097 f.).

aufkommens im Quellenstaat macht es daher im Ergebnis keinen Unterschied, ob man den Betriebsstättenbegriff eng oder weit auslegt; das erhoffte Steueraufkommen lässt sich so oder so nicht realisieren. Vor diesem Hintergrund erscheinen Zweifel angebracht, ob ein Internet-Server als Schnittstelle zwischen physischer und virtueller Welt für die Anwendung des Betriebsstättenprinzips tatsächlich das geeignete Objekt ist und ob die jetzige Ausgestaltung des Kommentars zum OECD-MA in Bezug auf den E-Commerce mit seiner breiten Klaviatur steuerlicher Gestaltungsmöglichkeiten dem international anerkannten Grundsatz der Neutralität[571] zwischen „Old-" und „New Economy" Rechnung zu tragen vermag.

So gesehen erscheint auch die strikte Ablehnung von Server-Betriebsstätten seitens Großbritanniens[572] nicht mehr ganz so unverständlich wie vielleicht auf den ersten Blick.[573] Bleibt abzuwarten, ob sich die Business Profits TAG der OECD, welche sich generell mit der Frage der Anwendbarkeit geltender Abkommensregeln auf den digitalen Geschäftsverkehr befasst, dieser Weiterentwicklung des Musterkommentars zu Art. 5 OECD-MA anschließen wird. Denkbar wäre allerdings auch, dass sich die

---

570 Vgl. Maguire, International Tax Review, Sep 1999, 3 (6); Skaar, Intertax 2000, 188 (194).

571 Vgl. hierzu z.B. die anlässlich der Ministerkonferenz in Ottawa vom 07.-09.10.1998 verabschiedeten Grundsätze zur steuerlichen Behandlung des E-Commerce. Einzelheiten hierzu in englischer und französischer Sprache: OECD, Framework, 2001, 9 ff.; s.a. Levine/Weintraub, International Tax Report May 2001, 2 (4); Ngoy, e-commerce 2001, No. 8, 18 (20 f.).

572 Vgl. United Kingdom, e-commerce 2000, No. 4, 28 (28); Richards, CDFI LXXXVI a, 2001, 721.

573 Vgl. Perkins/Ormond/Cho/Burnes, Tax Planning International European Focus 2001, 6 (6 f.); Greinecker/Kral, SWI 2001, 172 (174).

OECD - zumindest auf lange Sicht - davon lösen wird, sich permanent fortentwickelnden Formen geschäftlicher Aktivitäten das steuerliche „Korsett" des „Fossils" Betriebsstätte anzulegen. Um die erhöhte Komplexität der Besteuerung digitaler Transaktionen zu vermeiden bzw. zu verringern werden gegenwärtig auf OECD-Ebene Überlegungen dahingehend angestellt, das Betriebsstättenprinzip für den Bereich des elektronischen Handels prinzipiell abzuschaffen.[574] Dies hätte zur Folge, dass sachliche Anknüpfungsmomente wie beispielsweise die Erwirtschaftung von Einkommen bzw. die Belegenheit von Vermögen für die Begründung eines Besteuerungsanspruchs im Quellenstaat obsolet würden.[575]

---

574 Vgl. OECD, Framework, 2001, 211 ff.;s.a. Levine/Weintraub, International Tax Report May 2001, 2 (4).

575 Auf die Problematik eines auf das Wohnsitzprinzip abstellenden Besteuerungskonzepts wird an anderer Stelle noch intensiver eingegangen, s. hierzu S. 258.

F. Fundamentalreform des geltenden Rechts

I. Ausweitung des Betriebsstättenprinzips

Ungeachtet der Tatsache, dass eine Ausdehnung des Betriebsstättenprinzips seitens des OECD-Steuerausschusses prinzipiell auf Ablehnung stößt, finden sich in Wissenschaft,[576] Beratung[577] und Finanzverwaltung[578] Überlegungen dahingehend, den besonderen Anforderungen des globalen Marktplatzes Internet durch eine Ausweitung des Besteuerungsrechts im Quellenstaat Rechnung zu tragen.[579] Dabei gilt zu beachten, dass die Anwendung fallbezogener Modifikationen eine Durchbrechung bislang weitgehend konsistenter Besteuerungsregeln zur Folge haben kann.[580] Denn für den Bereich des E-Commerce sinnvolle Besteuerungsregeln werfen möglicherweise umgekehrt für Geschäftsaktivitäten im Rahmen der Old Economy nur schwierig zu lösende Besteuerungsfragen auf. Bedingt durch die dem E-Business immanente Deterritorialisierung bzw. Dematerialisierung bietet es sich an, das geforderte Kriterium der festen körperlichen Geschäftseinrichtung, welche eine dauerhafte Verbindung zum Quellenstaat besitzt, durch andere für die Besonderheiten des E-Business geeigeneten Merkmale zu ersetzen.[581]

---

576 Vgl. z.B. Kessler/Maywald/Peter, IStR 2000, 425 (430); Strunk, Habilitation, 1999, 391 ff.

577 Vgl. z.B. Portner, IStR 1999, 641 (643 f.).

578 Vgl. Schmitz, StBp 1998, 197 (199).

579 Vgl. Strunk/Wichmann, CDFI LXXXVI a, 2001, 422.

580 Vgl. Strunk, Habilitation, 1999, 392.

581 Für den Bereich des innerstaatlichen Gewerbesteuerrechts würden sich in diesem Fall ebenso weitreichende Konsequenzen ergeben. Interpretiert man beispielsweise im Bereich der Verkehrsflughäfen die Anflugwege als „ortsfeste" Verlängerung der Landebahn,

1. Wahrnehmbarer Wirtschaftszyklus

Unter der Annahme, das Moment der festen Geschäftseinrichtung drücke in typisierter Form eine auf Dauer angelegte Verbindung zum Quellenstaat aus, könnte daran gedacht werden, alternativ auf einen wahrnehmbaren Wirtschaftszyklus - ohne physische Anknüpfung - zurückzugreifen.[582] Voraussetzung ist damit eine ausgeprägte Marktteilnahme. Als aufschlussreich erweist sich in diesem Zusammenhang vor allem die sog. Markteinkommenstheorie.[583] Hiernach sei nur das durch eine entgeltliche Verwertung von Leistungen am Markt Hinzuerworbene steuerbares Einkommen. Steuerbarkeit setze also voraus, dass erwirtschaftetes Einkommen vorliege

---

könnte daran gedacht werden, die Landebahn in Verbindung mit der Einflugschneise als mehrgemeindliche Betriebsstätte i.S.d. § 28 Abs. 1 S. 2 GewStG zu beurteilen.

582 Vgl. Avi-Yonah, Tax Law Review 1997, Vol. 52, 507 (535); Eicker/Scheifele, IWB, F. 3 Gr. 2, 783 (792); Fischer, in: Fischer/Strunk: Aspekte, 1998, 1 (10); Hellerstein, Tax Law Review 1997, Vol. 52, 425 (497); Hinnekens, Intertax 1998, 192 (197); ders., e-commerce 1999, No. 6, 3 (7 f.); ders., e-commerce 1999, No. 11, 13 (14); McLure, National Tax Journal 2000, Vol. 53, No. 4, 1287 (1295); Kessler/Peter, BB 2000, 1545 (1553); Portner, IStR 1998, 594 (596); Reiner, in: Toifl/Züger, Schriftenreihe, 2000, 33 (48). *Doernberg/Hinnekens* sind der Ansicht, dass Importstaaten digitaler Güter einer Beibehaltung des geltenden Betriebsstättenprinzips – zumindest auf lange Sicht – nicht zustimmen werden, vgl. Doernberg/Hinnekens, Tax Analysts Document Number: Doc – 98 – 10656.

583 Vgl. Doralt/Ruppe, Grundriss, 2000, 30; Lang, in: Ruppe, Gewinnrealisierung, 1981, 45 (55 f.); ders., StuW 1981, 223 (229); Tipke/Lang, Steuerrecht, 1998, § 4 Rz. 108 m.w.N.; Ruppe, in: Lang, Übertragung, 1978, 7 (16). Gegenwärtig beherrsche das Element des Markteinkommens drei Bereiche: Die Abgrenzung der einkommensteuerbaren Einkünfte zu den nicht einkommensteuerbaren Einkünften, die persönliche Zurechnung der Einkünfte sowie die Abgrenzung der Betriebsausgaben und Werbungskosten zu den Privatausgaben, vgl. Lang, Reformentwurf, 1985, 32 f.

und dass der Wertschöpfungsprozess am Markt vollzogen worden sei.[584] In Anbetracht der Tatsache, dass sich das steuerbare Einkommen über die Wertschöpfung am Markt definiert, wäre - bei weiter Auslegung dieser Theorie - denkbar, den „Markt" für eine territoriale Zuordnung im Hinblick auf eine Besteuerung im Quellenstaat heranzuziehen. Dabei führt die Übertragung der zuvor dargestellten Grundsätze auf den digitalen Geschäftsverkehr zu folgendem Ergebnis: Das im E-Commerce agierende Unternehmen zeichnet sich - als erstes Tatbestandsmerkmal - durch ein dauerhaftes, zielgerichtetes und systematisches Auftreten[585] am Markt aus. Nutzt oder verwertet nun ein im Quellenstaat ansässiger Vergütungsschuldner die Leistungen des Internetanbieters, so wird der Wirtschaftsraum des inländischen Kunden zur „Betriebsstätte" des Anbieters mit der Folge, dass dieser im Quellenstaat der beschränkten Steuerpflicht unterliegt bzw. diesem Staat das Besteuerungsrecht auf die am inländischen Markt erzielten Gewinne zugeordnet wird.

Die erforderliche Mindestdauer für die Annahme eines wahrnehmbaren Wirtschaftszyklus sollte idealerweise auf den konkreten Betriebsablauf zugeschnitten sein und nicht zuletzt auch die Besonderheiten der jeweiligen Branche berücksichtigen. Denn je nach Branche bedarf es regelmäßig unterschiedlich langer Zeitspannen, um die Mindestschwelle der Wahrnehmbarkeit in einem bestimmten Markt zu überschreiten. Im Hinblick auf das Merkmal des zielgerichteten und systematischen Marktauftritts könnte beispielsweise auf die Anzahl der Transaktionen, das Vorhandensein eines

---

584 Vgl. stellvertretend für viele: Biergans/Stockinger, FR 1982, 1 (5); Söhn, in: FS Tipke, Markteinkommen, 343 (344).

585 Vgl. Doernberg/Hinnekens, International Taxation, 1999, 313; Hinnekens, Intertax 1998, 192 (197).

Kundenstamms, die Intensität medialer Präsenz oder die Nutzung bzw. Verwertung immaterieller Wirtschaftsgüter im Quellenstaat abgestellt werden.[586]

Eine solch primär auf den Wertschöpfungsprozess abstellende Betriebsstättendefinition findet sich ebenso in der französischen Steuerrechtsprechung. Nach Auffassung des Conseil d'Etat unterliegen grundsätzlich auch jene Gewinne der französischen Besteuerung, die im Ausland ansässige Unternehmen in Frankreich im Rahmen eines geschlossenen Produktions- bzw. Handelszyklus (cycle commercial complet) erwirtschaften.[587] Ein solcher Zyklus ist typischerweise der Kauf und Verkauf von Waren. Aber auch die Verarbeitung von Gütern oder das Anbieten von Finanzdienstleistungen fallen unter diesen Begriff.[588] Diesen Grundwertungen folgend, bejahte der Conseil d`Etat mit Urteil vom 13.07.1968 das Vorliegen eines geschlossenen Wirtschaftskreises in einem Fall, bei dem eine in Andorra ansässige Radiostation lediglich Werbespots französischer Unternehmen

---

586 *Hinnekens* kommt in diesem Zusammenhang zu dem Schluss, dass das Volumen einer Transaktion nicht relevant sein dürfe, vgl. Hinnekens, Intertax 1998, 192 (197). So nimmt *Reiner* ein zielgerichtetes und systematisches Auftreten am Markt in den Fällen an, in denen z.B. ein ausländisches Beratungsunternehmen, welches sich auf betriebswirtschaftliche Auswertungen laufender Buchhaltungsdaten spezialisiert hat, sein Büro ins Ausland verlegt und ausschließlich jene Kunden weiter betreut, die auch schon im Inland betreut wurden. Dabei gelangen die Buchhaltungsdaten via Internet ins Ausland und die geschuldete Dienstleistung entsprechend auf digitalem Weg zurück, vgl. Reiner, in: Toifl/Züger, Schriftenreihe, 2000, 33 (49 f.).

587 Vgl. z.B. Conseil d'Etat vom 14.03.1979 No. 7098, veröffentlicht in RJF 5/79 No. 282; s.a. Kessler/Peter, BB 2000, 1545 (1553).

588 Vgl. Conseil d`Etat vom 13.07.1968, No. 66503, Dupont 1968, No. 12; s.a.Précis de Fiscalité, Ministère de l'Economie, des Finances et de l'Industrie 05/98, Rn. 1431.

für französische Empfänger sendete.[589] Insoweit stellt sich das zentrale Problem notwendiger physischer Anknüpfungspunkte aus nationaler französischer Sicht nicht.

Ist ein Investor in einem Staat ansässig, der mit den USA kein Abkommen zur Vermeidung der Doppelbesteuerung abgeschlossen hat, gilt im Hinblick auf die Geschäftstätigkeit in den USA prinzipiell das gleiche, da die USA in ihrem nationalen Steuerrecht das Anknüpfungskriterium der Betriebsstätte nicht kennen.[590] Zwar findet sich im IRC keine Legaldefinition des Terminus „effectively connected to a United States trade or business“; es ist heute aber allgemein anerkannt, dass darunter jede nicht ganz unbedeutende und mit der Absicht der Gewinnerzielung ausgeübte Tätigkeit von gewisser Dauer zu verstehen ist.[591]

Bemerkenswert weit greift auch die australische beschränkte Steuerpflicht im Bereich unternehmerischer Tätigkeit. Dort führt gleichsam jede Geschäftsentfaltung innerhalb Australiens - völlig unabhängig vom Vorhandensein einer Betriebsstätte oder eines ständigen Vertreters - zur Annahme einer inländischen Quelle für daraus erzielte Gewinne. Diese Grundprinzipien kommen selbst in den Fällen zur Anwendung, in denen der Vertragsabschluss, die Warenübergabe oder die Kaufpreiszahlung außerhalb Australiens stattfindet. Entscheidend ist vielmehr, dass die in Aust-

589 Vgl. Conseil d'Etat vom 13.07.1968, No. 66503, Dupont 1968, No. 12; s.a. Hinnekens, e-commerce 1999, No. 6, 3 (8).

590 Vgl. Maguire/Anolik, Tax Notes Int'l 2000, 1935 (1942).

591 American Chamber of Commerce in Germany e.V./PricewaterhouseCoopers GmbH (Hrsg.), Leitfaden, 2001, 50; Debatin/Endres, DBA USA, 1990, Art. 5 Rz. 3.

ralien ausgeübte Tätigkeit zum Vertragsabschluss beigetragen hat.[592] Das gleiche gilt konzeptionell auch für Großbritannien, da dort ebenfalls schon die teilweise Ausübung eines Gewerbes bzw. eines freien Berufs eine beschränkte Steuerpflicht auslöst.[593]

2. *„Wirkungstheorie“*

Vergleichbar einem Internet Service Provider bzw. einem Content Provider, welche ihre grenzüberschreitenden wirtschaftlichen Aktivitäten ohne jegliche physische Präsenz im Staat ihrer Abnehmer entfalten können, fehlt es einem Satelliten, der sich in der verlängerten Luftsäule innerhalb bestimmter Staatsgrenzen befindet und dessen Abstrahlung eines Sendesignals nicht auf politische Grenzen beschränkt ist (sog. „spill over“) an einem ausreichenden Inlandsbezug zur Begründung einer beschränkten Steuerpflicht.[594] Insoweit ist das sog. Satelliten-Urteil des BFH vom 17.02.2000[595] für die beiden verwandten Formen der digitalen Kommunikation im Bereich der Satellitenübertragungstechnik wie auch im Rahmen

---

592 „... is instrumental in bringing about the sale...“ gemäß Sec. 41 ITAA, vgl. DBA Australien, in: Debatin/Wassermeyer, DBA, 2001, DBA Australien, Anhang V B; s.a. Abrahamson, e-commerce 1999, No. 2, 3 (4). In Indien stellt man ebenso auf das – weiter als eine Betriebsstätte ausgestaltete – Anknüpfungsmerkmal “business connection“ ab, vgl. Baxi/Shah, Tax Notes Int'l 2000, 1923 (1926); Ferres, e-commerce 2001, No. 9, 18 (18 f.).

593 Vgl. Schedule D, Fallgruppe I und II Income and Corporations Taxes Act 1988.

594 Vgl. Skaar, Intertax 2000, 188 (194).

595 Vgl. BFH vom 17.02.2000 – I R 130/97, IStR 2000, 438 (438 ff.); Kessler/Maywald/Peter, IStR 2000, 425 (425 ff.); Rabe, RIW 1992, 135 (137); Strunk, IStR 1998, 428 (428).

der Abwicklung elektronischer Geschäftsvorgänge von besonderem Interesse.[596]

Im entschiedenen Fall hat ein Satellitenbetreiber mit Sitz in Luxemburg mit einem deutschen öffentlich-rechtlichen Fernsehveranstalter einen Vertrag abgeschlossen, in dem er sich verpflichtet, das Fernsehprogramm des Senders in einem genau definierten Gebiet - unter Einbezug des Inlands - abzustrahlen. Gegenstand des Vertrags war dem Wortlaut nach die „Nutzungsüberlassung eines Transponders" auf dem Satelliten Astra 1 A. Tatsächlich bestand die Hauptpflicht des Satellitenbetreibers in der Übertragung des vom Fernsehveranstalter angelieferten Sendesignals mit einer genau festgelegten Mindestabstrahlstärke. Daher hat der BFH - zu Recht - entschieden, dass eine gewerbliche Dienstleistung in Gestalt eines Werkvertrags gemäß §§ 631 ff. BGB und somit mangels Betriebsstätte keine beschränkte Steuerpflicht i.S.d. § 49 Abs. 1 Nr. 2 a EStG in Deutschland vorliegt. In diesem Zusammenhang wurde u.a. geprüft, ob die „Nutzungsüberlassung des Transponders" eine beschränkte Steuerpflicht nach der Vorschrift des § 49 Abs. 1 Nr. 9 Variante 1 EStG, d.h. Einkünfte aus der Nutzung beweglicher Sachen im Inland, auslöst.

Im Rahmen des hier interessierenden Anknüpfungsmoments einer virtuellen Betriebsstätte könnte es sich durchaus als hilfreich erweisen, sich von dem engen Wortlaut des § 49 Abs. 1 Nr. 9 Variante 1 EStG zu lösen und entsprechend § 49 Abs. 1 Nr. 2 EStG um folgenden Wortzusatz zu ergänzen: „Einkünfte aus Gewerbebetrieb (§§ 15-17 EStG), die, soweit sie nicht zu den Einkünften i.S.d. Buchstaben a gehören, erzielt werden, wenn

---

596 Aus US-amerikanischer Sicht: Walsh, The Mid Atlantic Journal of Business 2000, Vol.

die Nutzung der von einer beweglichen Sache verursachten Wirkung im Inland erfolgt.“[597] Zur Illustration dieser Vorschrift gelte die Annahme, dass ein niederländisches Unternehmen in Grenznähe transportable Groß-turbinen betreibt. Erhält dieses nun von einem inländischen Müller, dessen Windmühlen ebenfalls an der Staatsgrenze belegen sind, Vergütungen für die permanente Windzufuhr, unterliegt das niederländische Unternehmen mit diesen Einkünften der beschränkten Steuerpflicht in Deutschland.[598]

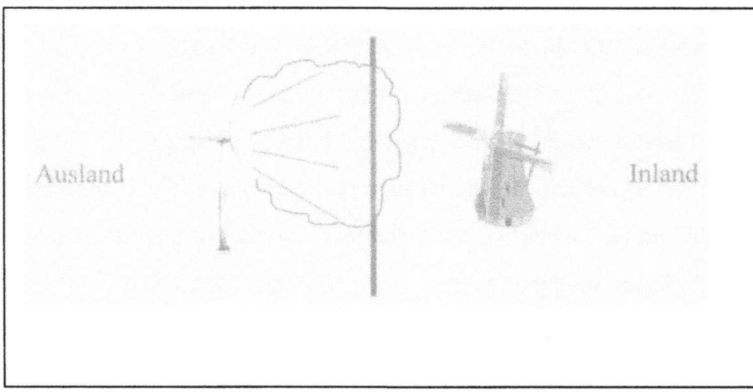

Abbildung 8: „Wirkungstheorie“

Übertragen auf den elektronischen Handel würde dies bedeuten, dass eine physisch im Ausland befindliche bewegliche Sache auf digitalem Weg bzw. im Zuge eines Download eine Wirkung entfaltet, die eine beschränkte Steuerpflicht i.S.d. erweiterten § 49 Abs. 1 Nr. 2 EStG zur Folge hätte. Dabei käme die Funktion der Windmühlen - als Katalysator des Leistungsaustauschs - der informationstechnischen Einrichtung des Internet Service

---

36, No. 1, 61 (64); Maguire, International Tax Review, Sep 1999, 3 (6).

597 Vgl. Kessler/Maywald/Peter, IStR 2000, 425 (430).

598 Vgl. hierzu Abb. 8; s.a. Kessler/Maywald/Peter, IStR 2000, 425 (426).

bzw. Content Providers zu, welche unzweifelhaft die Sacheigenschaften gemäß § 90 BGB erfüllt. Insoweit wären auch dann inländischen Einkünfte aus Gewerbebetrieb anzunehmen, wenn zwar keine Betriebsstätte vorliegt, gleichwohl aber eine Nutzung i.S.d. der „Wirkungstheorie" im Wirtschaftsraum des Quellenstaates wahrnehmbar ist.

3. *Kritische Würdigung der Anknüpfung an einer „virtuellen" Betriebs-stätte"*

Folgt man einer primär am Wertschöpfungsprozess orientierten Betriebsstättendefinition, bleibt vom Betriebsstättenbegriff - de lege lata - kaum Substanz übrig. Vielmehr können sich hierbei erhebliche Verwerfungen zum traditionellen Handel ergeben, da infolge dieser Ausweitung des Quellenbesteuerungsrechts die Grenze zwischen steuerrelevanten Tätigkeiten im Inland und steuerlich unerheblicher Aktivität wenig trennscharf verläuft.[599] *Skaar* schlägt daher vor, die geltende Betriebsstättendefinition beizubehalten, sich jedoch im Rahmen der innerstaatlichen Rechtssprechung bzw. bilateralen Abkommenspraxis einer dem technischen Fortschritt Rechnung tragenden Fortentwicklung des Betriebsstättenprinzips anzunehmen.[600] Neben der Besteuerung im Quellenstaat dem Grunde nach stellt sich - im Hinblick auf den Interessenkonflikt zwischen E-Commerce-importierenden und E-Commerce-exportierenden Staaten - vor allem die

---

599 Vgl. Strunk/Wichmann, CDFI LXXXVI a, 2001, 422. Unter Heranziehung des Falls Piedras Negras Broadcasting Co. v. Commissioner, Bloom/Giusti, International Tax Journal 1997, No. 4, 45 (60); s.a. Hinnekens, e-commerce 1999, No. 6, 3 (8); Mauro, Tax Notes Int'l 2000, 1947 (1948). *Becker* warnt davor, das Betriebsstättenprinzip als internationalen Konsens hervorrufendes Besteuerungskonzept zu modifizieren. „The permanent establishment concept should remain untouched", vgl. Becker, Intertax 1997, 410 (411).

600 Vgl. Skaar, Establishment, 1991, 335; Hinnekens, e-commerce 1999, No. 6, 3 (8).

schwierige Frage der Quellenbesteuerung der Höhe nach.[601] Denn grundsätzlich sind erst bei Bestehen eines Besteuerungsrechts im Quellenstaat die Probleme der Einkunftsabgrenzung zwischen selbstständigen und unselbstständigen Unternehmensteilen zu berücksichtigen.

Vor diesem Hintergrund erscheinen nationale Alleingänge problematisch. Denn dadurch würde eine neue Front im internationalen Steuerwettbewerb eröffnet.[602] Hinzu kommt, dass jede gesetzliche Maßnahme Gegenreaktionen seitens der im elektronischen Geschäftsverkehr tätigen Unternehmen auslösen wird. Denn aus Sicht der betroffenen Unternehmen erhöht sich hierdurch deutlich die Gefahr von wettbewerbsverzerrenden Doppelbesteuerungen. Andererseits ist der Umstand zu berücksichtigen, dass sich für die Unternehmen der New Economy auch zahlreiche neue Möglichkeiten für steuervermeidende und steuermindernde Gestaltungen ergeben, die vor dem Hintergrund des derzeitigen weltweiten Steuergefälles nicht ungenutzt bleiben werden.[603] Bleibt festzuhalten, dass die Anknüpfung an einer virtuellen Betriebsstätte aus fiskalischer Sicht bzw. die Nutzung des internationalen Steuergefälles aus einzelwirtschaftlicher Per-

---

601 Vgl. Avi-Yonah, Tax Law Review 1997, Vol. 52, 507 (529); Lebowitz, Tax Notes Int'l 1999, 1201 (1207); McLure, National Tax Journal 2000, Vol. 53, No. 4, 1287 (1298). Findet sich hierbei kein internationaler Konsens, ist - in letzter Konsequenz – über eine globale formelhafte Gewinnaufteilung nachzudenken (global formulary apportionment). Hierbei wäre der Gesamterfolg eines Konzerns nach Maßgabe einer im Voraus festgelegten starren Aufteilungsformel auf die einzelnen Konzernglieder zu verteilen, vgl. Doernberg/Hinnekens, International Taxation, 1999, 323 f.; Jacobs, Unternehmensbesteuerung, 1999, 888.

602 Vgl. Kessler, in: Eggers/Hoppen, E-Commerce-Management, 2001, 307 (320).

603 Vgl. Eicker, Intertax 2000, 120 (128); Kessler, StbJb 1998/99, 333 (346); Zöllkau, CR 1998, 290 (295); Zimmermann/Rech, BC 1998, 229 (231).

spektive zwar erstrebenswert erscheinen mag, problematisch sind die damit verbundenen Konsequenzen aber vor allem aus gesamtwirtschaftlicher Sicht - insbesondere droht die faire Verteilung des Steueraufkommens zwischen der Besteuerung im Quellen- und Sitzstaat sowie die Wettbewerbsneutralität der Besteuerung arg ins Wanken zu geraten.[604]

4. *Verfahrensrechtliche Fundierung der Durchsetzung von Steueransprüchen: Abzugsteuer*

Unabhängig von der Praktikabilität dieser primär an einer Besteuerung im Quellenstaat orientierten Lösungsansätze darf die Achillesferse jeder Form der Besteuerung im Quellenstaat keinesfalls außer Acht gelassen werden: Denn allein durch eine Änderung des materiellen Rechts lässt sich eine Besteuerung an der Quelle noch nicht sicherstellen; es bedarf vielmehr auch einer entsprechenden verfahrensrechtlichen Absicherung. So sind beispielsweise Online-Anbieter, die ihre digitalen Güter von einem in der Bundesrepublik Deutschland befindlichen gewerblichen Betrieb oder einer Betriebsstätte aus anbieten, regelmäßig nach § 138 Abs. 1 S. 1 AO gegenüber der Gemeinde oder dem Finanzamt anzeigepflichtig. Dies gilt auch für die ausländischen Anbieter, die ihre Web-Site auf einem dedizierten Inter-

---

604 *Lebowitz* fordert daher zwingend eine Anknüpfung an physischen Tatbestandsmerkmalen, vgl. Lebowitz, Tax Notes Int'l 1999, 1201 (1207); Deloitte & Touche LLP, Tax Notes Int'l 1997, 1483 (1494);); Doernberg, Tax Analysts Document Number: Doc – 98 – 10656; Doernberg/Hinnekens, International Taxation, 1999, 315, 319; Fairpo, e-commerce 1999, No. 3, 13 (15); Forst, Tax Notes Int'l 1997, 1455 (1472); Hinnekens, Intertax 1998, 192 (199); Horner/Owens, ET 1996, 516 (519); Kessler, StbJb 1998/99, 333 (346); ders., in: Eggers/Hoppen, E-Commerce-Management, 2001, 307 (320); Lejeune/Vanham/Verlinden/Verbeken, ET 1998, 50 (54); Mattson/Maguire/Ullman/Perkins, e-commerce 1998, No. 1, 16 (19); Maguire, International Tax Review, Sep 1999; *3* (11);

netserver in Deutschland vorhalten. Angesichts der Tatsache, dass eine rein virtuelle Präsenz nicht zwingend auf die dahinterstehende steuerpflichtige Person schließen lässt bzw. diese mangels physischer Repräsentanz nicht greifbar ist, drängt sich die Frage auf, wie die Finanzverwaltung diese Pflicht nachhaltig durchsetzen kann.[605] Ohne einfach zu handhabende und leicht nachprüfbare Regelungen zur Steuererhebung und -kontrolle ist insoweit jeder Reformvorschlag zur Besteuerung im Quellenstaat von vornherein zum Scheitern verurteilt.[606] Im Rahmen der Überlegungen, wie eine Quellenbesteuerung ausgestaltet sein könnte, ist daher inbesondere der Vorschlag von *Doernberg* von besonderem Interesse, welcher vor allem auf das Besteuerungsverfahren abstellt.

Die von *Doernberg* vorgeschlagene Abzugsteuer setzt sich primär das Ziel, einen gewissen Ausgleich zwischen den Besteuerungsrechten des Quellenstaats einerseits und denen des Sitzstaats andererseits zu bewirken.[607] Nach diesem Ansatz sollen die Einkünfte eines New Economy Unternehmens prinzipiell an der Quelle besteuert werden und zwar unabhän-

---

McLure, National Tax Journal 1997, Vol. 50, No. 4, 731 (742); ders., National Tax Journal 2000, Vol. 53, No. 4, 1287 (1303); Sanusian, Tax Notes Int'l 2000, 1845 (1851).

605 Vgl. Kreienbaum, in: Strunk, Steuergestaltung, 2000, 1 (31). Im hier interessierenden Kontext ist auf eine Besonderheit der US-amerikanischen Betriebsstättenbesteuerung hinzuweisen, die sog. Branch Interest Tax i.S.d. IRC Sec. 884 (f). Dabei wird eine 30%ige Abzugsteuer auf Zinszahlungen der Betriebstätte einer ausländischen Kapitalgesellschaft an Dritte oder das Stammhaus erhoben. Eine solche auf die Einbehaltung einer Steuer abzielende Vorgehensweise könnte sich auch im Rahmen des E-Business als hilfreich erweisen.

606 Vgl. Kessler, StbJb 1998/99, 333 (349).

gig von der eigentlich vorzunehmenden Qualifikation der Einkünfte sowie dem Vorhandensein einer Betriebsstätte.[608] Dies gilt uneingeschränkt jedoch nur für die Fälle, in denen das zugrundeliegende Entgelt die inländische Bemessungsgrundlage in Gestalt von Betriebsausgaben mindert.[609] Im Umkehrschluss ist daraus abzuleiten, dass bei einer Leistungserbringung an einen privaten Endverbraucher keine Abzugsteuer erhoben wird. Korrespondierend zu der erhobenen Quellensteuer in Höhe von 10% rechnet der Ansässigkeitsstaat des Steuerpflichtigen die so einbehaltenen Steuern an. Dabei verliert der Ansässigkeitsstaat einen Teil seiner Steuereinnahmen infolge der Möglichkeit zur Steueranrechnung. Bedenken, welche einer derart ausgestalteten Quellensteuer bei Geschäften im Internet im Hinblick auf eine Übermaßbesteuerung[610] begegnen, werden durch die Einräumung eines Wahlrechts zur Steuerveranlagung ausgeräumt.[611]

---

607 Vgl. Doernberg/Hinnekens, International Taxation, 1999, 315 ff. *Eicker* bezeichnet dieses Besteuerungskonzept als „Kompromisslösung", vgl. Eicker/Scheifele, IWB, F. 3 Gr. 2, 783 (792); Fischer, in: Fischer/Strunk: Aspekte, 1998, 1 (10 f.).

608 Demzufolge wird die Abzugsteuer weit über die bisher international bekannten Abzugsteuertatbestände wie beispielsweise bei künstlerischer oder sportlicher Tätigkeit hinaus allgemein erhoben, vgl. Portner, IStR 1998, 594 (595).

609 Vgl. Doernberg, Tax Analysts Document Number: Doc – 98 – 10656; Fischer, in: Fischer/Strunk: Aspekte, 1998, 1 (10).

610 Das Problem der Übermaßbesteuerung stellt sich durch die Erhebung einer Abzugsteuer auf den Bruttobetrag der Einkünfte; gemäß § 50 a Abs. 4 S. 5 EStG dürfen nämlich Betriebsausgaben, Werbungskosten, Sonderausgaben und Steuern nicht berücksichtigt werden, vgl. in diesem Zusammenhang Portner, IStR 1998, 594 (596). Zudem steht ein solcher Ansatz der Zielsetzung der OECD, Abzugsteuern allgemein abzuschaffen diametral gegenüber, vgl. Becker, Intertax 1998, 410 (411).

611 Vgl. Doernberg, Tax Analysts Document Number: Doc – 98 – 10656; Fischer, in: Fischer/Strunk: Aspekte, 1998, 1 (11).

In Anbetracht der zunehmenden Virtualisierung und Globalisierung des Geschäftsverkehrs spricht viel für eine solche Maßnahme zur Schaffung eines Ausgleichs für die Aufkommensverluste im Quellenstaat. Hinzu kommt, dass der Vorschlag - prima facie - durch seine Einfachheit besticht.[612] Da die Einbehaltung der Quellensteuer die unabdingbare materiellrechtliche Voraussetzung für die gewinnmindernde Behandlung der Anschaffungsaufwendungen als Betriebsausgabe ist, besteht darüber hinaus - seitens der Finanzverwaltung - begründete Hoffnung auf die tatsächliche Durchsetzung des Besteuerungsanspruchs.[613] Nicht zuletzt reduziert sich bei einer globalen Reform der internationalen Besteuerung i.S.v. *Doernberg* das Gestaltungspotential einer Serverbetriebsstätte durch die Installation in einem Niedrigsteuerland erheblich.[614]

Abgrenzungsschwierigkeiten ergeben sich vor allem durch den Umstand, dass - parallel zu diesem Ansatz - das geltende Betriebsstättenprinzip für physische Transaktionen aufrechterhalten werden soll. Dies gilt insbesondere für die Fälle, in denen der ausländische Inhaltsanbieter Direktgeschäfte auf traditionellem Weg wie z.B. Telefon oder Telefax betreibt, was andererseits aber auch Raum für Gestaltungsmöglichkeiten zwischen physischen und virtuellen Betriebsstätten bietet.[615] Ungeachtet der Tatsache, dass der Zweig Business-to-Business die eigentlich treibende Kraft und den am schnellsten wachsenden Bereich der E-Business-Anwendungen bildet, konterkariert die Außerachtlassung von Direktgeschäften mit privaten End-

612 Vgl. Eicker/Scheifele, IWB, F. 3 Gr. 2, 783 (792).

613 Vgl. Strunk, Habilitation, 1999, 370.

614 *Portner* zweifelt dagegen an der Vorstellung, dass Unternehmen regelmäßig in Steueroasen ansässig werden könnten, vgl. Portner, IStR 1998, 594 (596).

615 Vgl. Hinnekens, Intertax 1998, 192 (195); Strunk, Habilitation, 1999, 370.

kunden jedoch den Grundsatz der Neutralität der Besteuerung in nicht unerheblichem Maße.[616] Vor diesem Hintergrund sollte der von *Doernberg* vorgeschlagene Ansatz im Rahmen der steuerlichen Reformüberlegungen nur in modifizierter Form weiter verfolgt werden.

II. Konzentration auf eine Besteuerung nach dem Wohnsitzprinzip

Im Hinblick auf eine Besteuerung nach dem Wohnsitzprinzip kann sich die hierfür erforderliche persönliche Bindung eines Steuersubjekts zum steuererhebenden Staat sowohl über eine rechtliche als auch über eine ökonomische Gebietszugehörigkeit manifestieren.[617] Als rechtliches Anknüpfungsmerkmal ist etwa die Staatsangehörigkeit bei natürlichen Personen und der zivilrechtliche Sitz bei juristischen Personen denkbar. Demgegenüber stellen der Wohnsitz bzw. der gewöhnliche Aufenthalt bei natürlichen Personen und bei juristischen Personen der Ort der Geschäftsleitung ein ökonomisches Anknüpfungsmerkmal zur Charakterisierung der Inlandseigenschaft dar. Nach nationalem Steuerrecht liegt eine unbeschränkte Steuerpflicht i.S.d. § 1 Abs. 1 KStG dann vor, wenn zwei Tatbestandsmerkmale kumulativ erfüllt sind: Zum einen muss es sich um eine der enumerativ aufgelisteten Körperschaften, Personenvereinigungen oder Vermögensmassen handeln. Zum anderen muss sich der Inlandsbezug durch die beiden alternativen Merkmale Geschäftsleitung und Sitz konkretisieren.

---

616 Zu Recht kritisiert *Strunk* an dieser Stelle die Tatsache, dass damit der gesamte Bereich des Entertainments, welcher typischerweise mit privaten Endkunden abgewickelt wird, keine Berücksichtigung finden würde. Darüber hinaus führt dieser auch die Problematik von abschreibungsfähigen Wirtschaftsgütern an, die – nach Auffassung von *Doernberg* – sofort als Betriebsausgabe abzuziehen sind, vgl. Strunk, Habilitation, 1999, 370.

617 Vgl. ausführlich Jacobs, Unternehmensbesteuerung, 1999, 8.

Gemäß § 11 AO hat eine juristische Person ihren Sitz an dem Ort, der durch Gesetz, Gesellschaftsvertrag, Satzung, Stiftungsgeschäft oder dergleichen bestimmt ist. Für die Lokalisierung des Sitzes sind damit nicht die tatsächlichen, sondern vielmehr die rechtlichen Verhältnisse ausschlaggebend. Diese Vorgehensweise mag sich im Hinblick auf die Lokalisierung von E-Bussiness-Unternehmen - für eine Besteuerung nach dem Wohnsitzprinzip - zunächst vielversprechend anhören, stößt letztlich aber im Verhältnis zu DBA-Staaten an ihre Grenzen. Denn ungeachtet der signifikanten Bedeutung des satzungsmäßigen Sitzes nach nationalem Recht stellt die Kollisionsregel des Art. 4 Abs. 3 OECD-MA bei doppelt ansässigen Gesellschaften allein auf den Ort der tatsächlichen Geschäftsleitung ab. Im Ergebnis bedarf es daher regelmäßig einer kritischen Überprüfung des Ortes der Geschäftsleitung, um die Gebietszugehörigkeit feststellen zu können.

1. „Der" Ort der Geschäftsleitung nach innerstaatlichem Recht

a) Bedeutung

Auf nationaler Ebene definiert § 10 AO als Geschäftsleitung den Mittelpunkt der geschäftlichen Oberleitung.[618] Relevanz hat dieses - inhaltlich auf der Vorschrift des § 15 Abs. 1 StAnpG[619] basierende - Merkmal in

618 Vgl. hierzu Schmidt, Umwandlung, 1999, 9.

619 Die Vorschrift des § 15 Abs. 1 StAnpG hat erstmalig den Begriff der Geschäftsleitung für alle Steuerarten einheitlich geregelt, vgl. StAnpG vom 16.10.1934, RGBl. I 1934, 925 (928). Dabei ist anzumerken, dass diese Begriffsbestimmung auf eine Entscheidung des RFH vom 16.06.1931 zurückgeht, vgl. RFH vom 16.06.1931 – I A 462/30, RFHE 29, 78 (78); s.a. Felix, DStR 1962/63, 421 (421); Lehner, RIW 1988, 201 (203); Staringer, Kapitalgesellschaften, 1999, 135.

mehrfacher Hinsicht, da nationale Regelungen vielfach an den Ort der Geschäftsleitung anknüpfen.

- Bedeutung kommt diesem Begriff vor allem für die Frage der unbeschränkten Körperschaftsteuerpflicht zu. Gemäß § 1 Abs. 1 Nr. 1-6 KStG sind die dort zusammengefassten Körperschaften, Personenvereinigungen und Vermögensmassen unbeschränkt körperschaftsteuerpflichtig, wenn entweder der Sitz oder die Geschäftsleitung im Inland liegt. Demnach kann eine Körperschaft, Personenvereinigung oder Vermögensmasse mit Sitz im Inland und Geschäftsleitung im Ausland ebenso unbeschränkt steuerpflichtig sein wie ein entsprechendes Gebilde mit Sitz im Ausland und Geschäftsleitung im Inland.[620]

- Voraussetzung für die körperschaftsteuerliche Organträgereigenschaft ist nach § 14 Nr. 2 KStG, dass die in § 1 Abs. 1 KStG genannten Gebilde nicht steuerbefreit sind und *sowohl* Geschäftslei-

620 Nach Auffassung des BFH vom 23.06.1992 kann eine im Ausland gegründete Gesellschaft, die wie eine deutsche Kapitalgesellschaft strukturiert ist, der unbeschränkten Körperschaftsteuerpflicht nach §§ 1 Abs. 1 Nr. 5, 3 Abs. 1 KStG auch dann unterliegen, wenn sie ihre Geschäftsleitung im Inland hat und deshalb nach deutschem internationalen Privatrecht nicht rechtsfähig ist, vgl. BFH vom 23.06.1992 – IX R 182/87, BStBl. II 1992, 972 (974); s.a. BFH vom 16.12.1998 – R 138/97, BStBl. II 1999, 437 (439). Damit wurde ein lange Zeit geführter Meinungsstreit darüber, ob bzw. inwieweit die nach h.M. zivilrechtlich maßgebende Sitztheorie für die körperschaftsteuerliche Qualifikation ausländischer Gesellschaften zu beachten ist, vorläufig beendet, vgl. Graffe, in: Dötsch/Eversberg/Jost/Witt, KStG, 2000, § 1 Rz. 80 ff. m.w.N.; s.a. BFH vom 17.05.2000 – I R 19/98, IStR 2001, 152 (154); Schmid/Dammer, IStR 2001, 1 (2).

tung *als auch* Sitz im Inland haben.[621] Die bloße unbeschränkte Körperschaftsteuerpflicht i.S.d. § 1 Abs. 1 KStG genügt demnach also nicht.[622]. Damit soll der Gefahr vorgebeugt werden, dass die Gründer einer Kapitalgesellschaft die nach deutschem Gesellschaftsrecht geltenden schärferen Gründungs- und sonstigen Vorschriften unterlaufen, indem sie die Gesellschaft im Ausland gründen und den dortigen Vorschriften unterwerfen, um anschließend lediglich den Verwaltungssitz ins Inland zu verlegen.[623] Diese Diskriminierung nach ausländischem Recht gegründeter Gesellschaften ist allerdings kritisch zu hinterfragen.[624] Denn nach der „Centros"-Entscheidung des EuGH vom 09.03.1999[625] ist gegenwärtig ungewiss, ob das deutsche Gesellschaftsrecht noch an der sog. Sitztheo-

---

621 Der doppelte Inlandsbezug gilt gemäß § 14 S. 1 KStG auch für die Organgesellschaft. Mit Wirkung des Steuerentlastungsgesetzes 1999/2000/2002 müssen ebenso für die gewerbesteuerliche Organgesellschaft sowohl Geschäftsleitung als auch Sitz im Inland belegen sein, vgl. Steuerentlastungsgesetz vom 24.03.1999, BStBl. I 1999, 304 (392).

622 Vgl. Winter, StBp 1974, 8 (8). In diesem Sinne hatte der BFH eine in den USA gegründete Kapitalgesellschaft mit Verwaltungssitz in Deutschland als Organträger abgelehnt, vgl. BFH, Beschluss vom 13.11.1991 – I B 72/91, BStBl. II 1992, 263 (264). Hierzu: Ebenroth/Willburger, RIW 1995, Beilage 3, 2; Raupach, in: Haarmann (Hrsg.), Strukturen, 1996, 28 (53).

623 Vgl. BFH, Beschluss vom 13.11.1991 – I B 72/91, BStBl. II 1992, 263 (264).

624 Vgl. statt vieler Eilers/Wienands, IStR 1999, 289 (291); Göttsche, DStR 1999, 1408 (1408); Meilicke, DB 1999, 627 (628); Sedemund/Hausmann, BB 1999, 810 (811).

625 Der EuGH hat mit seinem Urteil in der Rechtssache Centros entschieden, dass in Dänemark die Zweigniederlassung einer englischen Gesellschaft einzutragen ist, auch wenn die Gesellschaft ausschließlich in Dänemark tätig ist, vgl. EuGH vom 09.03.1999 – Rs. C-212/97, DB 1999, 625 (626).

rie[626] festhalten kann, oder ob die Sitztheorie nicht gegen die im EGV verankerte Niederlassungsfreiheit (Art. 43, 48 EGV) ver-

---

626 Nach der Sitztheorie bestimmt sich die Subjektfähigkeit einer Gesellschaft nach dem Recht des Staates, in dem sich der Verwaltungssitz der Gesellschaft befindet. Neben der in Übereinstimmung mit den maßgeblichen Gründungsvorschriften erfolgten Gründung und der damit erlangten Rechtsfähigkeit der Gesellschaft fordert die Sitztheorie auch noch, dass diese ihren Verwaltungssitz im Staat der Gründung hat. Demgegenüber gilt vornehmlich in den anglo-amerikanischen Rechtskreisen die sog. Gründungstheorie, d.h. das Recht des Staates ist maßgebend, in dem die Gesellschaft gegründet wurde, vgl. Dötsch, in: Dötsch/Eversberg/Jost/Witt, KStG, 2000, § 12 Rz. 6; Leiderer, Umstrukturierungen, 1998, 120 m.w.N.

Im Rahmen der Verlegung des tatsächlichen Verwaltungssitzes in das Ausland ist zwischen der Gründungs- und der Sitztheorie sowie ihrer Zuordnung zu Wegzugs- und Zuzugsstaat zu differenzieren. Verlegt beispielsweise eine deutsche Kapitalgesellschaft unter Aufgabe ihres inländischen Vewaltungssitzes diesen in das Ausland, z.B. die USA, so nimmt die h.M. vor dem Hintergrund der Sitztheorie einen gesellschaftsrechtlichen Grund zur Auflösung der Gesellschaft an. Diese Rechtsfolge trit auch in den Fällen ein, in denen der Zuzugsstaat die Gesellschaft nach seinem internationalen Privatrecht als rechtsfähig anerkennt, da dieser der Gründungstheorie folgt. Der Grund hierfür liegt nach h.M. darin, dass die Verlegung des Verwaltungssitzes als Loslösung aus dem inländischen Rechtskreis angesehen werden müsse. Insoweit ergeben sich rechtliche Hindernisse für die Anerkennung der Rechtsfähigkeit im Zuzugsstaat regelmäßig nur aus dem Sachrecht des Wegzugsstaates.

Verlegt im Gegensatz hierzu eine Gesellschaft, deren Wegzugsstaat der Gründungstheorie folgt (z.B. USA), ihren Verwaltungssitz in einen Staat, in dem die Sitztheorie Anerkennung findet (etwa Deutschland), ergeben sich im Wegzugsstaat grundsätzlich weder nach internationalem Privatrecht noch nach innerstaatlichem Gesellschaftsrecht irgendwelche Konsequenzen. Allerdings führt die Verlegung des effektiven Verwaltungssitzes im Zuzugsstaat zu einer Änderung des Gesellschaftsstatuts mit der Folge, dass die Rechtsfähigkeit der Gesellschaft dort nur gegeben ist, wenn die Gründungsvorschriften des Zuzugsstaates eingehalten wurden. Damit ist beispielsweise die Sitzverlegung aus dem Ausland nach Deutschland nur in Verbindung mit einer Neugründung – nicht jedoch mit einer einfachen Verlegung des Verwaltungssitzes – möglich. Bleibt festzuhalten, dass

stößt.[627] Dementsprechend ist es zu begrüßen, dass der Gesetzentwurf der Bundesregierung zur Fortentwicklung des Unternehmenssteuerrechts vorsieht, es künftig als Voraussetzung für die Organschaft ausreichen zu lassen, wenn sich die Geschäftsleitung des Organträgers im Inland befindet.[628]

- Die Schlussbesteuerung gemäß § 12 i.V.m. § 11 KStG tritt ein, wenn eine bis dahin unbeschränkt steuerpflichtige Körperschaft, Personenvereinigung oder Vermögensmasse Sitz und Geschäftsleitung oder eines von beiden ins Ausland verlegt und sie dadurch aus der unbeschränkten Steuerpflicht ausscheidet.[629] Diese Rechtsfolge soll zukünftig allerdings dahingehend eingeschränkt werden, dass

---

das Auseinanderfallen von Satzungs- und Verwaltungssitz nach der in Deutschland herrschenden Sitztheorie zu keiner doppelten Ansässigkeit i.S.d. nationalen bzw. internationalen privatrechtlichen Gesellschaftsrechts führt, Großmann, Ansässige Kapitalgesellschaften, 1995, 16 ff. m.w.N; Leiderer, Umstrukturierungen, 1998, 130 f. m.w.N; Staringer, Kapitalgesellschaften, 1999, 59. *Breuninger/Heimann* vertreten in letzterem Fall die Ansicht, dass die ausländische Gesellschaft selbst bei Ablehnung der Rechtsfähigkeit in Deutschland weiterhin als der identische Rechtsträger (nur ohne Rechtsfähigkeit) anzuerkennen sei, vgl. Breuninger/Heimann, GmbHR 2000, 1037; s. hierzu BFH vom 17.05.2000 – I R 19/98, IStR 2001, 152 (154).

627 Der BGH hat diese Frage dem EuGH zur Entscheidung vorgelegt, BGH VII ZR 370/98, GmbHR 2000, 715 (715 f.) ; s.a. Walden, EWS 2001, 256 (260).

628 Vgl. BMF, Entwurf eines Gesetzes zur Fortentwicklung des Unternehmenssteuerrechts, § 14 a) bb).

629 Im umgekehrten Fall, bei dem eine bereits unbeschränkt steuerpflichtige Kapitalgesellschaft, deren einziges Vermögen eine Betriebsstätte in Deutschland ist, ihre Geschäftsleitung nach Deutschland verlegt, ist nach Ansicht des BFH der Tatbestand des § 12 Abs. 2 KStG nicht erfüllt. Folglich kommt es auch nicht zu einer Schlussbesteuerung nach § 11

die stillen Reserven einer inländischen Betriebsstätte im Rahmen einer Verschmelzung im Ausland nur noch dann aufgedeckt werden müssen, wenn die Steuerverhaftung dieser stillen Reserven entfällt.[630]

- § 8 a KStG versagt in bestimmten Fällen die steuerliche Berücksichtigung von Vergütungen für Gesellschafter-Fremdkapital durch einen Rechtsfolgenverweis auf die Vorschriften zu verdeckten Gewinnausschüttung.[631] Dem Wortlaut des § 8 a KStG zufolge ist die Anwendung der Vorschrift auf unbeschränkt steuerpflichtige Kapitalgesellschaften als Fremdkapitalnehmerinnen begrenzt.[632] Mit Hinweis auf die Rechtsprechung des BFH vom 23.06.1992[633] sieht die Finanzverwaltung vor, dass auch ausländische Gesellschaften mit Geschäftsleitung im Inland und statutarischem Sitz im Ausland von § 8 a KStG erfasst werden können.[634]

KStG, vgl. BFH 17.052000 – I R 19/98, IStR 2001, 152 (154); s.a. Dörrfuß, IStR 2001, 147 (148).

630 Vgl. BMF, Entwurf eines Gesetzes zur Fortentwicklung des Unternehmenssteuerrechts, § 12 Abs. 2 KStG; s.a. Ritter, IStR 2001, 430 (435); Watrin, DStZ 2001, 493 (494). Nach Ansicht von *Hübl* ist bei Geschäftsleitungs- oder Sitzverlagerung die Anwendung des § 12 Abs. 1 KStG im Wegzugsfall teleologisch zu reduzieren. Demnach soll die Zwangsliquidation in den Fällen nicht zur Anwendung kommen, in denen die Besteuerung der stillen Reserven im Rahmen der beschränkten Steuerpflicht gewährleistet ist, vgl. Hübl, in: Herrmann/Heuer/Raupach, Kommentar, 1999, § 12 KStG Rz. 10.

631 Vgl. z.B. Jacobs, Unternehmensbesteuerung, 1999, 661; Köhler, in: Arthur Andersen, Steuerreform, 2001, 227 (257).

632 Vgl. Kröner, in: Arthur Andersen, KStG, 1996, § 8 a Rz. 48.

633 Vgl. BFH vom 23.06.1992 – IX R 182/87, BStBl. II 1992, 972 (974).

- Bedeutung besitzt der Ort der Geschäftsleitung auch für die Hinzurechnungsbesteuerung nach § 7 Abs. 1 AStG. Die Einkünfte einer Körperschaft, Personenvereinigung oder Vermögensmasse i.S.d. § 1 Abs. 1 KStG, welche weder Geschäftsleitung noch Sitz in der Bundesrepublik Deutschland hat, werden unter den in § 7 Abs. 1 AStG genannten Bedingungen bei dem inländischen beherrschenden Gesellschafter besteuert.[635]

- Grundsätzlich unterliegt jeder stehende Gewerbebetrieb nach § 2 Abs. 1 GewStG der Gewerbesteuer, soweit er im Inland betrieben wird, d.h. soweit er im Inland eine Betriebsstätte unterhält. Eine Ausnahme hiervon ergibt sich aus § 2 Abs. 6 GewStG: Inländische Betriebsstätten unterliegen demnach nicht der Gewerbesteuer, wenn sich die Geschäftsleitung des Unternehmens in einem ausländischen Staat befindet, mit dem kein Doppelbesteuerungsabkommen besteht, wenn und soweit die Einkünfte aus diesen Betriebsstätten im Rahmen der beschränkten Steuerpflicht i.S.d. § 49 EStG steuerfrei sind und der ausländische Staat Unternehmen mit Geschäftsleitung

---

634 Vgl. BMF vom 15.12.1994 – IV B 7 – S 2742a – 63/94, Tz. 5.

635 Vgl. Wassermeyer, in: Flick/Wassermeyer/Baumhoff, AStG, 1999, § 7 Rz. 9 f. Nach der Neufassung des § 8 Abs. 3 AStG sind nunmehr stets ausländische Holdinggesellschaften niedrig besteuert, die ihrerseits Dividenden von nachgeschalteten nicht aktiv tätigen Auslandsgesellschaften erhalten oder Gewinnen aus der Veräußerung von Anteilen an Auslandsgesellschaften erzielen, für die nach nationalem Recht oder nach Abkommensrecht eine Steuerfreistellung oder eine indirekte Steueranrechnung in Anspruch genommen werden kann, vgl. Schaumburg/Rödder, Unternehmenssteuereform, 2000, 797. *Kessler/Teufel* schlagen – zur Vermeidung der nachteiligen Folgen vier- und mehrstöckiger Konzernstrukturen u.a. die Verlegung des Orts der Geschäftsleitung der Holding II auf der vierten Konzernstufe vor, vgl. Kessler/Teufel, IStR 2000, 673 (673 ff.).

im Inland eine entsprechende Befreiung von den der Gewerbesteuer ähnlichen bzw. ihr entsprechenden Steuer gewährt oder in dem Staat keine der Gewerbesteuer ähnlichen oder ihr entsprechenden Steuern bestehen.[636]

- Mittelbare Bedeutung erlangt der Ort der Geschäftsleitung auch im Zusammenhang mit der Anknüpfung an eine Betriebsstätte i.S.d. § 12 S. 2 Nr. 1 AO.[637] Denn nach h.M. ist der in § 12 S. 2 Nr. 1 AO verwendete Begriff der „Geschäftsleitung" identisch mit dem Begriff der „Geschäftsleitung" in § 10 AO.[638] Bei Einzelunternehmen oder Personengesellschaften führt die inländische Geschäftsleitung folglich - im Gegensatz zu Körperschaften - nur zur beschränkten Steuerpflicht nach § 49 Abs. 1 Nr. 2 a EStG. Dabei wird deutlich, dass bei der steuerlichen Beurteilung des Ortes der Geschäftsleitung bei Körperschaften auf die Gesellschaft selbst und nicht auf die dahinter stehenden Personen abgestellt wird.

Weiter hat der Ort der Geschäftsleitung Bedeutung für die Bestimmung des örtlich zuständigen Finanzamts. So knüpft § 18 Abs. 1 Nr. 2 AO im Hinblick auf die gesonderte Feststellung bei gewerblichen Betrieben sowie § 20 AO für die Besteuerung von Körperschaften, Personenvereinigungen und Vermögensmassen je an den Geschäftsleitungsort an. Darüber hinaus

---

636 Vgl. Glanegger/Güroff, GewStG, 1999, § 2 Rz. 248; Sarrazin, in: Lenski/Steinberg, GewStG, 1995, § 2 Rz. 62.

637 Vgl. Birk, in: Hübschmann/Hepp/Spitaler, AO, 1998, § 10 Rz. 11.

638 Vgl. Gersch, in: Klein, AO, 2000, § 12 Rz. 6 a; Tipke/Kruse, AO, 1996, § 12 Rz. 24.

wird in zahlreichen anderen gesetzlichen Einzelbestimmungen ebenfalls Bezug auf den Ort der Geschäftsleitung genommen.[639]

Damit stellt die Regelung des § 10 AO - zusammen mit § 11 AO - vor allem im Hinblick auf die unbeschränkte und beschränkte Steuerpflicht von Körperschaftssteuersubjekten das komplementäre Anknüpfungskriterium zu den §§ 8 und 9 AO dar, welche für den Bereich der natürliche Personen Wohnsitz und gewöhnlichen Aufenthalt als Anknüpfung für die unbeschränkte Steuerpflicht bestimmen.[640]

b) Lokalisierung des Mittelpunkts der Oberleitung

Nach der Legaldefinition des § 10 AO ist Geschäftsleitung der „Mittelpunkt der geschäftlichen Oberleitung". Diese Begriffsbestimmung ist keineswegs eindeutig und bedarf daher einer zusätzlichen Präzisierung.[641] Dabei kommt - im Gegensatz zur Bestimmung des Sitzes i.S.d. § 11 AO - der ökonomischen Gebietszugehörigkeit maßgebliche Bedeutung zu.[642] Angesichts der Tatsache, dass die Vorschrift des § 10 AO - über § 15 Abs. 1 StAnpG - unmittelbar an die Erkenntnisse der Rechtsprechung des RFH anknüpft, trägt die hierzu ergangene umfangreiche Rechtsprechung wesentlich zur Konkretisierung des Begriffs der Geschäftsleitung bei.[643]

---

639 Vgl. die Übersichten beispielsweise bei Birk, in: Hübschmann/Hepp/Spitaler, AO, 1998, § 10 Rz. 7 ff.; s.a. Schwarz, in: Schwarz, AO, 2000, § 10 Rz. 1f.

640 Vgl. Birk, in: Hübschmann/Hepp/Spitaler, AO, 1998, § 10 Rz. 12.

641 Vgl. Fischer/Warneke, Betriebswirtschaftliche Steuerlehre, 1998, 58; Rädler/Raupach, Auslandsbeziehungen, 1966, 339.

642 Vgl. Jacobs; Unternehmensbesteuerung, 1999, 8; Kluge, Internationales Steuerrecht, 2000, 168; Tipke/Kruse, AO, 1996, § 10 Rz. 1.

643 Vgl. Tipke/Kruse, AO, 1996, § 10 Rz. 1.

Die geschäftliche Oberleitung wird regelmäßig von den Personen ausgeübt, die zur wirtschaftlichen Leitung bevollmächtigt sind. Es bedarf also zunächst der Ermittlung der Person bzw. der Personen, die die Oberleitung i.S.d. Bildung des maßgeblichen Willens ausmachen.[644] Liegt das Ergebnis dieser Prüfung vor, ist - in einem zweiten Schritt - der Ort zu konkretisieren, an welchem der tatsächliche Oberleiter die Geschäftsführung ausübt.

(1) Maßgeblichkeit der Tätigkeit des Oberleiters

Die Bestimmung des „wirklichen Oberleiters"[645] wirft gleichsam die Frage auf, welche Entscheidungen Gegenstand des für die Geschäftsführung maßgebenden Willens sind.

Nicht erforderlich ist dabei, dass es sich um Maßnahmen handelt, die die Existenz des Unternehmens betreffen. Daher ist Geschäftsleitung i.S.d. § 10 AO nicht als Entscheidungsbefugnis in besonders wichtigen Angelegenheiten zu verstehen, sondern als das Fassen von Entscheidungen im Rahmen der laufenden Geschäftsführung.[646] Sind kaufmännische und

---

644 Insoweit hat das subjektive Element des steuerlichen Begriffs der Geschäftsleitung Vorrang, da die lokale Bestimmung der Geschäftsleitung erst dann getroffen werden kann, wenn man ermittelt hat, auf wessen Tätigkeit es entscheidend ankommt, vgl. Felix, DStR 1962/63, 421 (421); Breuninger/Krüger, in: FS Rädler, Integration, 1999, 79 (99); Staringer, Kapitalgesellschaften, 1999, 137.

645 Vgl. Felix, DStR 1962/63, 421 (421).

646 Vgl. FG München vom 11.09.1964 – IV 77/64, EFG 1965, 253 (253); BFH vom 26.05.1970 – II 29/65, BStBl. II 1970, 759 (760); BGH vom 07.12.1994 – I K 1/93, BStBl. II 1995, 175 (178). Der BFH führt hierzu in einer Entscheidung vom 16.12.1998 aus: „Bei einer Körperschaft ist das regelmäßig der Ort, an dem die zur Vertretung befugten Personen die ihnen obliegende laufende Geschäftsführertätigkeit entfalten," vgl. BFH vom 16.12.1998 – R 138/97, BStBl. II 1999, 437 (438); s.a. Mössner, in: Mössner u.a., Unternehmen, 1998, 51 (82). *Gosch* weist in diesem Zusammenhang darauf hin, dass die

technische Leitung getrennt, so ist für den Leitungsort immer der Ort bedeutsam, an dem die kaufmännische Oberleitung ausgeübt wird.[647] Hinzu kommt, dass ein Rückgriff auf den Ort der technischen Leitung dem Wortlaut des § 10 AO („Mittelpunkt der *geschäftlichen* Oberleitung") entgegensteht.

In der Vielzahl der Fälle handelt es sich bei der Person des Oberleiters um die zur Vertretung befugten Organe, wie etwa den Vorstand einer AG, den Geschäftsführer einer GmbH, den Firmeninhaber bei Einzelunternehmungen oder den geschäftsführenden Personengesellschafter.[648] Diese Vermutung lässt sich jedoch insoweit widerlegen, als die juristische Berechtigung zur Vertretung der Gesellschaft für die Feststellung des Oberleiters nicht ausschlaggebend ist. Im Mittelpunkt steht vielmehr die Frage, welche natürliche Person die tatsächliche Leitung ausübt.[649] Demnach

---

Festlegung der Grundsätze der Unternehmenspolitik und die Mitwirkung der Gesellschafter an Entscheidungen von besonderer wirtschaftlicher Bedeutung nicht in die laufende Geschäftsführung einbezogen sind, vgl. Gosch, StBp 1998, 106 (107); Wassermeyer, in: Debatin/Wassermeyer, DBA, 2000, Art. 4 Rz. 95.

647 Vgl. BFH vom 23.01.1991 – I R 22/90, BStBl. II 1991, 554 (555); s.a. Fischer/Warneke, Betriebswirtschaftliche Steuerlehre, 1998, 58; Lehner, in: Vogel, DBA, 1996, Art. 4 Rz. 104; Wassermeyer, in: Debatin/Wassermeyer, DBA, 2000, Art. 4 Rz. 95.

648 Vgl. BFH vom 16.12.1998 – R 138/97, BStBl. II 1999, 437 (438). Gemäß § 76 Abs. 1 AktG hat der Vorstand die Gesellschaft unter eigener Verantwortung zu leiten. § 78 Abs. 1 AktG bestimmt, dass der Vorstand die Gesellschaft gerichtlich und außergerichtlich vertritt. Entsprechend kommt die Regelung des § 35 Abs. 1 GmbHG zur Anwendung; s.a. Schaumburg, Steuerrecht, 1998, Rz. 6.5.

649 Vgl. RFH vom 03.07.1936 – I A 150/36, RStBl. 1936, 804 (805); Kluge, Internationales Steuerrecht, 2000, 168. *Mössner* führt hierzu an: „Entsprechen sich im Einzelfall de-jure-Vertretung und de-facto-Oberleitung nicht, so kommt es auf die faktische geschäftliche Oberleitung an", vgl. Mössner, in: Mössner u.a., Unternehmen, 1998, 51 (85); Wasser-

kann sich der Kreis der Oberleiter auch auf Angestellte erstrecken, deren Rechtsbefugnisse zwar begrenzt sind, deren tatsächliche Machtposition aber weit über diese Beschränkung hinausgeht.[650] Besonders deutlich wird dies bei grenzüberschreitenden Zusammenschlüssen von Unternehmen. Denn dabei kommt die maßgebliche Oberleitung häufig sog. Lenkungsausschüssen (Steering Committees) oder Integrationsgremien zu, welche in der Regel nicht identisch oder allenfalls teilidentisch mit dem Vorstand bzw. der Geschäftsführung sind.[651]

In Abhängigkeit von Art und Umfang des jeweiligen Unternehmens, dessen individueller Organisationsstruktur sowie der Schnittmenge aus de-jure-Vertretung und de-facto-Geschäftsleitung ergeben sich damit eine Vielzahl von im Einzelfall zu beachtenden Unterscheidungskriterien für die Konkretisierung des wirklichen Oberleiters.[652] In der Folge sollen daher ausgewählte Problemfälle analysiert werden, um die von der Rechtsprechung entwickelten typischen Merkmale eines Oberleiters herauszustellen.

Der bloße Umstand der rein kapitalistischen *Beherrschung eines Unternehmens* macht den beherrschenden Gesellschafter noch nicht zum O-

---

meyer, in: Debatin/Wassermeyer, DBA, 2000, Art. 4 Rz. 38. *Rivier* stellt demgegenüber auf den Ort ab, an dem das höchste Gremium der Gesellschaft regelmäßig seine Sitzungen veranstaltet, vgl. Rivier, CDFI LXXII a, 1987, 86.

650 Vgl. Tipke/Kruse, AO, 1996, § 10 Rz. 3.

651 Vgl. Breuninger/Krüger, in: FS Rädler, Integration, 1999, 79 (100).

652 Vgl. BFH vom 23.01.1991 – I R 22/90, BStBl. II 1991, 554 (555); Hessisches FG vom 20.10.1997 – 4 K 1420/93, EFG 1998, 518 (518); s.a. Birk, in: Hübschmann/Hepp/Spitaler, AO, 1998, § 10 Rz. 14; Fischer/Warneke, Betriebswirtschaftliche Steuerlehre, 1998, 58; vgl. ausführlich: Wassermeyer, in: Debatin/Wassermeyer, DBA, 2000, Art. 4 Rz. 96.

berleiter.[653] Dies gilt auch für die Fälle, in denen dieser seinen gesellschaftsrechtlichen Einfluss dergestalt ausübt, dass er sich über die Geschäftsprozesse unterrichten lässt und Empfehlungen bzw. Anweisungen erteilt.[654] Um die Ausübung der geschäftlichen Oberleitung bejahen zu können, bedarf es also vielmehr einer deutlichen Überschreitung der gesellschaftsrechtlichen Befugnisse. Ein Indiz dafür, dass der Mehrheitsgesellschafter als faktischer Geschäftsführer zu qualifizieren ist, liegt dann vor, wenn dessen Entscheidungen die laufenden Geschäfte maßgeblich beeinflussen und die zuständigen Verwaltungsorgane infolgedessen zu ausführenden Werkzeugen „denaturiert"[655] werden.[656] Er muss also als „Seele

---

653 „Das FG hat zutreffend nicht etwa aus der Tatsache allein, dass der Besitzer sämtlicher Aktien seinen geschäftlichen Aufenthalt im Inland hat, gefolgert, der Ort der Leitung befinde sich im Inland," vgl. RFH vom 03.07.1936 – I A 150/36, RStBl. 1936, 804 (805). „Der Umstand, dass der Hauptgesellschafter aufgrund seiner Beteiligung die Möglichkeit hat, einen beherrschenden Einfluss auf das Unternehmen auszuüben, rechtfertigt es nicht, ihn ohne weiteres als Leiter des Unternehmens zu betrachten", vgl. RFH vom 09.01.1934 – I A 344/32, RStBl. 1934, 382 (382); *Mössner* verwendet an dieser Stelle eine ausgesprochen punktgenaue und zutreffende Formulierung: „Gesellschafter beherrschen, leiten aber nicht," vgl. Mössner, in: Mössner u.a., Unternehmen, 1998, 51 (86); Rengers, in: Blümich, EStG, 2000, § 1 KStG Rz. 40. Ausführlich zu ausländisch beherrschten Kapitalgesellschaften mit Ansässigkeit in der Schweiz: Oechslin-Saupper, Beherrschte Kapitalgesellschaften, 1996, 4 ff.

654 Lässt sich der inländische Mehrheitsgesellschafter einer US-Corp. nicht nur über den Gang der Geschäfte berichten, sondern gibt er auch Anweisungen an die ausländische Geschäftsführung über wichtige Geschäfte und behält er sich die Zustimmung zu bestimmten Handlungen der Geschäftsführung vor, führt dies noch nicht dazu, dass die geschäftliche Oberleitung im Inland liegt, vgl. RFH vom 11.07.1940 – III 135/39, RStBl. 1940, 706 (706 f.).

655 Vgl. Felix, DStR 1962/63, 421 (421).

und Kopf der Geschäftsführung"[657] anzusehen sein. Damit besteht das zentrale Problem bei der Konkretisierung des Oberleiters darin, die Sphäre der gesellschaftsrechtlichen Beherrschung gegenüber der kaufmännischen Oberleitung abzugrenzen. In der Praxis verläuft diese Trennlinie in vielen Fällen jedoch wenig trennscharf.[658]

Im speziellen Fall der AG übt der Vorstand seine Leitungsaufgaben nach § 76 Abs. 1 AktG unter eigener Verantwortung aus und unterliegt hiernach grundsätzlich keinen Weisungen sonstiger Personen - insbesondere auch nicht Weisungen des Aufsichtsrats oder der Hauptversammlung.[659] Eine Übertragung der Leitungsbefugnis auf ein anderes Unternehmen ist allein im Zuge eines Beherrschungsvertrags nach § 291 Abs. 1 S. 1 AktG oder einer Eingliederung nach den §§ 319, 320 AktG möglich.

Bei Übertragung der aufgeführten Grundsätze für den Fall des beherrschenden Gesellschafters auf sog. *Basisgesellschaften*[660] ergibt sich folgendes Ergebnis: Greifen die im Inland ansässigen Gesellschafter perma-

---

656 Vgl. vor allem Hessisches FG vom 20.10.1997 – 4 K 1420/93, EFG 1998, 518 (519); BFH vom 03.07.1997 – IV R 58/95, BStBl. II 1998, 86 (88); BFH vom 16.12.1998 – R 138/97, BStBl. II 1999, 437 (438); Kluge, Internationales Steuerrecht, 2000, 168.

657 Vgl. RFH vom 03.07.1936 – I A 150/36, RStBl. 1936, 804 (805).

658 Vgl. Birk, in: Hübschmann/Hepp/Spitaler, AO, 1998, § 10 Rz. 19; Mössner, in: Mössner u.a., Unternehmen, 1998, 51 (86).

659 Vgl. Hüffer, AktG, 1999, § 76 Rz. 10.

660 Unter einer Basisgesellschaft versteht man eine Kapitalgesellschaft, die in einem Staat mit besonders günstigem Steuerklima (Base country) errichtet wird, um von dort aus Geschäfte – insbesondere mit Geschäftspartnern in Drittländern abzuschließen, vgl. Gibbons, Harvard Law Review 1969, 1206 (1207); s.a. Herrmann/Klempt, in: Herr-

nent in die Geschäftspolitik ein und treffen die im gewöhnlichen Geschäftsverkehr notwendigen Entscheidungen von einigem Gewicht selbst, so liegt die geschäftliche Oberleitung stets in deren Händen.[661] Allerdings stellt sich die hier interessierende Problematik der Bestimmung der Oberleiter im Zusammenhang mit Basisgesellschaften nur vereinzelt. Denn korrespondierend zur Verlegung der Geschäftsleitung einer Gesellschaft ins Ausland erfolgt in der Mehrzahl der Fälle die entsprechende Verlagerung des Wohnsitzes der maßgebend leitenden Personen.[662]

Grenzüberschreitende *Organschaftsverhältnisse*[663] lassen ebenso wie inländische prinzipiell sowohl die zivil- als auch die steuerrechtliche Sub-

---

mann/Heuer/Raupach, Kommentar, 1999, § 12 KStG Rz. 14; Kalbfleisch, in: Arthur Andersen, KStG, 1996, § 1 Rz. 26.

661 Vgl. BFH vom 17.07.1968 – I 121/64, BStBl. II 1968, 695 (697); BFH vom 16.01.1976 – III R 92/74, BStBl. II 1976, 401 (403); FG Bad.-Württ. vom 27.10.1970 – III 7-8/69, EFG 106 (107); FG Düsseldorf, Beschluss vom 01.03.1984 – II 170/83 A (E), EFG 1984, 535 (536); s.a. Breuninger/Krüger, in: FS Rädler, Integration, 1999, 79 (99); Fischer/Warneke, Betriebswirtschaftliche Steuerlehre, 1998, 59; Kalbfleisch, in: Arthur Andersen, KStG, 1996, § 1 Rz. 26; Lehner, in: Vogel, DBA, 1996, Art. 4 Rz. 108; Rädler/Raupach, Auslandsbeziehungen, 1966, 342; Rengers, in: Blümich, EStG, 2000, § 1 KStG Rz. 40; Schaumburg, Steuerrecht, 1998, Rz. 6.5.

662 Hinzu kommt, dass sich die Begründung eines ausländischen Firmensitzes und die Bestellung eines Geschäftsführers im Ausland vielfach als Scheinhandlung i.S.d. § 41 Abs. 2 AO darstellen dürfte, vgl. FG Bad.-Württ. vom 27.10.1970 – III 7-8/69, EFG 106 (107); Mössner, in: Mössner u.a., Unternehmen, 1998, 51 (84); Schaumburg, Steuerrecht, 1998, Rz. 6.5.

663 Eine allgemeine Organschaft über die Grenze kennt das Körperschaftsteuerrecht prinzipiell nicht. Allerdings kann ein ausländisches gewerbliches Unternehmen nach § 18 KStG mit seiner inländischen Zweigniederlassung Organträger einer Organgesellschaft sein, wenn die Organgesellschaft mit der im Inland belegenen und im Handelsregister eingetragenen Zweigniederlassung (§ 13 HGB) einen Gewinnabführungsvertrag abgeschlossen

jektfähigkeit der Organgesellschaften unberührt[664] mit der Folge, dass ihre gesetzlichen Vertreter jeweils gleichsam als wirkliche Oberleiter zu beurteilen sind.[665] Etwas anderes gilt aber in den Fällen, in denen die Organträgerin nach den tatsächlichen Verhältnissen alle für die Geschäftsführung der Organgesellschaft erforderlichen und bedeutenden Maßnahmen bestimmt.[666] Umgekehrt bedeutet diese Verschiebung des Entscheidungsfin-

---

hat, die Beteiligung an der Organgesellschaft zum steuerlichen Betriebsvermögen der Zweigniederlassung und somit das zuzurechnende Organeinkommen zu den beschränkt steuerpflichtigen Einkünften der Zweigniederlassung gehört sowie die wirtschaftliche und organisatorische Eingliederung im Verhältnis zur inländischen Zweigniederlassung selbst gegeben ist. Damit wird grundsätzlich die Möglichkeit einer grenzüberschreitenden Verlustverrechnung eröffnet. Hierbei gilt zu beachten, dass der Ergebnisabführungsvertrag i.S.d. § 18 S. 1 Nr. 1 KStG steuerlich unter der Firma, d.h. dem Firmennamen (§ 17 HGB), der Zweigniederlassung abgeschlossen sein muss, obwohl zivilrechtlicher Vertragspartner der Organgesellschaft zwingend die ausländische Hauptniederlassung ist. Die Ursache hierfür liegt darin begründet, dass die Zweigniederlassung zivilrechtlich nicht rechtsfähig ist, vgl. Walter, in: Arthur Andersen, KStG, 1996, § 18 Rz. 17. Künftig soll die wirtschaftliche und organisatorische Eingliederung nach § 18 S. 1 Nr. 3 KStG als Tatbestandsmerkmal nicht mehr erforderlich sein, vgl. BMF, Entwurf eines Gesetzes zur Fortentwicklung des Unternehmenssteuerrechts, § 18 S. 1 KStG.

664 Vgl. BFH vom 01.08.1984 – I R 99/80, BStBl. II 1985, 18 (19); s.a. Schwarz, in: Schwarz, AO, 2000, § 10 Rz. 13; Tipke/Kruse, AO, 1996, § 10 Rz. 6.

665 Vgl. BGH vom 07.12.1994 – I K 1/93, BStBl. II 1995, 175 (178); Birk, in: Hübschmann/Hepp/Spitaler, AO, 1998, § 10 Rz. 19. *Fischer/Warneke* kommen demgegenüber – in Anlehnung an die Organtheorie - zu dem Schluss, dass die Organgesellschaft über keinen eigenen Willen verfügt und infolgedessen nicht imstande ist, gleichzeitig ihre geschäftliche Oberleitung auszuüben, vgl. Fischer/Warneke, Betriebswirtschaftliche Steuerlehre, 1998, 59 f; Herrmann/Klempt, in: Herrmann/Heuer/Raupach, Kommentar, 1999, § 12 KStG Rz. 15; Kalbfleisch, in: Arthur Andersen, KStG, 1996, § 1 Rz. 20.

666 Vgl. FG München vom 11.09.1964 – IV 77/64, EFG 1965, 253 (253); s.a. Rädler/Raupach, Auslandsbeziehungen, 1966, 341. Dieses Postulat wird in einer Entscheidung des II. Senats des BFH vom 26.05.1970 verschärft: „Die Bejahung der Geschäftslei-

dungsprozesses, dass die Organgesellschaft nach Art einer bloßen Betriebsabteilung der Organträgerin geführt wird.[667]

Der betriebliche Hauptzweck einer *Holdinggesellschaft* liegt generell in einer auf Dauer angelegten Beteiligung an rechtlich selbstständigen Unternehmen.[668] Darüber hinaus entfaltet die Gesellschaft keine weitere geschäftliche Tätigkeit. Die Einflussnahme auf die Beteiligungsgesellschaften beschränkt sich insoweit auf den Rahmen, der mit einer Gesellschafterstellung vergleichbar ist.[669] Aus diesem Grund wird die Holdinggesellschaft

---

tung durch den Alleingesellschafter und Organträger setzt voraus, dass dieser den laufenden Geschäftsgang nicht nur beobachtet, kontrolliert und fallweise beeinflusst, sondern ständig in die Tagespolitik der Gesellschaft eingegriffen und dauernd die im gewöhnlichen Geschäftsverkehr erforderlichen Maßnahmen von einigem Gewicht selbst getroffen hat", vgl. BFH vom 26:05:1970 – II 29/65, BStBl. II 1970, 759 (760). *Mössner* führt hierzu aus, dass die Organgesellschaft zur Betriebsstätte ihres Trägers wird, vgl. Mössner, in: Mössner u.a., Unternehmen, 1998, 51 (86); s.a. Lehner, in: Vogel, DBA, 1996, Art. 4 Rz. 106; Schaumburg, Steuerrecht, 1998, Rz. 6.5; Runge, CDFI LXXII a, 1987, 167; Tipke/Kruse, AO, 1996, § 10 Rz. 6.

667 Vgl. BFH vom 26.05.1970 – II 29/65, BStBl. II 1970, 759 (760).

668 Der Begriff Holding gilt gemeinhin als Synonym für die „gestalterische Energie von Konzernen in Bezug auf die Steuerplanung". Dabei fällt auf, dass dieser Begriff nicht gesetzlich definiert ist und in der betrieblichen Praxis kein einheitliches Erscheinungsbild aufweist. Vielmehr handelt es sich um einen Typusbegriff, dessen Charakteristika realiter mehr oder weniger stark ausgeprägt sein können, vgl. grundlegend: Kessler, Holding, 1996, 10; Kessler/Dorfmüller, PiStB 2001, 177 (177 ff.); s.a. Jacobs, Unternehmensbesteuerung, 1999, 770.

669 Vgl. Kalbfleisch, in: Arthur Andersen, KStG, 1996, § 1 Rz. 20; Schaumburg, Steuerrecht, 1998, Rz. 6.5; Tipke/Kruse, AO, 1996, § 10 Rz. 10.

auch nicht zum Oberleiter der Beteiligungsgesellschaften.[670] Bei der Bestimmung des Oberleiters der Holding selbst ist indes auf die in diesem Zusammenhang für die Geschäftsführung typischen Tätigkeiten bzw. Funktionen abzustellen. Hierzu zählen die Verwahrung der Beteiligungen, die Entgegennahme von Gewinnen sowie von Anweisungen zu deren Verwendung.[671] Folglich sind im Einzelfall diejenigen Personen als tatsächliche Geschäftsführer anzusehen, denen diese holding-typischen Funktionen obliegen.[672] Da sich der Ort der Geschäftsleitung ausschließlich nach den tatsächlichen Verhältnissen bestimmt, müssen stets alle Umstände des Einzelfalls in die Überlegungen zur Feststellung des Oberleiters einfließen.

(2) Ort der Ausübung

Nach Feststellung der Person des (bzw. der) Oberleiter(s) für den jeweils zu beurteilenden Sachverhalt kann in einem zweiten Schritt der Ort bestimmt werden, an welchem diese(r) die tatsächliche Geschäftsführung ausübt bzw. ausüben. Dabei bieten sich grundsätzlich zwei Auslegungsvarianten an:

Zum einen wird die Geschäftsleitung als zweistufiger Vorgang betrachtet, der sich aus der Willensbildung sowie der hieraus resultierenden Bekanntgabe gegenüber dem Weisungsempfänger zusammensetzt.[673] Wäh-

---

670 Vgl. Birk, in: Hübschmann/Hepp/Spitaler, AO, 1998, § 10 Rz. 20; Lechner, in: Doralt/Gassner/Lechner/Ruppe, u.a., Rechtsstaat, 1990, 395; Schaumburg, Steuerrecht, 1998, Rz. 6.5; Wassermeyer, in: Debatin/Wassermeyer, DBA, 2000, Art. 4 Rz. 100.

671 Vgl. Mössner, in: Mössner u.a., Unternehmen, 1998, 51 (86); Tipke/Kruse, AO, 1996, § 10 Rz. 2.

672 Vgl. Bader, Holdinggesellschaften, 1998, 61; Birk, in: Hübschmann/Hepp/Spitaler, AO, 1998, § 10 Rz. 20; Mössner, in: Mössner u.a., Unternehmen, 1998, 51 (86).

673 Vgl. BFH, Beschluss vom 15.11.1971 – Gr. S 1/71, BStBl. II 1972, 68 (70).

rend sich der Tatbestand der Willensbildung zwangsläufig am Aufenthaltsort des Oberleiters vollzieht, erfolgt demgegenüber der Zugang der Weisung am Sitz der Gesellschaft. Damit kann die Tätigkeit des Geschäftsleiters erst im Zeitpunkt des Weisungsempfangs als abgeschlossen angesehen werden mit der Folge, dass der Geschäftsleiter seine Tätigkeit - unabhängig vom Ort der Willensbildung - am Sitz der Gesellschaft ausübt.[674] In die gleiche Richtung zielt auch der gesellschaftsrechtliche Begriff des tatsächlichen Verwaltungssitzes im Rahmen der Sitztheorie. Darunter ist der Ort zu verstehen, an dem die grundlegenden Entscheidungen der Unternehmensleitung effektiv in laufende Geschäftsführungsakte umgesetzt werden.[675] Erfolgt die Beschlussfassung im Ausland, deren Umsetzung aber im inländischen Betrieb der Gesellschaft, so liegt gesellschaftsrechtlich der Verwaltungssitz der Gesellschaft im Inland.

---

674 Wie auch der Große Senat des BFH in seinem Beschluss vom 15.11.1971 ist auch *Mössner* der Ansicht, dass der Ort maßgebend sei, an dem die Willenserklärungen des Oberleiters wirksam werden, vgl. BFH, Beschluss vom 15.11.1971 – Gr. S 1/71, BStBl. II 1972, 68 (70). Weiter gibt *Mössner* zu bedenken, dass sich die wirtschaftliche Tätigkeit einer Kapitalgesellschaft dort abspiele, wo sich ihre Geschäftsräume befinden und die Mitarbeiter arbeiteten. Folglich rechtfertige es die Tatsache, dass der Geschäftsführer in einem anderen Land wohnt und von seiner Wohnung aus die wesentlichen Entscheidungen trifft, nicht, die Gesellschaft zu einer dort ansässigen zu machen, vgl. Mössner, in: Mössner u.a., Unternehmen, 1998, 51 (83). *Rädler/Raupach* vertreten die Auffassung, der Mittelpunkt der geschäftlichen Oberleitung befinde sich dort, wo das entscheidende Wort für das Unternehmen gesprochen wird, vgl. Rädler/Raupach, Auslandsbeziehungen, 1966, 339.

675 Vgl. stellvertretend für viele: Kegel, IPR, 1995, 413 ff; Schaumburg, Steuerrecht, 1998, Rz. 6.18. *Mössner* postuliert an dieser Stelle eine Einheitlichkeit der Rechtsordnung auf gesellschaftsrechtlicher und steuerrechtlicher Ebene, vgl. Mössner, in: Mössner u.a., Unternehmen, 1998, 51 (84).

In diesem Sinn vertritt der Große Senat des BFH die Ansicht, dass die Geschäftsführer einer GmbH mit Sitz im Inland, die ihren Wohnsitz in der Schweiz haben und dort die Geschäfte der Gesellschaft führen, ihre persönliche Tätigkeit am Sitz der Gesellschaft im Inland ausüben. Ebenso soll eine Tätigkeit, die vorwiegend aus der Erteilung von Weisungen besteht, die die Führung betreffen, nur an dem Ort vollzogen werden können, an dem die erteilte Weisung wirkt.[676] Einzelne DBA - wie beispielsweise das DBA Belgien - enthalten in diesem Zusammenhang Sonderregeln für die Fälle, in denen sich der Ort der tatsächlichen Geschäftsleitung eines Unternehmens der See- und Binnenschifffahrt an Bord eines Schiffes befindet. Nach Art. 4 Abs. 4 DBA Belgien gilt dann der Ort regelmäßig als in dem Vertragsstaat gelegen, in dem der einzige oder hauptsächliche Unternehmer ansässig ist.

Bei der Aufteilung des Geschäftsleitungsvorgangs drohen die Grenzen zwischen „Ausübung" und „Auswirkung" zu verschwimmen. Denn das „Sichauswirken" der Tätigkeit ist weit weniger dem Begriff des „Ausübens" als dem Bereich der „Verwertung" i.S.d. § 49 Abs. 1 Nr. 3 zuzuordnen. „Ausübung" und „Verwertung" sind aber keinesfalls gleichzusetzen.[677] Denn das Tatbestandsmerkmal der Verwertung setzt einen über die eigentliche Arbeitsleistung hinausgehenden Vorgang voraus; ein körperliches oder geistiges Arbeitsprodukt, welches der Steuerpflichtige selbst dem Inland zuführt.[678] Hinzu kommt, dass die Abgrenzung von Ausübung und Verwertung vor allem für die Frage beschränkt steuerpflichtiger inländischer Einkünfte aus selbstständiger bzw. nichtselbstständiger Arbeit

---

676 Vgl. BFH vom 21.05.1986 – I R 37/83, BStBl. II 1986, 739 (740).

677 Vgl. Kumpf, in: Herrmann/Heuer/Raupach, Kommentar, 1999, § 49 EStG Rz. 690.

678 Vgl. Heinicke, in: Schmidt, EStG, 2001, § 49 Rz. 48; Kumpf, in: Herrmann/Heuer/Raupach, Kommentar, 1999, § 49 EStG Rz. 690.

(§ 49 Abs. 1 Nr. 3 und 4 EStG) eine Rolle spielt und nicht für die Ausübung der Oberleitung an sich. Eng damit verbunden ist auch die Problematik, dass sich diese Sichtweise auf die Rechtsprechung des RFH und BFH beruft, bei der es jedoch um die Frage der inländischen Steuerpflicht von Vergütungen ging, die Gesellschaften mit Sitz im Inland den im Ausland befindlichen Aufsichtsräten, Geschäftsführern und Vorständen gezahlt hatten.[679] Insoweit werden der Begriff Oberleitung mit der Ausübung der Berufstätigkeit u.a. von Aufsichtsräten - zu Unrecht - vermischt.[680]

Nach ständiger Rechtsprechung und h.M. im Schrifttum[681] ist als Mittelpunkt der geschäftlichen Oberleitung der Ort anzusehen, an dem der für

---

679 Vgl. BFH vom 17.06.1931 – IV A 868/31, RStBl. 1931. 814 (815); RFH vom 12.05.1938 – IV A 18/36, RStBl. 1938, 812 (813); BFH vom 12.08.1960 – VI 300/58 S, BStBl. III 1960, 441 (441); BFH, Beschluss vom 15.11.1971 – Gr. S 1/71, BStBl. II 1972, 68 (70); s.a. Birk, in: Hübschmann/Hepp/Spitaler, AO, 1998, § 10 Rz. 31.

680 An dieser Stelle ist anzumerken, dass diese klare Trennung von Führung und Überwachung einer Kapitalgesellschaft durch das duale System von Vorstand und Aufsichtsrat vor allem in der Bundesrepublik Deutschland, Österreich, den Niederlanden (bei Erfüllung bestimmter Größenkriterien) sowie seit 1966 auf freiwilliger Basis in Frankreich, anzutreffen ist. Weltweit dominiert demgegenüber die monistische Unternehmensverwaltung, vgl. z.B. Hüffer, AktG, 1999, § 111 Tz. 8 f.

681 Vgl. Birk, in: Hübschmann/Hepp/Spitaler, AO, 1998, § 10 Rz. 31; Breuninger/Krüger, in: FS Rädler, Integration, 1999, 79 (99); Fischer/Warneke, Betriebswirtschaftliche Steuerlehre, 1998, 58; Gersch, in: Klein, AO, 2000, § 10 Rz. 2; Graffe, in: Dötsch/Eversberg/Jost/Witt, KStG, 2000, § 1 Rz. 22; Höllhuber, in: Toifl/Züger, Schriftenreihe, 2000, 71 (81); Kalbfleisch, in: Arthur Andersen, KStG, 1996, § 1 Rz. 13; Kluge, Internationales Steuerrecht, 2000, 168; Lechner, in: Doralt/Gassner/Lechner/Ruppe, u.a., Rechtsstaat, 1990, 395 (403); Lehner, in: Vogel, DBA, 1996, Art. 4 Rz. 105; Rengers, in: Blümich, EStG, 2000, § 1 KStG Rz. 37; Runge/Schäfer, IWB F. 10 Gr. 2, 615 (621); Schaumburg, Steuerrecht, 1998, Rz. 6.5; Schwarz, in: Schwarz, AO, 2000, § 10 Rz. 4;

die Geschäftsführung maßgebliche Wille gebildet wird[682] und wo nach den tatsächlichen Verhältnissen dauernd die für die Geschäftsführung notwendigen Maßnahmen von einiger Wichtigkeit getroffen werden.[683]

In diesem Zusammenhang forderte *Felix* bereits 1963 die Anwendung einer „qualitativ-quantitativen" Betrachtungsweise bezogen auf die gesamte Geschäftsführung.[684] Hiernach kommt es wesentlich darauf an, welche Entscheidung von der Geschäftsleitung als maßgeblich beurteilt wird (qualitative Komponente), um in Verbindung mit ihrer Häufigkeit den Ort der

---

Staringer, Kapitalgesellschaften, 1999, 138; Tipke/Kruse, AO, 1996, § 10 Rz. 1; Wassermeyer, in: Debatin/Wassermeyer, DBA, 2000, Art. 4 Rzn. 38, 98.

682 Vgl. RFH vom 23.06.1938 – III 40/38, RStBl. 1938, 949 (949); FG Niedersachsen 12.12.1969 – I 43/68, EFG 1970, 316 (316); FG Bremen vom 20.03.1975 – II 98/73, EFG 1975, 384 (384); FG Hamburg vom 02.08.1977 – V 108/76, EFG 1978, 138 (139); FG Düsseldorf vom 08.10.1980 – XV/X 16/75 K, EFG 1981, 148 (148); FG Hamburg vom 24.10.1986 – I 170/83, EFG 1987, 413 (413); BFH vom 23.01.1991 – I R 22/90, BStBl. II 1991, 554 (555); BFH vom 03.07.1997 – IV R 58/95, BStBl. II 1998, 86 (87); BFH vom 07.12.1994 – I K 1/93, BStBl. II 1995, 175 (178); Hessisches FG vom 20.10.1997 – 4 K 1420/93, EFG 1998, 518 (518); BFH vom 16.12.1998 – R 138/97, BStBl. II 1999, 437 (438).

683 Vgl. RFH vom 25.07.1935 – III A 98/35, RStBl. 1935, 1366 (1366); RFH vom 23.06.1938 – III 40/38, RStBl. 1938, 949 (949); BFH vom 17.07.1968 – I 121/64, BStBl. II 1968, 695 (697); BFH vom 26.05.1970 – II 29/65, BStBl. II 1970, 759 (760); FG Bremen vom 20.03.1975 – II 98/73, EFG 1975, 384 (384); FG Hamburg vom 02.08.1977 – V 108/76, EFG 1978, 138 (139); FG Düsseldorf vom 08.10.1980 – XV/X 16/75 K, EFG 1981, 148 (148); BFH vom 23.01.1991 – I R 22/90, BStBl. II 1991, 554 (555); BFH vom 07.12.1994 – I K 1/93, BStBl. II 1995, 175 (178); BFH vom 03.07.1997 – IV R 58/95, BStBl. II 1998, 86 (87); Hessisches FG vom 20.10.1997 – 4 K 1420/93, EFG 1998, 518 (518); BFH vom 16.12.1998 – R 138/97, BStBl. II 1999, 437 (438).

684 Vgl. Felix, DStR 1962/63, 241 (242); s.a. Birk, in: Hübschmann/Hepp/Spitaler, AO, 1998, § 10 Rz. 32; Breuninger/Krüger, in: FS Rädler, Integration, 1999, 79 (99).

Geschäftsleitung zu konkretisieren (quantitative Komponente). Dabei hat die neuere Rechtsprechung die Bedeutung der quantitativen Komponente insoweit deutlich herausgestellt, als sie die ursprüngliche Definition des Ortes der maßgebenden Willensbildung um den Begriff „dauernd" ergänzt hat.[685] Anzumerken ist, dass sich dies auch aus der einer Betriebsstätte i.S.d. § 12 S. 2 Nr. 1 AO immanenten Voraussetzung einer gewissen Dauerhaftigkeit ableiten lässt. Folglich führt eine bloß einmalige, gelegentliche und vorübergehende Willensbildung an einem bestimmten Ort noch nicht zur Begründung oder Verlagerung des Ortes der Geschäftsleitung. Darüber hinaus sind Einzelmaßnahmen auf Geschäftsreisen unbeachtlich.[686]

Typischerweise befindet sich die Geschäftsleitung einer Gesellschaft dort, wo das kaufmännische Zentralbüro bzw. Büro des oder der leitenden Geschäftsführer(s) liegt.[687] Dies ist allerdings nicht notwendigerweise der Fall, denn die Willensbildung kann auch in fremden Büroräumen erfol-

---

685 Vgl. BFH vom 29.04.1987 – X R 16/81, BFH/NV 1988, 64 (65); BFH vom 23.01.1991 – I R 22/90, BStBl. II 1991, 554 (555); s.a. Birk, in: Hübschmann/Hepp/Spitaler, AO, 1998, § 10 Rz. 32.

686 Vgl. RFH vom 19.06.1936 – II A 107/35, RStBl. 1936, 765 (765); BFH vom 23.01.1991 – I R 22/90, BStBl. II 1991, 554 (555); s.a. Lechner, in: Doralt/Gassner/Lechner/Ruppe, u.a., Rechtsstaat, 1990, 395 (403); Tipke/Kruse, AO, 1996, § 10 Rz. 2; Wassermeyer, in: Debatin/Wassermeyer, DBA, 2000, Art. 4 Rz. 98.

687 Vgl. BFH vom 03.08.1977 – I R 128/75, BStBl. II 1977, 857; BFH vom vom 23.01.1991 – I R 22/90, BStBl. II 1991, 554 (555); s.a. Schmid/Dammer, IStR 2001, 1 (2); Fischer/Warneke, Betriebswirtschaftliche Steuerlehre, 1998, 58; Höllhuber, in: Toifl/Züger, Schriftenreihe, 2000, 71 (82); Lechner, in: Doralt/Gassner/Lechner/Ruppe, u.a., Rechtsstaat, 1990, 395 (398); Mäusli, Ansässigkeit, 1993, 167; Staringer, Kapitalgesellschaften, 1999, 138; Wassermeyer, in: Debatin/Wassermeyer, DBA, 2000, Art. 4 Rz. 95.

gen.[688] Schwierigkeiten ergeben sich jedoch dann, wenn keine Büroräume zur Ausübung der leitenden Tätigkeit unterhalten werden bzw. grundsätzlich nicht erforderlich sind. Dies ist beispielsweise bei Holdinggesellschaften denkbar, da deren Geschäftstätigkeit kein ständig unterhaltenes Büro voraussetzt. Der *RFH* hat in solchen Fällen die Ansicht vertreten, dass die geschäftsleitende Tätigkeit am Wohnsitz des oder der geschäftlichen Oberleiter(s) ausgeübt wird.[689] Dies gilt jedoch nur unter der zusätzlichen Bedingung, dass der Geschäftsführer auch tatsächlich das Unternehmen von dort aus leitet; die bloße Absicht, die Geschäftsführung an einem bestimmten Ort auszuüben, genügt nicht.[690] Sind Büroräume also nicht erforderlich

---

688 Im Zusammenhang mit einer Organgesellschaft, welche vom Büro der Organträgerin aus geleitet wurde, vgl. RFH vom 19.06.1936 – II A 107/35, RStBl. 1936, 765 (765); s.a. Birk, in: Hübschmann/Hepp/Spitaler, AO, 1998, § 10 Rz. 33.

689 Eine Patentverwertungsgesellschaft mit Sitz in den Niederlanden verfügte in den Niederlanden über kein Büro, während der Oberleiter im Inland wohnte. Die Art der Geschäfte machte die Unterhaltung eines Bürobetriebs nicht erforderlich. Tatsächlich wurden auch die Geschäfte von der inländischen Wohnung des Geschäftsleiters aus getätigt und abgewickelt. Der *RFH* sah in diesem Sachverhalt die inländische Wohnung als Ort der Geschäftsleitung an und bejahte im Ergebnis die unbeschränkte Steuerpflicht der niederländischen Gesellschaft, vgl. RFH vom 03.07.1934 – I A 129/33, RStBl. 1934, 1078 (1079); s.a. Rädler/Raupach, Auslandsbeziehungen, 1966, 342.

690 Nach Auffassung des *RFH* vom 16.06.1931 soll der Ort, an welchem Hauptbuch und Hauptkasse geführt werden, für die Lokalisierung des Geschäftsleitungsortes unerheblich sein, da der Steuerpflichtige die Bücher an jedem beliebigen Ort führen lassen könne. Demzufolge soll der Steuerpflichtige nicht von sich aus über den Ort der Geschäftsleitung verfügen können, vgl. RFH vom 16.06.1931 – I A 462/30, RStBl. 1931, 848 (849). Eine Anknüpfung am Wohnsitz – falls keine Geschäftsräume unterhalten werden – steht dieser Rechtsprechung insoweit entgegen, als der Steuerpflichtige den Wohnsitz und damit auch den Ort der Geschäftsleitung nach Belieben bestimmen kann. *Felix* fordert daher auch bei Fehlen von Büroräumen die Anwendung der „qualitativ-quantitativen" Betrachtungsweise der gesamten Geschäftsführung, vgl. Felix, DStR 1962/63, 421 (422). Diesem Postulat

und kann kein anderer Ort der Geschäftsleitung konkretisiert werden, besteht eine widerlegbare Vermutung, dass der Oberleiter die Geschäftsleitung an seinem Wohnsitz ausübt.[691]

In der Praxis wird sich die Anknüpfung am Willensbildungsprozess für die Lokalisierung des Orts der Geschäftsleitung jedoch vielfach einer Nachprüfbarkeit entziehen, so dass - mangels alternativen Objektivierungsmerkmalen - letztlich dennoch auf den Ort der Abgabe der Willenserklärung abgestellt werden muss.[692] Dies gilt insbesondere für die Fälle, in denen die Oberleitung von einer Einzelperson ausgeübt wird (z.B. beherrschender Gesellschafter) und der Entscheidungsfindungsprozess nur unzureichend nachvollziehbar dokumentiert ist. Eine andere Beurteilung könnte allerdings geboten sein, wenn die Willensbildung ein Kollektivorgan (z.B. Vorstand) vornimmt, da hierbei regelmäßig ausreichend Aufzeichnungen über die jeweiligen Zusammenkünfte (z.B. Sitzungsprotokolle) vorliegen dürften.[693]

---

dürfte jedoch dadurch Rechnung getragen werden, dass ein Rückgriff auf den Wohnsitz nur dann erfolgt, wenn der Geschäftsführer auch tatsächlich das Unternehmen von dort aus leitet.

691 *Birk* geht davon aus, dass es dieser Vermutung regelmäßig nicht bedarf, da der Oberleiter in diesen Fällen zumeist tatsächlich vom Wohnsitz aus agiere, so z.B.: vgl. Birk, in: Hübschmann/Hepp/Spitaler, AO, 1998, § 10 Rz. 33; s.a. Fischer/Warneke, Betriebswirtschaftliche Steuerlehre, 1998, 58; Lehner, in: Vogel, DBA, 1996, Art. 4 Rz. 105.

692 Vgl. Gosch, StBp 1998, 106 (107); Kalbfleisch, in: Arthur Andersen, KStG, 1996, § 1 Rz. 16; Lechner, in: Doralt/Gassner/Lechner/Ruppe, u.a., Rechtsstaat, 1990, 395 (398); Staringer, Kapitalgesellschaften, 1999, 138.

693 Vgl. Höllhuber, in: Toifl/Züger, Schriftenreihe, 2000, 71 (82).

c) *Verortung auf* einen *Mittelpunkt der geschäftlichen Oberleitung?*

Nach bislang ständiger Rechtsprechung und h.M. im Schrifttum kann als Ort der Geschäftsleitung nach § 10 AO - nur ein einziger Ort in Betracht kommen.[694] Etwas anderes könne nach Auffassung von *Birk* prinzipiell nicht gelten, da bereits die Wortwahl „Mittelpunkt" zwingend eine hiervon abzuleitende Singularität impliziere.[695] Diesem traditionellen Verständnis des Wortlauts liegt die Annahme zugrunde, dass sich der Aufbau einer Unternehmensstruktur vornehmlich an streng hierarchischen Prinzipien orientiert. Dabei stellt sich aus organisationstheoretischer Perspektive die oberste Hierarchieebene regelmäßig als Knotenpunkt aller - oder zumindest nahezu aller - Geschäftsführungsentscheidungen dar.[696] Dies entspricht vor allem einer funktionalen Gliederung der Unternehmensstruktur, welche sich dadurch auszeichnet, dass sämtliche Unternehmensfunktionen in einer Unternehmensleitung zusammenfallen.

Allerdings gilt es zu bedenken, dass der Aufbau eines Unternehmens keine statische, einmal zu optimierende Basis ist, sondern vielmehr als pro-

---

694 Vgl. RFH vom 02.07.1936 – III A 86/36, RStBl. 1936, 779 (780); BFH vom 01.03.1966 – I 13, 14/65, BStBl. II 1966, 207 (208); BFH vom 23.01.1991 – I R 22/90, BStBl. II 1991, 554 (555); BFH vom 03.07.1997 – IV R 58/95, BStBl. II 1998, 86 (90); Birk, in: Hübschmann/Hepp/Spitaler, AO, 1998, § 10 Rz. 41; Graffe, in: Dötsch/Eversberg/Jost/Witt, KStG, 2000, § 1 Rz. 22; Lechner, in: Doralt/Gassner/Lechner/Ruppe, u.a., Rechtsstaat, 1990, 395 (398); Lehner, in: Vogel, DBA, 1996, Art. 4 Rz. 105; Schwarz, in: Schwarz, AO, 2000, § 10 Rz. 2; Staringer, Kapitalgesellschaften, 1999, 140; Wilke, in: Becker/Höppner/Grotherr u.a., DBA, 1999, Art. 4 Rz. 16.

695 Vgl. Birk, in: Hübschmann/Hepp/Spitaler, AO, 1998, § 10 Rz. 41.

696 Vgl. z.B. Frese, Organisation, 2000, 348; Keller, Unternehmensführung, 1993, 90 ff.; Wöhe, Betriebswirtschaftslehre, 2000, 183. Zu den damit verbundenen steuerlichen Problemen: Herzig, WPg 1998, 280 (283).

zessuale, dynamische Größe die verschiedene ökonomische Einflüsse sowie den hieraus resultierenden Wandel widerspiegelt.[697] Organisationstheoretisch gesehen ist vor allem bei weltweit operierenden Großunternehmen die klassische funktionale Unternehmensgliederung bereits weitgehend von einer Sparten- oder Matrixorganisation abgelöst worden, bei der funktionale Elemente oft nur noch innerhalb bestimmter Geschäftsbereiche bzw. in Gestalt von Mischkonzernen aufrechterhalten werden.[698] Im Zuge dieser Umstellung ergeben sich zwangsläufig auch neuartige Führungsstrukturen. Hierbei verringert sicht die Abhängigkeit von einer zentralen Oberleitung um so mehr, je mehr die häufig als Profit Center ausgestalteten Unternehmensbereiche selbstständig und eigenverantwortlich handeln.[699]

---

697 Nach Auffassung von *Schumpeter* besteht die Innovationsfunktion des Unternehmers in der Durchsetzung neuer Kombinationen. Dazu zählt vor allem auch die Implementierung einer neuen Organisationstruktur, vgl. Schumpeter, Theorie, 1993, 111; s.a. Kieser, in: Kieser, Organisationstheorien, 1999, 101 (119); Schreyögg/Noss, in: Schreyögg/Conrad, Organisatorischer Wandel, 2000, 33 (45); Staehle/Conrad, Management, 1994, 641; Theisen Konzern, 2000, 156.

698 Vgl. Frese, Organisation, 2000, 376. So verfügt bspw. im Rahmen der Konzernstruktur von *Unilever* jede größere Operating Company über sämtliche Funktionen von der Beschaffung über Produktion bis zum Marketing, Vertrieb und Distribution, vgl. Rath, in: Raupach, Verrechnungspreissysteme, 1999, 201 (204). Damit wird die ehemals typische Stammhausstruktur durch ein Netzwerk lokaler Aktivitäten mit globalen Koordinations- und Führungsinstrumenten ersetzt, vgl. Baumgartner/Storck, in: FS Ritter, Steuer- und Rechtspolitik, 1997, 3 (4); s.a. Breuninger/Krüger, in: FS Rädler, Integration, 1999, 79 (84); Bühner/Walter, DB 1977, 1205 (1205); Kalbfleisch, in: Arthur Andersen, KStG, 1996, § 1 Rz. 21; Raupach, JbFfStR 1987/88, 254 (257); ders., in: Klein, Handelsrecht, 1988, 495 (500); ders., in: Hausmann/van Raad/Raupach/Veelken, Doppelansässigkeit, 1988, 63 (72); Taylor, Harvard Business Review 1991, 91 (92 f.).

Diese Entwicklung erreicht ihren (vorläufigen) Höhepunkt auf der Stufe völlig dezentral geführter Unternehmen, insbesondere bei sog. bi- oder polyzentrischen Strukturen mit mehreren gleichberechtigten Unternehmensleitungen, welche in verschiedenen Staaten belegen sind.[700] Ein gutes Beispiel hierfür ist die vielzitierte Fusion DaimlerChrysler.[701] Zwar einigt man sich im Rahmen solcher grenzüberschreitender Unternehmenszusammenschlüsse regelmäßig auf eine Spitzengesellschaft, die nach dem Recht eines Staates inkorporiert ist, es bedarf jedoch - zumindest für den Zeitraum, in dem sich die erste Integrationsstufe der beiden Unternehmen vollzieht - zweier fortbestehender Unternehmensleitungsschwerpunkte.[702] Besondere Beachtung verdient dabei der Aspekt, dass diese Tendenz zur abnehmenden Lokalisierung an einem Ort erst durch die intensive Nutzung moderner Kommunikationsmittel möglich wurde.[703]

Die Folge hiervon ist, dass die traditionelle Vorstellung von der Zentralisierung des Orts der Geschäftsleitung an einem bestimmten geographischen Punkt als Kriterium für die innerstaatliche Bestimmung des Umfangs

---

699 Vgl. Baumgartner/Storck, in: FS Ritter, Steuer- und Rechtspolitik, 1997, 3 (7); Prinz, FR 1997, 517 (517); Staringer, Kapitalgesellschaften, 1999, 139 m.w.N.

700 Vgl. Raupach, in: Klein, Handelsrecht, 1988, 495 (505).

701 Im Fall der DaimlerChrysler AG mit Sitz in Stuttgart soll das sog. Integrationskomitee einmal wöchentlich direkt oder via Videokonferenz eine Sitzung abhalten. Gleichzeitig sind zwei operative Headquarter vorgesehen. Im Ergebnis ist damit von einer Aufteilung der Hauptverwaltung auf die Orte Stuttgart und Detroit auszugehen, vgl. ausführlich: Breuninger/Krüger, in: FS Rädler, Integration, 1999, 79 (80 ff.).

702 Vgl. Breuninger/Krüger, in: FS Rädler, Integration, 1999, 79 (80 ff.); s.a. Tipke/Kruse, AO, 1996, § 10 Rz. 2.

der Steuerpflicht mehr und mehr an Aussagekraft verliert.[704] Darüber hinaus können sich für diesen zentralen steuerrechtlichen Anknüpfungspunkt - de lege lata - kaum zu lösende Zweifelsfragen ergeben, die im Wesentlichen durch das Medium Internet und dessen Nutzung hervorgerufen werden. Denn zum einen kommen sog. virtuell geführte Unternehmen[705] prinzipiell ohne eine räumlich konkretisierbare Unternehmenszentrale aus und zum anderen fassen die mit deren Geschäftsführung betrauten Personen, die sich vielfach an unterschiedlichen Orten aufhalten, die gemeinschaftlichen Entscheidungen mittels Internet-Technologie und der dadurch möglichen Videokonferenzen oder e-mail-Kommunikation.[706] Angesichts dieser global operierenden und z.T. virtuell organisierten Unternehmen mit entsprechend marktnaher Aktivität der jeweilig maßgebenden Entscheidungs-

---

703 Vgl. z.B. Herzig, WPg 1998, 280 (284); Kessler, in: Eggers/Hoppen, E-Commerce-Management, 2001, 307 (312); Staringer, Kapitalgesellschaften, 1999, 141; Strunk, Habilitation, 1999, 71.

704 „Damit sind die Zeiten der traditionellen Organisationsformen vorbei. Wir bewegen uns mit hoher Geschwindigkeit in Richtung einer Borderless Organization, die über Super Highways untereinander schnell und kosteneffizient Informationen austauschen kann, die für globale Produkte lebensnotwendig sind, vgl. Jackstein, in: Raupach, Verrechnungspreissysteme, 1999, 215 (235); Pohlmann, in: Schreyögg/Conrad, Organisatorischer Wandel, 2000, 279 (293).

705 Der Begriff „virtuelles Unternehmen" ist unscharf, rechtlich nicht definiert und vielgestaltig. Als charakterisitisches Merkmal lässt sich jedoch feststellen, dass die klassischen und realen rechtsförmlichen Unternehmensgrenzen aufgelöst werden und an deren Stelle Netzwerkunternehmen mit offenen Konturen treten, die sich moderner Kommunikationstechnologien bedienen und grenzüberschreitende Geschäftsaktivitäten entfalten, Picot/Reichwald/Wigand, Unternehmung, 2001, 392.

706 Vgl. Breuninger/Krüger, in: FS Rädler, Integration, 1999, 79 (82 f.); Höllhuber, in: Toifl/Züger, Schriftenreihe, 2000, 71 (81); Kessler, DSWR 1998, 234 (236); Pi-

träger erscheint eine kritische Überprüfung des herkömmlichen steuerlichen Instrumentariums zur Lokalisierung der geschäftlichen Oberleitung dringend geboten.

Im dem hier zu erörternden Kontext verdienen vor allem zwei Urteile des BFH aus dem Jahr 1997 Beachtung, welche sich insbesondere durch einen entscheidungserheblichen Dissens im Hinblick auf die Bestimmung des Ortes der Geschäftsleitung auszeichnen. Nach Ansicht des IV. Senats des BFH vom 03.07.1997 kann sich der Mittelpunkt der geschäftlichen Oberleitung „naturgemäß" nur an einem „einzigen" Ort befinden.[707] Lässt sich jedoch der Ort, an dem die maßgebliche Willensbildung erfolgt, nicht eindeutig feststellen, so ist der Ort der Geschäftsleitung dort anzunehmen, wo sich nach dem Gesamtbild der Verhältnisse die in organisatorischer und wirtschaftlicher Hinsicht bedeutungsvollste Stelle befindet. Werden die Geschäfte also von mehreren Personen geleitet, so sei nach dem Bedeutungsgrad der getroffenen Geschäftsführungsentscheidung zu gewichten. Daher orientiert sich der IV. Senat primär an der Aufteilung der Managementvergütungen und gelangt hiernach zu dem Schluss, dass sich der maßgebende Mittelpunkt im Ausland befände. Allerdings erscheint diese Sichtweise vor dem Hintergrund der vorstehend gewonnenen Erkenntnisse überholt. Denn bereits in Fällen, in denen ein Unternehmen über gleichberechtigte Geschäftsführer verfügt, die an verschiedenen Orten ansässig

---

cot/Reichwald/Wigand, Unternehmung, 2001, 418 ff.; Staringer, Kapitalgesellschaften, 1997, 141; Strunk, Habilitation, 1999, 72; Zöllkau, CR 1998, 290 (291 f.).

707 Vgl. BFH vom 03.07.1997 – IV R 58/95, BStBl. II 1998, 86 (89, 90); s.a. Lechner, in: Doralt/Gassner/Lechner/Ruppe, u.a., Rechtsstaat, 1990, 395 (401); s.a. Mössner, IWB, F. 3 a Gr. 1, 831 (833).

sind, ist aufgrund der Gleichverteilung keine Gewichtung mehr möglich.[708]

Im Gegensatz zur Ansicht des IV. Senats des BFH geht der I. Senat im Rahmen seiner Entscheidung vom 15.10.1997[709] erstmalig davon aus, dass sich die nach h.M. geforderte Verortung zwar auf einen Ort der geschäftlichen Oberleitung und somit auf einen Mittelpunkt beziehen *kann*. Dies schließe jedoch nicht aus, dass ein Unternehmen über *mehrere Mittelpunkte* verfüge. Die potenzielle Existenz mehrerer Mittelpunkte hat der I. Senat im Urteil vom 16.12.1998[710] zwischenzeitlich ausdrücklich erwähnt: „Im übrigen hat der erkennende Senat in BFH/NV 1998, 434 entschieden, dass ein Unternehmen mehrere Orte der Geschäftsleitung haben kann.“ Insoweit stellt die neuere Ansicht des I. Senats eine richtungsweisende Weiterentwicklung seiner bisherigen Sichtweise dar. Im Jahr 1994 ging der I. Senat nämlich noch vom Vorhandensein nur eines maßgebenden Ortes der geschäftlichen Oberleitung aus.[711]

Zwar erscheint ein Festhalten am Prinzip des wirklichen Oberleiters und der damit verbundenen Singularität des Ortes der Geschäftsleitung - bei einer streng am Wortlaut des § 10 AO orientierten Interpretation -

---

708 Vgl. Gosch, BFH-PR 1999, A 3955, 1 (2).

709 Vgl. BFH vom 15.10.1997 – I R 76/95, BFH/NV 1998, 434 (435).

710 Vgl. BFH vom 16.12.1998 – I R 138/97, DStR 1999, 895 (896).

711 Ungeachtet dieser Grundwertungen lässt sich diesem Urteil dennoch ein erster Ansatz in die richtige Richtung entnehmen. Denn der I. Senat stellt hierin fest, dass jedes Unternehmen mindestens einen Ort der Leitung haben müsse, vgl. BFH vom 07.12.1994 – I K 1/93, BStBl. II 1995, 175 (178).

durchaus erstrebenswert.[712] Umso problematischer gestalten sich jedoch die damit verbundenen steuerlichen Konsequenzen aus Sicht weltweit operierender polyzentrischer oder virtueller Unternehmen.[713] Erwähnt sei an dieser Stelle nur die drohende Liquidationsbesteuerung unter Aufdeckung der stillen Reserven oder der Verlust der Organträgereigenschaft beispielsweise durch Schwerpunktverlagerungen aufgrund einer Änderung der Führungsorganisation. Vereinzelt wird daher im Schrifttum die Ansicht vertreten, dass eine dezentralisierte Geschäftsleitung überhaupt keinen Mittelpunkt der geschäftlichen Oberleitung habe.[714]

Aus dieser Tendenz zur Abkehr von tatsächlichen Führungsmaßnahmen folgt im Umkehrschluss, dass gesellschaftsrechtliche Anknüpfungsmerkmale möglicherweise an Bedeutung gewinnen werden. *Birk* schränkt den Anwendungsbereich einer solchen Problemlösung allerdings auf den Teilbereich „passive Gesellschaften" ein, da deren Geschäftsleitung in aller Regel nur wenige Entscheidungen erfordere.[715] Dem stehen allerdings - zumindest aus heutiger Sicht - globale elektronische Marktplätze von Handels- und Produktionsunternehmen entgegen, deren Anbieter via Videokonferenzen oder e-mail-Kommunikation zu gemeinsamen Entscheidungen

---

712 Vgl. eingehend Birk, in: Hübschmann/Hepp/Spitaler, AO, 1998, § 10 Rz. 41.

713 Vgl. Breuninger/Krüger, in: FS Rädler, Integration, 1999, 79 (101); Sieker, in: Piltz/Schaumburg, Betriebsstättenbesteuerung, 2001, 85 (94).

714 Vgl. Lechner, in: Doralt/Gassner/Lechner/Ruppe, u.a., Rechtsstaat, 1990, 395 (401); Runge, CDFI LXXII a, 1987, 166. Ebenso FG Düsseldorf: Wird das Vermögen einer Gesellschaft in verschiedenen Staaten selbstständig und unabhängig voneinander verwaltet, so kann im Einzelfall eine geschäftliche Oberleitung fehlen, vgl. FG Düsseldorf vom 12.08.1964 – I 24/63 K, EFG 1965, 75 (75).

715 Vgl. Birk, in: Hübschmann/Hepp/Spitaler, AO, 1998, § 10 Rz. 41.

gelangen können.[716] Ebenso droht die Gewichtung eines Ortes als tatsächlich bedeutungsvollste Stelle anhand „letztlich fragwürdiger Indizien"[717] wie etwa die Höhe der Managementvergütungen[718] bei Unternehmen mit weltumspannender Präsenz und zahlreichen gleichberechtigten Geschäftsführern zu zweifelhaften Ergebnissen zu führen.

Vor diesem Hintergrund ist die wiederholte und klare Stellungnahme des I. Senats des BFH zur Zulässigkeit mehrerer Orte der Geschäftsleitung umso mehr zu begrüßen. Denn diese folgerichtige Fortentwicklung des Begriffs „Ort der Geschäftsleitung" trägt zum einen dem nicht mehr eindeutig bestimmbaren Mittelpunkt der geschäftlichen Oberleitung Rech-

---

716 Zu denken wäre in diesem Zusammenhang etwa an die B2B-Plattform „Covisint" der Automobilhersteller General Motors, Ford und DaimlerChrysler, vgl. nks, Handelsblatt vom 28.02.2000, 23; s. ausführlich hierzu S. 129. Ebenso stieg der Reifenhersteller und Automobilzulieferer Continental AG über eine Online-Partnerschaft mit dem amerikanischen E-Commerce-Unternehmen Autobytel.com in das Endkundengeschäft via Internet ein. Dabei investierte die Continental AG rund 15 Millionen US-$ in Gesellschaften der Autobytel-Gruppe sowie die Entwicklung eines Online-Direktvertriebs für Reifen, vgl. hz, Handelsblatt vom 30.11.2000, 25. Ebenso investierten BASF, Bayer, DOW, DUPONT und Ticona/Celanese rund 50 Millionen Euro in einen globalen elektronischen Marktplatz („omnexus.com") für thermoplastische Kunststoffe. Dies gilt auch für den Mittelstand: Beispielsweise wendet der mittelständische Autozulieferer Textron Boesner, Neuwied, rund 1 Million DM für die Internet-Anbindung und die Fertigungssteuerung auf, vgl. Brankamp/Tobias, Handelsblatt vom 23.07.2001, Netzwert, 3; s.a. Doernberg/Hinnekens, International Taxation, 1999, 200 ff.; Hardesty, Planning, 1999, 12.12; Hinnekens, e-commerce 1999, No. 6, 3 (4); Höllhuber, in: Toifl/Züger, Schriftenreihe, 2000, 71 (86).

717 Vgl. Gosch, StBp 1998, 106 (107).

718 Vgl. BFH vom 03.07.1997 – IV R 58/95, BStBl. II 1998, 86 (89, 90). So z.B. im Bereich Banken. In vielen Fällen wird dabei der Leiter Investment-Banking höhere Vergütungen erhalten als ein Vorstandsmitglied bzw. der Vorstandsvorsitzende.

nung.[719] Zum anderen ziehen Verlagerungen der Geschäftsführungsschwerpunkte nicht länger die oben aufgeführten einschneidenden steuerlichen Folgen nach sich.[720] Einschränkend ist demgegenüber einzuwenden, dass die von der neueren Rechtsprechung herausgearbeiteten Grundsätze noch relativ neu und damit keinesfalls gefestigt sind. Vorsorglich sollten an die Annahme weiterer Mittelpunkte der geschäftlichen Oberleitung daher nicht zu geringe Tatbestandsvoraussetzungen geknüpft werden als schon nach bisheriger Auffassung für die Begründung eines Ortes der Geschäftsleitung.[721]

2. *Ort der (tatsächlichen) Geschäftsleitung nach Abkommensrecht*

a) *Relevanz*

Abkommensberechtigt sind Personen i.S.d. Art. 3 Abs. 1 a OECD-MA, welche in einem der beiden Vertragsstaaten ansässig[722] sind, d.h. nur der an dieser Stelle abschließend genannte Personenkreis ist berechtigt, die gegen die nationalen Steueransprüche gerichteten Schrankenwirkungen der

---

719 Gl. A.: Tipke/Kruse, AO, 1996, § 10 Rz. 9.

720 Treffend bezeichnet *Ritter* die aus dem Jahr 1920 stammenden §§ 11 und 12 als K.O.-Faktor für jede Auswanderung von Kapitalgesellschaften, vgl. Ritter, IStR 2001, 430 (435); Rundshagen/Strunk, RIW 1995, 664 (668).

721 Vgl. Breuninger/Krüger, in: FS Rädler, Integration, 1999, 79 (111).

722 Während die „Ansässigkeit" ein Begriff des Abkommensrechts und Tatbestandsvoraussetzung für die Abkommensberechtigung ist, entstammt die „unbeschränkte Steuerpflicht" dem Bereich des innerstaatlichen Steuerrechts. Ungeachtet der Tatsache, dass mit beiden Begriffen unterschiedliche Rechtsfolgen verbunden sind, besteht insoweit eine gewisse Verwandtschaft, als beide auf die „Umschreibung einer besonderen ortsbezogenen Beziehung zu einem Vertragsstaat abstellen," vgl. Wassermeyer, in: Debatin/Wassermeyer, DBA, 2000, Art. 4 Rz. 2.

Doppelbesteuerungsabkommen für sich selbst zu beanspruchen.[723] Zu diesem Personenkreis zählen natürliche Personen, Personenvereinigungen und Gesellschaften, wobei der Ausdruck Gesellschaften juristische Personen oder Rechtsträger, die für Zwecke der Besteuerung wie juristische Personen behandelt werden, umfasst. Damit sind auch Kapitalgesellschaften den abkommensberechtigten Personen zuzurechnen, soweit sie in einem der Vertragsstaaten ansässig sind. Kapitalgesellschaften gelten grundsätzlich in dem Staat als ansässig, in dem sie aufgrund des Ortes ihrer Geschäftsleitung oder eines ähnlichen Merkmals der Steuerpflicht unterliegen. Aus deutscher Perspektive ist dabei als „ähnliches Merkmal" vor allem der Sitz der Gesellschaft i.S.d. § 11 AO zu nennen.[724]

Aufgrund der Tatsache, dass das OECD-MA einerseits keine Definition des Ausdrucks „Ort der Geschäftsleitung" enthält und andererseits im Rahmen des Art. 4 Abs. 1 OECD-MA explizit auf die sich nach innerstaatlichem Recht ergebende Steuerpflicht einer Person Bezug nimmt, ist es möglich, zu Auslegungszwecken auf die nationalen Vorschriften der Vertragsstaaten zurückzugreifen. Folglich gilt eine Person in einem Vertragsstaat als i.S.d. Abkommensrechts ansässig, wenn sie diejenigen Anknüpfungsmerkmale erfüllt, welche nach den nationalen Regelungen dieses

---

723 Vgl. z.B. Kalbfleisch, in: Arthur Andersen, KStG, 1996, § 1 Rz. 19; Kluge, Internationales Steuerrecht, 2000, 737; Schaumburg, Steuerrecht, 1998, Rz. 16.159 ff; Wassermeyer, in: Debatin/Wassermeyer, DBA, 2000, Art. 1 Rz. 17.

724 Vgl. z.B: Djanani, Internationales Steuerrecht, 1998, 138; Kalbfleisch, in: Arthur Andersen, KStG, 1996, § 1 Rz. 29; Lehner, RIW 1988, 201 (213); ders., in: Vogel, DBA, 1996, Art. 4 Rz. 29; Runge, CDFI LXXII a, 1987, 165; Wassermeyer, in: Debatin/Wassermeyer, DBA, 2000, Art. 4 Rz. 40; Wilke, in: Günkel, in: Becker/Höppner/Grotherr u.a., DBA, 1999, Art. 4 Rz. 64.

Staates eine Steuerpflicht auslösen.[725] Für die abkommensrechtliche Beurteilung des Ortes der Geschäftsleitung einer Gesellschaft in Deutschland kommt insoweit § 10 AO maßgebende Bedeutung zu.

b) Tiebreaker-Regel bei doppelansässigen Gesellschaften

Infolge der ausdrücklichen Bezugnahme auf nationales Recht der Vertragsstaaten im Rahmen des Art. 4 Abs. 1 OECD-MA ist es möglich, dass Gesellschaften und andere Personenvereinigungen nach Anwendung ihres jeweiligen Rechts in beiden Vertragsstaaten ansässig sind.[726]

Eine doppelte Ansässigkeit entsteht beispielsweise dadurch, dass beide Vertragsstaaten dieselbe Kapitalgesellschaft als inländisches Steuersubjekt ansehen, die Bestimmung der steuerrechtlichen Ansässigkeit jedoch in dem einen Staat auf der Basis der Geschäftsleitung und in dem anderen Staat aufgrund des Sitzes vorgenommen worden ist.[727] Dem steht allerdings ent-

---

725 Vgl. Staringer, Kapitalgesellschaften, 1999, 143; Strunk, in: Grotherr/Herfort/Strunk, DBA-Recht, 1998, 449.

726 Vgl. Großmann, Ansässige Kapitalgesellschaften, 1995, 36; Lehner, in: Vogel, DBA, 1996, Art. 4 Rz. 98; Mäusli, Ansässigkeit, 1993, 125; Wassermeyer, in: Debatin/Wassermeyer, DBA, 2000, Art. 4 Rz. 2.

727 Ein weiterer Grund für eine doppelte Ansässigkeit kann z.B. darin liegen, dass eine in den USA errichtete Gesellschaft, deren Geschäftsleitung – unbestritten – in der Bundesrepublik Deutschland stattfindet, sowohl in den USA aufgrund des Errichtungsortes als auch in Deutschland ansässig ist, da hier der Ort der Geschäftsleitung liegt. Der Grund hierfür liegt darin, dass sich die US-Staaten bei der Besteuerung von Kapitalgesellschaften an dem formalen Anknüpfungsmerkmal des Ortes der Errichtung der Gesellschaft (place of incorporation) – also einem Kriterium, welches der Staatsangehörigkeit bei natürlichen Personen nahe kommt – orientieren und damit der sog. Gründungs- oder Inkorporationstheorie folgen, vgl. Tillinghast, Int'l Tax & Bus. Lawyer 1984, 239 (240); Großmann, Ansässige Kapitalgesellschaften, 1995, 125; Runge/Schäfer, IWB F. 10 Gr. 2, 615 (621);

gegen, dass für Zwecke der sog. Verteilungsnormen[728] vorausgesetzt wird, dass einer der beiden Vertragsstaaten als Quellenstaat und der andere als Ansässigkeitsstaat beurteilt wird. Die gleichen Überlegungen gelten auch im Hinblick auf die Anwendung des Methodenartikels (Art. 23 A/B O-ECD-MA),[729] welcher zum einen ausdrücklich auf eine in einem Vertragsstaat ansässige Person und zum anderen auf Einkünfte, die im anderen Vertragsstaat besteuert werden können, Bezug nimmt. Vor diesem Hintergrund erscheint eine Klärung der DBA-rechtlichen Ansässigkeit zwingend erforderlich. Nach der Tiebreaker-Rule des Art. 4 Abs. 3 OECD-MA gilt eine

---

Rivier führt darüber hinaus ein britisches Urteil an, welches anerkennt, dass „the central management and control of a company" – als Anknüpfungsmerkmal des britischen Steuerrechts – gleichsam in zwei Staaten liegen könne und somit aus britischer Perspektive eine doppelte Ansässigkeit denkbar sei, vgl. Rivier, CDFI LXXII a, 1987, 91-92.

728 Die sog. Verteilungsartikel modifizieren die Folgen, d.h. das Ausmaß der Steuerpflicht, die ein Vertragsstaat an die Ansässigkeit nach innerstaatlichem Recht knüpft, im wechselseitigen Verhältnis der beiden Vertragsstaaten. Deshalb bildet die eindeutige Bestimmung der Ansässigkeit eine Anwendungsvoraussetzung für die Funktion der Verteilungsartikel, vgl. z.B. Lang, Einführung, 1997, 63; Lehner, RIW 1988, 201 (213); Schaumburg, Steuerrecht, 1998, Rz. 16.204. *Wassermeyer* kritisiert diese Begriffsbildung und bezeichnet diese Artikel als Steuerbefreiungs- und Steuerermäßigungsnormen, vgl. Wassermeyer, in: Debatin/Wassermeyer, DBA, 2000, Art. 1 Rz. 9.

729 Soweit nicht schon bei Anwendung der Verteilungsnorm das Besteuerungsrecht eines der beiden Vertragsstaaten zum Teil oder zur Gänze eingeschränkt wird, erfolgt erst im Methodenartikel (Art. 23 A/B OECD-MA) die Entscheidung darüber, auf welche Art und Weise die Doppelbesteuerung vermieden wird. Im OECD-MA sind zwei derartige Methoden zur Vermeidung der Doppelbesteuerung in unterschiedlichen Normen geregelt: Art. 23 A beschreibt die sog. Befreiungsmethode (im kontinentaleuropäischen Raum besonders gebräuchlich), Art. 23 B die sog. Anrechnungsmethode (im angloamerikanischen Rechtskreis besonders gebräuchlich). Üblicherweise sehen konkrete Abkommen eine Kombination dieser Methoden für bestimmte Einkünfte vor, vgl. Lang, Einführung, 1997, 63; Wassermeyer, in: Debatin/Wassermeyer, DBA, 2000, Art. 23 A Rz. 1.

Gesellschaft für Zwecke der Abkommensanwendung daher nur in dem Vertragsstaat als ansässig, in dem sich der Ort ihrer tatsächlichen Geschäftsleitung befindet.[730]

Im Gegensatz zu Art. 4 Abs. 1 OECD-MA, bei dem sich die Ansässigkeit letztlich nach dem innerstaatlichen Recht des potenziellen Ansässigkeitsstaates bestimmt, ist der Begriff der tatsächlichen Geschäftsleitung i.S.d. Art. 4 Abs. 3 OECD-MA autonom, d.h. ohne Rückgriff auf nationales Recht auszulegen.[731] Folglich können Zweifelsfragen bei der Ermittlung des Ortes der tatsächlichen Geschäftsleitung, welche sich bedingt durch die verstärkte Tendenz zu virtuellen Internet-gestützten Organisationsstrukturen häufen werden, nicht dadurch umgangen werden, dass auf den satzungsmäßigen Sitz abgestellt wird, auch wenn dieser nach innerstaatlichem Recht steuerliche „Ansässigkeit" begründet.[732] Aus dem Umstand, dass die

---

730 Der Begriff „gilt" bedeutet, dass die innerstaatliche unbeschränkte Steuerpflicht auch dann bestehen bleibt, wenn die nicht natürliche Person ihren abkommensrechtlichen Sitz gemäß Art. 4 Abs. 3 OECD-MA im anderen Vertragsstaat hat, vgl. Lehner, in: Vogel, DBA, 1996, Art. 4 Rz. 98 a. Allerdings behält sich *Kanada* das Recht vor, bei Gesellschaften in Art. 4 Abs. 3 OECD-MA als entscheidendes Merkmal auf den Ort abzustellen, an dem die Gesellschaft errichtet oder organisiert wurde, vgl. OECD-MK, Art. 4 Tz. 27. Grundsätzlich findet sich die Tiebreaker-Regel des OECD-MA auch im DBA-Spanien. Lässt sich in diesem Fall jedoch kein Ort der tatsächlichen Geschäftsleitung feststellen, gilt die Gesellschaft im Staat ihres Sitzes als ansässig, vgl. Art. 4 Abs. 3 S. 2 DBA-Spanien.

731 Vgl. Lehner, in: Vogel, DBA, 1996, Art. 4 Rz. 104; Schaumburg, Steuerrecht, 1998, Rz. 16.202; Staringer, Kapitalgesellschaften, 1999, 148; Wassermeyer, in: Debatin/Wassermeyer, DBA, 2000, Art. 4 Rz. 95.

732 In diese Richtung weist auch der OECD-MK zu Art. 4 OECD-MA, der in Tz. 22 ausdrücklich fordert, dass ein lediglich formales Merkmal wie z.B. die Eintragung nicht entscheidend sein dürfe. Aus diesem Grund sei auf den – ökonomischen Anknüpfungspunkt

deutsche Rechtsprechung jedoch zur Lokalisierung des Ortes der Geschäftsleitung i.S.d. § 10 AO desgleichen auf tatsächliche Verhältnisse abstellt, ergibt sich, dass - soweit das jeweilig anzuwendende DBA keinen hiervon abweichenden Wortlaut enthält - die deutschen Rechtsprechungsgrundsätze zur Auslegung des Abkommensbegriffs herangezogen werden können.[733] Dies mag sich zunächst relativ einfach anhören, hat aber weitreichende Konsequenzen, insbesondere für die nationale deutsche Möglichkeit der Existenz mehrerer Mittelpunkte der geschäftlichen Oberleitung. Dieser neueren Ansicht des BFH steht nämlich die am 29.04.2000 vorgenommene Änderung des Musterkommentars zum OECD-MA diametral gegenüber. Nach Auffassung des OECD-Steuerausschusses kann ein Rechtsträger zwar gleichzeitig mehrere Orte der Leitung, jedoch nur einen Ort der tatsächlichen Geschäftsleitung haben.[734] Umso mehr drängt sich damit auch auf der Stufe des Abkommensrechts die Frage auf, wie die Fälle zu beurteilen sind, in denen sich die Lokalisierung der Geschäftsleitung an einem Ort als schwierig erweist.

– Ort der tatsächlichen Geschäftsleitung abzustellen, vgl. OECD-MK, Art. 4 Tz. 22; Lehner, in: Vogel, DBA, 1996, Art. 4 Rz. 104. Einschränkend ist dabei anzumerken, dass die sog. Kollisionsregel keine Vorsorge für Sachverhalte trifft, bei denen der Ort der tatsächlichen Geschäftsleitung in einem Drittstaat gelegen ist und die Gesellschaft aufgrund anderer ortsbezogener Ansässigkeitskriterien in beiden Staaten der unbeschränkten Steuerpflicht unterliegt, vgl. Staringer, Kapitalgesellschaften, 1999, 149; Wassermeyer, in: Debatin/Wassermeyer, DBA, 2000, Art. 4 Rz. 99; Wilke, in: Becker/Höppner/Grotherr u.a., DBA, 1999, Art. 4 Rz. 67.

733 Vgl. Wassermeyer, in: Debatin/Wassermeyer, DBA, 2000, Art. 4 Rz. 99; Wilke, in: Günkel, in: Becker/Höppner/Grotherr u.a., DBA, 1999, Art. 4 Rz. 67. Deshalb sei an dieser Stelle auf die Ausführungen zu § 10 AO auf S. 227 verwiesen.

734 Vgl. OECD-MK, Art. 4 Tz. 24.

Im Zusammenhang mit der Kollisionsregel gemäß Art. 4 Abs. 3 OECD-MA ist darüber hinaus die von *Wassermeyer* angestellte Überlegung von besonderem Interesse: „Denkbar ist allerdings, dass ein Unternehmen zwei Geschäftsführer hat, die von zwei verschiedenen Orten aus tätig werden und gleichgewichtige Geschäftsleitungsaufgaben für das Unternehmen erledigen. In diesem Fall kann die Existenz zweier Geschäftsleitungsstätten logisch nicht ausgeschlossen werden. ... Die Existenz mehrerer Geschäftsführer zwingt nicht zu der Annahme, dass die tatsächliche Geschäftsleitung an mehreren Orten anzusiedeln sei."[735] Dieser Aussage lässt sich gleichsam entnehmen, dass der Verfasser die Annahme mehrerer Orte der tatsächlichen Geschäftsleitung grundsätzlich nicht ausschließt, auch wenn er die Fälle für grenzüberschreitend tätige Unternehmen eher als untypisch ansieht.In die gleiche Richtung weist auch die h.M. in der Kommentarliteratur zur abkommensrechtlichen Geschäftsleitungsbetriebsstätte i.S.d. Art. 5 Abs. 2 a OECD-MA,[736] derzufolge ein Unternehmen ebenso dezentral geführt werden kann.[737]

3. Zwischenergebnis

Die bisherigen Ausführungen machen deutlich, dass die ehemals ständige Rechtsprechung sowie die h.M. im Schrifttum, wonach der Ort der Geschäftsleitung gemäß § 10 AO nur ein einziger Ort sein kann, nicht mehr im Einklang mit modernen Unternehmensstrukturen stehen. Als richtungsweisender Schritt - für das nationale Steuerrecht - ist daher die neuere Auf-

---

735 Vgl. Wassermeyer, in: Debatin/Wassermeyer, DBA, 2000, Art. 4 Rz. 98. Ebenso bejahen *Breuninger/Krüger*, dass es auch i.S.v. Art. 4 Abs. 3 OECD-MA mehrere Orte der tatsächlichen Geschäftsleitung geben kann, vgl. Breuninger/Krüger, in: FS Rädler, Integration, 1999, 79 (111).

736 Vgl. ausführlich S. 75.

fassung des I. Senats des BFH zu werten, welcher nunmehr eindeutig dahingehend Stellung nimmt, dass eine Kapitalgesellschaft über mehrere Orte der Geschäftsleitung verfügen kann. Aus Sicht global operierender Unternehmen mit entsprechend marktnaher Aktivität der maßgebenden Geschäftsführer verringert sich dadurch vor allem die Gefahr des Verlusts der Organträgereigenschaft bzw. der Liquidationsbesteuerung, da Veränderungen der organisatorischen Struktur nicht zwingend eine entsprechende Verlagerung der geschäftlichen Oberleitung ins Ausland nach sich ziehen. Vielmehr ist davon auszugehen, dass solche Umgestaltungen der Führungsorganisation, soweit dabei die Tatbestandsvoraussetzungen des § 10 AO Vorliegen, zu weiteren Mittelpunkten der geschäftlichen Oberleitung führen.[738]

Fest steht, dass ebenso die abkommensrechtliche Tiebreaker-Regel des § 4 Abs. 3 OECD-MA der Weiterentwicklung bedarf.[739] Dies gilt umso mehr, als der OECD-Steuerausschuss im Rahmen der jüngsten Änderung des OECD-Musterkommentars 2000 die Existenz eines einzigen Ortes der

---

737 Vgl. Görl, in: Vogel, DBA, 1996, Art. 5 Rz. 49.

738 Vgl. Breuninger/Krüger, in: FS Rädler, Integration, 1999, 79 (111).

739 So stellt *Rivier* bereits 1987 im Rahmen des IFA-Generalberichts fest, dass auch das Kriterium der tatsächlichen Geschäftsleitung Bedenken begegne. Denn durch die zunehmende Entwicklung der Kommunikationsmittel sei es nicht mehr erforderlich, förmliche Zusammenkünfte des Verwaltungsrates zu organisieren. Telefon, Telex oder Telekopierer ermöglichten es jedem Verwaltungsratsmitglied, seine Auffassung zum Ausdruck zu bringen und an der Entscheidungsfindung teilzunehmen, ohne an einem bestimmten Ort physisch präsent zu sein. Dessen ungeachtet gingen die IFA-Staaten davon aus, dass grundsätzlich eine einzige abkommensrechtliche Ansässigkeit bestimmt werden könne, vgl. Rivier, CDFI LXXII a, 1987, 110; s.a. McLure, CESifo Forum 2000, Vol. 1, No. 3, 10 (14).

Geschäftsleitung zementiert hat. Will man also - zumindest auf lange Sicht - die drohende Unbrauchbarkeit der Kollisionsvorschrift zur Festlegung der Ansässigkeit anderer als natürlicher Personen abwenden, so erscheint nicht zuletzt angesichts der technologischen Möglichkeiten des E-Business die Entwicklung neuer bzw. ergänzender Anknüpfungsmerkmale dringend geboten. Falls dies allerdings nicht gelingen sollte, bestünde mehr und mehr die Gefahr der Doppel- und Mehrfachbeanspruchung des Ortes der tatsächlichen Geschäftsleitung seitens der beteiligten Staaten. Dafür spricht vor allem der Umstand, dass Vertragsstaaten wohl in den Fällen, in denen sich kein Ort der tatsächlichen Geschäftsleitung lokalisieren lässt, entsprechend Art. 4 Abs. 1 OECD-MA auf ihr innerstaatliches Recht rekurrieren werden.[740] Bedingt durch den Ausschluss vom Anwendungsbereich der Doppelbesteuerungsabkommen bei Personen mit doppelter Ansässigkeit, wäre eine signifikante Zunahme wettbewerbsverzerrender Doppelbesteuerungen die Folge hiervon.[741]

---

740 Grundsätzlich tendieren Staaten dazu, das Merkmal der tatsächlichen Geschäftsleitung entsprechend ihrem nationalen Recht auszulegen. Beispielsweise Japan und Korea haben in einer Anmerkung zum OECD-Musterkommentar klargestellt, dass sie anstatt des Ausdrucks „tatsächliche Geschäftsleitung“ den Begriff "Hauptsitz“ verwenden, vgl. Rivier, CDFI LXXII a, 1987, 103; OECD-MK, Art. 4 Tz. 28.

741 So schließen einige der mit der Bundesrepublik Deutschland geschlossenen Abkommen doppelansässige Gesellschaften gezielt von der Abkommensanwendung aus. Dazu zählen beispielsweise die DBA mit Kanada, Mexiko und den Vereinigten Staaten, vgl. OECD-MK, Art. 4 Tzn. 27, 31; s.a. Staringer, Kapitalgesell-schaften, 1999, 163.

4. *Weiterentwicklung des steuerlichen Anknüpfungsmoments „Ort der tatsächlichen Geschäftsleitung“*

a) *Substitution des bisherigen Konzepts*

Bedingt durch die abnehmende Lokalisierung von Unternehmen verliert der Begriff „Ort der tatsächlichen Geschäftsleitung“ mehr und mehr an Aussagekraft. Eine Lösung zur Beseitigung dieser Unsicherheit stellt die Streichung des Ortes der tatsächlichen Geschäftsleitung - als Anknüpfungsmerkmal zur Bestimmung der abkommensrechtlichen Ansässigkeit einer Gesellschaft - dar. Als Alternativen bieten sich mehrere Möglichkeiten an:

(1) Errichtungsort der Gesellschaft

Eine Variante einer möglichen Lösung könnte darin bestehen, im Rahmen der Tiebreaker-Regel allein auf eine juristisch ausgeprägte Gebietszugehörigkeit in Gestalt des Gründungsortes der Gesellschaft zurückzugreifen.[742] Denn eine Gesellschaft kann ohne Anbindung an eine Rechtsordnung, welche ihr die Rechtssubjektivität verleiht, prinzipiell nicht existieren und folglich auch keine Einkünfte als selbstständige Einheit erzielen. Dabei ist die Anknüpfung an diesem formalen Kriterium des Ortes der Errichtung weitgehend mit dem der Staatsangehörigkeit bei natürlichen Personen vergleichbar.[743] In gleicher Weise knüpft beispielsweise das US-

---

742 Im Februar 2001 hat die OECD eine Vielzahl von Diskussionspapieren zu Fragen der Besteuerung des E-Business auf ihrer Web-Site eingestellt. U.a. finden sich dort auch Vorschläge zur Fortentwicklung des Konzeptes des Ortes der tatsächlichen Geschäftsleitung im Umfeld des elektronischen Handels, vgl. OECD, Framework, 2001, 143 ff.; s.a. Bernütz/Weinreich, WPg 2001, 690 (699); Lambooij, e-commerce 1998, No. 1, 11 (13).

743 Die OECD Business Profits TAG fügt hierzu an, dass diese Vorgehensweise eine ähnliche Konsequenz nach sich ziehen würde wie im Fall einer natürlichen Person, bei der

amerikanische Steuerrecht für die Bestimmung der Ansässigkeit nach IRC Sec. 7701 (a) (4) unmittelbar an das US-amerikanische Gesellschaftsrecht an.[744] Nach dieser Vorschrift ist eine Gesellschaft dann steuerlich als inländisch zu behandeln, wenn sie „... in den Vereinigten Staaten oder nach dem Recht der Vereinigten Staaten oder eines Bundesstaates gegründet oder organisiert ist."

Der Vorteil eines solchen Ansatzes liegt vor allem darin, dass es sich bei dem Errichtungsort regelmäßig um ein einfach zu bestimmendes und eindeutiges Merkmal handelt, mit welchem gleichzeitig ein hohes Maß an Rechtssicherheit verbunden ist.[745] Langwierige Tatbestandsanalysen seitens der Finanzbehörden sowie u.U. erforderliche Verständigungsverfahren nach Art. 25 OECD-MA sind dann nicht länger erforderlich.

Allerdings ist diese ausgesprochen einfache Lokalisierung der Ansässigkeit infolge der primär juristischen Beziehung zwischen dem Steuersubjekt und dem besteuernden Staat mit dem Dilemma behaftet, dass der Gründungsort einer Gesellschaft frei wählbar und damit das zentrale An-

---

nicht dem Wohnsitz, sondern dem Geburtsort eine entscheidende Bedeutung für die steuerliche Beurteilung beigemessen wird. Ebenso wenig erfordere die Errichtung einer Gesellschaft eine wesentliche (Geschäfts-) Beziehung zwischen Gesellschaft und Gründungsstaat, vgl. OECD, Framework, 2001, .

744 IRC Sec. 7701 (a) (4): „The term domestic when applied to a corporation or partnership means created or organized in the United States or under the law of the United States or of any state;" s.a. D`Avino, CDFI LXXII a, 1987, 303; Großmann, Ansässige Kapitalgesellschaften, 1995, 31; Lehner, in: Vogel, DBA, 1996, Art. 4 Rz. 28.

745 Vgl. Bernütz/Weinreich, WPg 2001, 690 (699).

knüpfungsmerkmal vom Steuerpflichtigen beeinflussbar ist.[746] Im hier interessierenden Kontext eröffnet sich dabei insbesondere für E-Business-Unternehmen die Möglichkeit zur Wahl eines Staates mit attraktiven steuerlichen Rahmenbedingungen, zumal der Globalcharakter des digitalen Geschäftsverkehrs keine Betriebsstätte am Ort der tatsächlichen Tätigkeit mehr erfordert.[747] Gegen eine derartige formale Anknüpfung spricht überdies, dass bereits heute teilweise Online-Gründungen von Gesellschaften anerkannt werden und das „künstliche" Kriterium des Gründungsortes dort keine physische Präsenz voraussetzt.[748] Eine Kollisionsregel, welche auf

---

746 Vgl. Doernberg/Hinnekens, International Taxation, 1999, 200; Höllhuber, in: Toifl/Züger, Schriftenreihe, 2000, 71 (89). In die gleiche Richtung weist auch die im Rahmen des Beschlusses des Großen Senats des BFH wiedergegebene Stellungnahme des *Bundesministers für Wirtschaft und Finanzen (BMWF)*: „Wenn die Tätigkeit des Geschäftsführers einer GmbH nicht an einen bestimmten Ort gebunden sei, könne sinnvollerweise nur auf den Ort abgestellt werden, an dem die Tätigkeit ihren wirtschaftlichen Mittelpunkt habe. Das sei der Sitz der Gesellschaft, wo sich die Tätigkeit lokalisiere. Jede andere Lösung erscheine gerade im Zeitalter der modernen Kommunikationsmittel, in dem selbst große Konzerne auf längere Zeit hindurch während der Abwesenheit der Organe per Telefon und Fernschreiber geleitet würden, sinnwidrig," vgl. BFH, Beschluss vom 15.11.1971 – Gr. S 1/71, BStBl. II 1972, 68 (70).

747 Darüber hinaus stimmt es mit demjenigen Kriterium überein, auf das auch vielfach im Internationalen Privatrecht abgestellt wird, vgl. Rivier, CDFI LXXII a, 1987, 110. Zudem ist zu beachten, dass eine Verschärfung der Anti-Missbrauchsbestimmungen (CFC-Rules) zwar den Wegzug bereits bestehender Gesellschaften weitgehend reduzieren würde, neu gegründete Gesellschaften jedoch grundsätzlich davon unberührt blieben, vgl. McLure, CESifo Forum 2000, Vol. 1, No. 3, 10 (14).

748 Vgl. Bernütz/Weinreich, WPg 2001, 690 (699); Höllhuber, in: Toifl/Züger, Schriftenreihe, 2000, 71 (89). In diesem Zusammenhang stellt sich darüber hinaus die Frage nach der Zulässigkeit einer virtuellen Hauptversammlung, bei der kein physisches Treffen mehr von Aktionären, Vorstand und Aufsichtsrat an einem realen Ort, sondern vielmehr der ge-

die bloße Registrierung ohne wesentliche Geschäftsaktivitäten abstellt, stößt daher auch schon im Rahmen der geltenden Kommentierung zum OECD-MA auf Ablehnung.[749]

Als richtungsweisend gilt in diesem Zusammenhang die Entscheidung des britischen House of Lords im Fall „De Beers Consolidated Mines v. Howe."[750] Im entschiedenen Sachverhalt ging es um eine südafrikanische Gesellschaft, deren Unternehmenszweck der Betrieb von Diamantenminen ist. Während die Hauptverwaltung der Gesellschaft in den Händen des Stammhauses in Südafrika lag, wurden wesentliche Geschäftsführungsbeschlüsse in deren Londoner Büro gefasst. Der Berichterstatter *Lord Loreburn* führte hierzu grundlegend aus: „Bei Anwendung des Wohnsitzprinzips auf Unternehmen bedarf es einer Vorgehensweise, welche sich soweit als möglich an der natürlicher Personen orientiert. Ein Unternehmen kann

---

samte Austausch via Internet stattfindet, vgl. z.B. Pleßke, in: Schwarz, Recht im Internet, 1996, Rz. 12-5.1.

749 „Einem lediglich formalen Merkmal wie z.B. der Eintragung sollte keine Bedeutung beigemessen werden," vgl. OECD-MK, Art. 4 Tz. 22. *Breuninger/Krüger* fordern in diesem Zusammenhang neben dem Gründungs-ort/Sitz das Erfüllen einer materiellen Komponente, vgl. Breuninger/Krüger, in: FS Rädler, Integration, 1999, 79 (104).

750 Vgl. De Beers Consolidated Mines v. Howe, 5 TC 198 (1906); s.a. Doernberg/Hinnekens, International Taxation, 1999, 200. In die gleiche Richtung zielt auch die Auffassung des niederländischen Hoge Raad vom 13.07.2001. Im entschiedenen Fall ging es um eine in den Niederlanden errichtete BV, welche von Curacao (Niederländische Antillen) aus geleitet wurde. Art. 33 WBR (Wet op belastingen van rechtsverkeer) sieht vor, dass Gesellschaften, welche in einem Staat außerhalb der EU ansässig sind (tatsächliche Leitung), dennoch als in den Niederlanden ansässig gelten, wenn sich ihr Satzungssitz in den Niederlanden befindet. Der Hoge Raad beurteilte im Streitfall die Niederländischen Antillen als Drittstaat mit der Folge, dass die Einkünfte der niederländischen Besteuerung unterlagen, vgl. de Gunst/van der Linde, Tax Notes Int'l 2001, 578 (578).

zwar nicht essen oder schlafen, dafür ist es aber imstande, ein Geschäft zu betreiben. Aus diesem Grund scheint es geboten, auf den Ort abzustellen, an dem ein Unternehmen tatsächlich betrieben [i.S.v. geführt - Anm. des Verfassers] wird."

(2) Wohnsitz der Oberleiter

Weiter gibt es die Möglichkeit, den Ort zugrundezulegen, an dem alle bzw. die Mehrheit der Entscheidungsträger ihren Wohnsitz haben.[751] Dabei umfasst der mit dem Begriff „Entscheidungsträger" verbundene Personenkreis primär Geschäftsführer und Vorstände, aber auch die beherrschenden Gesellschafter.[752] Somit rückt die Selbstständigkeit einer Gesellschaft zugunsten der Berücksichtigung der steuerlichen Ansässigkeit der Oberleiter in den Hintergrund.

Konzeptionelle Bestätigung erfährt diese Variante einer denkbaren Neufassung des Art. 4 Abs. 3 OECD-MA vor allem durch die deutsche Rechtsprechung des RFH. Denn dieser hat bei Fehlen von Büroräumen oder anderen lokalen Geschäftseinrichtungen die Auffassung vertreten, dass die geschäftsleitende Tätigkeit am Wohnsitz des oder der geschäftlichen Oberleiter(s) ausgeübt wird, wenn der Geschäftsführer auch tatsächlich das Unternehmen von dort aus leitet.[753] Prima facie erscheint dieser Ansatz unproblematisch. Denn selbst in den Fällen, in denen sich nach Art. 4 Abs. 1 OECD-MA eine Doppelansässigkeit des Entscheidungsträgers in beiden

---

751 Vgl. Bernütz/Weinreich, WPg 2001, 690 (699); Hinnekens, e-commerce 1999, No. 6, 3 (4); Höllhuber, in: Toifl/Züger, Schriftenreihe, 2000, 71 (89); OECD, Framework, 2001, 150; Rivier, CDFI LXXII a, 1987, 111. Zum sog. Human Residence Approach s.a. Wichmann, K&R 1999, 193 (197).

752 Vgl. Birk, in: Hübschmann/Hepp/Spitaler, AO, 1998, § 10 Rz. 15 ff.

Vertragsstaaten ergibt, bestimmt die Tiebreaker-Regel des Art. 4 Abs. 2 OECD-MA, welcher Staat die in seinem Gebiet ansässige natürliche Person als Wohnsitzstaat und welcher der beiden sie als Quellenstaat besteuern darf.[754] Hierbei ist in einem vierstufigen Verfahren zu prüfen, wo der Steuerpflichtige seine ständige Wohnstätte, den Mittelpunkt seiner Lebensinteressen sowie seinen gewöhnlichen Aufenthalt hat bzw. in einem letzten Schritt, welche Staatsangehörigkeit dieser besitzt.[755] Hinzu kommt, dass derartige - auf natürliche Personen zugeschnittene - Anknüpfungsmomente in einem digitalen Umfeld weitaus aussage- und bestandskräftiger sind als das geltende Kriterium des Ortes der tatsächlichen Geschäftsleitung.[756] Soweit der Kreis der Entscheidungsträger nur in einem Staat ansässig ist bzw. nur ein einziger Entscheidungsträger bestimmt werden kann, ist ein Rückgriff auf deren/dessen Wohnsitz grundsätzlich als ein probates Mittel zur Bestimmung der Ansässigkeit einer Gesellschaft zu beurteilen.

Ein eindeutiges Ergebnis lässt sich aber nicht in jedem Fall erzielen. Sind gleichberechtigte Entscheidungsträger etwa in verschiedenen Staaten ansässig, dürfte sich der Anwendungsbereich der Tiebreaker-Regel i.S.d. Art. 4 Abs. 2 OECD-MA relativ schnell erschöpfen.[757] Offen bleibt zu-

---

753 Vgl. RFH vom 03.07.1934 – I A 129/33, RStBl. 1934, 1078 (1079); s. ausführlich S. 252.

754 Vgl. Kluge, Internationales Steuerrecht, 2000, 736 f.; Lehner, in: Vogel, DBA, 1996, Art. 4 Rz. 66; Schaumburg, Steuerrecht, 1998, Rz. 16.198; Wassermeyer, in: Debatin/Wassermeyer, DBA, 2000, Art. 4 Rz. 51.

755 Vgl. OECD-MK. Art. 4 Tzn. 11-20; anschaulich: Wassermeyer, in: Debatin/Wassermeyer, DBA, 2000, Art. 4 Rz. 51.

756 Vgl. Hinnekens, e-commerce 1999, No. 6, 3 (4).

757 Dieses Problem gewinnt vor allem dann an Bedeutung, wenn Unternehmen weltweit an verschiedenen Börsen gelistet sind. Daher lehnt die OECD-Arbeitsgruppe die Zugrundelegung des Ortes, an dem die Entscheidungsträger ihren Wohnsitz haben, prinzipiell ab,

dem, ob bzw. inwieweit Änderungen der Führungsorganisation oder aber auch die Wohnsitzverlagerung maßgebender Geschäftsführer eine Rückwirkung auf die Ansässigkeit einer Gesellschaft entfalten. Insoweit bildet die Einführung einer Mindestschwelle - z.B. in Gestalt von 50 v.H. aller Entscheidungsträger in einem Staat eine sinnvolle Ergänzung dieser Lösungsvariante.[758] Dieser Grundwertung folgend gelten beispielsweise Kapitalgesellschaften als in Australien ansässig, wenn u.a. Geschäftsaktivitäten in Australien ausgeübt werden und die Gesellschafter der nach ausländischem Recht gegründeten Kapitalgesellschaft mehrheitlich in Australien ansässig sind.[759] Anzumerken ist jedoch, dass eine rein kapitalistische Beherrschung eines Unternehmens nicht zwingend mit der Eigenschaft des maßgebenden Entscheidungsträgers gleichzusetzen ist.[760] Nicht zuletzt widerspricht ein solches Konzept dem Grundsatz, dass bei einer Kapitalgesellschaft aufgrund ihrer eigenständigen Steuerrechtsfähigkeit zwischen der Behandlung der Kapitalgesellschaft einerseits und der Behandlung der Anteilseigner andererseits unterschieden werden muss.[761]

---

vgl. OECD, Framework, 2001, 153; s.a. Baron, e-commerce 2001, No. 7, 6 (7); Bernütz/Weinreich, WPg 2001, 690 (699); Höllhuber, in: Toifl/Züger, Schriftenreihe, 2000, 71 (90); Lambooij/Sinyor/Chew, Tax Notes Int'l 2001, 2091 (2108).

758 Vgl. Höllhuber, in: Toifl/Züger, Schriftenreihe, 2000, 71 (90).

759 Vgl. ITA Sec. 6 (1); s.a. Wachtel, CDFI LXXII a, 1987, 205; OECD, Framework, 2001, 153.

760 Vgl. RFH vom 09.01.1934 – I A 344/32, RStBl. 1934, 382 (382); RFH vom 03.07.1936 – I A 150/36, RStBl. 1936, 804 (805); s. ausführlich S. 230.

761 Vgl. Rivier, CDFI LXXII a, 1987, 111; Storck, Ausländische Betriebsstätten, 1980, 19.

(3) Bedeutsamster ökonomischer Anknüpfungspunkt

Bedingt durch die Tatsache, dass sich der Ort der Geschäftsleitung zu einem schwer zu bestimmbaren Anknüpfungsmoment entwickelt hat, soll im Rahmen der nachstehenden Ausführungen alternativ auf den Ort der stärksten wirtschaftlichen Bindung zu einem Staat abgestellt werden.[762] Dabei bietet sich an, die Ansässigkeit einer Gesellschaft am Vorhandensein und dem Ausmaß der genutzten Produktionsfaktoren wie beispielsweise Grundstücke, Arbeit und Kapital einerseits oder aber an der Höhe der erzielten Einkünfte[763] andererseits zu messen. Aufgrund dieser objektbezogenen Anknüpfungsmomente orientiert sich dieser Vorschlag primär an den Grundwertungen des Ursprungsprinzips.[764] Denn grundsätzlich gilt eine Besteuerung am Ursprung dann als gerechtfertigt, wenn ein Unternehmen eine bestimmte Mindestschwelle für die Präsenz in einem Staatsgebiet überschreitet, d.h. auch die Infrastruktur und Einrichtungen dieses Staates im Sinne einer Marktteilnahme nutzt.[765] Führt man diesen Ansatz konsequent fort, ist nicht auszuschließen, dass der Betriebsstättenstaat der doppelansässigen Gesellschaft zum Ansässigkeitsstaat wird. Nach Auffas-

---

762 Vgl. OECD, Framework, 2001, 153 f.; s.a. Bernütz/Weinreich, WPg 2001, 690 (699).

763 Nach Auffassung von *Strunk* sei eine Orientierung an der wirtschaftlichen Bedeutung der in Frage stehenden Staaten für das doppelansässige Unternehmen der (einzig) sachgerechte Anknüpfungspunkt, vgl. Strunk, Habilitation, 1999, 389.

764 Vgl. Baron, e-commerce 2001, No. 7, 6 (8); Doernberg, Tax Notes Int'l 2000, 2417 (2417 ff.); Forst, Tax Notes Int'l 1997, 1455 (1467 f.); Lambooij/Sinyor/Chew, Tax Notes Int'l 2001, 2091 (2108); Portner, Aspekte, 2001, 60; s.a. die Ausführungen zur Ausweitung des Betriebsstättenprinzips auf S. 204.

765 *Günkel* spricht in diesem Zusammenhang von der Überschreitung einer gewissen „Reizschwelle" im Quellenstaat, vgl. Günkel, in: Günkel, in: Becker/Höppner/Grotherr u.a., DBA, 1999, Art. 5 Rz. 2.; s.a. Görl, in: Vogel, DBA, 1996, Art. 5 Rz. 4; Schaumburg, Internationales Steuerrecht, 1998, Rz. 16.234.

sung der OECD-Arbeitsgruppe zur Überprüfung der Anwendbarkeit geltender Abkommensnormen auf den E-Commerce enthalte eine solche Vorgehensweise ebenso Elemente einer Besteuerung nach dem Wohnsitzprinzip.[766]

Kritisch anzumerken ist jedoch, dass dieser Gedanke dort nicht weiter ausgeführt wird, so dass letztlich nur eine wenig trennscharfe Abgrenzung zwischen Ursprungs- und Wohnsitzprinzip vorliegt. Allerdings bietet die Annahme gleicher Grundkonzeptionen für eine Rechtfertigung der Besteuerung im Wohnsitz- bzw. Quellenstaat massiven Zündstoff für eine radikale Neuordnung der Allokation von Besteuerungsrechten.[767] Vor dem Hintergrund des international anerkannten Prinzips der Einmalbesteuerung sowie der Tatsache, dass grundsätzlich der Wohnsitzstaat dazu verpflichtet ist, - im Hinblick auf die Vermeidung der Doppelbesteuerung - eine Entlastung zu gewähren, wäre hiernach eine Besteuerung nach dem Wohnsitzprinzip obsolet. Schließlich würde nach der Zuordnung des Besteuerungsrechts an den Quellenstaat gemäß der hier vorgeschlagenen wirtschaftlichen Anbindung nicht viel für eine Besteuerung im Wohnsitzstaat sprechen, welche in gleicher Weise eine objektbezogene Anknüpfung verfolgt. Ungeachtet dieser Einwände hat die Heranziehung der wirtschaftlich stärksten Bindung als Tiebreaker-Regel im Ergebnis nur zum Ziel, bei doppelansässigen Gesellschaften eine Bestimmung der abkommensrechtlichen Ansässigkeit zu ermöglichen.

Besondere Probleme bereitet die Konkretisierung des Begriffs „wirtschaftliche Bindung zu einem Staat“. Fraglich ist beispielsweise, wie Fälle

---

766 Vgl. OECD, Framework, 2001, 154.

zu beurteilen sind, bei denen sich in Staat A der größere Anteil des Humankapitals befindet, in Staat B aber wesentliche Teile der kommunikationstechnischen Einrichtung installiert sind. Zur Lösung dieser Frage bedarf es zwingend eines eindeutigen Kriteriums, welches leicht quantifizierbar ist. Vor diesem Hintergrund erscheint es vielversprechender, den Staat als Ansässigkeitsstaat zu betrachten, bei dem möglichst viele der Einkünfte als inländische Einkünfte steuerlich zu erfassen sind. Hilfsweise könnte im Verlustfall ein Rückgriff auf Umsatzzahlen erfolgen.[768] Im Hinblick auf eine wettbewerbsneutrale Besteuerung müsste allerdings sichergestellt sein, dass die Gewinnermittlung in den potenziellen Ansässigkeitsstaaten jeweils nach den gleichen Regelungen erfolgt.[769] Hierbei bietet sich primär eine Ermittlung der Gewinne nach einer der international anerkannten handelsrechtlichen Gewinnermittlungsmethoden - den US-GAAP oder den IAS - an.[770]

---

767 Vgl. Baron, e-commerce 2001, No. 7, 6 (7).

768 *Strunk* schlägt dabei die Ergänzung der Kollisionsregel des Art. 4 Abs. 3 OECD-MA um einen zweiten Satz vor: „Kann der Ort der Geschäftsleitung nicht bestimmt werden, gilt die Gesellschaft als dort ansässig, wo der größere Teil der Einkünfte erzielt wird," vgl. Strunk, Habilitation, 1999, 389.

769 Soll hierbei die Gewinnermittlung auf der Grundlage eines Vermögensvergleichs beibehalten werden, setzt Entscheidungs- bzw. Wettbewerbsneutralität der Besteuerung die Ermittlung des ökonomischen Gewinns voraus. So verlieren auch die nationalen Ansatz- und Bewertungswahlrechte ihren wettbewerbsverzerrenden Einfluss. Einschränkend ist demgegenüber einzuwenden, dass der ökonomische Gewinn ein theoretisches Ideal, welches unter realen Marktbedingungen und unter dem Aspekt der Rechtssicherheit der Besteuerung nicht zweifelsfrei bestimmbar ist, vgl. Jacobs, Unternehmensbesteuerung, 1999, 245. Ausführlich zu den Problemen der quantitativen Ermittlung der Einkünfte im Rahmen des hier vorgeschlagenen Ansatzes: Strunk, Habilitation, 1999, 389.

770 Mit der Neuausrichtung ihrer Rechnungslegungsstrategie Mitte 2000 hat die EU-Kommission den Weg für eine verstärkte Anwendung Internationaler Rechnungsle-

Allerdings führt eine solche Vorgehensweise immer dann zu unsachgerechten Ergebnissen, wenn der Großteil der Einkünfte in keinem der Staaten erzielt wird, in denen nach nationalem Recht eine unbeschränkte Steuerpflicht vorliegt.[771] Hinzu kommt die Schwierigkeit der Prognose zukünftig zu erwartender Einkünfte, wenn es sich bei der doppelansässigen Gesellschaft um eine Neugründung handelt.

b) Ergänzung um weitere (ranggleiche) Entscheidungskriterien

Alternativ zur Substitution der geltenden Kollisionsregel des Art. 4 Abs. 3 OECD-MA wäre es auch möglich, in den Fällen, in denen die Anwendung der Kriterien der Neufassung 2000 zu keinem eindeutigen Ergebnis führt, parallel hierzu weitere Differenzierungsmerkmale einzubeziehen.[772] Diese Variante bietet zunächst den Vorteil, dass sie zusätzlich mit dem Wortlaut des geltenden Musterkommentars im Einklang steht: „Eine abschließende Regel kann jedoch nicht gegeben werden; alle erheblichen Umstände und Tatsachen müssen untersucht werden, um den Ort der tatsächlichen Geschäftsleitung zu bestimmen."[773] Die OECD-Arbeitsgruppe, welche sich vornehmlich mit Fragen der Anwendbarkeit geltender Ab-

---

gungstandards, insbesondere der International Accounting Standards (IAS), geebnet. Ein wichtiger Schritt in Richtung IAS stellt der Kommissionsvorschlag vom Februar 2001 dar, nach dem Unternehmen, deren Wertpapiere in einem geregelten Markt notiert werden, ihren Konzernabschluss ab 2005 verbindlich nach IAS aufzustellen haben, vgl. Niehus, WPg 2001, 737 (740).

771 Vgl. Strunk, Habilitation, 1999, 390.

772 Vgl. OECD, Framework, 2001, 154 f.; s.a. Bernütz/Weinreich, WPg 2001, 690 (699).

773 Vgl. OECD-MK, Art. 4 Tz. 24.

kommensregeln auf den elektronischen Handel befasst, schlägt hierzu einen Katalog möglicher weiterer einzubeziehender Faktoren vor:[774]

- Ort der Zentrale unter Berücksichtigung der dort ausgeübten Funktionen,
- Ort der Unternehmensleitung auf Basis von Angaben im Gesellschaftsvertrag,
- Ort der Gründung/Eintragung,
- Relative Bedeutung der in den jeweiligen Staaten ausgeübten Funktionen,
- Ort, an dem die Mehrheit der Geschäftsführer ansässig ist.

Im Rahmen der hier vorgeschlagenen Verfeinerung der Kollisionsregel drängt sich die Frage auf, welches Gewicht den einzelnen Kriterien bei der Bestimmung der abkommensrechtlichen Ansässigkeit beizumessen ist.[775] M.E. wird eine an den ausgeübten Funktionen orientierte Betrachtungsweise den Anforderungen der Kollissionsregel am ehesten gerecht. Für diese Auffassung spricht vor allem, dass - mit Ausnahme dieses Kriteriums - alle alternativen Merkmale - wie etwa der Ort der Unternehmensleitung auf Basis von Angaben im Gesellschaftsvertrag - nicht die wirtschaftliche Bedeutung der in Frage kommenden Staaten für das Unternehmen abzubilden vermögen. Denn bei innovationsdynamischen Unternehmen steht regelmäßig die Suche nach effizienten Unternehmensstrukturen im Mittelpunkt des

---

774 Vgl. OECD, Framework, 2001, 154.

775 Vgl. Baron, e-commerce 2001, No. 7, 6 (8); Lambooij/Sinyor/Chew, Tax Notes Int'l 2001, 2091 (2109).

Interesses, welche situativ zwischen Gründung und „going public“ erheblich voneinander abweichen können.

Zunächst muss daher - unter Beachtung strukturtypischer Eigenarten - eine Funktionsanalyse bei der doppelansässigen Gesellschaft durchgeführt werden.[776] Als typische Merkmale wachstumsstarker E-Business-Unternehmen lassen sich zum einen massive Forschungs- und Entwicklungsaufwendungen ausmachen, deren Aktivierung jedoch regelmäßig die Vorschriften des § 248 Abs. 2 HGB i.V.m. § 5 Abs. 2 EStG entgegenstehen.[777] Zum anderen gilt zu beachten, dass insbesondere Immaterialgüter, die teilweise nach IAS bzw. US-GAAP auch selbsterstellt zum Bilanzansatz kommen, im Zusammenhang mit Geschäftsaktivitäten im elektroni-

---

776 *Baumhoff/Bodenmüller* differenzieren bei der Funktionsanalyse im Rahmen der Verrechnungsproblematik – zutreffend - weiter zwischen Funktionseigentümer und Funktionsausübung. Als Funktionseigentümer soll demnach derjenige bezeichnet werden, der die volle Dispositionsbefugnis über eine betriebliche Funktion und dementsprechend sämtliche aus der Wahrnehmung der Funktion resultierenden Chancen und Risiken innehat. Als Funktionsausübung soll demgegenüber die Erbringung von Dienstleistungen auf vertraglicher Basis für andere Unternehmen bezeichnet werden, wobei dem funktionsausübenden Unternehmen nur in eingeschränktem Umfang Dispositionsbefugnisse gewährt werden, vgl. Baumhoff/Bodenmüller, in: Grotherr, Internationale Steuerplanung, 2000, 363 (371).

777 Im Gegensatz hierzu erlauben die IAS bzw. US-GAAP eine teilweise Aktivierung. So sind nach APB Opinion No. 17 immaterielle Wirtschaftsgüter des Anlagevermögens dann zu aktivieren, wenn sie eindeutig indentifizierbar sind und eine begrenzte Nutzungsdauer besitzen. Ebenso ist gemäß IAS 38 ein immaterieller Vermögensgegenstand – unabhängig davon, ob dieser selbsterstellt oder erworben wurde - zu aktivieren, wenn er nachweislich dem Unternehmen einen zukünftigen ökonomischen Nutzen verspricht, dieser Nutzen eindeutig zugordnet werden kann und die mit der Erlangung des Vermögensgegenstands

schen Handel eine zentrale Rolle spielen.[778] Dabei ist primär an Urheberrechte an Software[779] bzw. Softwarelizenzen, Markennamen und nicht zuletzt Know-how sowie Markt- und Geschäftschancen[780] zu denken.

Hinter einer Geschäftschance verbirgt sich die bloße Möglichkeit zur Erlangung eines zukünftigen Vermögensvorteils. Daher kann grundsätzlich davon ausgegangen werden, dass jede übernommene Funktion mit einer

---

verbundenen Kosten verlässlich messbar sind, vgl. Pellens, Rechnungslegung, 1999, 173, 430; Schildbach, in: Ballwieser, US-GAAP, 2000, 99 (101).

778 Im Fall der kommerziellen Verwertung von Urheberrechten schlägt *Lambooij* im Hinblick auf die Feststellung der Ansässigkeit daher einen Rückgriff auf den Wohnsitz des gedanklichen Urhebers („auctor intellectualis") vor, vgl. Lambooij, e-commerce 1998, No. 1, 11 (15).

779 Zu den Urheberrechten zählen seit der Urheberrechtsnovelle 1993 gemäß § 2 Abs. 1 Nr. 1 UrhG prinzipiell auch Computerprogramme, vgl. Zweites Gesetz zur Änderung des Urheberrechtsgesetzes vom 09.06.1993, BGBl I 1993, 910 (910).

780 Nach gängiger Verkehrsanschauung stellt die bloße Möglichkeit eines zukünftigen Vermögensvorteils allerdings noch keine konkrete Geschäftschance dar, d.h. sie ist noch keiner gesonderten Bewertung zugänglich und daher noch nicht zu einem Wirtschaftsgut erstarkt, vgl. Wassermeyer, GmbHR 1993, 329 (332); Rödder, StbJb. 1997/98, 115 (124). Ebenso wurde bislang noch nicht abschließend geklärt, ob eine Geschäftschance als immaterielles Wirtschaftsgut zu qualifizieren ist. Der BFH lässt diese Frage in seinem Urteil vom 06.12.1995 offen, vgl. BFH vom 06.12.1995 - I R 40/95, BStBl. II 1997, 118 (119 f.); s.a. Baumhoff/Bodenmüller, in: Grotherr, Internationale Steuerplanung, 2000, 363 (393). Auch wurde die zentrale Abgrenzungsfrage – wann eine Geschäftschance bereits konkret entstanden ist und wann von einer noch nicht konkret entstandenen Geschäftschance ausgegangen werden muss – noch nicht abschließend beantwortet, vgl. BFH v. 24.3.1987 - I R 202/83, BStBl. II 1987, 705 (706 f.). Dabei ging die Rechtsprechung im Fall einer konzerninternen Übertragung eines bereits erschlossenen Marktes davon aus, dass die Geschäftschancen zu einem bewertbaren immateriellen Wirtschaftsgut, d.h. einem Kundenstamm erstarkt waren und hat dementsprechend eine Gewinnrealisierung gefordert, vgl. Kuckhoff, IStR 1999, 320 (325); Wassermeyer, GmbHR 1993, 329 (332).

entsprechenden Geschäftschance verknüpft ist. Nach der hier vertretenen Auffassung ist somit bei Anwendung einer funktionsorientierten Sichtweise auf den Personenkreis abzustellen, welcher die Dispositionsgewalt über wesentliche immaterielle Wirtschaftsgüter innehat und gleichzeitig einen entsprechend bedeutungsschweren funktionalen Raum einnimmt. Allerdings kann die Prüfung der Ansässigkeit an dieser Stelle noch nicht als abgeschlossen betrachtet werden. Vielmehr bedarf es - in einem weiteren Schritt - der Bewertung der jeweils zuzuordnenden - größtenteils - selbstgeschaffenen Immaterialgüter. Dies dürfte sich in der praktischen Umsetzung - nicht zuletzt mangels zuverlässiger Vergleichswerte[781] – jedoch regelmäßig als schwierig erweisen.[782]

c) *Erweiterung um nachrangige Ansässigkeitsmerkmale*

Für die Lösung des Problems der Doppelansässigkeit bei natürlichen Personen sieht die Tiebreaker-Regel des Art. 4 Abs. 2 OECD-MA eine Rangfolge ortsbezogener Kriterien vor, wobei die Anwendung eines vorrangigen Ansässigkeitsmerkmals die eines nachrangigen ausschließt, soweit die Ansässigkeit bereits mittels des vorrangigen Merkmals bestimmt

---

781 Vgl. statt vieler: Portner, IStR 1998, 549 (549 f.); Boos/Rehkugler/Tucha, DB 2000, 2389 (2390).

782 Im Hinblick auf die Bewertung einzelner Immaterialgüter bietet sich – auf den ersten Blick – vor allem die Kapitalwertmethode an. Dabei sind in einem ersten Schritt alle relevanten Werttreiber, welche die zukünftig zu erwartenden Zahlungsströme maßgeblich beeinflussen, zu analysieren. Weiter erscheint es angesichts der Vielzahl von Prognosewerten wie z.B. des zugrundezulegenden Zinsfußes sinnvoll, ein „worst"-, „base-" sowie „best"-case-Szenario zu entwickeln. Bedingt durch die Vielzahl von Parametern ist eine Bestimmung der abkommensrechtlichen Ansässigkeit auf diese Weise praktisch kaum durchführbar. Zur Berücksichtigung von Unsicherheiten bei zu prognostizierenden Renditen vgl. bspw. Mandl/Rabl, Unternehmensbewertung, 1997, 210 ff.

werden kann.[783] Analog könnte auch für die Bestimmung der Ansässigkeit von Gesellschaften ein sog. Rangstufentest eingeführt werden. Als Ausgangslage gilt auch bei dieser Lösungsvariante, dass die Gesellschaft nach Art. 4 Abs. 1 OECD-MA in beiden Vertragsstaaten als ansässig gilt.

---

783 Vgl. Lehner, in: Vogel, DBA, 1996, Art. 4 Rz. 104; Schaumburg, Steuerrecht, 1998, Rz. 16.195; Wassermeyer, in: Debatin/Wassermeyer, DBA, 2000, Art. 4 Rz. 52.

1. Ist der Ort der tatsächlichen Geschäftsleitung in einem Vertragsstaat lokalisierbar?	**ja** ⇒	Ort der tatsächlichen Geschäftsleitung bestimmt Ansässigkeit
nein ⇓		
2. Besteht zu einem der beiden Vertragsstaaten eine stärkere wirtschaftliche Bindung?	**ja** ⇒	Stärkere wirtschaftliche Bindung bestimmt Ansässigkeit
nein ⇓		
3. Wurde die Gesellschaft in einem der beiden Vertragsstaaten gegründet?	**ja** ⇒	Ort der Gründung bestimmt Ansässigkeit
nein ⇓		
4. Bestimmung der Ansässigkeit im gegenseitigen Einvernehmen.		

Abbildung 9: Vorschlag eines Rangstufentests

Auf welchen Staat wird abgestellt, wenn sowohl Vertragsstaat A als auch Vertragstaat B einen Ort der Geschäftsleitung in ihrem Hoheitsgebiet feststellen, die Gesellschaft jedoch nach dem Recht des Staates C errichtet wurde und der relativ größte Teil der Einkünfte im Staat D erzielt wird? Wie sind die Fälle zu beurteilen, in denen sich die gleichberechtigten Oberleiter auf mehr als zwei Staaten verteilen und die Gesellschaft in einem weiteren Staat gegründet wurde? Inwieweit steht die dritte Rangstufe mit der geltenden Musterkommentierung, welche ausdrücklich fordert, dass einem formalen Merkmal wie z.B. der Eintragung grundsätzlich keine Bedeutung zugemessen werden sollte, im Einklang? All diese Fragen machen deutlich, dass die bereits - isoliert - aufgeführten Schwächen der einzelnen Kriterien auch dann zum Tragen kommen, wenn sie subsidiär zu überprüfen sind. Insoweit vermag auch dieser Ansatz vor dem Hintergrund einer effektiven Tiebreaker-Regel letztlich nicht zu überzeugen.

d) Konzeption der „Home State Taxation"

Die vorstehenden Ausführungen zeigen, dass vor allem strukturdynamische doppel- oder gar mehrfachansässige Gesellschaften mehr und mehr an den Eckpfeilern der Rollenverteilung zwischen Ansässigkeits- und Quellenstaat rütteln. Dabei stellt sich die Frage, ob eine bloße Adaption des Art. 4 Abs. 3 OECD-MA dieser Entwicklung bereits ausreichend Rechnung trägt, oder ob es nicht vielmehr einer fundamentalen Neuorientierung bedarf. Dabei kann man sich durchaus die Erkenntnisse aus der z.T. außerordentlich kontrovers geführten Diskussion über die Notwendigkeit und den Umfang einer Harmonisierung der Steuersysteme der EU-Staaten nutzbar machen.[784] Aufschlussreich ist in dem hier zu erörternden Kontext besonders ein auf *Lodin/Gammie* zurückgehender Vorschlag einer sog. Home State Taxation ("Wohnsitzbesteuerung").[785] Besonderes Augenmerk gilt

---

784 Vgl. statt vieler Dautzenberg, EG-Binnenmarkt, 1997, 438 ff.; Hey, Harmonisierung, 1997, 341 ff.; Jacobs, Unternehmensbesteuerung, 1999, 143 ff; Rädler, in: Herzig, Körperschaftsteuersysteme, 1994, 1 (2 f.); Sapusek, Steuerharmonisierung, 1997, 15 ff.

785 Vgl. Lodin/Gammie, ET 1999, 286 (288); dies., Home State Taxation, 2001, 21 ff.; Lodin, ET 2001, 166 (170); s.a. Mitteilung der Kommission der Europäischen Gemeinschaften an den Rat, das Europäische Parlament und den Wirtschafts- und Sozialausschuss über Steuerpolitik in der Europäischen Union – Prioritäten für die nächsten Jahre, Bundesrats-Drucksache 449/01, 18; Fernandez, Tax Notes Int'l 2000, 2261 (2262); Selling, IStR 2000, 225 (231); Weiner, WTD 2000, Tax Analysts Doc.-No. 2000-17204; dies., WTD 2000, Tax Analysts Doc.-No. 2000-14053; dies., WTD 2001, Tax Analysts Doc.-No. 2001-15303.

hierbei der Frage, welche Anknüpfungsmomente in einem Staat eine Besteuerung rechtfertigen.

Wesentliches Merkmal dieses Vorschlags ist der Umstand, dass eine Gesellschaft ausschließlich den Besteuerungsregeln ihres „Wohnsitzstaates" - d.h. eines einzigen EU-Mitgliedsstaates - unterliegt.[786] So würde beispielsweise eine Gesellschaft, welche sich dazu entschließt, die Niederlande als „Wohnsitzstaat" zu wählen, für sämtliche Tochtergesellschaften und Niederlassungen in der EU den Gewinn auf der Grundlage des niederländischen Rechts ermitteln. Die so ermittelte Steuerbemessungsgrundlage wird - in einem zweiten Schritt - zwischen der Gesellschaft, ihren Betriebsstätten sowie Tochterunternehmen nach Maßgabe eines bestimmten Verteilungsschlüssels[787] aufgegliedert und in den jeweiligen EU-Mitgliedsstaaten der

786 Vgl. Lodin/Gammie, ET 1999, 286 (288); dies., Home State Taxation, 2001, 44; Lodin, ET 2001, 166 (170).

787 Dabei lässt sich eine Affinität zu der in einigen US-Bundesstaaten zur Anwendung kommenden „unitary taxation" konstatieren, welche die Selbstständigkeit konzernzugehöriger Unternehmen bei der Einkunftsabgrenzung ignoriert und den Gesamterfolg eines Konzerns nach einer im voraus festgelegten starren Aufteilungsformel auf die einzelnen Gliedgesellschaften verteilt, vgl. Jacobs, Unternehmensbesteuerung, 1999, 888; Johannemann, Unitary Taxation Method, 1997, 58 ff.; Portner, IWB F. 10 Gr. 2, 863 (866). Dementsprechend fordern *Lodin/Gammie* auch eine Abkehr von den traditionellen – am Grundsatz des Fremdvergleichs orientierten - Methoden zur Bestimmung der Verrechnungspreise. Bei der Zerlegungsformel innerhalb der Gemeinschaft könne sich demgegenüber auch ein an der jeweiligen Umsatzsteuerbasis orientierter Verteilungsschlüssel als hilfreich erweisen, vgl. Lodin/Gammie, ET 1999, 286 (293); dies., Home State Taxation, 2001, 44; s.a. Fernandez, Tax Notes Int'l 2000, 2261 (2262); Weiner, WTD 2000, Tax Analysts Doc.-No. 2000-14053. Allerdings übt *Ritter* scharfe Kritik an diesem Ansatz: „Und eine Unternehmenssteuer nach Art der amerikanischen „unitary taxation" für europäische Konzerne und Teilkonzerne auf Basis einer IAS-Konzernbilanz, von der manche schon träumen, kann

Steuer unterworfen. Damit zahlt die Gesellschaft im Ergebnis eine Steuer in Höhe der in den jeweiligen Staaten geltenden Steuersätze, jedoch mit der Besonderheit, dass die zugewiesenen Gewinne allein nach den Vorschriften des „Wohnsitzstaates" ermittelt wurden. Angesichts der Tatsache, dass die meisten westlichen Industrieländer der wirtschaftlichen Einheit Konzern durch spezifische Sonderregeln Rechnung tragen, besteht ein wesentlicher Vorteil des Konzepts in der Möglichkeit, im grenzüberschreitenden Verhältnis Gewinne und Verluste der jeweiligen Konzerneinheiten miteinander zu verrechnen.[788] Insoweit kommen Abkommen zur Vermeidung der Doppelbesteuerung nur noch in den Fällen zum Tragen, in denen Geschäftsbeziehungen zu Drittstaaten bestehen.[789] Denn bedingt durch die hier vorgeschlagene formelhafte Gewinnaufteilung kann ein Steuerpflichtiger innerhalb der Gemeinschaft nicht mehr mit denselben Einkünften gleichzeitig in zwei oder mehreren Staaten zu gleichen oder vergleichbaren Steuern herangezogen werden.

Offen bleibt dabei die entscheidende Frage, nach welchen Kriterien der „Wohnsitzstaat" zu bestimmen ist. Nach Ansicht von *Lodin/Gammie* sollen objektbezogene Anknüpfungsmomente wie etwa der größte Anteil der erzielten Gewinne oder der überwiegende Teil der Wirtschaftsgüter nicht

---

manche schon träumen, kann man nur seinen Feinden wünschen." Vgl. Ritter, IStR 2001, 430 (437).

788 Regelmäßig besteht für Verluste ausländischer Tochtergesellschaften - wegen des in den meisten Staaten praktizierten Trennungsprinzips - nicht die Möglichkeit eines grenzüberschreitenden Verlustausgleichs. Ausnahmen bestehen lediglich in Dänemark im Rahmen der Steuerkonsolidierung (sambeskatning) und in Frankreich im Rahmes des régime du bénéfice consolidé, vgl. Kessler, IStR 1993, 303 (303); ders., Holding, 1996, 48; Orth, GmbHR 1996, 33 (33).

789 Vgl. Lodin/Gammie, Home State Taxation, 2001, 54.

ausschlaggebend sein.[790] Ebensowenig trägt die bloße Errichtung einer Holdinggesellschaft den Anforderungen dieses Besteuerungskonzeptes Rechnung. Will sich ein Unternehmen nach den Regeln eines EU-Mitgliedsstaates besteuern lassen, so ist nach Ansicht von *Lodin/Gammie* jedoch zwingende Voraussetzung, dass es im „Wohnsitzstaat" der subjektiven Körperschaftsteuerpflicht unterliegt.[791] Im Fall des „Wohnsitzstaates" Deutschland wäre insoweit auf den Sitz bzw. den Ort der Geschäftsleitung der Gesellschaft abzustellen. Für die Lösung des Problems der Ansässigkeit lassen sich aus dem Konzept der „Home State Taxation" somit auf dieser Stufe keine neuen Erkenntnisse gewinnen. Weitaus größere Bedeutung soll jedoch der Tatsache beigemessen werden, dass die Gesellschaft eine „tatsächliche und dauerhafte" Beziehung zu diesem Staat nachweisen kann. In die gleiche Richtung zielt die von *Felix* postulierte „quantitativ-qualitative" Sichtweise - auch wenn dieser im Jahr 1963 noch von der Existenz eines einzigen Ortes der Geschäftsleitung ausging. Weitere Kriterien spielen für die Bestimmung des „Wohnsitzes" keine Rolle. Dies gilt insbesondere für den Gründungsort der Gesellschaft sowie für den/die Ort(e) der Geschäftsleitung.[792] Denn für die Besteuerung gemäß den Regeln des EU-„Wohnsitzstaates" reicht es prinzipiell aus, wenn sich dort beispielsweise der Sitz des Unternehmens und zusätzlich entsprechende Substanz - etwa in Gestalt einer Betriebsstätte - dauerhaft befinden.[793]

---

790 Vgl. Lodin/Gammie, Home State Taxation, 2001, 44; s.a. ausführlich zu diesem – sich am Ursprungsprinzip orientierenden - Kriterium S. 270.

791 Vgl. Lodin/Gammie, ET 1999, 286 (291); dies., Home State Taxation, 2001, 43.

792 Vgl. Lodin/Gammie, ET 1999, 286 (292).

793 Vgl. Breuninger/Krüger, in: FS Rädler, Integration, 1999, 79 (111).

Der entscheidende Vorteil gegenüber der Abkommenspraxis liegt damit vor allem in der Zulässigkeit mehrerer Orte der Geschäftsleitung auf multilateraler Ebene. Aus heutiger Sicht noch völlig offen ist allerdings, wie die Fälle zu behandeln sind, in denen ein Unternehmen beschließt, den „Wohnsitzstaat" in einen anderen Mitgliedsstaat zu verlagern. Hierfür ist nach Auffassung von *Lodin/Gammie* vorauszusetzen, dass das Unternehmen eine tatsächliche Beziehung zu diesem Staat aufgebaut hat und dort auch entsprechend über Substanz verfügt. Ferner wird ergänzend bzw. alternativ über eine an den Wechsel des „Wohnsitzstaates" anknüpfende Besteuerung nachgedacht.[794]

Vor dem Hintergrund der von der Europäischen Gemeinschaft geplanten supranationalen Rechtsform - der Europäischen Aktiengesellschaft oder auch Societas Europaea (SE) - gewinnt der Ansatz der „Home State Taxation" zusätzlich an Bedeutung.[795] Als Wesensmerkmal gilt dabei, dass die SE durch Kapitalgesellschaften aus verschiedenen Mitgliedsstaaten der Europäischen Gemeinschaft gegründet werden und ihren Sitz ohne Verlust der Rechtfähigkeit über die Grenze hinweg in das europäische Ausland verlegen kann.[796] Besonderes Interesse verdient in diesem Zusammenhang die

---

794 Vgl. Lodin/Gammie, ET 1999, 286 (291).

795 Mit Hinweis auf die Tatsache, dass die Wirtschaft für die Europäische Aktiengesellschaft das Wahlrecht fordere, sich nach einem gemeinsamen System besteuern zu lassen, vgl. TM, IStR 2001, Länderbericht, Heft 13, 1 (2); s.a. Lodin/Gammie, Home State Taxation, 2001, 38.

796 Vgl. z.B. Griemla, Europäische Aktiengesellschaft, 1999, 3 ff.; Jacobs, Unternehmensbesteuerung, 1999, 173; Jahn/Herfs-Röttgen, DB 2001, 631 (631); Rödder, WPg 1991, 229 (234 ff.); Schiffer/Wahlers, StuB 2001, 467 (467); Schulz/Geismar, DStR 2001, 1078 (1078); zu früheren Vorschlägen einer Europa AG: Fischer/Warneke, Betriebswirtschaftliche Steuerlehre, 1998, 25; Kohlhepp, RIW 1989, 88 90); Strub, IStR 1993, 179 (179).

Tatsache, dass nach Art. 7 SE-Statut der Sitz einer SE in dem Mitgliedsstaat liegt, in dem sich die Hauptverwaltung, d.h. der Ort der Geschäftsleitung der SE befindet.[797] Bedingt durch diese zwingende Verknüpfung von rechtlich und ökonomisch ausgeprägten Merkmalen zur Bestimmung der Gebietszugehörigkeit stellt sich einmal mehr das Problem der Lokalisierung des Ortes der Hauptverwaltung bzw. des Ortes der geschäftlichen Oberleitung bei polyzentrischen Organisationsstrukturen. Insoweit wäre eine Anlehnung an die von *Lodin/Gammie* herausgearbeiteten Anknüpfungskriterien wünschenswert. Einschränkend ist jedoch anzumerken, dass die drohende Besteuerung der stillen Reserven - ausgelöst durch eine Sitzverlegung der SE sowie einen Wechsel des „Wohnsitzstaates" im Rahmen der „Home State Taxation" - aus unternehmerischer Perspektive eine massive steuerliche Barriere darstellt.[798]

e) Zwischenergebnis

Eine effektive Tiebreaker-Regel muss grundsätzlich alle Sachverhalte erfassen. In der Vergangenheit dürfte dies bei Art. 4 Abs. 3 OECD-MA in aller Regel auch der Fall gewesen sein. Aufgrund des Strukturwandels in der Unternehmensführung scheint jedoch eine lückenlose Erfassung nicht

---

797 Das Internationale Privatrecht lässt in § 10 IPRG offen, was unter dem „tatsächlichen Sitz der Hauptverwaltung" zu verstehen ist. Nach h.M. im Schrifttum und in der Rechtsprechung handelt es sich beim Verwaltungssitz um jenen Ort, an dem „die großen Richtlinien der Produktions-, Absatz-, Personal- usw. Politik in die kleine Münze der täglichen Verwaltungsentscheidungen umgesetzt werden." In aller Regel wird sich der Verwaltungssitz einer Kapitalgesellschaft damit auch mit ihrem Ort der Geschäftsleitung decken. Dies gilt um so mehr, als sowohl für den Ort der Geschäftsleitung als auch für den Verwaltungssitz im Gesellschaftsrecht der tatsächlichen Leitung der Gesellschaft entscheidende Bedeutung zukommt, vgl. Staringer, Kapitalgesellschaften, 1999, 44 m.w.N.

mehr gewährleistet. Dies zwingt dazu, das Konzept des Ortes der tatsächlichen Geschäftsleitung neu zu überdenken. Prima facie bietet sich dabei eine Orientierung an der neueren deutschen Rechtsprechung an, welche diesem Strukturwandel bereits durch die steuerliche Anerkennung mehrerer Orte der Geschäftsleitung Rechnung trägt.[799]

Sämtliche Lösungsansätze auf Abkommensebene, die sich auf den Errichtungsort einer Gesellschaft stützen, sind mit einem Dilemma behaftet, da bei dieser Form der Anknüpfung die Ansässigkeit gezielt in einem Niedrigsteuerland angestrebt werden kann. Damit würde der bereits geschilderte Umverteilungsprozess des internationalen Steuersubstrats zusätzlichen Schub erhalten, was Abbildung 10 veranschaulicht.

---

798 Vgl. Berschens, Handelsblatt vom 30.03.2001, 5 (5); Schulz/Geismar, DStR 2001, 1078 (1084 f.).

799 Vgl. BFH vom 15.10.1997 – I R 76/95, BFH/NV 1998, 434 (435); BFH vom 16.12.1998 – I R 138/97, DStR 1999, 895 (896).

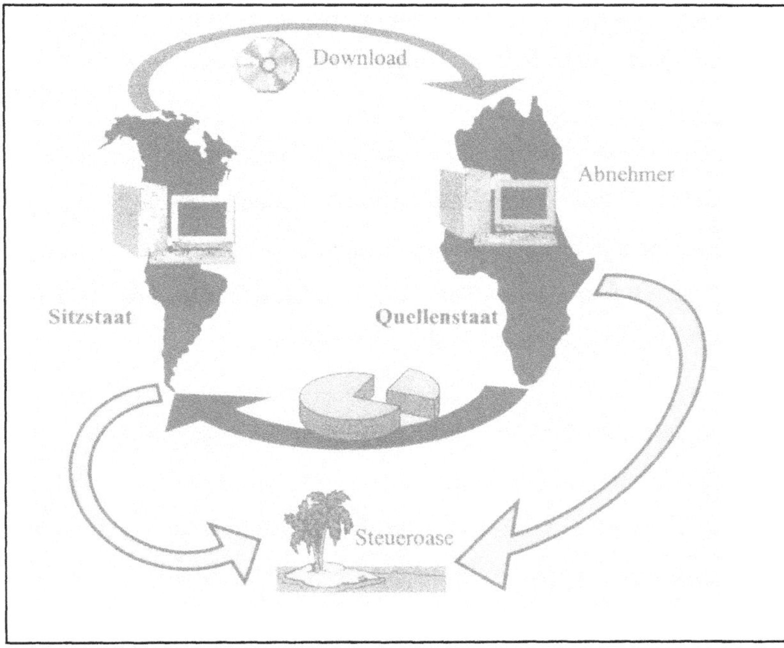

Abbildung 10: Zweite Stufe einer Umverteilung des Steueraufkommens

Hinzu kommt, dass dieses formale Kriterium grundsätzlich nicht im Einklang mit der Kommentierung des OECD-MA steht.[800] Andere Vorschläge, welche sich primär auf den Wohnsitz der Entscheidungsträger konzentrieren, stoßen - ungeachtet der Möglichkeit zur Anwendung der Kollisionsnorm für natürliche Personen - immer dann an ihre Grenzen, wenn mehrere gleichberechtigte Geschäftsführer in verschiedenen Staaten ansässig sind. Andererseits kann aber auch einer Orientierung an der wirtschaftlichen Bindung zu einem Staat nicht uneingeschränkt gefolgt werden. Denn diesem Vorschlag, welcher letztlich den Grundwertungen des Ursprungsprinzips folgt und vom Leitbild traditionell physischer Produktionsprozesse ausgeht, stehen vor allem Probleme bei der Konkretisierung sowie der Quantifizierung dieses Anknüpfungsmoments entgegen.

Den „Königsweg" bei der Bestimmung der Ansässigkeit stellt nach der hier vertretenen Ansicht eine Kombination aus objektiven leicht nachprüfbaren Kriterien und einer „qualitativ-quantitativen" Komponente nach *Felix*[801] dar. In diesem Sinne könnte daran gedacht werden, Art. 4 Abs. 3 OECD-MA um folgende Sätze 2 und 3 zu ergänzen:

„Kann der Ort der Geschäftsleitung nicht bestimmt werden, gilt die Gesellschaft als dort ansässig, wo sie ihren Sitz hat. Satz 2 gilt jedoch nur, wenn die Gesellschaft in diesem Staat eine wesentliche unternehmerische Funktion mit einem gewissen Grad von Ständigkeit ausübt."

Für den Bereich des Abkommensrechts hat dies zur Folge, dass eine Gesellschaft nicht länger einen einzigen Ort der tatsächlichen Geschäftsleitung haben muss. Es ist vielmehr denkbar, dass mehrere Orte der Geschäftsleitung in Gestalt von Geschäftsleitungsbetriebsstätten i.S.d. Art. 5 Abs. 2 a OECD-MA existieren. So gesehen führen auch Änderungen der Leitungsorganisation nicht zwingend zu einer Verlagerung des Ortes der tatsächlichen Geschäftsleitung, sondern begründen - bei Vorliegen der erforderlichen Tatbestandsmerkmale - weitere Geschäftsleitungs-betriebsstätten.[802]

800 Vgl. OECD-MK, Art. 4 Tz. 22.

801 Vgl. Felix DStR 1962/63, 241 (242).

802 Vgl. Breuninger/Krüger, in: FS Rädler, Integration, 1999, 79 (112).

Bei der Auslegung des Ausdrucks „wesentliche unternehmerische Funktion mit einem gewissen Grad von Ständigkeit“ bietet sich auf den ersten Blick zunächst ein Rückgriff auf die Betriebsstättendefinition nach Art. 5 OECD-MA an. Denn einerseits schließt der Negativkatalog des Art. 5 Abs. 4 OECD-MA gezielt Vorbereitungs- und Hilfstätigkeiten vom Betriebsstättenbegriff aus und andererseits lässt sich aus dem Begriff „feste Geschäftseinrichtung“ gleichsam ein zeitliches Element ableiten.[803]

Ein anderer Vorschlag wäre, die Kommentierung zu Art. 4 Abs. 3 OECD-MA entsprechend neu zu fassen. Diese Variante eröffnete nämlich zusätzlich die Möglichkeit, den z.T. hochgradig individualisierten Unternehmensstrukturen im E-Business in besonderem Maße Rechnung zu tragen. Bei der Auslegung der „qualitativen“ Komponente („wesentliche Geschäftstätigkeit“) könnte sich daher ein Rückgriff auf die von *Baumhoff/Bodenmüller* entwickelte Unterscheidung zwischen Funktionseigentümer und Funktionsausübung als besonders hilfreich erweisen.[804] Diese ursprünglich auf die Verrechnungspreisbestimmung bei der Verlagerung betrieblicher Funktionen zugeschnittene Unterscheidung bezeichnet als Funktionseigentümer denjenigen, der die volle Dispositionsbefugnis über eine betriebliche Funktion und dementsprechend sämtliche aus der Wahrnehmung der Funktion resultierenden Chancen und Risiken innehat. Folglich ist zunächst die Frage zu klären, welche Funktionen jeder an der Leistungserstellung beteiligte Unternehmensteil für die Erfüllung der Gesamtaufgabe ausübt, welches Risiko er übernimmt und welche immateriellen

---

803 Vgl. ausführlich S. 51.

804 Vgl. Baumhoff/Bodenmüller, in: Grotherr, Internationale Steuerplanung, 2000, 363 (371).

Wirtschaftsgüter ihm zuzurechnen sind.[805] Die hier maßgebende „qualitative" Verknüpfung mit dem Sitzstaat wäre folglich dann als erfüllt anzusehen, wenn sich dort auch entsprechend wirtschaftliche Substanz beispielsweise in Gestalt der Verfügungsmacht über bestimmte Funktionen oder Immaterialgüter sowie die damit einhergehende Übernahme des wirtschaftlichen Risikos feststellen lässt.

Das Merkmal „ein gewisser Grad von Ständigkeit" bringt zum Ausdruck, dass eine nur vorübergehende Verknüpfung der wesentlichen Geschäftstätigkeit mit dem Sitzstaat nicht ausreicht, um eine abkommensrechtliche Ansässigkeit i.S.d. Art. 4 Abs. 3 zu begründen. In die gleiche Richtung zielt auch die neuere Rechtsprechung des BFH, welche den quantitativen Aspekt durch den Begriff „dauernd" deutlich herausstellt.[806] Damit stellt sich das Problem der Festlegung einer zeitlichen Mindestschwelle. Vor dem Hintergrund der nach überwiegender Meinung im Schrifttum für Betriebsstätten geforderten 9-12 Monate[807] erscheint eine Mindestzeitgrenze von 12 Monaten für Zwecke der Tiebreaker-Regel angemessen.

Bleibt festzuhalten, dass das Zusammenspiel von formal juristischer und ökonomischer Komponente auch in den Fällen zu einem sachgerechten Ergebnis führt, in denen eine Gesellschaft über mehrere Mittelpunkte der geschäftlichen Oberleitung verfügt. Dafür spricht insbesondere der Umstand, dass die hierdurch ermöglichte dezentralisierte Sichtweise mehrere Orte der Geschäftsleitung in Gestalt von Geschäftsleitungsbetriebsstätten nach Art. 5 Abs. 2 a OECD-MA anerkennt und damit modernen Unter-

---

805 Vgl. Borstell, in: Grotherr, Internationale Steuerplanung, 2000, 341 (353).

806 Vgl. Birk, in: Hübschmann/Hepp/Spitaler, AO, 1998, § 10 Rz. 32 m.w.N.

nehmensstrukturen im Zeitalter von Videokonferenzen und anderen technischen Kommunikationsmöglichkeiten Rechnung trägt. Ferner wäre die Abkommensberechtigung in den Fällen zu versagen, in denen auch aus der erweiterten Tiebreaker-Regel keine eindeutige Lokalisierung des Unternehmens hervorgeht. Damit könnte der gezielten Errichtung einer Gesellschaft in einem Niedrigsteuerland vor dem Hintergrund drohender Doppelbesteuerungen u.U. entscheidend entgegengewirkt werden.

5. *Ausgewählte Problemfälle*

Getrennt nach Geschäftsmodellen werden nachfolgend die durch E-Business hervorgerufenen Fallstricke bei der Lokalisierung des Ortes der Geschäftsleitung anhand von ausgewählten Fallstudien veranschaulicht. Darüber hinaus sollen die gewonnenen Erkenntnisse zur Adaption des steuerlichen Instrumentariums auf ihre abkommensrechtliche Eignung hin überprüft werden. Die Untersuchung konzentriert sich dabei zum einen auf den branchenfokussierten Business-to-Business-Marktplatz „Plastica.com" und zum anderen auf das virtuelle Softwareunternehmen „e-learning-dot.com", bei welchem sowohl Entwicklung als auch Vertrieb von Standardsoftware ausschließlich via Internet erfolgen.

a) *Business-to-Business-Marktportal: Plastica.com*

Die fünf Kunststoffhersteller A, B, C, D und E haben am 15.05.2000 Plastica, einen Online-Marktplatz für thermoplastische Kunststoffe gegründet. Schwerpunkt des Portals bilden insbesondere Produkte und zugeordnete Dienstleistungen für Spritzguss-Anwendungen der Kunststoff-

807 Vgl. Jacobs, Unternehmensbesteuerung, 1999, 306.

verarbeitenden Industrie.[808] Für den laufenden Support der Systeme zeichnet F verantwortlich und fungiert darüber hinaus als Host der Plattform. Während der Marktplatz in den USA seit November 2000 in Betrieb ist, folgte die Inbetriebnahme in Europa im Juni 2001. Der Internetauftritt für Asien und die übrige Welt ist noch 2001 geplant.[809]

Im Rahmen dieses Joint Ventures hat man sich auf eine niederländische Aktiengesellschaft mit Sitz in den Niederlanden unter dem Namen Plastica N.V. geeinigt. Zusätzlich wurde sowohl in Zürich als auch in New York je eine Koordinationsbetriebsstätte errichtet. Von den zur Vertretung eingetragenen Personen haben drei ihren Wohnsitz in der Bundesrepublik Deutschland, weitere drei sind in der Schweiz ansässig. Während - der Handelsregistereintragung zufolge - die drei in Deutschland Ansässigen die Plastica N.V. nur unter der Voraussetzung „Kollektivunterschrift zu zweien“ wirksam vertreten können, reicht bei einem der drei Schweizer Vertre-

---

808 Im Gegensatz zur Mehrzahl der Online-Marktplätze, welche in erster Linie dazu dienen, Kostenvorteile auf der Beschaffungsseite zu erzielen – wie etwa der Online-Marktplatz „Covisint“ von GM, Ford, Daimler-Chrysler u.a. –, soll der hier im Vordergrund stehende Online-Marktplatz „Plastica“ ausschließlich die Absatzseite ansprechen. Auf den ersten Blick vermag dies vielleicht verwundern. Grundsätzlich ist nämlich nicht auszuschließen, dass ein Marktplatz-Teilnehmer intensiv gepflegte Kundenbeziehungen an seinen Marktplatz-Partner aufgrund der hohen Markttransparenz verliert, vgl. Karpinski, B2B vom 18.12.2000, 28.

809 Der Zweck des Unternehmens sei gerichtet auf: Die Teilnahme, anderweitige Beteiligung oder Management anderer kommerzieller Gesellschaften jeglicher Art; die Finanzierung, Sicherung oder Übernahme von Verpflichtungen Dritter; die Einnahme von Erträgen aus der Veräußerung oder Lizenzierung von Copyrights, Patenten, Modellen und anderen derartigen Rechten; die direkte oder indirekte Betreibung eines oder mehrerer globaler webgestützter B2B Märkte für den An- und den Verkauf von Produkten und Dienstleistungen im Zusammenhang mit Herstellung, Vertrieb und Verkauf.

ter bereits die Einzelunterschrift aus. Dabei gilt jedoch zu beachten, dass diese höherrangige Vertretungsbefugnis auf den Leiter der Koordinationsbetriebsstätte in Zürich zurückgeht.

Das Direktorium von Plastica setzt sich gegenwärtig aus Vertretern der Gründerfirmen zusammen, wobei der Geschäftsführer (Chief Executive Officer) ausschließlich von New York aus tätig ist. In einer Vielzahl von Pressemitteilungen heißt es, dass sich für den Raum Nordamerika der Firmensitz des Unternehmens in New York befinde und die europäische Zentrale in der Schweiz belegen sei. Hinzu kommt die Besonderheit, dass für die Dauer der Start-Up-Phase ein Manager des Hostunternehmens F zum Interims-IT-Geschäftsführer (Chief Information Officer) ernannt wurde.

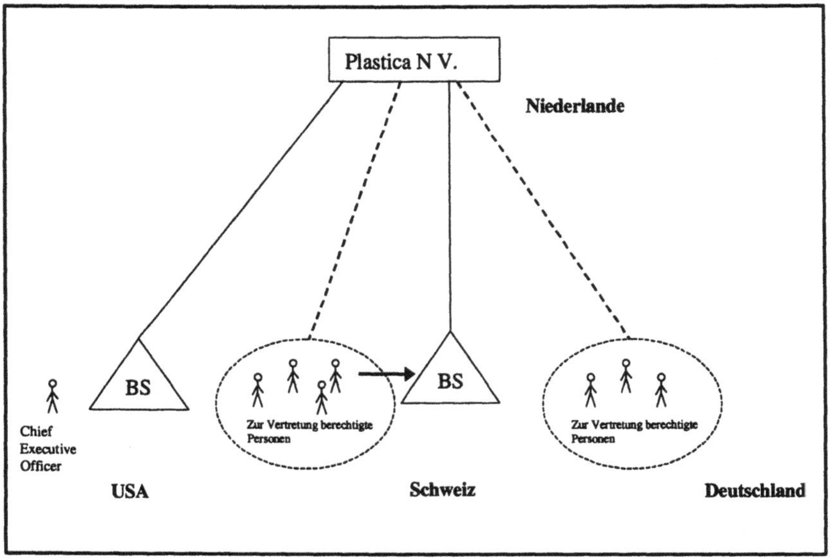

Abbildung 11: Grundstruktur des Online-Marktplatzes Plastica

Folgt man dem traditionellen Konzept des Ortes der Geschäftsleitung, ist ein einziger Ort als Mittelpunkt der geschäftlichen Oberleitung zu bestimmen. Zunächst stellt sich die Frage, welche Anknüpfungspunkte der geschilderten Organisationsstruktur dabei möglicherweise die erforderlichen Tatbestandsvoraussetzungen erfüllen. In Anlehnung an § 10 IPRG bietet sich hierfür primär der niederländische Sitz der Gesellschaft an. Ebenso kommen die Zweigniederlassungen in der Schweiz und in den USA in Betracht. Darüber hinaus bilden die Wohnsitze der zur Vertretung berechtigten Personen weitere Anknüpfungspunkte. Zieht man den Kreis dieser potenziellen Geschäftslei-tungsorte etwas weiter, rückt zusätzlich auch das Web-Hosting-Unternehmen - als weiteres Mitglied dieser strategischen Allianz[810] - in den Fokus der Untersuchung, da dieses neben der Web-Hosting-Leistung im engeren Sinne auch laufende technische Dienstleistungen erbringt. Schließlich kann nicht von vornherein ausgeschlossen werden, dass die mit dem erbrachten Support verknüpften Anweisungen keine Rückwirkung auf das gesamte Unternehmen entfalten.

Ungeachtet der Tatsache, dass sich der statutarische Sitz der Gesellschaft in den Niederlanden befindet, deutet wenig darauf hin, dass dort auch dessen Hauptverwaltung i.S.d. § 10 IPRG bzw. der Ort der Geschäftsleitung lokalisiert ist. Die auf der Web-Site eingestellten Ausführungen nehmen ausschließlich auf die Standorte USA sowie Schweiz Bezug und weisen an keiner Stelle auf eine potenzielle Entscheidungskompetenz oder Funktionsausübung in den Niederlanden hin. Damit steht fest, dass die

---

810 Als Strategische Allianz wird – überwiegend zwischen konkurrierenden Unternehmen – ein vertraglicher Zusammenschluss mit wechselseitigem Engagement bezeichnet. Die Tragweite und der langfristig anstrebbare Synergieeffekt lassen sich nur schwer abschätzen, vgl. Theisen, Konzern, 2000, 149.

Plastica N.V. weder dem traditionellen Idealbild der Hauptverwaltung am Eintragungsort entspricht noch dem Beispiel DaimlerChrysler folgt, welches sich durch eine Aufteilung der Hauptverwaltung auf die Orte Stuttgart und Detroit auszeichnet.[811] Allerdings ist - auf lange Sicht - nicht auszuschließen, dass sich Schwerpunktverlagerungen in der Führungsorganisation dahingehend ergeben, dass mit einer zunehmenden Konzentration auf den Europäischen Kunststoffmarkt auch eine entsprechende Änderung der Leitungsschwerpunkte einhergeht. Neben der Schweiz bietet sich dabei vor allem der Sitz des Unternehmens in den Niederlanden an. Sollte sich diese Vermutung bewahrheiten - und nur dann -, wäre ein oder gar der Ort der geschäftlichen Oberleitung in den Niederlanden anzunehmen.

Einen weiteren Anknüpfungspunkt - formal-juristischer Natur - stellen die zur Vertretung berechtigten Personen in der Bundesrepublik Deutschland sowie der Schweiz dar. Unter der Annahme, dass diese im Handelsregister eingetragenen Personen auch *tatsächlich* mit einer für das gesamte Unternehmen maßgebenden Entscheidungsbefugnis ausgestattet sind, kann die Frage nach dem Ort der geschäftlichen Oberleitung jedoch keinesfalls als gelöst betrachtet werden. Denn zum einen bleibt unklar, ob der formale Akt der Eintragung die Reichweite der denkbaren jeweiligen Leitungskompetenz einzelner Vertreter widerzuspiegeln vermag und zum anderen ergibt sich aus der individuellen Konstellation der Gesellschaft heraus eine Patt-Situation, da jeweils die gleiche Anzahl an Vertretungsberechtigten in der Schweiz bzw. in Deutschland ansässig ist. Tendenziell fällt hierbei jedoch die Lokalisierung des Geschäftsleitungsortes zugunsten der Schweiz aus. Einen formalen Hinweis dafür enthält das Handelsregister: Während die

---

811 Vgl. ausführlich Breuninger/Krüger, in: FS Rädler, Integration, 1999, 79 (81).

drei in Deutschland Ansässigen die Plastica N.V. nur unter der Voraussetzung „Kollektivunterschrift zu zweien“ wirksam vertreten können, reicht bei einem der drei Schweizer Vertreter bereits die Einzelunterschrift aus. Dabei gilt jedoch zu beachten, dass diese höherrangige Vertretungsbefugnis auf den Leiter der Koordinationsbetriebsstätte in Zürich zurückgeht. Grundsätzlich muss aber im Rahmen dieser Untersuchung streng zwischen den juristisch zur Vertretung berechtigten Personen einerseits und der wirtschaftlichen Einheit der Koordinierungsstelle andererseits unterschieden werden. Damit kann das Anknüpfungsmoment „Wohnsitz der eingetragenen Personen“ allenfalls den Ort der Geschäftsleitung indizieren. Im Fall der Plastica N.V. lassen sich jedoch keine Anzeichen dafür ausmachen, dass von diesem Personenkreis tatsächlich geschäftsleitende Anordnungen ausgehen. Aus diesem Grund spielen die eingetragenen Personen für die Beurteilung des Ortes der Geschäftsleitung dieser Gesellschaft m.E. keine entscheidende Rolle.

Zu dem maßgeblichen Personenkreis, welche die Oberleitung bilden, zählt ferner auch F - als Mitglied der strategischen Allianz mit den Plastica-Gründerfirmen. Dies mag sich zunächst relativ abwegig anhören. Schließlich vertrat schon der RFH in diesem Zusammenhang die Auffassung, dass in den Fällen, in denen kaufmännische und technische Leitung an verschiedenen Orten liegen, auf den Ort der kaufmännischen Leitung abzustellen sei.[812] Um eine abschließende Beurteilung vornehmen zu können, sind jedoch zwingend Art und Umfang sowie Struktur und Eigenart des Unternehmens zu berücksichtigen. Vor allem im Verhältnis zu Unternehmen der Old Economy fällt auf, dass der technischen Komponente bei neugegründe-

---

812 Vgl. RFH vom 02.07.1936 – III A 86/36, RStBl. 1936, 779 (780).

ten E-Business-Unternehmen eine zentrale Bedeutung zukommt. So war auch für den Betrieb des Online-Marktplatzes Plastica die Schaffung der technischen Infrastruktur - verbunden mit Anweisungen im Hinblick auf die zumindest partielle Adaption bestehender Vertriebswege - bei den Gründungsgesellschaften zwingende Voraussetzung. Insoweit kann man durchaus zu der Annahme neigen, die technische Komponente weise vor allem in der Start-Up-Phase gewisse Geschäftsleitungsmomente auf. Untermauert wird diese Vermutung durch die Tatsache, dass genau für diesen zeitlichen Abschnitt ein Manager des Host-Unternehmens F zum Interims-IT-Geschäftsführer ernannt wurde.

Gegen eine solche Beurteilung spricht jedoch letztlich sowohl die rechtliche als auch wirtschaftliche Selbstständigkeit von F im Rahmen der strategischen Allianz. Unter der Prämisse, F zählte - im Gegensatz zum Ausgangsfall - zu den Gründerfirmen und die technische Implementierungsphase erstreckte sich auf die Dauer von über einem Jahr, wäre nach der hier vertretenen Auffassung allerdings ein Ort der geschäftlichen Oberleitung im IT-Bereich anzusiedeln.

Zu anderen Ergebnissen führt die Annahme, dass eine der beiden in New York bzw. Zürich belegenen Koordinationsbetriebsstätten die Oberleitung über die Plastica N.V. innehat. Entscheidende Hinweise lassen sich hierzu den Presseinformationen der Gesellschaft entnehmen. Denn diese enthalten den ausdrücklichen Zusatz, dass sich die Zentrale des Unternehmens in Zürich befinde, der Sitz in den USA aber in New York lokalisiert sei. Dafür spricht zudem der Umstand, dass der Leiter der Züricher Zweigniederlassung das Unternehmen mit Einzelunterschrift wirksam vertreten kann. Nach nationalem Schweizer Recht unterliegen gemäß Art. 50 DBG juristische Personen mit Sitz oder tatsächlicher Verwaltung in der Schweiz der unbeschränkten Steuerpflicht.[813] Damit würde die Plastica N.V. zur doppelansässigen Gesellschaft mit Sitz in den Niederlanden[814] und Ort der Geschäftsleitung in der Schweiz. Allerdings stellt das anzuwendende DBA Niederlande/Schweiz bei doppelansässigen Gesellschaften gemäß Art. 2 Abs. 4 ausschließlich auf den Eintragungsort ab und folgt im Ergebnis nicht der Konzeption des Musterabkommens mit Blick auf den Ort der tatsächlichen Geschäftsleitung. Insoweit wäre die Plastica N.V. - auch bei Lokalisierung des Ortes der Geschäftsleitung in der Schweiz - weiter in den Niederlanden ansässig.

Völlig außer Acht gelassen wurde bislang jedoch der Umstand, dass das Unternehmen bis Mitte 2001 ausschließlich auf dem US-amerikanischen Markt agierte. Darüber hinaus ist der Geschäftsführer (CEO) der Gesellschaft ausschließlich von New York aus tätig. Damit ist zumindest zweifelhaft, ob die angestellten Vermutungen über den Geschäftsleitungsort in der Schweiz sowie die daran anknüpfenden Aussagen

---

813 Bundesgesetz vom 14. Dezember 1990 über die direkte Bundessteuer (DBG), AS 1991 1184 (1184 ff.). Bis zum Veranlagungszeitraum 1995 kannten lediglich die Schweizer Kantone die Anknüpfung an den Ort der tatsächlichen Verwaltung. Dies hätte für die Plastica N.V. bedeutet, dass die unbeschränkte Steuerpflicht lediglich auf kantonaler Ebene – nicht aber auf Bundesebene – entstanden wäre, vgl. Mäusli, Ansässigkeit, 1993, 137.

814 Die Plastica N.V. unterliegt als juristische Person gemäß Art. 2 a Wet op de Vennootschapsbelasting der unbeschränkten Steuerpflicht in den Niederlanden. Hinzu kommt, dass in den Niederlanden die Gründungstheorie gilt. Damit werden ausländische Kapitalgesellschaften mit dem Ort ihrer Geschäftsleitung in den Niederlanden als Kapitalgesellschaften anerkannt und würden damit ebenso der unbeschränkten Steuerpflicht unterliegen.

der Presseinformationen des Unternehmens uneingeschränkt aufrechterhalten werden können. Denn gerade im Hinblick auf die Markteintrittsphase von Plastica spricht viel dafür, den Ort der Geschäftsleitung in Atlanta anzunehmen. Nach dem Recht der Vereinigten Staaten sind „inländische" Gesellschaften gemäß Sec. 11 (a) IRC unbeschränkt steuerpflichtig und werden mit ihrem Welteinkommen besteuert. In der Definitionsnorm der Sec. 7701 (a) (4) IRC wird bestimmt, dass eine Gesellschaft steuerlich dann als inländisch zu behandeln ist, wenn sie in den Vereinigten Staaten oder nach dem Recht der Vereinigten Staaten oder eines Bundesstaates gegründet oder organisiert ist. Damit stellt allein der Ort der Errichtung, d.h. insbesondere der Ort, an dem die Satzung registriert worden ist, für die steuerrechtliche Einordnung einer juristischen Person als in- oder ausländisch das maßgebliche Kriterium dar.[815] Dies hat zur Folge, dass die Plastica N.V. - ungeachtet dieser geschäftsleitenden Tätigkeiten - keine unbeschränkte Steuerpflicht in den USA auslöst und folglich auch nicht zur doppelansässigen Gesellschaft im bilateralen Verhältnis zwischen den Niederlanden und den USA werden kann.

Bleibt festzuhalten, dass sich die Plastica N.V. durch einen alternierenden Führungsprozess auszuzeichnen scheint. Insbesondere in der Gründungsphase könnte man daher dazu neigen, ein Leitungszentrum in New York und damit den Ort der Geschäftsleitung in den USA anzunehmen. Im Gegensatz hierzu soll sich die Zentrale des Unternehmens - Presseinformationen zufolge - in der Schweiz befinden. Verbunden mit dem Eintritt in den Europäischen Kunststoffmarkt erfolgt nach der hier vertretenen Auffassung eine Änderung der Führungsorganisation dahingehend, dass - in

815 Vgl. z.B. Großmann, Ansässige Kapitalgesellschaften, 1995, 31.

erster Linie - die Schweiz oder aber auch die Niederlande zu weiteren Leitungszentren werden. Dabei zieht die Bestimmung des Ortes der Geschäftsleitung nur deshalb keine weitreichenden Konsequenzen für die Beurteilung der abkommensrechtlichen Ansässigkeit nach sich, da sich - abweichend vom OECD-MA - entweder die anzuwendende Kollissionsnorm ausschließlich auf den statutarischen Sitz konzentriert oder bereits auf innerstaatlicher Ebene lediglich auf den Errichtungsort abgestellt wird. Im Ergebnis wird die Vermutung der OECD-Arbeitsgruppe, wonach die abkommensrechtliche Ansässigkeit in der Mehrzahl der Fälle bereits mit dem geltenden steuerlichen Instrumentarium eindeutig bestimmt werden kann, insoweit widerlegt, als die Anwendung des OECD-MA angesichts der zumindest bizentrischen Geschäftsleitungsstruktur der Plastica N.V. zu keiner eindeutigen Lösung führt.[816]

Zur Verdeutlichung dieser These gelten folgende Annahmen: Die DBA Niederlande/USA und Niederlande/Schweiz basieren auf dem Wortlaut des OECD-MA. Zusätzlich knüpfen sowohl die USA als auch die Niederlande nach nationalem Recht an den Sitz bzw. den Ort der Geschäftsleitung zur Begründung einer subjektiven Steuerpflicht an. Unter Beachtung aller genannten Prämissen führt die Tätigkeit des Geschäftsführers in New York zu einer unbeschränkten Steuerpflicht der Gesellschaft in den USA. Dementsprechend ist die Plastica N.V. aufgrund des Ortes der tatsächlichen Geschäftsleitung nach Art. 4 Abs. 3 OECD-MA in den Vereinigten Staaten ansässig. Uneingeschränkt gilt es jedoch nur für die Markteintrittsphase im Veranlagungszeitraum 2000. In Anbetracht des hier vorliegenden alternierenden Führungsprozesses teilt sich mit Aufnahme der Geschäftstätigkeit in

---

816 Vgl. hierzu S. 261.

Europa im Jahr 2001 die Geschäftsleitung - u.U. mit gleichen Führungsbefugnissen ausgestattet - auf die Orte New York und Zürich auf. Da die geltende Tiebreaker-Regel des Art. 4 Abs. 3 OECD-MA in diesem Fall an ihre Grenzen stößt, verlangt eine eindeutige Bestimmung der Ansässigkeit die Anwendung der fortentwickelten Variante i.S.d. Art. 4 Abs. 3 S. 2, 3 OECD-MA.

Prinzipiell unterliegt die Plastica N.V. aufgrund ihrer Orte der Geschäftsleitung nach nationalem Recht sowohl in den USA als auch in der Schweiz der unbeschränkten Steuerpflicht. Entscheidende Bedeutung kommt damit der Ausübung einer wesentlichen Funktion mit einem gewissen Grad an Ständigkeit gemäß Art. 4 Abs. 3 S. 3 OECD-MA zu. Legt man dieses qualitative Merkmal dahingehend aus, dass der Staat als Ansässigkeitsstaat gilt, in dem sich eine Verfügungsgewalt über bestimmte Funktionen oder immaterielle Wirtschaftgüter feststellen lässt, spricht viel für eine Ansässigkeit in den USA. Denn eine Übertragung der primär in den USA im Zusammenhang mit dem Aufbau des Marktplatzes entwickelten Immaterialgüter auf die Schweizer Betriebsstätte scheidet m.E. in den hier zu untersuchenden Veranlagungszeiträumen aus. Damit würde die in New York belegene Koordinationsbetriebsstätte zum „Stammhaus" der Gesellschaft mit der Folge, dass fortan der Gewinn des Gesamtunternehmens nach US-amerikanischem Recht zu ermitteln wäre.

Aufschlussreich ist der hier betrachtete Fall der Plastica N.V. darüber hinaus aus steuerplanerischer Perspektive. Denn zum einen ist weder die Hauptverwaltung noch der Ort der Geschäftsleitung in den Niederlanden lokalisiert und zum anderen lassen sich dem geschilderten Fall keine Anzeichen für die Ausübung von Funktionen am Eintragungsort entnehmen.

Vor diesem Hintergrund verlangt das Geschäftsmodell „Plastica“ bei Ausschüttungen an die deutschen Gesellschafter große Sorgfalt im Hinblick auf eine Hinzurechnungsbesteuerung nach § 8 AStG. Aus dem Katalog der Einkünfte aus passivem Erwerb in § 8 Abs. 1 AStG kommen beispielsweise für die „Veräußerung oder Lizenzierung von Copyrights, Patenten, Modellen und anderen derartigen Rechten“[817] vor allem Einkünfte aus Vermietung und Verpachtung (§ 8 Abs. 1 Nr. 6 a AStG) in Betracht. Diese Vorschrift erfasst insbesondere Einkünfte aus sog. Patentverwertungsgesellschaften und ähnlichen Gesellschaften aus der Überlassung der Nutzung von Rechten, Plänen, Mustern, Verfahren, Erfahrungen und Kenntnissen. Die Bestimmung dieser Begriffe ergibt sich durchweg aus den §§21 Abs. 1 Nr. 3 und 50 a Abs. 4 Nr. 3 EStG. Rechte i.S.d. § 21 Abs. 1 S. 1 Nr. 3 EStG stellen insbesondere Urheberrechte dar. Insoweit kann ein Zugriff seitens des deutschen Fiskus auf die in New York und Zürich belegenen Geschäftsleitungsbetriebsstätten - bei Vorliegen der übrigen Tatbestandsvoraussetzungen einer Hinzurechnungsbesteuerung - grundsätzlich nicht ausgeschlossen werden.[818]

Auch das Verhältnis Niederlande/Schweiz verdeutlicht, dass die Errichtung sog. Koordinierungsstellen steuerliche Risiken in sich birgt. De lege lata verläuft die Trennlinie zwischen beschränkter und unbeschränkter Steuerpflicht bzw. zwischen Geschäftsleitungsbetriebsstätte i.S.d. Art. 5 Abs. 2 a OECD-MA und Ort der tatsächlichen Geschäftsleitung i.S.d. Art. 4 Abs. 3 OECD-MA wenig trennscharf. Aus diesem Grund scheint eine permanente Überprüfung der tatsächlich ausgeübten Funktionen seitens der

817 Vgl. ausführlich zum Zweck der Plastica N.V. S. 290.

jeweiligen Geschäftsleitungsbetriebsstätten geboten. M.E. spricht beispielsweise aus Schweizer Sicht - wie bereits dargelegt - viel für die Annahme einer unbeschränkten Steuerpflicht mit zunehmender Konzentration auf den Europäischen Markt. In diesem Zusammenhang dürfte die effektive Steuerbelastung besonders in den Fällen merklich ansteigen, in denen das Unternehmen bislang in den Genuss bestimmter kantonaler Sonderregeln beispielsweise infolge der Ausübung reiner Verwaltungstätigkeiten kommt.[819]

b) Virtuelles Unternehmen: e-learning-dot.com[820]

Die Personen A, B und C lernen sich im Rahmen eines Diskussionsforums im Internet kennen und beschließen die gemeinsame Gründung eines Unternehmens zur Entwicklung, Herstellung und zum Vertrieb von Lernsoftware im Bereich „Internationales Steuerrecht". Programmierer A (Indische Staatsbürgerschaft, Dienst- bzw. Wohnsitz in Indien) ist zuständig für die Entwicklung der Grundkonzeption der Lernumgebung sowie für die Finanzen. Demgegenüber gilt B (Deutsche Staatsbürgerschaft, Dienst- und Wohnsitz in Deutschland) als Experte auf dem Gebiet des Internationalen Steuerrechts und erstellt die Inhalte des Lernprogramms. Weiter soll B monatlich eine das Lernprogramm ergänzende Fallstudie online besprechen. Als ehemaliger Geschäftsführer eines Start-Up-Unternehmens übernimmt C (Irische Staatsbügerschaft, Dienst- und Wohnsitz in Indien) die Bereiche

---

818 Vgl. hierzu im Zusammenhang mit dem Online-Vertrieb von Standard-Software: Kessler/Peter, Neue Medien 2000, Teil 5/Tz. 5.3.3 ff.

819 So enthält bspw. das Steuergesetz des Kantons Zürich ausdrückliche Sonderregeln im Hinblick auf reine Verwaltungstätigkeiten, vgl. § 74 f. Steuergesetz vom 08.06.1997.

820 In Anlehnung an z.B. Breuninger/Krüger, in: FS Rädler, Integration, 1999, 79 (82 f.); Portner, Aspekte, 2001, 24; Sieker, in: Piltz/Schaumburg, Betriebsstättenbesteuerung, 2001, 85 (88).

Marketing und Vertrieb. A, B und C stellen - je gleichberechtigt - die Geschäftsführung, wobei im Hinblick auf den Vorsitz in der Satzung folgendes festgeschrieben wird: Für das Jahr 2001 ist B hierfür verantwortlich, im Jahr 2002 C und im Jahr 2003 A. Entwicklung und Vertrieb erfolgen zum größten Teil über das Internet - ebenso wie auch die Kommunikation und Abstimmung unter den Geschäftsführungsmitgliedern. Die Geschäftsführer einigen sich auf eine irische Public Limited Company mit Sitz in Irland unter dem Namen e-learning-dot.com plc. Der Untersuchung liegt die Annahme eines Abkommens zur Vermeidung der Doppelbesteuerung zugrunde, dessen Anwendungsbereich die o.g. Staaten einschließt und welches konzeptionell dem OECD-MA folgt.

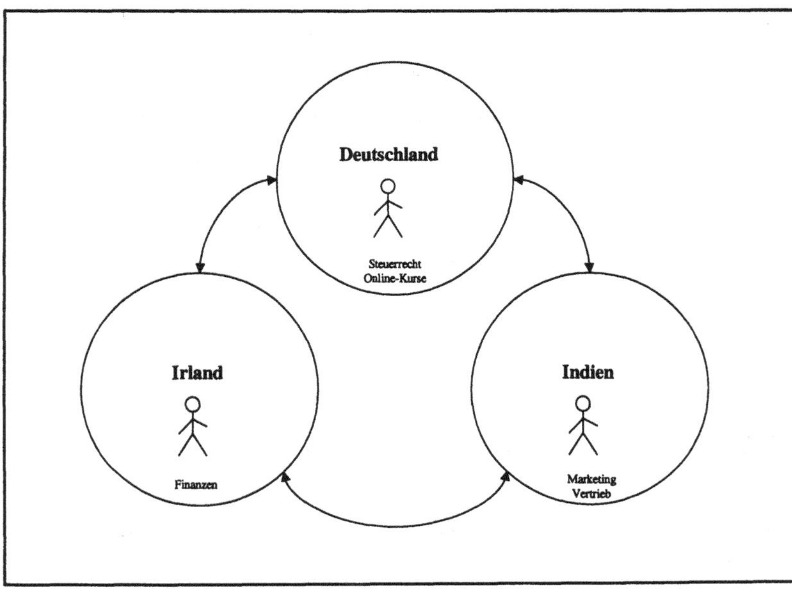

Abbildung 12: Grundstruktur der virtuellen Gesellschaft „e-learning-dot.com“

Nach dem Wortlaut des Kommentars zum OECD-MA ist der Ort der tatsächlichen Geschäftsleitung der Ort, an dem die grundlegenden Leitungs- und kaufmännischen Entscheidungen, die für die Führung der Geschäfte des Rechtsträgers notwendig sind, im Wesentlichen getroffen werden.[821] Dabei gilt, dass alle erheblichen Umstände und Tatsachen untersucht werden müssen, um eine Lokalisierung des Ortes der Geschäftsleitung vornehmen zu können.[822] Als charakteristisches Merkmal der elearning-dot.com lässt sich zum einen der satzungsgemäß rotierende Vorsitz innerhalb der Geschäftsführung und zum anderen die streng funktionale Zuordnung der jeweiligen Verantwortungsbereiche ausmachen. Auf den ersten Blick erscheint daher unter Hinzunahme der Satzung die eindeutige Bestimmung eines einzigen Geschäftsleitungsortes durchaus möglich. Dies gilt allerdings nur unter der zusätzlichen Bedingung, dass die von einem Gesellschafter übernommene Funktion nach Art, Umfang und Bedeutung dem jeweils statutarisch zugewiesenen Vorsitz auch tatsächlich entspricht.

Damit sind in einem ersten Schritt für die Veranlagungszeiträume 2001 bis 2003 die Orte zu bestimmen, wo sich nach dem Gesamtbild der Verhältnisse die in organisatorischer und wirtschaftlicher Hinsicht bedeutungsvollsten Stellen befinden.[823] Ausgangspunkt für den Erfolg diese Geschäftsmodells bildet zunächst die Einrichtung der technische Komponente in der Gründungsphase. Schließlich stellen die Entwicklung der Lernumgebung sowie die darauf basierende Konzeption der Lehrinhalte derart entscheidende Erfolgsfaktoren dar, dass sie nicht ohne Rückwirkung auf die gesamte Unternehmensführung bleiben werden. Hiervon betroffen ist insbesondere auch die Ausrichtung der Marketingstrategie. Hinzu kommt die - ebenfalls in der Start-Up-Phase - grundlegend wichtige Funktion der Kapi-

---

821 Vgl. OECD-MK, Art. 4 Tz. 24.

822 Vgl. OECD-MK, Art. 4 Tz. 24.

talbeschaffung. Bei der Beurteilung des Jahres 2001 könnte man daher zu der Annahme neigen, der bedeutungsvollste Ort befinde sich in der Bundesrepublik Deutschland, da B aufgrund seiner Fachkompetenz die theoretische Grundstruktur für die in Indien zu entwickelnde Lernumgebung vorgibt. Dafür spricht auch der Umstand, dass B in diesem Veranlagungszeitraum satzungsgemäß den Vorsitz der e-learning-dot.com plc innehat. Andererseits wäre es auch nicht abwegig, die Kombination aus Finanzierung und Entwicklung der Software in Indien als entscheidende Indizien für die Lokalisierung des Ortes der Geschäftsleitung zu werten. Somit lassen sich im ersten Geschäftsjahr zwei nahezu gleichgewichtige Entscheidungszentren ausmachen mit der Folge, dass letztlich eine zwingende Lokalisierung des Mittelpunkts der geschäftlichen Oberleitung nicht möglich ist.

Der entscheidende wirtschaftliche Impuls für den erhofften Markterfolg ergibt sich im Jahr 2002 - nach weitgehender Fertigstellung des ersten Softwareprodukts zum „Internationalen Steuerrecht" - vor allem aus der gewählten Marketingkonzeption. Eng damit verbunden ist die Einrichtung eines optimierten elektronischen Distributionskanals. Dazu zählen nicht zuletzt auch der Bereich des After-Sales-Service im Hinblick auf auftretende Anwendungsschwierigkeiten oder die Abwicklung des Inkassos. Im Gegensatz zur Ausgangssituation gewinnen nunmehr auch die von C ausgeübten Funktionen Marketing und Vertrieb maßgeblich an Bedeutung. Unter der Annahme, die Gesellschafter A und B entwickeln in dieser Phase bereits ein weiteres E-Learning-Produkt, bleiben die bisherigen Leitungsschwerpunkte auch weiterhin bestehen. Es kann daher nicht von vornherein davon ausgegangen werden, dass der tatsächliche Ort der Geschäftsleitung

---

823 Vgl. Birk, in: Hübschmann/Hepp/Spitaler, AO, 1998, § 10 Rz. 42.

mit dem statutarischen Vorsitz der e-learning-dot.com plc übereinstimmt. Vielmehr zeigt sich die mit der Singularität des Geschäftsleitungsortes verbundene Schwierigkeit bei der Etablierung dreier gleichberechtigter Leitungszentren in noch deutlicherer Schärfe. Da sich - je nach wirtschaftlicher Lage bzw. strategischer Ausrichtung der Gesellschaft - die Notwendigkeit völlig anderer Handlungsmaßnahmen ergeben kann, gilt dies prinzipiell auch für die nachfolgenden Geschäftsjahre. Damit wäre eine Bestimmung der abkommensrechtlichen Ansässigkeit letztlich entweder vom Ausgang eines Verständigungsverfahrens nach Art. 25 OECD-MA abhängig oder der Gesellschaft drohten im Gewinnfall Doppelbesteuerungen infolge einer Versagung der Abkommensberechtigung.

Vor diesem Hintergrund erweist sich die hier vorgeschlagene Variante zur Fortentwicklung des herkömmlichen Instrumentariums als überaus hilfreich.[824] Nach den ergänzten Sätzen 3 und 4 des Art. 4 Abs. 3 OECD-MA gilt eine Gesellschaft in den Fällen, in denen der Ort der Geschäftsleitung nicht bestimmt werden kann, dort als ansässig, wo sie ihren Sitz hat. Zwingende Voraussetzung hierfür ist jedoch, dass in diesem Staat eine wesentliche unternehmerische Funktion dauerhaft ausgeübt wird.

Übertragen auf die e-learning-dot.com plc bedeutet dies zunächst, dass das Unternehmen aufgrund des Sitzes in Irland ansässig ist. Bei einer an Art. 5 Abs. 4 OECD-MA orientierten Auslegung des Tatbestandsmerkmals „Ausübung einer wesentlichen unternehmerischen Funktion" fällt jedoch auf, dass der von Gesellschafter C übernommene Bereich der Werbung ty-

---

824 Vgl. S. 286.

pischerweise zu den in Buchstabe e genannten Hilfstätigkeiten zählt.[825] Zieht man zusätzlich den Aufbau und die Abwicklung des Vertriebs sowie die partielle Ausübung der Geschäftsführung in die Betrachtung mit ein, so fällt die Summe der genannten Tätigkeiten nicht mehr unter den Negativkatalog des Betriebsstättenartikels.

In Anlehnung an *Baumhoff/Bodenmüller* kann diese qualitative Voraussetzung auch dahingehend interpretiert werden, dass sich im potenziellen Ansässigkeitsstaat eine Dispositionsgewalt über bestimmte Funktionen oder immaterielle Wirtschaftsgüter und die damit verbundene Übernahme des wirtschaftlichen Risikos feststellen lässt. Dies ist im vorliegenden Fall vor allem im Hinblick auf die Vertriebsfunktion des C zu bejahen. Neben dem eigentlichen Vertrieb im engeren Sinne umfasst dieser Bereich im E-Business beispielsweise auch die Implementierung geeigneter Verschlüsselungsverfahren im Zusammenhang mit einem sicheren Zahlungsverkehr oder ein auf den digitalen Geschäftsverkehr zugeschnittenes Kundenmanagement. Bedingt durch die Tatsache, dass die relative Bedeutung der von C ausgeübten Funktionen im Zeitablauf tendenziell steigt, liegt gleichsam das Moment der „Dauerhaftigkeit" vor. Damit gilt die e-learning-dot.com plc im Ergebnis als in Irland ansässige Gesellschaft mit Geschäftsleitungsbetriebsstätten i.S.d. Art. 5 Abs. 2 a OECD-MA in Deutschland sowie in Indien.

Weiter bietet sich der Vorschlag einer „Home State Taxation" als Lösungsvariante an. Hierfür muss die Gesellschaft zunächst im angestrebten Ziel-„Wohnsitzstaat" der Körperschaftsteuer unterliegen. Nach nationalem

---

825 Vgl. Wassermeyer, in: Debatin/Wassermeyer, DBA, 2001, Art. 5 Rz. 179.

indischen Recht liegt eine unbeschränkte Steuerpflicht in den Fällen vor, in denen die Gesellschaft entweder in Indien ansässig ist („resident company" i.S.d. Sec. 6 Abs. 3 (i) Income Tax Act) oder sich deren Geschäftsführung („control and management" i.S.d. Sec. 6 Abs. 3 (ii) Income Tax Act) in Indien befindet.[826] Konzeptionell gilt dies auch für Irland[827] sowie für die Bundesrepublik Deutschland.[828] Folglich kommt jeder der drei Staaten aufgrund der jeweiligen Leitungszentren in Indien, Irland und Deutschland bzw. zusätzlich des Sitzes in Irland als potenzieller „Wohnsitzstaat" in Betracht. Zu klären ist ferner, ob auch zu jedem Staat eine „tatsächliche und dauerhafte" Beziehung nachgewiesen werden kann. Unter Hinweis auf die obigen Ausführungen zu den Funktionen der einzelnen Gesellschafter dürfte dies bei der e-learning-dot.com plc ebenfalls zu bejahen sein. Damit steht es der Gesellschaft prinzipiell frei, aus den drei in Frage kommenden Staaten einen „Wohnsitzstaat" auszuwählen. Völlig unabhängig vom Vorhandensein mehrerer gleichberechtigter Oberleiter bzw. der Etablierung weiterer Leitungsschwerpunkte lässt sich im Ergebnis also auch auf diese Weise eine eindeutige Lokalisierung der Ansässigkeit erzielen.

---

826 Income Tax Act (India), 1961 (43 OF 1961), as amended by Finance Act, 1999.

827 Eine Gesellschaft gilt steuerlich als in Irland ansässig ("resident"), wenn sich der Ort der geschäftlichen Oberleitung im Inland befindet. Abgesehen von einigen Ausnahmetatbeständen gilt dies auch für nach irischem Recht errichtete Gesellschaften. Dabei ist anzumerken, dass bis zum Jahr 1999 lediglich der Ort der Geschäftsleitung als Anknüpfungspunkt herangezogen wurde, vgl. Sec. 82 Finance Act 1999 (Ireland); s.a. O'Connor, Tax Planning International Review 1999, No. 6, 21 (21).

828 Nach § 1 Abs. 1 KStG unterliegt ein dort aufgeführtes Körperschaftsteuersubjekt der unbeschränkten deutschen Körperschaftsteuerpflicht, wenn entweder der Sitz oder der Ort der Geschäftsleitung in Deutschland belegen ist.

G. Abschließende Würdigung der Ergebnisse

Die gegenwärtig geltenden Besteuerungskonzepte, welche primär auf die exportorientierte Industriegesellschaft des 20. Jahrhunderts zugeschnitten sind, können mit der zunehmenden Internationalisierung und Entmaterialisierung wirtschaftlicher Prozesse kaum Schritt halten. Eine zentrale Rolle bei der steuerlichen Erfassung grenzüberschreitender unternehmerischer Tätigkeit nimmt das Betriebsstättenprinzip ein. Ob dies zukünftig auch noch gilt, erscheint allerdings fraglich. Ein besonders schillerndes Beispiel hierfür ist das E-Business, welches mit den technischen Möglichkeiten der Telekommunikation einerseits und der Digitalisierung des Wirtschaftsverkehrs andererseits die bestehenden Prinzipien des nationalen und internationalen Steuerrechts mehr und mehr in Frage stellt.

Bedingt durch die Ortsunabhängigkeit und die Entmaterialisierung digitaler Transaktionen laufen steuerliche Tatbestandsmerkmale zur Feststellung bzw. Abgrenzung eines Besteuerungsanspruchs, die an physisch-geographischen Merkmalen anknüpfen, weitgehend leer. Elektronische Geschäfte sind daher - mangels Betriebsstätte - in der Vielzahl der Fälle als im Quellenstaat nicht steuerbare Direktgeschäfte zu qualifizieren. Prima facie führt dies bei Importstaaten digitaler Güter zu endgültigen Steuerausfällen. Eine solche Vermutung gilt jedoch nur dann uneingeschränkt, wenn eine im Staat des Konsumenten belegene Tochtergesellschaft bzw. Zweigniederlassung eines ausländischen Anbieters bislang den Vertrieb oder sogar die Herstellung digitaler Produkte durchgeführt hat und nunmehr vollständig durch den elektronischen Vertriebskanal substituiert wird. Strenggenommen droht die vielzitierte Umverteilung des weltweiten Steueraufkommens also nur im Bereich der Online-Geschäfte, bei denen der gesamte Prozess der Anbahnung, des Vertragsabschlusses und der Lieferung bzw.

Dienstleistung einschließlich des Zahlungsverkehrs - anstatt durch die physische Präsenz im Quellenstaat - auf digitalem Weg abgewickelt wird. In allen anderen Konstellationen kommt dem Internet lediglich die Funktion eines Kommunikationsmediums - dem Grunde nach vergleichbar mit den Leistungen im Bereich des Versandhandels - zu. Aus steuerlicher Sicht war aber auch schon der klassische Versandhandel regelmäßig als Direktgeschäft zu beurteilen. Deshalb sind die teilweise im Schrifttum geäußerten Befürchtungen im Hinblick auf die Erosion der Steuerbasis im Quellenstaat nach der hier vertretenen Auffassung vielfach überzeichnet. Dies belegt nicht zuletzt auch eine Studie der Beratungsgesellschaft *Ernst &Young* mit dem bezeichnenden Titel „The sky is not falling."[829]

Ungeachtet dieser - zumindest mittelfristigen Entwarnung - veranlasste die rasante Entwicklung des E-Business zahlreiche internationale Organisationen, Wissenschaft und Literatur nach Anknüpfungspunkten für eine potenzielle Betriebsstättenbegründung innerhalb des E-Business zu suchen. Hierbei setzte sich insbesondere auf OECD-Ebene die Auffassung durch, dass die dauerhaft an einem bestimmten Ort belegene Verknüpfung aus der Hard- und Software-Komponente eines Internetservers die Tatbestandsvoraussetzungen für eine Betriebsstättenbegründung erfüllen könne. Zu begrüßen ist dabei auf der einen Seite, dass virtuelle Betriebsstätten klar auf Ablehnung stoßen und damit einer Fortentwicklung des Betriebsstättenprinzips Einhalt geboten wird, welche mit der ursprünglichen Konzeption kaum noch etwas vereint. Auf der anderen Seite findet aber auch eine bedeutende

---

829 Vgl. Cline/Neubig, Revenues, 1999, 10; s.a. Goolsbee, Journal of Economic Perspectives, Winter 2001, Vol. 15 (1), 13 (15); Goolsbee/Zittrain, National Tax Journal, Vol. 52 (3), September 1999, 413 (417).

Weiterentwicklung dahingehend statt, dass die Begründung einer Betriebsstätte nunmehr kein Personal voraussetzt. Denn die Sinnhaftigkeit des Personalerfordernisses muss spätestens dann kritisch hinterfragt werden, wenn die Geschäftstätigkeit des Unternehmens auch ohne Personal möglich ist. Insoweit trägt die durch das E-Business entfachte Betriebsstättendiskussion in besonderem Maße auch zur Weiterentwicklung des Betriebsstättenbegriffs in Bezug auf die Old Economy - etwa bei Messstationen oder Pumpeinrichtungen - bei.

Dieser Versuch einer prophylaktischen Gegenmaßnahme zu den geschilderten Umverteilungsprozessen offenbart jedoch deutlich die Schwerfälligkeit des seit über 100 Jahren zur Anwendung kommenden Betriebsstättenprinzips im Rahmen der flexiblen und innovationsdynamischen Geschäftsmodelle des E-Business. Keine Berücksichtigung findet hierbei nämlich der Umstand, dass die Omnipräsenz des Internet die räumliche Belegenheit eines Internet-Servers grundlegend entwertet, da der punktuellen Präsenz an einer bestimmten Stelle des Cyberspace grundsätzlich die gleichzeitige Präsenz an allen anderen Punkten dieses globalen Netzverbundes immanent ist. Hinzu kommt, dass die seitens des OECD-Steuerausschusses herausgearbeiteten Kriterien zur Server-Betriebsstätte durch gezielte Gestaltung der technischen und formaljuristischen Rahmenbedingungen unschwer die bewusste Begründung einer Betriebsstätte ermöglicht. Gleichzeitig können diese Tatbestandsmerkmale aber auch relativ leicht umgangen werden, so dass die mit der Feststellung einer Betriebsstätte im Quellenstaat verbundenen Steuerfolgen letztlich nicht eingreifen. Zieht man zusätzlich die ausgesprochene Mobilität einer Server-Betriebsstätte in die Betrachtung mit ein, so bleibt im Hinblick auf die Steuerbasis des Quellenstaates festzuhalten, dass sich das erhoffte Steueraufkommen auf diese Weise nicht realisieren lässt. Nach der hier vertretenen Auffassung stellt das von der Funktion her überforderte Betriebsstättenprinzip daher kein geeignetes steuerliches Instrument dar, um eine sachgerechte und zielführende Erfassung grenzüberschreitender unternehmerischer Tätigkeit zu gewährleisten und damit eine wettbewerbsschädliche Konzentration des Steuersubstrats im Wohnsitzstaat der Anbieter zu verhindern.

Vor dem Hintergrund der dargestellten Schwierigkeiten, die sich bei der Realisierung von Steueransprüchen aus der Qualifizierung eines Internet-Servers als Betriebsstätte ergeben, liegt es nahe, über Alternativen zum Betriebsstättenkonzept nachzudenken. Spätestens an dieser Stelle wird jedoch deutlich, dass die internationale Diskussion über die Besteuerung des E-Business vom Kopf auf die Füße gestellt werden muss. Denn im Kern lässt sich die Gesamtheit der hierbei aufgeworfenen Zweifelsfragen auf die elementaren Grundwertungen zwischen Wohnsitz- und Ursprungsprinzip zurückführen. Allerdings resultiert hieraus für die Steuerpolitik ein nur schwer zu lösender Zielkonflikt, welcher maßgeblich von den ungleichen fiskalischen Interessenlagen geprägt wird.

Dabei werden Staaten, die eine negative digitale Handelsbilanz ausweisen, auf eine Ausweitung der steuerlichen Tatbestandsmerkmale im Quellenstaat setzen. Eine mögliche Handlungsoption könnte darin bestehen, auf einen wahrnehmbaren Wirtschaftszyklus i.S.e. ausgeprägten Marktteilnahme zurückzugreifen. Ferner wäre im Rahmen einer extremeren Lösungsvariante denkbar, auf diejenige Wirkung abzustellen, welche eine im Ausland befindliche bewegliche Sache im Inland entfaltet. Gemein ist diesen stark am Ursprungsprinzip orientierten Lösungskonzepten eine klare Abkehr vom Merkmal eines körperlichen Anknüpfungspunktes. Dafür spricht zum einen die Tatsache, dass es nicht zwingend physischer Gegenstände bedarf, um der Realität sowie der ökonomischen Wahrnehmung der Geschäftsentfaltung eines Unternehmens gerecht zu werden. Zum anderen lässt sich jedoch eine weitgehende Durchlöcherung des geltenden Betriebsstättenprinzips konstatieren, welche wiederum erhebliche Friktionen mit dem traditionellen Handel auslöst.

In die gleiche Richtung zielen im Ergebnis auch die - vor allem bei weniger entwickelten Ländern und sog. Schwellenländern - feststellbaren Tendenzen zur Ausdehnung des Besteuerungsrechts im Quellenstaat bei der Einkünftequalifikation aus der Online-Übermittlung bzw. -Überlassung digitalisierbarer Güter. Diese Staaten machen sich hierbei den Umstand zu nutze, dass auf nationaler Ebene für derartige passive und unphysische Geschäftsbeziehungen zivil- und steuerrechtlich vielfach völlig andere Regelungen zur Anwendung kommen. Im Ergebnis konterkarieren jedoch alle zuvor geschilderten Ansätze mit Blick auf eine Ausweitung des Rechts zur Erhebung von Quellensteuern das allgemeine Bestreben nach einer wettbewerbsneutralen Besteuerung. Dem Quellenstaat würde letztlich ein Besteuerungsrecht zuerkannt, das ihm de lege lata bei Geschäftsaktivitäten der Old Economy nicht zusteht. Erschwerend käme hinzu, dass die hieraus resultierende Abgrenzung zwischen steuererheblicher Tätigkeit und steuerunerheblicher Tätigkeit im Ursprungsstaat zu verwischen droht.

Insoweit gibt der dem E-Business immanente massive Bedeutungsverlust des Betriebsstättenprinzips Anlass, verstärkt über eine Konzentration auf eine generelle Wohnsitzbesteuerung und damit über eine Eingrenzung der Betriebsstättenregelung im Rahmen der New Economy nachzudenken.

Hierbei kommt dem Ort der Geschäftsleitung als steuerlichem Instrument zur abschließenden Bestimmung der Ansässigkeit auf Abkommensebene zentrale Bedeutung zu. Auf den ersten Blick mag sich hierbei zunächst eine Korrelation zwischen der Erosion des Betriebsstättenprinzips einerseits und einem dadurch bedingten Bedeutungsgewinn des Ortes der Geschäftsleitung andererseits eröffnen. Jedoch können sich angesichts netzförmiger Strukturierung und dezentraler Führung unternehmerischer Organisationseinheiten, bei denen maßgebende Geschäftsleitungsentscheidungen in Videokonferenzen ohne gemeinsame physische Präsenz getroffen werden, dabei zahlreiche Zweifelsfragen ergeben.

Während die nationale deutsche Rechtsprechung diesem Strukturwandel durch die Anerkennung mehrerer Orte der Geschäftsleitung bereits Rechnung trägt, besteht die Crux des abkommensrechtlichen Pendants jedoch vor allem in der zwingenden Lokalisierung des Ortes der Geschäftsleitung an einem Ort. Somit rüttelt die New Economy nicht nur an dem Grundpfeiler des Ursprungsprinzips in Gestalt der Betriebsstätte, sondern stellt darüber hinaus auch die Anwendbarkeit des Wohnsitzprinzips in Frage. Zuverlässige Prognosen über das Ausmaß der Umverteilung des internationalen Steuersubstrats sind daher ebensowenig möglich wie Aussagen darüber, welche Staaten am Ende zu den Gewinnern oder Verlierern zählen werden.

Um eine eindeutige Bestimmung der Ansässigkeit einer Gesellschaft und damit auch die Anwendung der Abkommen zur Vermeidung der Doppelbesteuerung auch mittel- bis langfristig zu gewährleisten, scheint die Fortentwicklung der Kollissionsnorm des Art. 4 Abs. 3 OECD-MA also geboten. Dabei spricht viel dafür, dass sich das Zusammenspiel aus formaljuristischen, objektiv leicht nachprüfbaren Kriterien und einer „qualitativ-quantitativen" Komponente im ökonomischen Sinn als „Königsweg" erweist. Denn die hierdurch ermöglichte dezentrale Betrachtungsweise erkennt das Vorhandensein mehrerer Orte der Geschäftsleitung in Form von Geschäftsleitungsbetriebsstätten gleichberechtigter Geschäftsführer prinzipiell an und wird einer nicht mehr möglichen Lokalisierung der „tatsächlichen Geschäftsleitung" an einem Ort gerecht.

Resümierend bleibt zu betonen, dass das Betriebsstättenprinzip im Rahmen des E-Business einerseits zwar massiv an Bedeutung verliert. Daran vermag auch die Qualifikation eines Internet-Servers als Betriebsstätte nichts zu ändern. Andererseits lässt sich bei der Frage nach dem Ort der Geschäftsleitung virtueller Unternehmensstrukturen ein sprunghaft gestiegenes Interesse an der Geschäftsleitungsbetriebsstätte feststellen, welcher in der Diskussion um die internationale Betriebsstättenbesteuerung bislang nur wenig Beachtung geschenkt wurde. Insoweit kann die New Economy nicht von vornherein als schlechter Boden beurteilt werden, auf welchem das anspruchsvolle Pflänzlein „Betriebsstätte" nicht gedeihen kann.

Literaturverzeichnis

A.T. Kearney, Inc. (Technology, 1997): Converging Technologies and Value Creation: A Look at the Internet and the Opportunities it offers, Chicago, Illinois 1997

Abrahamson, J. (e-commerce 1999): Taxation of Electronic Commerce: Australia, in: e-commerce 1999, No. 2, 3-6

Abrahamson, J. (e-commerce 2000): Taxation of Electronic Commerce in Australia - The Second Report, in: e-commerce 2000, No. 1, 3-6

Abrams, H. E./Doernberg, R. L. (Tax Notes Int`l 1997): How Electronic Commerce works, in: Tax Notes Int`l, May 12, 1997, Tax Analysts Document Number: Doc 97 - 12872

Ahrens, H. (DSWR 2001): E-Government - Bürgerservice im Internet, in: DSWR 2001, 226-230

Alpar, P. (Kommerzielle Nutzung, 1996): Kommerzielle Nutzung des Internet: Unterstützung von Marketing, Produktion, Logistik und Querschnittsfunktionen durch das Internet und kommerzielle Online-Dienste, Heidelberg 1996

Amann, R. (Dienstleistungen, 1998): Dienstleistungen im internationalen Steuerrecht: Engeneering - Management - Beratung - Lizenzverkehr, München 1998

American Chamber of Commerce in Germany e.V./PricewaterhouseCoopers GmbH (Hrsg.) (Leitfaden, 2001): Steuern in den USA: ein Leitfaden für deutsche Investoren, hrsg. von American Chamber of Commerce in Germany e.V./PricewaterhouseCoopers GmbH, bearb. von Besch C./Endres, D./Heise, H.-J., u.a., Frankfurt 2001

Ammann, G. (IStR 1999): Einige Gedanken zum evolutionären Einfluss elektronischer Telekommunikation auf die Besteuerungsrealität - Das Ende der Steuern auf Einkommen und Ertrag?, in: IStR 1999, 449-456

Amor, D., in: Ludewig, C./Buschmann, D./Herbrand, N. (Hrsg.) (Silicon Valley, 2000): Chancen im Internet für junge Unternehmen, in: Silicon Valley - Made in Germany: Was Sie von erfolgreichen Unternehmen der New Economy lernen können, hrsg. von Ludewig, C./Buschmann, D./Herbrand, N., Braunschweig 2000, 233-249

Andersen, P.S., (ET 1997): Norway: Assistance in Performing Contract Concluded by Resident Subsidiary Constituted PE for Non-Resident Parent Company, in: ET 1997, 388-390

Armstrong, A./Hagel, J. (Harvard Business Review 1996): The Real Value of Online Communities, in: Harvard Business Review 1996, 134-141

Arndt, H.-W. (Europarecht, 1999): Europarecht, 4. Auflage, Heidelberg 1999

Arndt, H.-W./Köhler, M. (EWS 2001): Elektronischer Handel nach der E-Commerce-Richtlinie, in: EWS 2001, 102-112

Arndt, H.-W./Köhler, M. (Recht, 1999): Recht des Internet - Eine Einführung, Heidelberg 1999

Arthur Andersen (Hrsg.) (KStG, 1996): Körperschaftsteuergesetz - Kommentar, hrsg. von Arthur Andersen, bearb. von Antweiler, U./ Bott, H./Christes, S./Goldenbaum, G., u.a., Bonn 1996, Stand: April 2001

Arthur Andersen (Hrsg.) (Steuerreform): Steuerreform 2001 - Erläuterungen - Praxishinweise - Gesetzesmaterialien, hrsg. von Arthur Andersen, unter Mitarbeit von Kröner, I./Roche, M./Strunk, G., Köhler, S., u.a., Bonn 2001

ATO (Discussion Report, 1997): Tax and the Internet - Discussion Report of the Australian Taxation Office Electronic Commerce Project Team on the challenges of electronic commerce for tax administration, Canberra 1997

Ault, H. (Intertax 1994): The Role of the OECD Commentaries in the Interpretation of Tax Treaties, in: Intertax 1994, 144-148

Australian Taxation Office (Tax, 1997): Tax and the Internet - Discussion Report of the Australian Taxation Office Electronic Commerce Project Team on the challenges of electronic commerce for tax administration, Canberra 1997

Avi-Yonah, R. (Tax Law Review 1997): International Taxation of Electronic Commerce, in: New York Universitiy of Law, Tax Law Review 1997, Vol. 52, 507-555

Back-Hock, A./Wagner, J. (DSWR 1996): Internet und World Wide Web, in: DSWR 1996, 78-81

Bader, A. (Holdinggesellschaften, 1998): Steuergestaltung mit Holdinggesellschaften, Herne 1998

Baldi, S./Achleitner, A.-K., in: Burkhardt, T./Lohmann, K. (Internet-Banking, 1998): Sicherheit im Internet-Banking, in: Banking und Electronic Commerce im Internet, hrsg. von Burkhardt, T./Lohmann, K, Berlin 1998, 238-285

Ballwieser, W. (Hrsg.): US-amerikanische Rechnungslegung, hrsg. von Ballwieser, W., 4. Auflage, Stuttgart 2000

Baranowski, K.-H. (Auslandsbeziehungen, 1996): Besteuerung von Auslandsbeziehungen, 2. Auflage, Herne 1996

Baranowski, K.-H. (IWB 6/1997): Der "Internet-Server" das neue Steuerspar-Modell?, in: IWB 6/1997, 265

Baranowski, K.-H. (IWB, F. 3 Gr. 2): Grundsätze der Verwaltung für die Prüfung der Aufteilung des Betriebsvermögens und der Einkünfte bei Betriebsstätten international tätiger Unternehmen - Anhang, in: IWB, F. 3 Gr. 2, 843-862

Baranowski, K.-H. (IWB, F. 3 Gr. 2): Repräsentationsbüros und vergleichbare Geschäftseinrichtungen bei Bestehen eines Doppelbesteuerungsabkommens, in: IWB, F. 3 Gr. 2, 619-626

Baumbach, A./Hopt, K. (HGB, 1995): Handelsgesetzbuch mit GmbH & Co., Handelsklauseln, Bank- und Börsenrecht, Transportrecht (ohne Seerecht), erläutert von Hopt, K., begründet von Baumbach, A., 29. Auflage, München 1995

Baumgartner, P./Storck, A., in: Kley, M. D./Sünner, E./Willemsen, A. (Hrsg.) (Steuer- und Rechtspolitik, 1997): Headquarters als Kernelemente globaler Konzernstrukturen und ihre Steuerprobleme, in: Steuerrecht, Steuer- und Rechtspolitik, Wirtschaftsrecht und Unternehmensverfassung, Umweltrecht, hrsg. von Kley, M./Sünner, E./Willemsen, A., Köln 1997, 3-27

Baumhoff, H., in: Mössner, M. (Hrsg.) (Unternehmen, 1998): Einkunftsabgrenzung bei international verbundenen Unternehmen, in: Steuerrecht international tätiger Unternehmen, hrsg. von Mössner, M., 2. Auflage, Köln 1998, 344-493

Baumhoff, H./Bodenmüller, R., in: Grotherr, S. (Hrsg.) (Internationale Steuerplanung, 2000): Verrechnungspreispolitik bei der Verlagerung betrieblicher Funktionen ins Ausland, in: Handbuch der internationalen Steuerplanung, hrsg. von Grotherr, S., Herne 2000, 363-398

Baxi, D./Shah, B. (Tax Notes Int`l 2000): Electronic Commerce Taxation Evolves in India, in: Tax Notes Int`l 2000, 1923-1933

Becker, H. (DB 1984): Die Besteuerung regionaler Konzernverwaltungsstellen in Deutschland, in: DB 1984, 1847-1849

Becker, H. (Intertax 1989): Coordination Centres in Belgium and Germany, in: Intertax 1989, 430-432

Becker, H. (Intertax 1998): Taxation of Electronic Business in Globalizing World - Ten Demands for an Adaptation, in: Intertax 1998, 410-413

Becker/Höppner/Grotherr u.a. (Hrsg.) (DBA, 1999): DBA-Kommentar, bearbeitet von Baranowski, K.-H., Bellstedt, C./Binder, M., u.a., Herne 1999, Stand: August 1999

Bellstedt, C. (DB 1968): Der „ständige Vertreter" im Außensteuerrecht, in: DB 1968, 1554-1557

Bendlinger, S. (SWI 1999): Internet und E-Commerce im internationalen Steuerrecht, in: SWI 1999, 306-311

Berndt, H. (NWB, F. 3): Besteuerung in- und ausländischer Künstler und Sportler bei ihrem Auftreten im Inland, in: NWB, F. 3, 10945-10960

Bernütz, S. (IStR 1997): Ertragsbesteuerung grenzüberschreitender Internet-Transaktionen: Anknüpfung an eine deutsche Betriebsstätte, in: IStR 1997, 353-357

Bernütz, S./Weinreich, C. (WPg 2001): Neueste Entwicklungen im Bereich der Besteuerung von E-Business-Transaktionen auf Ebene der OECD, in: WPg 2001, 690-703

Berschens, R. C. (Handelsblatt vom 30.03.2001): Brüssel will Besteuerung der Europa AG neu regeln, in: Handelsblatt vom 30.03.2001, 5

Bertsch, A. (Signatures, 1999): On Sustainable Digital Signatures, in: Multilateral Securitiy in Communications: Technology, Infrastructure, Economy, hrsg. von Müller, G./Rannenberg, K., München 1999, 269-282

Bichler, M./Hansen, H. R. (Information Management 1997): Elektronische Kataloge im World Wide Web, in: Information Management 1997, 47-53

Bieg, T. (Gerichtshof, 1997): Der Gerichtshof der Europäischen Gemeinschaften und sein Einfluss auf das deutsche Steuerrecht, Frankfurt 1997

Biegler, M. (Hrsg.) (electronicbusiness, 2000): www.electronicbusiness.at - Recht & Steuern im elektronischen Geschäftsverkehr, hrsg. von Biegler, M., bearb. von Biegler, M./Haller, A./Höhne, T. u.a., Wien 2000

Biegler, M., in: Biegler, M. (electronicbusiness, 2000): Einkünftequalifikation und Besteuerung nach nationalem Steuerrecht, in: www.electronicbusiness.at - Recht & Steuern im elektronischen Geschäftsverkehr, hrsg. von Biegler, M., bearb. von Biegler, M./Haller, A./Höhne, T. u.a., Wien 2000, 105-131

Biergans, E./Stockinger, R. (FR 1982): Zum Einkommensbegriff und zur persönlichen Zurechnung von Einkünften im Einkommensteuerrecht, in: FR 1982, 1-7

Birk, D. in: Hübschmann/Hepp/Spitaler (Hrsg.) (AO, 1998): Abgabenordnung - Finanzgerichtsordnung: Kommentar, bearbeitet von Söhn, H./Alber, C./ Beermann, A. u.a., 10. Auflage, Köln 1995, Stand: Januar 1998, § 12 Rz. 1-48

Bleumer, G. (Authentication, 1999): Biometric Authentication and Multilateral Security, in: Multilateral Securitiy in Communications: Technology, Infrastructure, Economy, hrsg. von Müller, G./Rannenberg, K., München 1999, 157-171

Bloom, A. S./Giusti, R. S. (International Tax Journal 1997): International Tax Implications of Electronic Commerce on Outbound Transactions, in: International Tax Journal 1997, No. 4, 45-61

Blümich, W. (EStG, 2000): Kommentar zum Einkommensteuergesetz, Körperschaftsteuergesetz und Gewerbesteuergesetz, hrsg. von Ebling, K., unter Mitarbeit von: Brandis, P., Danelsing, W., Ebling, K., Ehmcke, T., u.a., München 2000, Stand: März 2000

BMF (Österreich) (SWI 1995): Aus der Arbeit der BMF-Fachabteilungen: Rechtsansichten des Finanzministeriums zu steuerlichen Tagesfragen, in: SWI 1995, 50-54

Boidman, N./Brender, M. (e-commerce 2000): Canadian Taxation of Inbound Electronic Commerce (Part I), in: e-commerce 2000, No. 3, 3-14

Boos, M./Rehkugler, H./Tucha, T. (DB 2000): Internationale Verrechnungspreise - Ein Überblick, in: DB 2000, 2389-2393

Borraccia, S. (e-commerce 1999): Taxation of E-Commerce in Canada, in: e-commerce 1999, No. 2, 33-36

Borstell, T., in: Grotherr, S. (Hrsg.) (Internationale Steuerplanung, 2000): Verrechnungspreispolitik bei konzerninternen Lieferungsbeziehungen, in: Handbuch der internationalen Steuerplanung, hrsg. von Grotherr, S., Herne 2000, 341-361

Böttcher, K., in: Ludewig, C./Buschmann, D./Herbrand, N. (Hrsg.) (Silicon Valley, 2000): Erfolgsfaktoren auf dem Weg zum „Neuen Markt", in: Silicon Valley - Made in Germany: Was Sie von erfolgreichen Unternehmen der New Economy lernen können, hrsg. von Ludewig, C./Buschmann, D./Herbrand, N., Braunschweig 2000

Bourtourault, P. (Intertax 1997): International Tax Issues in Cyberspace: Taxation of Cross-border Electronic Commerce, France, in: Intertax 1997, 137-140

Boyle, M./Peterson, J./Sample, W./Schottenstein, T./Sprague, G. (Tax Management International Journal 1999): The Emerging International Tax Environment for Electronic Commerce, in: Tax Management International Journal 1999, 357-382

Brankamp, T./Tobias, M. (Handelsblatt vom 23.07.2001): Alles E in Neuwied - Der Autozulieferer Textron Boesner beweist: E-Business ist auch im Mittelstand schon Realität, in: Handelsblatt vom 23.07.2001, Netzwert, 3

Brenner, W./Schubert, C. (HMD 1998): Einsatz intelligenter Softwareagenten im elektronischen Handel, in: HMD 1998, 25-37

Breuninger, G./Heimann, J. (GmbHR 2000): Steuerfragen bei der Begründung einer sog. Dual-Resident-Struktur – Anmerkung zu BFH vom 17.05.2000 – I R 19/98, in: GmbHR 2000, 1037-1039

Breuninger, G. (Hrsg.) (Europäische Integration, 1999): Steuerrecht und europäische Integration, Festschrift für Albert J. Rädler, hrsg. von Breuninger, G., München 1999

Breuninger, G./Krüger, A., in: Breuninger (Hrsg.) (Europäische Integration, 1999): Die abnehmende Lokalisierung von Unternehmen als Rechtsproblem im internationalen Steuer- und Gesellschaftsrecht, in: Steuerrecht und europäische Integration, Festschrift für Albert J. Rädler, München 1999, 79-112

Brodersen, C. (Intertax 1997): International Tax Issues In Cyberspace: Taxation of Cross-border Electronic Commerce, Germany, in: Intertax 1997, 133-136

Brons, B. (Seeschifffahrt, 1990): Nationale und internationale Besteuerung der Seeschifffahrt, Bielefeld 1990

Brunner, E. (Steuerort, 1974): Die Betriebsstätte und ihre internationale Bedeutung als Steuerort, Bern 1954

Bruns, B./Gajewski, P. (Lernen, 2000): Multimediales Lernen im Netz - Leitfaden für Entscheider und Planer, 2. Auflage, Berlin 2000

Bühner, R./Walter, H. (DB 1977): Divisionalisierung in der Bundesrepublik Deutschland - Eine empirische Analyse der Geschäftsberichte von 1965 bis 1975 der größten deutschen Industrie-Aktiengesellschaften, in: DB 1977, 1205-1207

Burkhardt, T./Lohmann, K. (Banking und E-Commerce, 1998): Banking und Electronic Commerce im Internet, hrsg. von Burkhardt, T./Lohmann, K., Berlin 1998

Burkhardt, T./Lohmann, K. (Banking, 1998): Wachstum und Facetten des Electronic Commerce, in: Banking und Electronic Commerce im Internet, hrsg. von Burkhardt, T./Lohmann, K., Berlin 1998, 23-43

Buschmann, D./Herbrand, N. in: Ludewig, C./Buschmann, D./Herbrand, N. (Hrsg.) (Silicon Valley, 2000): Goldene Zeiten!? Zukünftige Rahmenbedingungen für eBusiness-Startups, in: Silicon Valley - Made in Germany: Was Sie von erfolgreichen Unternehmen der New Economy lernen können, hrsg. von Ludewig, C./Buschmann, D./Herbrand, N., Braunschweig 2000, 259-284

Casadei, M. (e-commerce 2000): International Taxation of Electronic Commerce, in: e-commerce 2000, No. 11, 20-27

Cline, R./Neubig, T. (Revenues, 1998): The sky is not falling: Why state and local revenues were not significantly impacted by the internet in 1998 - Ernst & Young Economics Consulting and Quantitative Analysis, Minnesota 1999

Cockfield, A. (Tax Notes Int'l 2000): TAC Compliance Issues for U.S. Companies With International Electronic Commerce Transactions, in: Tax Notes Int'l 2000, January 10, 223-229

Conrads, D. (Datenkommunikation, 1996): Datenkommunikation - Verfahren - Netze - Dienste, 3. Auflage, Braunschweig 1996

Cook, D./Coupey, E. (J Busn Res 1998): Consumer Behavior and Unresolved Regulatory Issues in Electronic Marketing, in: J Busn Res. 1998, 231-238

D`Amico, E. (Chemical Week, March 28, 2001): Hooking Up Without Hassles, in: Chemical Week, March 28, 2001, 39

D`Avino, C. (CDFI LXXII a 1987): Die steuerliche Ansässigkeit von Kapitalgesellschaften, Nationalbericht Vereinigte Staaten, in: CDFI LXXII a 1987, 299-312

Dautzenberg, N. (EG-Binnenmarkt, 1997): Unternehmensbesteuerung im EG-Binnenmarkt – Problembereiche und Perspektiven, Lohmar 1997

Davenport, T.H./Pearlson, K. (Sloan Management Review 1998): Two Cheers for the Virtual Office, in: Sloan Management Review, 1998, 51-65

De Abreu, C./Nobre L. (e-commerce 2000): Taxing ISP`s in Brazil, in: e-commerce 2000, No. 12, 13-15

de Gunst, E./van der Linde, A. (Tax Notes Int`l 2001): Supreme Court Holds Dual Resident Company Subject to Capital Tax, in: Tax Notes Int`l 2001, 578-579

Debatin, H. (DB 1989): Das Betriebsstättenprinzip der deutschen Doppelbesteuerungsabkommen (Teil I) , in: DB 1989, 1692-1697

Debatin, H./Endres, D. (DBA USA, 1990): Das neue Doppelbesteuerungsabkommen USA/Bundesrepublik Deutschland, München 1990

Deering, S./Hinden, R. (IP, 1998): IP Version 6 Adressing Architcture; ftp://ftp.isi.edu/in-notes/rfc2373.txt, 1998

Deering, S./Hinden, R. (IPv6, 1998): Internet Protocol Version 6 (IPv6) Specification; ftp://ftp.isi.edu/in-notes/rfc2460.txt, 1998

Deller, D./Stubenrath, M./Weber, C. (DB 1997): Die Internetpräsenz als Instrument der Investor Relations - Rechnungslegungsdaten deutscher Unternehmen im Internet, in: DB 1997, 1577-1583

Deloitte & Touche LLP (Tax Notes Int`l 1997): Deloitte & Touche Offers Comments on Tax Policy Implications of Global Electronic Commerce, in: Tax Notes Int`l 1997, November 3, 1483-1494

Devereaux, A./Godfrey, J./Martin, J./Tsilas, V./Matthews, K. (Tax Notes Int`l 1996): IRS and Practitioners Discuss Internet Transactions, Treaty Issues, in: Tax Notes Int`l 1996, 2073-2080

Diedrich, F. (RIW 1993): Anwendbarkeit des Wiener Kaufrechts auf Softwareüberlassungsverträge, in: RIW 1993, 441-452

Djanani, C. (Internationales Steuerrecht, 1998): Internationales Steuerrecht: österreichisches Außensteuerrecht, OECD-Musterabkommen, österreichische Doppelbesteuerungsabkommen, 2. Auflage, Wien 1998

Doernberg, R. (Tax Notes Int`l 2000): E-Commerce: Changing Income Tax Treaty Principles a Bit?, in: Tax Notes Int`l 2000, 2417-2430

Doernberg, R. (Tax Sharing, 1998): Electronic Commerce and International Tax Sharing, Tax Analysts Document Number: Doc - 98 - 10656

Doernberg, R./Hinnkens, L. (International Taxation, 1999): Electronic Commerce and International Taxation, The Hague, London, Boston 1999

Doralt, W./Gassner, W./Lechner, E/Ruppe, G., u.a. (Hrsg.) (Rechtsstaat, 1990): Steuern im Rechtsstaat, FS für Stoll, G., hrsg. von Doralt, W./Gassner, W./Lechner, E./Ruppe, G., u.a., mit Beiträgen von Bauer, E./Heidinger, G./Loitlsberger, E., u.a., Wien 1990

Doralt W./Ruppe, H.G. (Grundriss, 2000): Grundriss des österreichischen Steuerrechts, Band 1: Einkommensteuer, Körperschaftsteuer, Umgründungssteuergesetz, Umsatzsteuer, Kommunalsteuer, 7. Auflage, Wien 2000

Dörrfuß, P. (IStR 2001): Die Sitzverlagerung von Kapitalgesellschaften, zugleich Anmerkung zum Urteil des BFH vom 17.05.2000, in: IStR 2001, 147-149

Dötsch, E., in: Dötsch, E./ Eversberg, H./ Jost, W./ Witt, G. (KStG, 2000): Die Körperschaftsteuer - Kommentar zum Körperschaftsteuergesetz, zum Umwandlungssteuergesetz und zu den einkommensteuerrechtlichen Vorschriften der Anteilseignerbesteuerung, hrsg. von Dötsch, E./ Eversberg, H./ Jost, W./ Witt, G., unter Mitarbeit von Achenbach, H./Buyer, C./ Eli-Hardt, G. u.a., Stuttgart 2000, Stand: August 2000, § 12 Rz. 1-54

Dötsch, E./ Eversberg, H./ Jost, W./ Witt, G. (KStG, 2000): Die Körperschaftsteuer - Kommentar zum Körperschaftsteuergesetz, zum Umwandlungssteuergesetz und zu den einkommensteuerrechtlichen Vorschriften der Anteilseignerbesteuerung, hrsg. von Dötsch, E./ Eversberg, H./ Jost, W./ Witt, G., unter Mitarbeit von Achenbach, H./Buyer, C./ Eli-Hardt, G. u.a., Stuttgart 2000, Stand: August 2000

Dreßler, G. (Gewinnverlagerung, 2000): Gewinn- und Vermögensverlagerungen in Niedrigsteuerländer und ihre steuerliche Überprüfung, 3. Auflage, Neuwied 2000

Dudenhöffer, F., in: Schmidt, H. (Hrsg.) (Potentiale, 2001): Das Internet erfindet die Autobranche neu - Individuelle Produktion und Wettbewerb der B2B-Plattformen, in: Die Potentiale der Internet-Ökonomie - Neue Regeln bestimmen die digitale Wirtschaft, hrsg. von Schmidt, H., Frankfurt 2001, 83-88

Dunahoo, C./Carlisle, J. (Tax Notes Int'l 1997): Cybertax 1.0: The U.S. Treasury Paper on Electronic Commerce, in: Tax Notes Int'l 1997, 693-699

Ebenroth, C./Willburger, A. (RIW 1995): Die Organträgerfähigkeit US-amerikanischer Kapitalgesellschaften im deutschen Steuerrecht, in: RIW 1996, Beilage 3, 1-12

Ebers, M. (Hrsg.) (Networks, 1997): The Formation of Inter-Organizational Networks, hrsg. von Ebers; M., New York 1997

Ebers, M., in: Ebers, M. (Hrsg.) (networks, 1997): Explaining Inter-Organizational Network Formation, in: The Formation of Inter-Organizational Networks, hrsg. von Ebers; M., New York 1997

Ebling (RIW 1982): Anmerkung zum BFH-Urteil vom 30.01.1981 - III R 116/79, in: RIW 1982, 146-147

Eggers, B./Hoppen, G. (Hrsg.) (E-Commerce-Management): Strategisches E-Commerce-Management - Erfolgsfaktoren für die Real Economy, hrsg. von Eggers, B./Hoppen, G., bearb. von Eggers, B./Hoppen, G./Picot, A./Neuburger, R., u.a., Wiesbaden 2001

Eicker, K. (Intertax 2000): Tax Efficient Structures for Electronic Business: The Challenge for Corporate Structures and Business Models, in: Intertax 2000, 120-131

Eicker, K./Scheifele, M. (IWB, F. 3 Gruppe 2): Die Betriebsstättenproblematik im E-Commerce, in: IWB, F. 3 Gruppe 2, 783-402

Eilers, S./Wienands, H.-G. (IStR 1999): Neue steuerliche und gesellschaftsrechtliche Aspekte der Doppelansässigkeit von Kapitalgesellschaften nach der EuGH-Entscheidung vom 09.03.1999, in: IStR 1999, 289-296

Endres, D. (IStR 1996): Die Vertreterbetriebsstätte im Konzern, in: IStR 1996, 1-5

Endriss, A./Käbisch, V./Labermeier, A. (BB 1999): Ausgewählte Problemfelder der Besteuerung des Electronic Commerce, in: BB 1999, 2276-2281

Endriss, H. W. (Wohnsitzprinzip 1967): Wohnsitz- oder Ursprungsprinzip, Köln 1967

Erhard, G., in: Flick, H./Wassermeyer, F./Wingert, K.-D. u.a. (DBA-Schweiz, 1996): Doppelbesteuerungsabkommen Deutschland-Schweiz: Kommentar, hrsg. von Flick, H./Wassermeyer, F./Wingert, K.-D. u.a., Köln 1998, Stand August 1999, Art. 8 Rz. 1-122

Fairpo, C.A. (e-commerce 1999): The Problems of Identifying Residence, in: e-commerce 1999, No. 3, 13-15

Fairpo, C.A. (e-commerce 2000): U.K. Revenue Statement on Servers, in: e-commerce 2000, No. 5, 3

Farrenkopf, J. (DSWR 1999): Die Betriebsstätte, die Pipeline und das Internet - Ein Überblick, in: DSWR 1999, 44-45

Felix, G. (DStR 1963): Der Ort der Geschäftsleitung im Steuerrecht, in: DStR 1963, 421-423

Fernandez, A. (Tax Notes Int'l 2000): Editorial, in: Tax Notes Int'l 2000, 2261-2262

*Ferres, A.*O. (e-commerce 2001): Australia: Permanent Establishment, in: e-commerce 2001, No. 9, 18-19

Fetzer, T. (Kontrollansatz, 2000): Die Besteuerung des Electronic Commerce im Internet, Frankfurt am Main, 2000

Feuerbaum, E. (DB 1972): Das Zeitelement zum Betriebsstättenbegriff bei Bauausführungen, Montagen und ähnlichen Tätigkeiten, in: DB 1972, 887-889

Field, T. (Realities of E-Commerce 1997): Permanent establishment concept collides with realities of Electronic Commerce at IFA Seminar, Tax Analysts Document Number: Doc - 97 - 29272

Fink, E. (Intertax 1992): Taxation of the Permanent Establishment (Articles 5 and 7); Associated Enterprises (Article 9) and the Mutual Agreement Procedure (Article 25), in: Intertax 1992, 676-679

Fischer, L. (Hrsg.) (Wirtschaftliche Aktivitäten, 1995): Besteuerung wirtschaftlicher Aktivitäten von Ausländern in Deutschland, hrsg. von Fischer, L., Köln 1995

Fischer, L./Strunk, G. (Aspekte, 1998): Steuerliche Aspekte des Electronic Commerce, hrsg. von Fischer, L./Strunk, G., Köln 1998

Fischer, L./Warneke, P. (Betriebswirtschaftliche Steuerlehre, 1998): Internationale Betriebswirtschaftliche Steuerlehre, begründet von Fischer, L./Warneke, P., fortgeführt von Fischer, L., 4. Auflage, Bielefeld 1998

Fischer, S., in: Schwarzer, R. (MultiMedia, 1998): Telelearning im WWW am Beispiel von Berlitz Online - der virtuellen Sprachenschule im Internet, in: MultiMedia und Telelearning - Lernen im Cyberspace, hrsg. von Schwarzer, R., Frankfurt 1998, 121-134

Fleming, J. (Tax Notes Int'l 1999): U.S. Taxation of Profits from Internet Software Sales - An Electronic Commerce Case Study, in: Tax Notes Int'l 1999, 675-688

Flick, H. (CDFI LII 1967): Nationalbericht Deutschland, in: CDFI LII 1967, 443-465

Flick, H./Wassermeyer, F./Baumhoff, H. (AStG, 1999): Außensteuerrecht: Kommentar, hrsg. von Wassermeyer, F./Piltz, D., bearbeitet von Baumhoff, H./Eilers, S./Herlinghaus, A./Müller-Dott, J., u.a., 6. Auflage, Köln 1999, Stand: Dezember 2000

Flick, H./Wassermeyer, F./Wingert, K.-D. u.a. (DBA-Schweiz, 1996): Doppelbesteuerungsabkommen Deutschland-Schweiz: Kommentar, hrsg. von Flick, H./Wassermeyer, F./Wingert, K.-D. u.a., Köln 1998, Stand August 1999

Flick, H./Wassermeyer, F./Wingert, K.-D./Kempermann, M. (DBA-Schweiz): Doppelbesteuerungsabkommen Deutschland-Schweiz: Steuern vom Einkommen und Vermögen, Nachlass- und Erbschaftsteuern, Kommentar, Köln 1981, Stand August 2000

Forst, D. (Tax Nots Int'l 1997): The continuing Vitality of Source-Based Taxation in the Electronic Age, in: Tax Notes Int'l 1997, 1455-1473

Frieden, K. (Cybertaxation, 2000): Cybertaxation - The Taxation of E-Commerce, Chicago 2000

Frotscher, G., in: Schwarz, B. (AO, 2000): Kommentar zur Abgabenordnung, hrsg. von Schwarz, B., unter Mitarbeit von Dißars, U.-C., Dumke, W., Frotscher, G., Schultz, W., u.a., Freiburg 2000, § 12 Rz. 1-50

FW (IStR 1995): Anmerkung zum BFH-Urteil vom 14.09.1994 - I R 116/93, IStR 1995, 134

Galli, C. (Tax Planning International Review 1998): Taxation of Internet Trading: Italy, in: Tax Planning International Review 1998, No. 2, 11-14

Gassner, W./Lang, M. (Hrsg.) (Bilanzierung, 1998): Besteuerung und Bilanzierung international tätiger Unternehmen, FS 30 Jahre Steuerrecht an der Wirtschaftsuniversität Wien, hrsg. von Gassner, W./Lang, M., mit Beiträgen von, Gassner, W./Schneider, W./Egger, A./Bertl, R., u.a., Wien 1998

Gassner, W./Lang, M./Lechner, E. (Hrsg.) (DBA Österreich, 1999): Das neue Doppelbesteuerungsabkommen Österreich-Deutschland, hrsg. von Gassner, W./Lang, M./Lechner, E., bearb. von Runge, B./Loukota, H./Lang, M. u.a., Wien 1999

Geimer, H./Becker, T., in: Lawrenz, O./Hildebrand, K./Nenninger, M./Hillek, T. (Hrsg.) (Supply Chain Management, 2001): Supply Chain-Strategien, in: Supply Chain Management: Konzepte, Erfahrungsberichte und Strategien auf dem Weg zu digitalen Wertschöpfungsnetzen, hrsg. von Lawrenz, O./Hildebrand, K./Nenninger, M./Hillek, T., 2. Auflage, Braunschweig 2001, 19-37

Gersch, E.-M. (AO, 2000): Abgabenordnung - einschließlich Steuerstrafrecht - , Kommentar, bearbeitet von Brockmeyer, B., Gersch, E.-M., Gast-de-Haan, B., u.a., begründet von Klein, F. und Orlopp, G., 7. Auflage, München 2000, § 12 Rz. 1-19

Geurts, M. (Intertax 2000): Server as a permanent establishment?, in: Intertax 2000, 173-175

Ghosh, S. (Harvard Business Review 1998): Making Business Sense of the Internet, in: Harvard Business Review 1998, 126-135

Gibbons, W. (Harvard Law Review 1969): Tax Effects of basing international business abroad, in: Harvard Law Review 1969, 1206-1249

Giesberts, F.J., in: Rau, G./Dürrwächter, E. (UStG, 1997): Kommentar zum Umsatzsteuergesetz, begründet von Rau, G./Dürrwächter, E./Flick, H./Geist, R., bearbeitet von Reiß, W./Husmann, E./Flick, H./Schuhmann, H., u.a., 8. Auflage, Köln 1997, § 3 a Rz. 1-260

Gießler, O. (K & R 1998): Electronic Commerce - steuerliche Implikationen eines globalen Phänomens, in: K & R 1998, 349-353

Gilbert, H. (Introduction, 1995): Introduction to TCP/IP, http://www.yale.edu/pclt/COMM/TCPIP.HTM, 1995

Glanegger, P./Güroff, G. (GewStG, 1999): Gewerbesteuergesetz, erläutert von Glanegger, P./Güroff, G., unter Mitarbeit von Peuker, M., 4. Auflage, München 1999

Gonzales-Bendiksen, J. (e-commerce 1999): The View from Mexico, in: e-commerce 1999, No. 3, 6-9

Goodridge, E. (InformationWeek, Jan. 15, 2001): CROs Depart From Two E-Marketplaces, in: InformationWeek, Jan. 15, 2001, 38

Goolsbee, A. (Journal of Economic Perspectives 2001): The Implication of Electronic Commerce for Fiscal Policy (and Vice Versa), in: Journal of Economic Perspectives, Winter 2001, Vol. 15 (1), 13-24

Goolsbee, A./Zittrain, J. (National Tax Journal 1999): Evaluating the Costs and Benefits of Taxing the Internet, in: National Tax Journal, Vol. 52 (3), September 1999, 413-428

Gora, W./Mann, E. (Kompendium, 2001): Handbuch Electronic Commerce - Kompendium zum elektronischen Handel, 2. Auflage, Berlin 2001

Görl, M., in: Vogel (DBA, 1996): Doppelbesteuerungsabkommen der Bundesrepublik Deutschland auf dem Gebiet der Steuern vom Einkommen und Vermögen, Kommentar auf der Grundlage der Musterabkommen, unter Mitarbeit von Engelschalk, M./Görl, M./Hemmelrath, A. u.a., 3. Auflage, München 1996, Art. 5 Rz. 1-200

Gorys, L. (Arbeitsbuch, 1993): TCP-IP-Arbeitsbuch: Kommunikationsprotokolle zur Datenübertragung in heterogenen Systemen, 3. Auflage, Heidelberg 1993

Gosch, D. (BFH-PR 1999): Beratungshinweise - Ausländische Kapitalgesellschaft, Ort der Geschäftsleitung, in: BFH-PR 1999, A 3955, 1-2

Gosch, D. (StBp 1998): Rechtsprechung im besonderen Blickpunkt auf die Außenprüfung, in: StBp 1998, 106-110

Göttsche, M. (DStR 1999): Das Centros-Urteil des EuGH und seine Auswirkungen - Eine Bestandsaufnahme aus gesellschafts-, handels-, und steuerrechtlicher Sicht, in: DStR 1999, 1403-1408

Göttsche, M./Stangl, I. (DStR 2000): Der Betriebsstättenerlass des BMF vom 24.12.1999 - Anmerkungen und Zweifelsfragen, in: DStR 2000, 498-508

Graffe, I., in: Dötsch, E./ Eversberg, H./ Jost, W./ Witt, G. (KStG, 2000): Die Körperschaftsteuer - Kommentar zum Körperschaftsteuergesetz, zum Umwandlungssteuergesetz und zu den einkommensteuerrechtlichen Vorschriften der Anteilseignerbesteuerung, hrsg. von Dötsch, E./Eversberg, H./Jost, W./Witt, G., unter Mitarbeit von Achenbach, H./Buyer, C./ Eli-Hardt, G. u.a., Stuttgart 2000, Stand: August 2000, § 1 Rz. 1-116

Grams, H. (FR 1999): Internationale Künstlerbesteuerung: Sind DJs beschränkt steuerpflichtig?, in: FR 1999, 747-751

Greinecker, H./Kral, B. (SWI 2001): OECD-Stellungnahme zur Betriebsstätteneigenschaft eines Servers, in: SWI 2001, 170-172

Griemla S. (Europa AG, 1999): Die ertragsteuerliche Behandlung der Europäischen Aktiengesellschaft, Marburg 1999

Griese, J. (PIK 1996): Internet-Nutzung für Unternehmen, in: PIK 1996, 79-83

Großmann, K. (Ansässige Kapitalgesellschaften, 1995): Doppelt ansässige Kapital-gesellschaften im internationalen Steuerrecht, München 1995

Grotherr, S. (Hrsg.) (Internationale Steuerplanung, 2000): Handbuch der internationalen Steuerplanung, hrsg. von Grotherr, S., Herne 2000

Grotherr, S./Herfort, C./Strunk, G. (DBA-Recht, 1998): Internationales Steuerrecht, 1998, Deutsche Steuer-Gewerkschaft (Hrsg.), bearbeitet von Grotherr, S./Herfort, C./Strunk, G., Achim 1998

Grundmann, M./Feige, A. (Handelsblatt vom 04.10.2000): Sparen mit Reverse-Auktionen - Internet-Offensive innovativer Automobilzulieferer, in: Handelsblatt vom 04.10.2000, Beilage, 4

Gummert, H./Trapp, S. (MMR 1998): Der Internet-Server als ertragsteuerliche Betriebsstätte, in: MMR 1998, 350-354

Günkel, M. (IWB, F. 3 a Gr. 1): Anmerkung zum BFH-Urteil vom 31.10.1996 - II R 12/92, in: IWB Fach 3 a Gruppe 1, 589-590

Günkel, M., in: Becker, H./Höppner, H.-D./Grotherr S. u.a. (Hrsg.) (DBA, 1999): DBA-Kommentar, hrsg. von Becker, H./Höppner, H.-D./Grotherr S. u.a., unter Mitarbeit von Baranowski, K.-H./Bellstedt, C./Binder, M. u.a., Herne 1999, Stand: Juli 2001, Art. 5 Rz. 1-253

Güroff, G., in: Glanegger, P./Güroff, G. (GewStG, 1999): Gewerbesteuergesetz - erläutert von Glanegger, P./Güroff, G., unter Mitarbeit von Peuker, M., 4. Auflage, München 1999, § 30 Rz. 1-7

Haarmann, W. (Hrsg.) (Strukturen, 1996): Unternehmensstrukturen und Rechtsformen im Internationalen Steuerrecht: aktuelle Schwerpunkte in der Diskussion: Standortwettbewerb, Doppelansässigkeit, Personengesellschaft, stille Gesellschaft, Trust, hrsg. von Haarmann, W., mit Beiträgen von Brenner, D./Burmester, G./Greif, M./Haarmann, W., u.a., Köln 1996

Haccius, C. (Tax Planning International Review 1998): Taxation of Internet Trading: Ireland, in: Tax Planning International Review 1998, No. 2, 7-10

Hahn-Joecks, G. (Künstler, 1999): Zur Problematik der Besteuerung ausländischer Künstler und Sportler, Baden-Baden 1999

Halfar, B. (IWB, F. 3 Gr. 3): Betriebsstättenbesteuerung, in: IWB, F. 3 Gr. 1, 1393-1420

Hardesty, D. (e-commerce 1998): Internet-Based Sales to the United States, in: e-commerce 1998, 28-34

Hardesty, D. (Planning, 1999): Electronic Commerce - Taxation and Planning, Boston, Massachusetts 1999

Hausmann, R./Raupach, A. (Steuergestaltung, 1988): Steuergestaltung durch doppelt ansässige Gesellschaften?, von Hausmann, R./Raupach, A., u.a., Münchener Schriften zum Internationalen Steuerrecht, Heft 13, München 1988

Hausmann, R./van Raad, K./Raupach, A./Veelken, W. (Doppelansässigkeit, 1988): Steuergestaltung durch doppelt ansässige Kapitalgesellschaften?, München 1988

Heinemann, C., in: Eggers, B./Hoppen, G. (Hrsg.) (E-Commerce-Management): Das E-Commerce-Unternehmen: Möglichkeiten der organisatorischen Umsetzung, in: Eggers, B./Hoppen, G., Strategisches E-Commerce-Management - Erfolgsfaktoren für die Real Economy, hrsg. von Eggers, B./Hoppen, G., bearb. von Eggers, B./Hoppen, G./Picot, A./Neuburger, R., u.a., Wiesbaden 2001, 125-140

Heinicke, W., in: Schmidt, L. (EStG, 2001): Schmidt, L. (Hrsg.), Einkommensteuergesetz, erläutert von Schmidt, L./Drenseck, W., Glanegger, P. u.a., 20. Auflage, München 2001, § 49 Rz. 1-97

Hellerstein, W. (Tax Law Review 1997): State Taxation of Electronic Commerce, in: New York Universitiy of Law, Tax Law Review 1997, Vol. 52, 425-505

Herrmann/Heuer/Raupach (Kommentar, 1999): Einkommen- und Körperschaftsteuergesetz, Kommentar, hrsg. von Raupach, A./Clausen, U./Kanzler, H.-J. u.a., 21. Auflage, Köln 1997, Stand: Juni 2001

Herzig, N. (Hrsg.) (Körperschaftsteuersysteme, 1994): Harmonisierung der Körperschaftsteuersysteme in den EU-Staaten, hrsg. von Herzig, N., mit Beiträgen von Müller-Dott, J.-P./Herzig, N./Rädler, A./ Saß, G., u.a., Köln 1994

Herzig, N. (WPg 1998): Globalisierung und Besteuerung, in: WPg 1998, 280-296

Hey, F. (RIW 1994): Anmerkung zum Urteil des FG Köln vom 07.07.1993 - 6 K 4693/87, in: RIW 1994, 889-891

Hey, J. (Harmonisierung, 1997): Harmonisierung der Unternehmensbesteuerung in Europa, Köln 1997

Hickey, J. (ET 1998): Offshore Electronic Commerce, Taxing Difficulties and Planning Opportunities, in: ET 1998, 255-261

Hillek, T., in: *Lawrenz, O./Hildebrand, K./Nenninger, M./Hillek, T.* (Hrsg.) (Supply Chain Management, 2001): Erschließung neuer Wertschöpfungspotentiale durch Electronic Supply Chain Management, in: Supply Chain Management: Konzepte, Erfahrungsberichte und Strategien auf dem Weg zu digitalen Wertschöpfungsnetzen, hrsg. von Lawrenz, O./Hildebrand, K./Nenninger, M./Hillek, T., 2. Auflage, Braunschweig 2001, 1-18

Hinnekens, L. (e-commerce 1999): OECD and E-Commerce: Clarification or Fundamental Change? - Comment, in: e-commerce 1999, No. 11, 13-14

Hinnekens, L. (e-commerce 1999): The Uneasy Application of the Current Concepts of Permanent Establishment and Corporate Residence to Cross-Border Electronic Commerce, in: e-commerce 1999, No. 6, 3-9

Hinnekens, L. (Intertax 1998): Looking for an Appropriate Jurisdictional Framework for Source-State Taxation of International Electronic Commerce in the Twenty-first Century, in: Intertax 1998, 192-200

Höhl, M./Ponader, M. (DSWR 1996): Kauf und Service im Internet, in: DSWR 1998, 88-89

Holler, G./Heerspink, F. (BB 1998): Betriebsstättenbegründung durch Errichtung eines Verkaufsservers im Internet?, in: BB 1998, 771-773

Höllhuber, H. (Schriftenreihe, 2000): Der Ort der Geschäftsleitung im Lichte neuer technologischer Entwicklungen, in: Besteuerung von E-Commerce, hrsg. von Toifl, G./Züger, M., bearb. von Dienes, J./Reiner J./Schönauer, B. u.a., Wien 2000

Holtkamp, H. (TCP, 1999): Einführung in TCP/IP, http://www.rvs.uni-bielefeld.de/~heiko/tcpip/tcpip.html, 1999

Hoppe, U./Kracke, U. (ZfbF 1998): Internet und Intranet: Anwendungsperspektiven für Unternehmen, in: ZfbF 1998, 390-405

Horner, F./Owens, J. (ET 1996): Tax and the Web: New Technology, Old Problems, in: ET 1996, 516-523

Horstmann, R./Butterwegge, G. (DSWR 2000): Internet-Auktionen, in: DSWR 2000, 206-209

Hübl, C. in: Toifl, G./Züger, M. (Schriftenreihe, 2000): Die Vorschläge des OECD-Steuerausschusses zur Änderung des Kommentars zu Art. 5 OECD-MA, in: Besteuerung von E-Commerce, hrsg. von Toifl, G./Züger, M., bearb. von Dienes, J./Reiner, J./Schönauer, B. u.a., Wien 2000, 183-215

Hübl, L., in: Herrmann/Heuer/Raupach (Kommentar, 1999): Einkommen- und Körperschaftsteuergesetz, Kommentar, hrsg. von Raupach, A./Clausen, U./Kanzler, H.-J. u.a., Köln 1997, Stand Juni 2001, § 12 KStG Rz. 1-28

Hübschmann/Hepp/Spitaler (Hrsg.) (AO, 1998): Abgabenordnung - Finanzgerichtsordnung: Kommentar, bearbeitet von Söhn, H./Alber, C./ Beermann, A. u.a., 10. Auflage, Köln 1995, Stand: Januar 1998

Hüffer, U. (AktG, 1999): Aktiengesetz, erläutert von Hüffer, U., 4. Auflage, München 1999

Huitema, C. (Generation, 2000): Ipv6 - die neue Generation, München 2000

Illik, J. (HMD 1998): Electronic Commerce - eine systematische Bestandsaufnahme, in: HMD 1998, 10-24

Institut für Informatik und Gesellschaft, Albert Ludwigs-Universität Freiburg (Enquête II, 2000): „Executive Research Report" Electronic Commerce Enquête II 2000, hrsg. von Kohlhammer, K., Leinfelden-Echterdingen 2000

Isenbergh, J. (Conception, 2000): International Taxation, New York 2000

Jackstein, C.D., in: Raupach (Hrsg.) (Verrechnungspreissysteme, 1999): Das Verrechnungspreissystem von Procter & Gamble, in: Verrechnungspreissysteme multinationaler Unternehmen in betriebswirtschaftlicher, gesellschafts- und steuerrechtlicher Sicht, hrsg. von Raupach, A., bearb. von Becker, H./Frost, J./Herzig, N. u.a., Herne 1999, 215-249

Jacobs, O.H. (Hrsg.) (Unternehmensbesteuerung, 1999): Internationale Unternehmensbesteuerung, Handbuch zur Besteuerung deutscher Unternehmen mit Auslandsbeziehungen, bearbeitet von Jacobs, O.H./Endres, D./Spengel, C., 4. Auflage, München 1999

Jahn, A./Herfs-Röttgen, E. (DB 2001): Die Europäische Aktiengesellschaft - Societas Europaea, in: DB 2001, 631-638

James, J. (Management 1999): Taxing times in Cyberspace, in: Management 1999, November, 38-40

Janz, C./Schick, E., in: Ludewig, C./Buschmann, D./Herbrand, N. (Hrsg.) (Silicon Valley, 2000): evenbetter.com: Navigating the Digital Economy, in: Silicon Valley - Made in Germany: Was Sie von erfolgreichen Unternehmen der New Economy lernen können, hrsg. von Ludewig, C./Buschmann, D./Herbrand, N., Braunschweig 2000, 177-198

Jocham, A. (Handelsblatt vom 10.09.2001): Bleifuß beim E-Business, in: Handelsblatt vom 10.09.2001, N 1

Johannemann, U. (Unitary Taxation Method, 1997): Entwicklung und Stand der Unitary Taxation Method, Münster 1997

Kalbfleisch, E., in: Arthur Andersen (Hrsg.) (KStG, 1996): Körperschaftsteuergesetz - Kommentar, hrsg. von Arthur Andersen, bearb. von Antweiler, U./ Bott, H./Christes, S. /Goldenbaum, G., u.a., Bonn 1996, Stand: Juli 2001, § 1 Rz. 1-132

Kalmring, D. (Internet, 1996): Internet für Wirtschaftswissenschaftler: mit einem Internetlexikon; mit einer Einführung in Netscape 2.0; mit einer Einführung in HTML 3.0, Bergisch Gladbach 1996

Kanzler, H.-J. (FR 2000): Kommentar zum BFH-Urteil vom 25.05.2000 (Satellitenempfangsanlage als Betriebsstätte), in: FR 2000, 1152-1153

Karpinski, R. (B2B vom 18.12.2000): Plastics giants meld, mold new e-marketplace, in: B2B vom 18.12.2000, 28

Katsushima, T. (Intertax 1998): Internet and Electronic Commerce - The next frontier, in: Intertax 1998, 86-87

Kay, G. (Intertax 1997): International Tax Issues In Cyberspace: Taxation of Cross-border Electronic Commerce, United Kingdom, in: Intertax 1997, 141-142

Kegel, G. (IPR, 1995): Internationales Privatrecht, 7. Aufllage, München 1995

Keijzer, H. (Tax Planning International Review 1998): Taxation of Internet Trading: The Netherlands, in: Tax Planning International Review 1998, No. 2, 19-20

Keller, T. (Unternehmensführung, 1993): Unternehmungsführung mit Holdingkonzepten: Wege in ein Holdingkonzept, rechtliche Rahmenbedingungen und Rechtsformwahl, Verbundintegration, Lösung struktur- und führungsorganisatorischer Problemstellung, 2. Auflage, Köln 1993

Kellersmann, D. (Handbuch, 1998): Berufsrecht der Steuerberater und Wirtschaftsprüfer, in: Internet - Handbuch für Steuerberater und Wirtschaftsprüfer, hrsg. von Kröger, D./Kellersmann, D., Neuwied 1998, 228-261

Kemmner, A. (Betrieb und Wirtschaft 1998): Internet - Chancen und Risiken für Unternehmen, in: Betrieb und Wirtschaft 1998, 344-346

Kempermann, M. (FR 1993): Anmerkung zum BFH-Urteil vom 03.02.1993 - I R 80-81/91, in: FR 1993, 340

Kempermann, M. (FR 1995): Anmerkung zum BFH-Urteil vom 14.09.1994 - I R 116/93, FR 1995, 240

Kessler, W. (DB 1998): Bilanzielle Behandlung von Internet-Auftritten, in: DB 1998, 1341-1353

Kessler, W. (DSWR 1998): Besteuerung des Electronic Commerce - Eine Herausforderung für Gesetzgeber, Finanzverwaltungen und Unternehmen, in: DSWR 1998, 234-237

Kessler, W. (Grundprobleme, 1997): Grundprobleme der Besteuerung, Vortrag im Rahmen der EUROFORUM-Konferenz „Geschäfte im Internet“ am 11./12. November 1997 in Köln

Kessler, W. (Holding, 1996): Die Euro-Holding: Steuerplanung, Standortwahl, Länderprofile, München 1996

Kessler, W. (IStR 1993): Internationale Organschaft in Dänemark, in: IStR 1993, 303-310

Kessler, W. (IStR 2000): Qualifikation der Einkünfte aus dem Online-Vertrieb von Standardsoftware nach nationalem und DBA-Recht (Teil 1 und 2), in: IStR 2000, 70-77, 98-105

Kessler, W. (Neue Medien, 2000): Das Steuerrecht der Neuen Medien: Beratungshandbuch zum E-Commerce, Internet und zur Telekommunikation, hrsg. von Kessler, W., bearb. von Kessler, W./Peter, M./Teufel, T. u.a., Köln 2000, Stand: September 2001

Kessler, W. (StbJb 1998/99): Grundlagen der Besteuerung digitaler Transaktionen, in: StbJb 1998/99, hrsg. im Auftrag des Fachinstituts der Steuerberater von Herzig, N., Köln 1999, 333-349

Kessler, W. in: Kessler, W. (Neue Medien, 2000): Praktischer Nutzen des Internets für Steuerberater, in: Das Steuerrecht der Neuen Medien, hrsg. von Kessler, W., bearb. von Kessler, W./Peter, M./Teufel, T. u.a., Köln 2000, Teil 3/Tz. 1-5.2

Kessler, W., in: Eggers, B./Hoppen, G. (Hrsg.) (E-Commerce-Management): Problemfelder der Besteuerung des E-Commerce, in: Eggers, B./Hoppen, G., Strategisches E-Commerce-Management - Erfolgsfaktoren für die Real Economy, hrsg. von Eggers, B./Hoppen, G., bearb. von Eggers, B./Hoppen, G./Picot, A./Neuburger, R., u.a., Wiesbaden 2001, 307-326

Kessler, W./Dorfmüller, P. (PiStB 2001): Gestaltungsstrategien bei internationaler Steuerplanung mit Holdinggesellschaften, in: PiStB 2001, 177-185

Kessler, W./Maywald, A./Peter, M. (IStR 1999): Anmerkung zur Verfügung der OFD Karlsruhe vom 11.11.1998, in: IStR 2000, 139-440

Kessler, W./Maywald, A./Peter, M. (IStR 2000): Mögliche Auswirkungen des Satelliten-Urteils auf die steuerliche Behandlung von grenzüberschreitenden Internet-Transaktionen, in: IStR 2000, 425-432

Kessler, W./Peter, M. (BB 2000): Weiterentwicklung des Betriebsstättenprinzips - Neuinterpretation eines traditionellen Besteuerungskonzepts durch die OECD vor dem Hintergrund des zunehmenden E-Commerce, in: BB 2000, 1545-1553

Kessler, W./Peter, M. (IStR 2001): OECD klärt Zweifelsfragen zur Server-Betriebsstätte, in: IStR 2001, 238-242

Kessler, W./Peter, M., in: Kessler (Hrsg.) (Neue Medien, 2000): Erosion des Betriebsstättenprinzips durch den elektronischen Handel, in: Das Steuerrecht der Neuen Medien: Beratungshandbuch zum E-Commerce, Internet und zur Telekommunikation, hrsg. von Kessler, W., Köln 2000, Teil 5/Tz. 5.1-5.1.6

Kessler, W./Peter, M., in: Kessler (Hrsg.) (Neue Medien, 2000): Qualifikation der Einkünfte aus dem Online-Vertrieb von Standardsoftware nach DBA-Recht, in: Das Steuerrecht der Neuen Medien: Beratungshandbuch zum E-Commerce, Internet und zur Telekommunikation, hrsg. von Kessler, W., Köln 2000, Teil 5/Tz. 5.3.1-5.3.6

Kessler, W./Teufel, T. (IStR 2000): Hinzurechnungsbesteuerung bei mehrstufigen Beteiligungsstrukturen - derzeitige Rechtslage, künftige Rechtslage, Gestaltungsansätze, in: IStR 2000, 673-678

Kirchhof, P./Lehner, M. /Raupach, A./ Rodi, M. (Hrsg.) (Entwicklung, 2000): Staaten und Steuern, Festschrift für Klaus Vogel, hrsg. von Kirchhof, P./Lehner, M. /Raupach, A./ Rodi, M., Heidelberg 2000

Klein, F. (AO, 2000): Abgabenordnung - einschließlich Steuerstrafrecht - , Kommentar, bearbeitet von Brockmeyer, B./Gersch, E.-M./Gast-de-Haan, B. u.a., begründet von Klein, F. und Orlopp, G., 7. Auflage, München 2000

Klein, F. (Hrsg.) (Handelsrecht, 1998): Handelsrecht und Steuerrecht, Festschrift für Georg Döllerer, hrsg. von Klein, F., Düsseldorf 1998

Klein, M. (IStR 1996): Der freiberuflich tätige Berufssportler - eine deutsch-österreichische Kuriosität, in: IStR 1996, 361-366

Kleineidam, H.-J. (Hrsg.) (Unternehmenspolitik, 1999): Unternehmenspolitik und Internationale Besteuerung: Festschrift für Lutz Fischer, hrsg. von Kleineidam, H.-J., Berlin 1999

Kley, M. D./Sünner, E./Willemsen, A. (Hrsg.) (Steuer- und Rechtspolitik, 1997): Steuerrecht, Steuer- und Rechtspolitik, Wirtschaftsrecht und Unternehmensverfassung, Umweltrecht, hrsg. von Kley, M./Sünner, E./Willemsen, A., Köln 1997

Kluge, V. (Internationales Steuerrecht, 2000): Das Internationale Steuerrecht: Gemeinschaftsrecht, Außensteuerrecht, Abkommensrecht, 4. Auflage, München 2000

Knobbe-Keuk, B. (Unternehmenssteuerrecht, 1993): Bilanz- und Unternehmenssteuerrecht, 9. Auflage, Köln 1993

Knüwer, T. (Handelsblatt vom 11.09.2001): Mit hohem Blutdruck, in: Handelsblatt vom 11.09.2001, 10

Koch, H.-A./Frey, M. (e-commerce 1999): Taxation of Internet Transactions - a Swiss Perspective, in: e-commerce 1999, No. 5, 11-14

Koch, M./Möslein, K./Wagner, M. (Vertrauen, 2000): Vertrauen und Reputation in Online-Anwendungen und virtuellen Gemeinschaften, Tagungsbeitrag zur GeNeMe 2000 (Gemeinschaft der Neuen Medien), Dresden 5./6.Oktober 2000

Kocka, J. (Unternehmensverwaltung, 1969): Unternehmensverwaltung und Angestelltenschaft am Beispiel Siemens 1874-1914, Stuttgart 1969

Koenen, J./Nonnast, T. (Handelsblatt vom 06.08.2001): Jungen Softwarehäusern geht das Geld aus, in: Handelsblatt vom 06.08.2001, 11

Köhler, S., in: Arthur Andersen (Hrsg.) (Steuerreform): Die deutsche Holdinggesellschaft nach der Unternehmenssteuerreform, in: Steuerreform 2001 - Erläuterungen - Praxishinweise - Gesetzesmaterialien, hrsg. von Arthur Andersen, unter Mitarbeit von Kröner, I./Roche, M./Strunk, G., Köhler, S., u.a., Bonn 2001, 227-271

Kohlhepp, K. (RIW 1989): Die Europäische Aktiengesellschaft, in: RIW 1989, 88-90

Kolck, J. D. (Betriebsstättenbegriff, 1974): Der Betriebsstättenbegriff im nationalen und im internationalen Steuerrecht, Münster 1974

Kortenaar, G./Spanjersberg, C. (Intertax 1999): Taxation and E-Commerce: Dutch Tax Policy Implications, in: Intertax 1999, 180-187

Koschnike, M., in: Lawrenz, O./Hildebrand, K./Nenninger, M./Hillek, T. (Hrsg.) (Supply Chain Management, 2001): Supply Chain-Management in der Automobilindustrie, in: Supply Chain Management: Konzepte, Erfahrungsberichte und Strategien auf dem Weg zu digitalen Wertschöpfungsnetzen, hrsg. von Lawrenz, O./Hildebrand, K./Nenninger, M./Hillek, T., 2. Auflage, Braunschweig 2001, 281-302

Kotschenreuther, J. (Personalwirtschaft 3/1995): Konkurrenz schläft nicht, in: Personalwirtschaft 3/1995, 16-19

Kowallik, A. (DStR 1999): Ertragsteuerliche Erfassung von Electronic Commerce im Internet - Betriebsstättenbegründung und -besteuerung im virtuellen Raum, in: DStR 1999, 223-226

Krabbe, H. (IStR 2000): OECD-Musterabkommen 2000, in: IStR 2000, 196-201

Krafft, L. (European Business School, 2001): Bestandsaufnahme und Perspektiven der Internet-Gründerlandschaft in Deutschland, Oestrich-Winkel 2001

Krause, J. (Geschäftsfelder, 1998): Electronic Commerce: Geschäftsfelder der Zukunft heute nutzen, München 1998

Kreienbaum, M. in: Strunk, G. (Steuergestaltung, 2000): Grundlegende Anmerkungen zu den steuerlichen Aspekten des Electronic Commerce, in: Steuern und Electronic Commerce - Möglichkeiten und Grenzen der Steuergestaltung, hrsg. von Strunk, G., Neuwied 2000, 1-42

Kreutziger, S. (DStR 1998): Festlegung der geschäftlichen Oberleitung eines Schifffahrtunternehmens - Anmerkungen zum BFH-Urteil vom 03.07.1997, IV R 58/95, DStRE 1198, 60, in: DStR 1998, 1122-1224

Kröger, D. in: Kröger, D./Kellersmann, D. (Handbuch, 1998): Electronic Commerce, in: Internet - Handbuch für Steuerberater und Wirtschaftsprüfer, hrsg. von Kröger, D./Kellersmann, D., bearbeitet von Kröger, D./Wittsiepe, R./ Hanken, C. u.a., Neuwied 1998, 133-149

Kröger, D. in: Kröger, D./Kellersmann, D. (Hrsg.) (Handbuch, 1998): Der Einstieg in das Internet, in: Internet - Handbuch für Steuerberater und Wirtschaftsprüfer, hrsg. von Kröger, D./Kellersmann, D., bearbeitet von Kröger, D./Wittsiepe, R./ Hanken, C. u.a., Neuwied 1998, 1-11

Kröger, D. in: Kröger, D./Kellersmann, D. (Hrsg.) (Handbuch, 1998): Handbuch für Steuerberater und Wirtschaftsprüfer, hrsg. von Kröger, D./Kellersmann, D., bearbeitet von Kröger, D./Wittsiepe, R./ Hanken, C. u.a., Neuwied 1998

Kröger, D./Kellersmann, D. (Handbuch, 1998): Internet - Handbuch für Steuerberater und Wirtschaftsprüfer, hrsg. von Kröger, D./Kellersmann, D., bearbeitet von Kröger, D./Wittsiepe, R./ Hanken, C. u.a., Neuwied 1998

Kröner, I., in: Arthur Andersen (Hrsg.) (KStG, 1996): Körperschaftsteuergesetz - Kommentar, hrsg. von Arthur Andersen, bearb. von Antweiler, U./ Bott, H./Christes, S. /Goldenbaum, G., u.a., Bonn 1996, Stand: April 2001, § 8 a Rz. 1-276

Kroppen, H.-K./Hüffmeier, S. (IWB, F. 3 Gr. 2): Der Kommissionär als Betriebsstätte nach dem OECD-Musterabkommen, in: IWB, F. 3 Gr. 2, 637-642

Kruppa, C. (business user 2000): Strategieentwicklung statt Helpdesk, in: business user 2000, No. 5, 20-21

Kuckhoff, H. (IStR 1999): Grenzüberschreitende Funktionsverlagerung aus Sicht der Betriebsprüfung, in: IStR 1999, 321-330

Kuipers, C. (e-commerce 2000): The Netherlands - Do Servers Create a Taxable Presence, in: e-commerce 2000, No. 8, 7-13

Kumpf, W. (Inländische Betriebsstätte, 1982): Besteuerung inländischer Betriebsstätten von Steuerausländern, Köln 1982

Kumpf, W., in: Herrmann/Heuer/Raupach (Kommentar, 1999): Einkommen- und Körperschaftsteuergesetz, Kommentar, hrsg. von Raupach, A./Clausen, U./Kanzler, H.-J. u.a., Köln 1997, Stand Juni 2001, § 49 EStG Rz. 100-400, Rz. 680-695

Kumpf, W.,in: Haarmann, W. (Beschränkte Steuerpflicht, 1993): Betriebsstätte: Prinzip und Definition, in: Haarmann, W. (Hrsg.), Die beschränkte Steuerpflicht, Köln 1993, 27-46

Kumpf, W./Roth, A. (DB 2000): Einzelfragen der Ergebniszuordnung nach den neuen Betriebsstätten-Verwaltungsgrundsätzen, in: DB 2000, 787-793

Kumpf, W./Roth, A. (FR 2000): Behandelte und nicht behandelte "Sonderfälle" im neuen Betriebstättenerlass, in: FR 2000, 500-507

Kuner, C. (Jurist, 1996): Internet für Juristen: Zugang, Recherche, Kommunikation, Sicherheit, Informationsquellen, München 1996

Kunze, M. (Begriff, 1963): Der Begriff der Betriebsstätte und des ständigen Vertreters, Mannheim 1963

Lademann, F./Söffing, G. (EStG, 1997): Kommentar zum Einkommensteuergesetz, unter Mitarbeit von Altehoefer, K./Benz, S./Boeker, H. u.a., 4. Auflage, Heidelberg 1997, Stand: Januar 2000

Lambooij, M. (e-commerce 1998): Rethinking Corporate Residence?, in: e-commerce 1998, No. 1, 11-15

Lambooij, M./Sinyor, A./Chew, V. (Tax Notes Int'l 2001): Recent OECD Initiatives With E-Commerce Taxation, in: Tax Notes Int'l 2001, 2091-2114

Lampe, F. (Der Betriebswirt 1997): Electronic Commerce: Marktplatz oder Spielplatz?, in: Der Betriebswirt 1997, 33-40

Lampe, F. (Internet, 1996): Business im Internet: Erfolgreiche Online-Geschäftskon-zepte, hrsg. von Ramm, F., Braunschweig 1996

Lang, J (Hrsg.) (Markteinkommen, 1995): Die Steuerrechtsordnung in der Diskussion, Festschrift für Klaus Tipke, hrsg. von Lang, J., Köln 1995

Lang, J. (Hrsg.) (Übertragung, 1978): Übertragung von Einkunftsquellen im Steuerrecht, hrsg. von Lang, J., Köln 1978

Lang, J. (Reformentwurf, 1985): Reformentwurf zu Grundvorschriften des Einkommen-steuergesetzes, Münsteraner Symposium, Band II, Köln 1985

Lang, J. (StuW 1981): Liebhaberei im Einkommensteuerrecht - Grundsätzliches zur Abgrenzung der steuerbaren Einkünfte, in: StuW 1981, 223-234

Lang, J., in: Ruppe, H.G. (Hrsg.) (Gewinnrealisierung, 1981): Gewinnrealisierung - Rechtsgrundlagen, Grundtatbestände und Prinzipien im Rahmen des Betriebsvermögensvergleichs nach § 4 Abs. 1 EStG, in: Gewinnrealisierung im Steuerrecht, hrsg. von Ruppe, H.G., Köln 1981, 45-96

Lang, M. (Doppelbesteuerungsabkommen, 1992): Doppelbesteuerungsabkommen und innerstaatliches Recht, Wien 1992

Lang, M. (Einführung, 1997): Einführung in das Recht der Doppelbesteuerungsabkommen, Wien 1997

Lang, M. in: Gassner, W./Lang, M./Lechner, E. (Ausnahmekatalog, 1998): Die Vermeidung der Betriebsstättenbegründung bei Tätigkeiten vorbereitender Art und Hilfstätigkeiten (Art. 5 Abs. 4 OECD-MA), in: Die Betriebsstätte im Recht der Doppelbesteuerungsabkommen, Wien 1998, 77-93

Lang, M., in: Lang, M./Loukota, H./Lüthi, D. (Weiterentwicklung, 1996): Die Bedeutung der 1995 erfolgten Änderungen des OECD-Musterabkommens und des Kommentars des OECD-Steuerausschusses für die Doppelbesteuerungsabkommen, in: Die Weiterentwicklung des OECD-Musterabkommens, Wien 1996, 25-52

Lang, M./Loukota, H./Lüthi, D. (Weiterentwicklung, 1996): Die Weiterentwicklung des OECD-Musterabkommens, Wien 1996

Lang, M./Schuch, J., in: Debatin/Wassermeyer (DBA, 2000): Doppelbesteuerungsabkommen: Kommentar zu allen deutschen Doppelbesteuerungsabkommen, hrsg. von Debatin, H./Wassermeyer, München 1999, Stand Mai 2000, Art- 1-24 DBA Deutschland-Österreich

Lange, K. (BB 2001): Virtuelle Unternehmen für Finanzdienstleistungen, in: BB 2001, 1801-1805

Lawrenz, O./Hildebrand, K./Nenninger, M./Hillek, T. (Hrsg.) (Supply Chain Management, 2001): Supply Chain Management: Konzepte, Erfahrungsberichte und Strategien auf dem Weg zu digitalen Wertschöpfungsnetzen, hrsg. von Lawrenz, O./Hildebrand, K./Nenninger, M./Hillek, T., 2. Auflage, Braunschweig 2001

Lebowitz, B: (Tax Nots Int`l 1999): Transfer Pricing and the End of International Taxation, in: Tax Notes Int`l 1999, 1201-1209

Lechner, E., in: Doralt, W./Gassner, W./Lechner, E/Ruppe, G., u.a. (Hrsg.) (Rechtsstaat, 1990): Ort der Geschäftsleitung von inländisch beherrschten ausländischen Gesellschaften, in: Steuern im Rechtsstaat, FS für Stoll, G., hrsg. von Doralt, W./Gassner, W./Lechner, E./Ruppe, G., u.a., mit Beiträgen von Bauer, E./Heidinger, G./Loitlsberger, E., u.a., Wien 1990, 395-405

Lee, C. (Tax Notes Int`l 1999): Impact of E-Commerce on Allocation of Tax Revenue between developed and developing, in: Tax Notes Int`l 1999, 2569-2580

Leffler, S./Mc Kusick, M.K./Karels, M.J. (Unix, 1990): Das 4.3-BSD-Unix-Betriebs-system: Design und Implementierung, Bonn 1990

Lehner, G. (Tax Planning International Review 1998): Taxation of Internet Trading: Switzerland, in: Tax Planning International Review 1998, No. 2, 21-22

Lehner, M. (RIW 1988): Die steuerliche Ansässigkeit von Kapitalgesellschaften - Insbesondere zur doppelten Ansässigkeit, in: RIW 1988, 201-214

Lehner, M., in: Vogel, K. (DBA, 1996): Doppelbesteuerungsabkommen der Bundesrepublik Deutschland auf dem Gebiet der Steuern vom Einkommen und Vermögen, Kommentar auf der Grundlage der Musterabkommen, unter Mitarbeit von Engelschalk, M./Görl, M./Hemmelrath, A. u.a., 3. Auflage, München 1996, Art. 4 Rz. 1-123

Leiderer, B. (Umstrukturierung, 1998): Grenzüberschreitende Umstrukturierungen von EU-Kapitalgesellschaften im deutschen und österreichischen Ertragsteuerrecht, Frankfurt 1998

Leiner, B./Cerf, V./Clark, D. u.a. (History, 2000): A Brief History of the Internet, http://www.isoc.org/internet-history, 2000

Leistenschneider, M. (DSWR 1996): Online Dienste für Steuerberater, in: DSWR 1996, 84-86

Lejeune, I./Merrill, P./Farell, C./Boutellis, O. (Tax Notes Int`l 2000): Policymaking in the E-Business Era, in: Tax Notes Int`l 2000, 1839-1844

Lejeune, I./Vanham, B./Verlinden, I./Verbeken, A. (ET 1998): Does Cyber-Commerce Necessitate a Revision of International Tax Concepts (Teil 1 und 2), in: ET 1998, 2-13, 50-58

Lenski, E./Steinberg, W. (GewStG, 1995): Kommentar zum Gewerbesteuergesetz, begründet von Lenski, E./Steinberg, W., fortgeführt von Sarrazin, V./Stäuber, H.-W., 9. Auflage, Köln 1995, Stand: November 2000

Lenz, R. (CDFI LII 1967): Der Begriff der festen Betriebsstätte und seine Entwicklungen in verschiedenen Ländern insbesondere mit Hinblick auf die Harmonisierung künftiger Doppelbesteuerungsabkommen (Generalbericht), in: CDFI LII 1967, 335-363

Leow, E. (e-commerce 1999): Structuring Distribution of Products (Including Software) in Asia - Singapore, in: e-commerce 1999, 24-27

Levine, H./Weintraub, D. (International Tax Report May 2001): e-commerce: OECD updates Commentary on PE/income concepts, in: International Tax Report May 2001, 2-8

Levine, H./Weintraub, D. (Tax Management International Journal 2000): When does E-Commerce result in a Permanent Establishment? - The OECD`s initial response, in: Tax Management International Journal 2000, 220-229

Levine, H./Weintraub, D: (e-commerce 1999): The Importance of Treaties and the OECD in Electronic Commerce, in: e-commerce 1999, No. 9, 7-16

Lewald, A., in: Ludewig, C./Buschmann, D./Herbrand, N. (Hrsg.) (Silicon Valley, 2000): Was kommt nach dem Internet-Goldrausch?, in: Silicon Valley - Made in Germany: Was Sie von erfolgreichen Unternehmen der New Economy lernen können, hrsg. von Ludewig, C./Buschmann, D./Herbrand, N., Braunschweig 2000, 251-257

Lienemann, G. (Routing, 2000): TCP/IP-Grundlagen: Protokolle und Routing, 2. Auflage, Hannover 2000

Lipinski, K. (Datenkommunikation, 2000): Lexikon der Datenkommunikation, http://w3.siemens.de/solutionprovider/_online_lexikon, 2000

Lodin, S.-O. (ET 2001): The Competiveness of EU Tax Systems, in: ET 2001, 166-171

Lodin, S.O./Gammie (Home State Taxation): Home State Taxation, Amsterdam 2001

Lodin, S.-O./Gammie, M. (ET 1999): The Taxation of the European Company, in: ET 1999, 286-294

Loukota, H. (SWI 1996): Ständige Vertretungen als DBA-Betriebsstätten, in: SWI 1996, 101-107

Loukota, H./Jirousek, H. (Steuerfragen, 1997): Steuerfragen International: 400 amtliche Anfragebeantwortungen zum Internationale Steuerrecht, Band 3, Wien 1997

Ludewig, C., in: Ludewig, C./Buschmann, D./Herbrand, N. (Hrsg.) (Silicon Valley, 2000): Erfolgreiche Business-Modelle im Internet, in: Silicon Valley - Made in Germany: Was Sie von erfolgreichen Unternehmen der New Economy lernen können, hrsg. von Ludewig, C./Buschmann, D./Herbrand, N., Braunschweig 2000, 21-34

Lüdicke, J. (StbKR 1994): Die inländische Betriebsstätte eines ausländischen Unternehmens, in: StbKR 1994, 217-252

Lüdicke, J., in: Fischer, L. (Hrsg.) (Wirtschaftliche Aktivitäten, 1995): Aktuelle Besteuerungsfragen bei inländischen Betriebsstätten ausländischer Unternehmen - Unter besonderer Berücksichtigung von Banken und Versicherungen, in: Besteuerung wirtschaftlicher Aktivitäten von Ausländern in Deutschland, hrsg. von Fischer, L., Köln 1995, 35-57

Lüdicke, J., in: Lademann/Söffing (EStG, 1997): Kommentar zum Einkommensteuergesetz, unter Mitarbeit von Altehoefer, K./Benz, S./Boeker, H. u.a., 4. Auflage, Heidelberg 1997, § 49 Rz. 1-829

Lurie, J. (Tax Planning International Review 1998): Taxation of Internet Trading: United Kingdom, in: Tax Planning International Review 1998, No. 2, 4-6

Lüthi, D., in: Gassner, W./Lang, M./Lechner, E. (Wandel, 1998): Das Betriebsstättenprinzip im Lichte des technologischen und gesellschaftlichen Wandels - Überlegungen zur Reform des OECD-Musterabkommens, in: Die Betriebsstätte im Recht der Doppelbesteuerungsabkommen, Wien 1998, 13-29

Lüthi, D., in: Lang, M./Loukota, H./Lüthi, D. (Weiterentwicklung, 1996): Das OECD-Musterabkommen auf dem Gebiete der Einkommen- und Vermögensteuern, in: Die Weiterentwicklung des OECD-Musterabkommens, Wien 1996, 11-24

Lüthi, D./Kolb, A./Stiefel, C. (Intertax 1992): The Revision of the 1977 Model Convention - an Overview, in: Intertax 1992, 653-658

Maguire, N. (International Tax Review 1999): Taxation of e-commerce: An overview, in: International Tax Review, Sep. 1999, 3-12

Maguire, N./Anolik, S. (Tax Notes Int`l 2000): Subpart F and Source of Income in E-Commerce, in: Tax Notes Int`l 2000, 1935-1946

Maguire, N./Mattson, R. (International Tax Review Jul/Aug 1998): Electronic Commerce, in: International Tax Review Jun/Jul Aug 1998, 7-12

Maisto, G. (Intertax 1995): The Shipping and Air Transport Provision (Art. 8) in the Italy-USA Double Taxation Agreement, in: Intertax 1995, 146-149

Mandl, G./Rabl, K. (Unternehmensbewertung, 1997): Unternehmensbewertung - Eine praxisorientierte Einführung, Wien 1997

Marly, J.P. (BB 1991): Die Qualifizierung der Computerprogramme als Sache nach § 90 BGB, 432-436

Martin, S., in: Sölch, B./Ringleb, K.: UStG mit Umsatzsteuerdurchführungsverordnung, Sechster EG-Umsatzsteuerrichtlinie, Achter EG-Umsatzsteuerrichtlinie, hrsg. von Mößlang, G., bearbeitet von, Klenk, F./Mößlang, Wagner, W./Martin, S., München 2001, § 3 a Rz. 1-87

Maßbaum, M., in: Becker, H./Höppner, H.-D./Grotherr, S. u.a (DBA, 1999): DBA-Kommentar, hrsg. von Becker, H./Höppner, H.-D./Grotherr, S. u.a., bearbeitet von Baranowski, K.-H., Bellstedt, C./Binder, M., u.a., Herne 1999, Stand: Juli 2001, Art. 17 Rz. 1-294

Mattson, B./Maguire, N./Ullman, H./Perkins, M. (e-commerce 1998): Characterisation and Source of Income, in: e-commerce 1998, No. 1, 16-21

Mauro, G. (Tax Notes Int`l 2000): International Tax Policy and Planning: An E-Commerce Perspective, in: Tax Notes Int`l 2000, 1947-1950

Mäusli, P. (Ansässigkeit, 1993): Die Ansässigkeit von Gesellschaften im internationalen Steuerrecht, Bern 1993

McLure, C. (CESifo Forum 2000): Alternatives to the Concept of Permanent Establishment, CESifo Forum 2000, Vol. 1, No. 3, 10-16

McLure, C. (National Tax Journal 1997): Electronic Commerce, State Taxation, and Intergovernmental Fiscal Relations, in: National Tax Journal 1997, Vol. 50, No. 4, 731-749

McLure, C. (National Tax Journal 2000): Implementing State Corporate Income Taxes in the Digital Age, in: National Tax Journal 2000, Vol. 53, No. 4, 1287-1305

McLure, C. (Tax Law Review 1997): Taxation of Electronic Commerce: Economic Objectives, Technological Constraints, and Taxes, in: New York University of Law, Tax Law Review 1997, Vol. 52, 267-423

Meilicke, W. (DB 1999): Anmerkung zur „Centros"-Entscheidung des EuGH vom 09.03.1999, in: DB 1999, 627-628

Menck, T. (IStR 1993): Das OECD-Musterabkommen in der Revision 1992 – Eine Übersicht, in: IStR 1993, 249-255

Menck, T. (IStR 1996): OECD: Die permanente Revision des Musterabkommens - Anpassungen und Änderungen des Jahres 1995, in: IStR 1996, Beihefter 1/96, 1-2

Mertens, P. (B.Bl. 1998): Zukunft oder nur Episode der EDV?, in: B.Bl. 1998, 101-106

Mertens, P./Faisst, W. (DSWR 1996) : Virtuelle Unternehmen nutzen weltweite Netze, in: DSWR 1996, 93-98

Merz, M. (Märkte, 1996): Elektronische Märkte im Internet, hrsg. von Mahr, B./Schill, A./Vossen, G., Bonn 1996

mic (Net-Business vom 11.05.2001): Elektronische Beschaffung - Der Einkauf als strategische Aufgabe, in: Net-Business vom 11.05.2001, 43

Mihaly, Z. (e-commerce 2000): Conflicts, Tensions and Exposures in the International Arena of E-Commerce, in: e-commerce 2000, 15-20

Mittermüller, T. (RIW 1982): Schwimmende Arbeitsgeräte als Betriebsstätten, in: RIW 1982, 812-816

Mohandas, L./Goradie, S. (e-commerce 1999): India Taxes Electronic Commerce Activities, in: e-commerce 1999, 10-13

Mössner, J. in: Kirchhof, P./Lehner, M. /Raupach, A./ Rodi, M. (Hrsg.) (Entwicklung, 2000): Neuere Entwicklungen beim Betriebsstättenbegriff, in: Staaten und Steuern, FS für Klaus Vogel, hrsg. von Kirchhof, P./Lehner, M. /Raupach, A./ Rodi, M., Heidelberg 2000, 945-961

Mössner, M. (Hrsg.) (Unternehmen, 1998): Steuerrecht international tätiger Unternehmen, hrsg. von Mössner, M., 2. Auflage, Köln 1998

Mössner, M. (IWB F. 3 a Gr. 1): Rechtsprechung zum internationalen Steuerrecht 1998, Teil I: Deutsches Außensteuerrecht und ausländisches Recht, in: IWB Fach 3 a Gruppe 1, 831-850

Mössner, M. (IWB, F. 3 a Gr. 1): Rechtsprechung zum internationalen Steuerrecht 1998, Teil I: Deutsches Außensteuerrecht und ausländisches Recht, in: IWB, F. 3 a Gr. 1, 831-850

Mössner, M., in: Mössner, M. u.a. (Unternehmen, 1998): Grundlagen, persönliche und sachliche Anknüpfungskriterien, in: Steuerrecht international tätiger Unternehmen, hrsg. von Mössner, M., 2. Auflage, Köln 1998, 51-156

Mühlehner, J. (SWI 1995): Der unabhängige Vertreter im Sinne von Art. 5 Abs. 6 OECD-MA, in SWI 1995, 179-180

Müller, G. (Multilateral Security, 1999): Multilateral Securitiy in Communications: Technology, Infrastructure, Economy, hrsg. von Müller, G./Rannenberg, K., München 1999

Müller, G./Rannenberg, K. (Security, 1999): IT Security and Multilateral Security, in: Multilateral Securitiy in Communications: Technology, Infrastructure, Economy, hrsg. von Müller, G./Rannenberg, K., München 1999, 21-29

Müller, T. (SteuerStud 1998): Das Netz der Netze nutzen - Steuerrecht studieren und lernen mit dem Internet, in: SteuerStud 1998, 6-11

Mundorf, N./Zimmermann, H.-D. (Technologien, 1996): Informationstechnologien im privaten Haushalt: Internationale Perspektiven, Informatik Spektrum 1996, 152-132

Murata, M. (Intertax 1997): International Tax Issues in Cyberspace: Taxation of Cross-border Electronic Commerce, Japan, in: Intertax 1997, 127-129

Musch, J. (Abriss, 1997): Die Geschichte des Netzes: ein historischer Abriss, http://www.psychologie.uni-bonn.de/sozial/staff/musch/history.htm, 1997

Müssener, I., in: Mennel, A./Förster J. (USA, 2000): Steuern in Europa, USA, Kanada und Japan, hrsg. von Mennel, A., Förster J., unter Mitarbeit von Dormann, R./Groos, H./Müssener, I. u.a., Herne 1980, Stand: November 2000

Ngoy, F. M. (e-commerce 2001): E-Commerce Permanent Establishment, in: e-commerce 2001, No. 8, 18-23

Niehus, R. (WPg 2001): „Auch für Einzelabschlüsse gelten grundsätzlich die IAS?“ - Ein Beitrag zu den (möglichen) Grenzen einer „Internationalisierung“ der Rechnungslegungsvorschriften im Einzelabschluss, in: WPg 2001, 737-752

nks (Handelsblatt vom 28.02.2000): GM, Ford und DaimlerChrysler mit Online-Marktplatz, in: Handelsblatt vom 28.02.2000, 23

*o.*V. (Chemical Week, January 17, 2001): E&E Joins Omnexus, in: Chemical Week, January 17, 2001, 39

o.V. (Handelsblatt vom 21.06.2000): Kunststoff-Hersteller gründen Online-Marktplatz, in: Handelsblatt vom 21.06.2000, 26

O`Connor, J. (Tax Planning International Review 1999): Irish Incorporated Non-Resident Companies, in: Tax Planning International Review 1999, No. 6, 21-24

O`Donnell, T./DiSangro, P. (Intertax 1997): United States Tax Policy on Electronic Commerce, in: Intertax 1997, 429-444

OECD (Economic Impact, 1999): The Economic and Social Impact of Electronic Commerce - Preliminary Findings and Research Agenda, Paris 1999

OECD (Opportunities, 1997): Electronic Commerce - Opportunities and Challenge for Government, Paris 1997

Oechslin-Saupper, E. (Beherrschte Kapitalgesellschaften, 1996): Besteuerung ausländisch beherrschter Kapitalgesellschaften mit Ansässigkeit in der Schweiz, 2. Auflage, Bern 1996

Ohler, C. (Europäische Gemeinschaft, 1997): Die fiskalische Integration in der Europäischen Gemeinschaft, Baden-Baden 1997

Orth, M. (GmbHR 1996): Elemente einer grenzüberschreitenden Organschaft im deutschen Steuerrecht, in: GmbHR 1996, 33-40

Otte, M., in: Fischer, L./Strunk, G. (Hrsg.) (Aspekte, 1998): Handels und steuerrechtliche Bilanzierung und Bewertung von Webpages, in: Steuerliche Aspekte des Electronic Commerce, hrsg. von Fischer, L./Strunk, G., Köln 1998, 19-38

Pagé, P./Ehring, T. (E-Business, 2001): Electronic Business und New Economy, Berlin, 2001

Pankow, M. (CDFI LXXIII b, 1988): Steuerliche Behandlung von Computer Software, Nationalbericht Deutschland, in: CDFI LXXIII b, 1988, 139-159

Pavon, M./Gabarro, C. (Tax Planning Internationl Review 1998): Taxation of Internet Trading: Spain, in: Tax Planning International Review 1998, No. 2, 17-18

Pellens, B. (Rechnungslegung, 1999): Internationale Rechnungslegung, 3. Auflage, Stuttgart 1999

Perkins, M. (Journal of International Taxation 2001): OECD revises commentary on E-Business and permanent establishments, in: Journal of International Taxation 2001, 50-52

Perkins, M./Ormond, E./Cho, S./Burnes, G. (Tax Planning International European Focus 2001): Recent Developments Relating to e-commerce, in: Tax Planning International European Focus 2001, Vol. 3, No. 3, 6-8

Perthold, J., in: Gassner, W./Lang, M. (Hrsg.) (Bilanzierung, 1998): Internet und Besteuerung des Electronic Commerce, in: Besteuerung und Bilanzierung international tätiger Unternehmen, FS 30 Jahre Steuerrecht an der Wirtschaftsuniversität Wien, hrsg. von Gassner, W./Lang, M., mit Beiträgen von, Gassner, W./Schneider, W./Egger, A./Bertl, R., u.a., Wien 1998, 305-318

Peschcke-Koedt, L. (Tax Analysts Document Number: Doc 98 - 15547): A Practical Approach to Permanent Establishment Issues in a Multinational Enterprise, Tax Analysts Document Number: Doc 98 - 15547

Picot, A. in: Schmidt, H. (Hrsg.) (Potentiale, 2001): Die Bedeutung von Standards in der Internet-Ökonomie: Selbstorganisation ersetzt den hoheitlichen Akt, in: Die Potentiale der Internet-Ökonomie - Neue Regeln bestimmen die digitale Wirtschaft, hrsg. von Schmidt, H., Frankfurt, 2001, 23-29

Picot, A./Reichwald, R./Wigand, R. (Unternehmung, 2001): Die grenzenlose Unternehmung: Information, Organisation, und Management - Lehrbuch zur Unternehmensführung, 4. Auflage, Wiesbaden 2001

Pijl, H. (e-commerce 1999): OECD and E-Commerce: Clarification or Fundamental Change?, in: e-commerce 1999, No. 11, 3-8

Piltz, D. J./Schaumburg, H. (Hrsg.) (Betriebsstättenbesteuerung, 2001): Internationale Betriebsstättenbesteuerung, hrsg. von Piltz, D. J./Schaumburg, H., mit Beiträgen von Buciek, K./Remberg, M./Runge, B., u.a., Köln 2001

Pinkernell, R. (Selected Tax Policy, 1997): Taxation of Internet Commerce - Commentary on Treasury Paper, http://www.pinkernell.de/tax-net.htm, 1997

Pinkernell, R. (StuW 1999): Ertrag- und umsatzsteuerliche Behandlung des grenzüberschreitenden Softwarevertriebs über das Internet, in: StuW 1999, 281-294

Pleijsier, A. (Intertax 2001): The Agency Permanent Establishment: The Current Definition – Part One, in: Intertax 2001, 167-183

Pleijsier, A. (Intertax 2001): The Agency Permanent Establishment: Practical Applications – Part Two, in: Intertax 2001, 218-226

Pleßke, A., in: Schwarz, M. (Hrsg.) (Recht im Internet, 1996): Die internetgestützte Hauptversammlung, in: Recht im Internet - Der Rechtsberater für Online-Anbieter und -Nutzer, hrsg. von Schwarz, M., bearb. von Achenbach, A./Angel, J./Auf der Maur, R./Babicky, P., u.a., Augsburg 1996, Stand: März 2001, Rz. 12-5.1

Pohlmann, M., in: Schreyögg, G./Conrad, P. (Hrsg.): Strategie, Management und hierarchische Organisation - Barrieren organisationalen Wandels am Beispiel der Wirtschaftskrise in Südkorea, in: Organisatorischer Wandel und Transformation, hrsg. von Schreyögg, G./Conrad, P., mit Beiträgen von Gebert, D./Schreyögg, G./Noss, C./Pohlmann, M., u.a., Wiesbaden 2000

Ponti, A. (Tax Planning International Review 2001): OECD Work in Progress, in: Tax Planning International Review 2001, No. 9, 25-27

Portner, R. (Aspekte, 2001): Ertragsteuerliche Aspekte des E-Commerce, IFSt-Schrift Nr. 390, Bonn 2001

Portner, R. (e-commerce 1999): The Internet Server as a Permanent Establishment - Some Further Thoughts, in: e-commerce 1999, 20-26

Portner, R. (IStR 1998): Betriebsstätte durch grenzüberschreitende Internet-Transaktionen? - Insbesondere vor dem Hintergrund der Entscheidung des BFH vom 31.10.1996, in: IStR 1998, 553-557

Portner, R. (IStR 1998): Deutsche Landesgruppe der International Fiscal Association (IFA): Stellungnahme zu einem Berichtsentwurf zum Thema "Electronic Commerce and International Taxation", in: IStR 1998, 594-599

Portner, R. (IStR 1998): Verrechnungspreisbestimmung bei Internet-Transaktionen, in: IStR 1998, 549-551

Portner, R. (IStR 1999): Steuerliche Aspekte des elektronischen Handels aus deutscher Sicht: Betriebsstättenbegründung durch einen Internet-Server/Besteuerung im Quellenstaat, in: IStR 1999, 641-647

Portner, R. (IWB F. 10 Gr. 2): Ermittlung von Verrechnungspreisen in multinationalen Unternehmen, in: IWB F. 10 Gr. 2, 863-874

Portner, R. (StbJb 1998/99): Ertragsteuerliche Problemfelder des Internet, in: StbJb 1998/99, hrsg. im Auftrag des Fachinstituts der Steuerberater von Herzig, N., Köln 1999, 351-389

Portner, R. (Tax Planning International Review 1998): Germany - permanent Establishment and the Internet, in: Tax Planning International Review 1998, No. 4, 19-22

Portner, R., in: Breuninger, G. (Hrsg.) (Integration, 1999): Electronic Commerce - Veränderung der Geschäftsformen und Wirkungen auf bestehende nationale Besteuerungsregelungen und -internationale -Prinzipien, in: Steuerrecht und europäische Integration: FS für Albert J. Rädler zum 65. Geburtstag, hrsg. von Breuninger, G., mit Beiträgen von Blumenberg, J./Lausterer, M./Bödefeld, A., u.a., München 1999

Postma, P. (Intertax 1998): Netherlands issues Internet Discussion Paper, in: Intertax 1998, 303-306

Powers, J. (Intertax 1997): International Tax Issues in cyberspace: taxation of Crossborder Electronic Commerce, in: Intertax 1997, 120-126

Prabhu, A. (Tax Notes Int`l 1998): Tax Treatment of Cross-Border payments for Computer Software: Singapore, in: Tax Notes Int`l 1998, 2085-2086

Precht, M. (EDV, 1992): EDV-Grundwissen: Eine Einführung in Theorie und Praxis, Bonn 1992

Prinz, U. (FR 1996): Besteuerungsfragen inländischer Vertriebsmodelle bei international tätigen Unternehmen, in: FR 1996, 479-485

Prinz, U. (FR 1997): Steueroptimierte Vertriebsstrukturen im Outbound-Geschäft, in: FR 1997, 517-525

Prinz, U. (FR 2000): Ertragsteuerfragen moderner Konzepte der Unternehmensorganisation, in: FR 2000, 537-545

Rabe, A. (RIW 1992): Steuerliche Haftungsrisiken bei Inanspruchnahme ausländischer Satellitendienste, in: RIW 1992, 135-139

Rädler, A., in: Herzig, N. (Hrsg.) (Körperschaftsteuersysteme, 1994): Vorstellung des EG-Sachverständigenausschusses zur Unternehmensbesteuerung (Ruding-Ausschuss), in: Harmonisierung der Körperschaftsteuersysteme in den EU-Staaten, hrsg. von Herzig, N., mit Beiträgen von Müller-Dott, J.-P./Herzig, N./Rädler, A./ Saß, G., u.a., Köln 1994, 1-20

Rädler, A./Raupach, A. (Auslandsbeziehungen, 1966): Deutsche Steuern bei Auslandsbeziehungen, München 1966

Radtke, K. (DSWR 1996): Internet für Steuerberater, in: DSWR 1996, 82-83

Rainerman, M./Clegg, J./Anolik, S. (e-commerce 1999): What is a PE in a Virtual World?, in: e-commerce 1999, No. 11, 8-13

Rainermann, M./Clegg, J./Anolik, S. (e-commerce 1999): IN CONTEXT: What is a PE in a Virtual World?, in: e-commerce 1999, No. 11, 8-13

Rath, W.-D., in: Raupach, A. (Hrsg.) (Verrechnungspreissysteme, 1999): Das Verrechnungspreissystem von Unilever, in: Verrechnungspreissysteme multinationaler Unternehmen in betriebswirtschaftlicher, gesellschafts- und steuerrechtlicher Sicht, hrsg. von Raupach, A., Herne 1999, 201-214

Rau, G./Dürrwächter, E. (UStG, 1997): Kommentar zum Umsatzsteuergesetz, begründet von Rau, G./Dürrwächter, E./Flick, H./Geist, R., bearbeitet von Reiß, W./Husmann, E./Flick, H./Schuhmann, H., u.a., 8. Auflage, Köln 1997, Stand: Mai 2001

Raupach, A. (Hrsg.) (Verrechnungspreissysteme, 1999): Verrechnungspreissysteme multinationaler Unternehmen in betriebswirtschaftlicher, gesellschafts- und steuerrechtlicher Sicht, hrsg. von Raupach, A., bearb. von Becker, H./Frost, J./Herzig, N. u.a., Herne 1999

Raupach, A. (Hrsg.) (Verrechnungspreissysteme, 1999): Verrechnungspreissysteme multinationaler Unternehmen in betriebswirtschaftlicher, gesellschafts- und steuerrechtlicher Sicht, hrsg. von Raupach, A., Herne 1999

Raupach, A. (IStR 1993): Der international tätige Spartenkonzern, Organisation - Recht - Steuern, in: IStR 1993, 194-200

Raupach, A. (JbFfStR 1987/88): Funktionale und divisionale (objektorientierte) Unternehmens- und Konzernorganisation, in: JbFfStR 1987/88, 254-263

Raupach, A., in: Haarmann, W. (Hrsg.) (Strukturen, 1996): Steuerliche Folgen der Doppelansässigkeit, in: Unternehmensstrukturen und Rechtsformen im Internationalen Steuerrecht: aktuelle Schwerpunkte in der Diskussion: Standortwettbewerb, Doppelansässigkeit, Personengesellschaft, stille Gesellschaft, Trust, hrsg. von Haarmann, W., mit Beiträgen von, Brenner, D./Burmester, G./Greif, M./Haarmann, W., u.a., Köln 1996, 28-57

Raupach, A., in: Hausmann, R./van Raad, K./Raupach, A./Veelken, W (Doppelansässigkeit, 1988): Sitz und Geschäftsleitung - das Spannungsverhältnis zwischen Körperschaftsteuerrecht und Internationalem Privatrecht, in: Steuergestaltung durch doppelt ansässige Kapitalgesellschaften?, München 1988, 63-76

Raupach, A., in: Hausmann, R./Raupach A. (Steuergestaltung, 1988): Sitz und Geschäftsleitung - das Spannungsverhältnis zwischen Körperschaftsteuerrecht und Internationalem Privatrecht, in: Steuergestaltung durch doppelt ansässige Gesellschaften?, von Hausmann, R./Raupach, A., u.a., Münchener Schriften zum Internationalen Steuerrecht, Heft 13, München 1988, 63-76

Raupach, A., in: Klein, F. (Hrsg.) (Handelsrecht, 1988): Einfluss der Unternehmensorganisation auf die Besteuerung, in: Handelsrecht und Steuerrecht, FS für Georg Döllerer, hrsg. von Klein, F., Düsseldorf 1988, 495-513

Reibold, H. (IP, 2000): So funktioniert TCP/IP, http://www.tecchannel.de/internet /209/index.html, 2000

Reiner, J. (Schriftenreihe, 2000): Einkünfte aus E-Commerce und der Begriff der „festen örtlichen Einrichtung" nach § 29 BAO, in: Besteuerung von E-Commerce, hrsg. von Toifl, G./Züger, M., bearb. von Dienes, J./Reiner J./Schönauer, B. u.a., Wien 2000

Richards, G. (CDFI LXXXVI a 2001): Taxation of income derived from electronic commerce, Nationalbericht United Kingdom, in: CDFI LXXXVI a 2001, 711-724

Ritter, W. (Intertax 1991): The German approach to double taxation treaty negotiations, in: Intertax 1974, 204-210

Ritter, W. (IStR 2001): Perspektiven für die Fortentwicklung des deutschen internationalen Steuerrechts, in: IStR 2001, 430-437

Ritter, W. (JbFfSt 1976/77): Grenzüberschreitende Gewinnabgrenzung bei Betriebsstätten - Ein systematischer Versuch, in: JbFfSt 1976/77, 288-311

Rivier, J.-M. (CDFI LXXII a 1987): Die steuerliche Ansässigkeit von Kapitalgesellschaften, Generalbericht, in: CDFI LXXII a 1987, 77-111

Rödder, T. (StbJb 1997/98): Aktuelle Problemfälle verdeckter Gewinnausschüttungen im Konzern – Produktionsverlagerung, Markterschließung, Verlagerung von Vertriebsfunktionen, in: StbJb 1997/98, hrsg. im Auftrag des Fachinstituts der Steuerberater von Herzig, N., Köln 1998, 115-139

Rödder, T. (WPg 1991): Bilanzierung und Besteuerung der Europäischen Aktiengesellschaft – Regelungen und Auswirkungen des Statut-Entwurfes der EG-Kommission (Teil 1 und 2), in: WPg 1991, 200-208, 229-241

Rosam, K. (SWI 2001): Die Betriebsstättenbegründung im E-Commerce, in: SWI 2001, 345-349

Rose, G. (Ertragsteuern, 2001): Betrieb und Steuer: Grundlagen zur betriebswirtschaftlichen Steuerlehre, 1. Buch, Die Ertragsteuern, 16. Auflage, Wiesbaden, 2001

Rossipaul (Netzwerkführer, 1991): Netzwerkführer `91, hrsg. vom Rossipaul-Verlag, München 1991

Roxan, I. (Intertax 1997): Judicial Overrides of Double Tax Conventions: The Case of a Permanent Establishment, in: Intertax 1997, 367-378

RRZN (Rechenzentrum, 1999): Internet - Eine Einführung in die Nutzung der Internet-Dienste, 7. Auflage, 1999

Rundshagen, H./Strunk, G. (RIW 1995): Zivilrechtliche und steuerliche Konsequenzen grenzüberschreitender Beherrschungsverträge, in: RIW 1995, 664-671

Runge, B. (CDFI LXXII a 1987): Nationalbericht Deutschland, in: CDFI LXXII a 1987, 409-438

Runge, B., in: Piltz, D. J./Schaumburg, H. (Hrsg.) (Betriebsstättenbesteuerung, 2001): Geschäftsleitungsbetriebsstätten bei internationalen Konzernen, in: Internationale Betriebsstättenbesteuerung, hrsg. von Piltz, D. J./Schaumburg, H., mit Beiträgen von Buciek, K./Remberg, M./Runge, B., u.a., Köln 2001, 131-146

Runge, B./Schäfer, S. (IWB F. 10 Gr. 2): Die Bedeutung der Ansässigkeit von Kapitalgesellschaften für das Steuerrecht, in: IWB F. 10 Gr. 2, 615-626

Ruppe, H.G. (Hrsg.) (Gewinnrealisierung, 1981): Gewinnrealisierung im Steuerrecht, hrsg. von Ruppe, H.G., Köln 1981

Ruppe, H.G., in: Lang, J. (Hrsg.) (Übertragung, 1978): Möglichkeiten und Grenzen der Übertragung von Einkunftsquellen als Problem der Zurechnung von Einkünften, in: Übertragung von Einkunftsquellen im Steuerrecht, hrsg. von Lang, J., Köln 1978

Santifaller, M. (Lokale Netze, 1990): TCP-IP und NFS in Theorie und Praxis: UNIX in lokalen Netzen, Bonn 1990

Sanusian, S. (Tax Notes Int`l 2000): Taxation and E-Commerce: Preliminary Notes on the Notion of Permanent Establishment from an Argentina Perspective, in: Tax Notes Int`l 2000, 1845-1852

Sapusek, A. (Steuerharmonisierung, 1997): Ökonomische und juristische Analyse der Steuerharmonisierung in der Europäischen Union, Frankfurt 1997

Sarrazin, V., in: Lenski, E./Steinberg, W. (GewStG, 1995): Kommentar zum Gewerbesteuergesetz, begründet von Lenski, E./Steinberg, W., fortgeführt von Sarrazin, V./Stäuber, H.-W., 9. Auflage, Köln 1995, Stand: November 2000, § 2 Rz. 2-146

Schauhoff, S. (IStR 1993): Inländische Einkünfte im Ausland wohnender Sportler - Quellensteuer, beschränkte Steuerpflicht und erweitert beschränkte Steuerpflicht, in: IStR 1993, 363-367

Schauhoff, S., in: Debatin/Wassermeyer (DBA, 2000): Doppelbesteuerungsabkommen: Kommentar zu allen deutschen Doppelbesteuerungsabkommen, hrsg. von Debatin, H./Wassermeyer, München 1999, Stand Mai 2000, DBA-Niederlande

Schaumburg, H. (Steuerrecht, 1998): Internationales Steuerrecht: Außensteuerrecht, Doppelbesteuerungsrecht, 2. Auflage, Köln 1998

Schaumburg, H./Rödder, T. (Hrsg.) (Unternehmenssteuereform, 2000): Unternehmenssteuereform 2001: Gesetze - Materialien – Erläuterungen, hrsg. von Schaumburg, H./Rödder, T., erläutert von Schaumburg, H./Rödder, T./Schauhoff, S./Hötzel, O., u.a., München 2000

Schiffer, K. J./Wahlers, U. (StuB 2001): Die Europäische Aktiengesellschaft (SE) - Erfolgsmodell für die Praxis, in: StuB 2001, 467-468

Schildbach, T., in: Ballwieser, W. (Hrsg.) (US-GAAP, 2000): Ansatz und Bewertung immaterieller Anlagewerte, in: US-amerikanische Rechnungslegung, hrsg. von Ballwieser, W., 4. Auflage, Stuttgart 2000

Schlueter-Langdon, C., in: Schmidt, H. (Hrsg.) (Potentiale, 2001): Elektronische Märkte und Netze ändern Industriestrukturen, in: Die Potentiale der Internet-Ökonomie - Neue Regeln bestimmen die digitale Wirtschaft, hrsg. von Schmidt, H., Frankfurt 2001, 63-68

Schmid, H./Dammer, T. (IStR 2001): Zur steuerlichen Ansässigkeit sowie Betriebsstätten bei ABS-Transaktionen, in: IStR 2001, 1-8

Schmidt, H. (FAZ vom 28.08.2001): Im Schatten des Börsenjammers - Eine Bilanz nach fünf Jahren Internet in Deutschland, in: FAZ vom 28.08.2001, 13

Schmidt, H. (Hrsg.) (Potentiale, 2001): Die Potentiale der Internet-Ökonomie - Neue Regeln bestimmen die digitale Wirtschaft, hrsg. von Schmidt, H., Frankfurt, 2001

Schmidt, H., in: Schmidt, H. (Hrsg.) (Potentiale, 2001): Das wirtschaftliche Potential der Internet-Ökonomie ist bisher erst in Ansätzen ausgeschöpft, in: Die Potentiale der Internet-Ökonomie - Neue Regeln bestimmen die digitale Wirtschaft, hrsg. von Schmidt, H., Frankfurt 2001, 9-16

Schmidt, H., in: Schmidt, H. (Hrsg.) (Potentiale, 2001): Die wahre „New Economy" findet auf den Gütermärkten statt, in: Die Potentiale der Internet-Ökonomie - Neue Regeln bestimmen die digitale Wirtschaft, hrsg. von Schmidt, H., Frankfurt 2001, 97-107

Schmidt, J.H./Schunter, M./Weber, A., in: Müller, G./Rannenberg, K. (Cash, 1999): Can Cash be Digitalised?, in: Multilateral Securitiy in Communications: Technology, Infrastructure, Economy, hrsg. von Müller, G./Rannenberg, K., München 1999, 301-320

Schmidt, L. (Hrsg.) (EStG, 2001): Einkommensteuergesetz, erläutert von Schmidt, L./Drenseck, W., Glanegger, P. u.a., 20. Auflage, München 2001

Schmidt, W. (Umwandlung, 1999): Umwandlung einer Kapitalgesellschaft in eine Personengesellschaft, Steuerwirkungen – entscheidungsorientierte Fallanalyse, Freiburg 1999

Schmitz, S. (Steuergestaltung, 2000): Verfahrensrechtliche Probleme und Entwicklungen im Zusammenhang mit dem Elektronischen Geschäfts- und Datenverkehr, in: Steuern und electronic commerce: Möglichkeiten und Grenzen der Steuergestaltung, hrsg. von Strunk, G., Neuwied 2000, 305-358

Schnell, C. (Handelsblatt vom 10.05.2001): Internet-Branche auf dem Weg zur Reife - Pricewaterhouse Coopers sieht bei einigen Firmen weiter Liquidationsprobleme, in: Handelsblatt vom 10.05.2001, 37

Schönauer, B., in: Toifl, G./Züger, M. (Schriftenreihe, 2000): Einkünfte aus E-Commerce und der Begriff des „ständigen Vertreters" nach § 29 BAO, in: Besteuerung von E-Commerce, hrsg. von Toifl, G./Züger, M., bearb. von Dienes, J./Reiner J./Schönauer, B. u.a., Wien 2000, 55-69

Schreiber, G. A. (Business, 1998): Electronic Business in digitalen Medien: Geschäftsmodelle - Strategien - Umsetzung, Neuwied 1998

Schreyögg, G./Conrad, P. (Hrsg.): Organisatorischer Wandel und Transformation, hrsg. von Schreyögg, G./Conrad, P., mit Beiträgen von Gebert, D./Schreyögg, G./Noss, C./Pohlmann, M., u.a., Wiesbaden 2000

Schreyögg, G./Noss, C., in: Schreyögg, G./Conrad, P. (Hrsg.): Von der Episode zum fortwährenden Prozess - Wege jenseits der Gleichgewichtslogik im Organisatorischen Wandel, in: Organisatorischer Wandel und Transformation, hrsg. von Schreyögg, G./Conrad, P., mit Beiträgen von Gebert, D./Schreyögg, G./Noss, C./Pohlmann, M., u.a., Wiesbaden 2000

Schröder, S. (IWB, F. 3 Gr. 1): Betriebsstättenbesteuerung, in: IWB, F. 3 Gr. 1, 925-940

Schröder, S. (StBp 1971): Auslandsbetriebsstätten in steuerlicher Sicht, in: StBp 1971, 228-241

Schröder, S. in: Mössner, M. u.a. (Unternehmen, 1998): Allgemeine Grundsätze der Gewinnermittlung international tätiger Unternehmen, in: Steuerrecht international tätiger Unternehmen, hrsg. von Mössner, M., 2. Auflage, Köln 1998, 235-343

Schuch, J., in: Gassner, W./Lang, M./Lechner, E. (Aufwendungen, 1998): Vorweggenommene und nachträglich anfallende Einnahmen und Aufwendungen von Betriebsstätten, in: Die Betriebsstätte im Recht der Doppelbesteuerungsabkommen, Wien 1998, 197-221

Schulz, A./Geismar, B. (DStR 2001): Die Europäische Aktiengesellschaft - Eine kritische Bestandsaufnahme, in: DStR 2001, 1078-1086

Schulz,B/Staiger, U. (Flexibilität, 1993): Flexible Zeit, flexibler Ort - Telearbeit im Multimedia-Zeitalter, Weinheim 1993

Schumann, P. (DSWR 1998): Electronic Shopping, in: DSWR 1998, 54-57

Schumpeter, J. A. (Theorie, 1993): Theorie der wirtschaftlichen Entwicklung: Eine Untersuchung über Unternehmensgewinn, Kapital, Kredit, Zins und den Konjunkturzyklus, 8. Auflage, Berlin 1993

Schürmann, W./Reinhardt, G. (AWD 1974): Beschränkte Einkommen- oder Körperschaftsteuerpflicht wegen inländischer Tochtergesellschaft „mit Abschlussvollmacht"?, in: AWD 1974, 603-605

Schwartz, R. (The Journal of International Taxation 1995): Taisei: U.S. Agent did not create permanent establishment, in: The Journal of International Taxation, 1995, 292-299

Schwarz, B. (AO, 2000): Kommentar zur Abgabenordnung, hrsg. von Schwarz, B., unter Mitarbeit von Dißars, U.-C./Dumke, W./Frotscher, G./Schultz, W. u.a., Freiburg 2000, Stand November 2000

Schwarz, M. (Hrsg.) (Recht im Internet, 1996): Recht im Internet - Der Rechtsberater für Online-Anbieter und -Nutzer, hrsg. von Schwarz, M., bearb. von Achenbach, A./Angel, J./Auf der Maur, R./Babicky, P., u.a., Augsburg 1996, Stand: März 2001

Schwarzer, R. (MultiMedia, 1998): MultiMedia und Telelearning - Lernen im Cyberspace, hrsg. von Schwarzer, R., Frankfurt 1998

Sedemund, J./Hausmann, F, (BB 1999): BB-Kommentar zur „Centros"-Entscheidung, in: BB 1999, 810-811

Selling, H.-J. (IStR 2000): Deutschland im Steuerwettbewerb der Staaten - Einige steuerpolitische Überlegungen, in: IStR 2000, 225-232

Sher, J. (Tax Management International Journal 1999): A Band-Aid or Surgery: It is Time to Evaluate the Health of the Permanent Establishment Concept, in: Tax Management International Journal 1999, 415-426

Shipley, C./Fish, M. (Funktionsweise, 1996): So funktioniert das Internet: ein visueller Streifzug durch das World Wide Web, München 1996

Siegler, J. (Webdateien, 2001): Die Bilanzierung von Webdateien, Düsseldorf 2001

Sieker, K. (DB 1996): Betriebsstättengewinn und Fremdvergleichsgrundsatz, in: DB 1996, 110-113

Sieker, K., in: Piltz, D. J./Schaumburg, H. (Hrsg.) (Betriebsstättenbesteuerung, 2001): Geschäftsleitungsbetriebsstätten bei internationalen Konzernen, in: Internationale Betriebsstättenbesteuerung, hrsg. von Piltz, D.-J./Schaumburg, H., mit Beiträgen von Buciek, K./Remberg, M./Runge, B., u.a., Köln 2001, 85-111

Skaar, A. (Concept, 1997): Skaar discusses permanent establishment concept, Tax Analysts Document Number: Doc 97 - 31896

Skaar, A. (Establishment, 1991): Permanent Establishment - Erosion of a Tax Treaty Principle, Deventer, Boston 1991

Skaar, A. (Intertax 2000): Erosion of the Concept of Permanent Establishment: Electronic Commerce, in: Intertax 2000, 188-194

Söffing, G. (FR 1972): Einkünfte aus dem Betrieb von Handelsschiffen im internationalen Verkehr, in: FR 1972, 222-225

Söhn, H., in: Lang, J (Hrsg.) (Markteinkommen, 1995): Erwerbsbezüge, Markteinkommenstheorie und Besteuerung nach der Leistungsfähigkeit, in: Die Steuerrechtsordnung in der Diskussion, Festschrift für Klaus Tipke, hrsg. von Lang, J. Köln 1995, 343-364

Sölch, B./Ringleb, K. (UStG, 2001): UStG mit Umsatzsteuerdurchführungsverordnung, Sechster EG-Umsatzsteuerrichtlinie, Achter EG-Umsatzsteuerrichtlinie, hrsg. von Mößlang, G., bearbeitet von, Klenk, F./Mößlang, Wagner, W./Martin, S., München 2001, Stand: April 2001

Spatscheck, R. (CR 1999): Ertragsteuerliche Herausforderung durch das Internet, in: CR 1999, 165-171

Spatscheck, R. (Steuerprobleme, 2000): Steuern im Internet: Steuerprobleme des E-Commerce, Köln 2000

Sprague, G./Hersey, R. (Intertax 1999): Letter to OECD: Electronic Commerce, in: Intertax 1999, 40-49

Staehle, W.H./Conrad, P. (Management, 1994): Management: Eine verhaltenswissenschaftliche Perspektive, 8. Auflage, München 1999

Staringer, C. (Kapitalgesellschaften, 1999): Besteuerung doppelt ansässiger Kapitalgesellschaften, Wien 1999

Staringer. C., in: Lang, M./Loukota, H./Lüthi, D. (Betriebsstättenvorbehalt, 1996): Der Betriebsstättenvorbehalt für Dividenden, Zinsen und Lizenzgebühren, in: Die Betriebsstätte im Recht der Doppelbesteuerungsabkommen, Wien 1998, 223-237

Steinberg, W. (FR 1960): Betriebsstätte, in: FR 1960, 373-374

Steinmüller, P. (business user 2000): Spitzensoftware für weniger Geld, in: business user 2000, No. 5, 16-18

Stockmann, F., in: Vogel, K. (DBA, 1996): Doppelbesteuerungsabkommen der Bundesrepublik Deutschland auf dem Gebiet der Steuern vom Einkommen und Vermögen, Kommentar auf der Grundlage der Musterabkommen, unter Mitarbeit von Engelschalk, M./Görl, M./Hemmelrath, A. u.a., 3. Auflage, München 1996, Art. 17 Rz. 1-54

Storbeck, O. (Handelsblatt vom 04.10.2000): Ich bremse nicht bei E-Business, in: Handelsblatt vom 04.10.2000, N 5

Strobl, J./Kellmann, C. (AWD 1969): Beschränkte Steuerpflicht durch Verbindungsbüros - Zugleich ein Beitrag zum Begriff der Betriebsstätte und des ständigen Vertreters, in: AWD 1969, 405-411

Strub, A. (IStR 1993): Die Europäische Aktiengesellschaft: Lagebericht, in: IStR 1993, 179

Strunk, G. (BB 1998): Ist es wirklich wichtig, ob der Internet-Server eine Betriebsstätte begründet, in: BB 1998, 1824-1826

Strunk, G. (Habilitation, 1999): Die Besteuerung grenzüberschreitender Geschäftsaktivitäten im Internet, Universität Hamburg 1999

Strunk, G. (Hrsg.) (Steuergestaltung, 2000): Steuern und Electronic Commerce: Möglichkeiten und Grenzen der Steuergestaltung, hrsg. von Strunk, G., bearb. von: Kreienbaum, M./Strunk, G./Zöllkau, Y. u.a., Neuwied 2000, 45-123

Strunk, G. (IStR 1998): Das Satellitenurteil des FG Rheinland-Pfalz vom 30.04.1997 und seine möglichen Auswirkungen auf Geschäfte im Internet, in: IStR 1998, 428-430

Strunk, G. (IWB, F. 10 Gruppe 2): OECD-Stellungnahme: Internet-Server als Betriebsstätte, in: IWB, F. 10 Gruppe 2, 1509-1510

Strunk, G. (Steuergestaltung, 2000): Steuern und electronic commerce: Möglichkeiten und Grenzen der Steuergestaltung, hrsg. von Strunk, G., Neuwied 2000

Strunk, G., in: FS Fischer (Unternehmenspolitik, 1999): Die Fortentwicklung des Internationalen Steuerrechts am Beispiel notwendiger Änderungen zur Besteuerung von Geschäften im Internet, in: Unternehmenspolitik und Internationale Besteuerung, in: Festschrift für Lutz Fischer, hrsg. von Kleineidam, H.-J., Berlin 1999, 259-284

Strunk, G., in: Grotherr, S./Herfort, C./Strunk, G. (DBA-Recht, 1998): Internationales Steuerrecht, 1998, Deutsche Steuer-Gewerkschaft (Hrsg.), bearbeitet von Grotherr, S./Herfort, C./Strunk, G., 1. Auflage, Achim 1998, 428-587

Strunk, G., in: Kessler (Hrsg.) (Neue Medien, 2000): Grundprobleme der Besteuerung von Geschäften im Internet, in: Das Steuerrecht der Neuen Medien: Beratungshandbuch zum E-Commerce, Internet und zur Telekommunikation, hrsg. von Kessler, W., Köln 2000, Stand: Juni 2000

Strunk, G., in: Kröger, D./Kellersmann (Handbuch, 1998): Besteuerung und Internet, in: Internet - Handbuch für Steuerberater und Wirtschaftsprüfer, hrsg. von Kröger, D./Kellersmann, D., Neuwied 1998, 185-227

Strunk, G./Kaminski, B. (IStR 2000): Anmerkungen zum Betriebsstättenerlass, in: IStR 2000, 33-41

Strunk, G./Wichmann, M. (CDFI LXXXVI a 2001): Nationalbericht Deutschland, in: CDFI LXXXVI a 2001, 409-438

Strunk, G./Zöllkau, Y, in: Strunk (Hrsg.) (Steuergestaltung, 2000): Ertragsteuerliche Gestaltungen und Risiken bei Geschäften im Internet, in: Steuern und Electronic Commerce: Möglichkeiten und Grenzen der Steuergestaltung, hrsg. von Strunk, G., Neuwied 2000, 45-123

Strunk, G./Zöllkau, Y. (FR 1998): Steueroptimale Vertriebsstrukturen unter Einsatz des Internets - Chancen und Risiken im In- und Outbound-Geschäft, in: FR 1998, 589-596

Strunk, G./Zöllkau, Y. (INF 1998): Die beschränkte Steuerpflicht nach § 49 EStG in einer virtuellen Geschäftswelt, in: INF 1998, 609-612

Sturm, T. (DSWR 1998): Sicherheitsaspekte beim Electronic Commerce, in DSWR 1998, 61-64

Sugrue, B./Tober, G. (CDFI LXXXVI a 2001): Nationalbericht USA, in: CDFI LXXXVI a 2001, 725-750

T.M. (IStR 1994): OECD; Erste Anpassung des OECD-Musterabkommens von 1992 an die laufende Entwicklung, in: IStR 1994, Beihefter 10/94, 1

T.M. (IStR 1998): OECD: Neue Ausgabe des OECD-Musterabkommens und Veröffentlichung früherer Berichte des Fiskalausschusses, in: IStR 1998, Beihefter 5/98, 1

Taeger, J. (CR 1996): Produkt- und Produzentenhaftung bei Schäden durch fehlerhafte Computerprogramme, in: CR 1996, 257-271

Tadmore, N. (Tax Notes Int`l 2001): Clicks vs. Bricks: The Interaction Between the OECD PE Concept and Web Sites, in: Tax Notes Int`l 2001, April 9, 1821-1831

Taylor, W. (Harvard Business Review 1991): The Logic of Global Business - An Interview with ABB`s Percy Barnevik, in: Harvard Busniess Review 1991, 91-105

Theisen, M. (Konzern, 2000): Der Konzern - Betriebswirtschaftliche und rechtliche Grundlagen der Konzernunternehmung, 2. Auflage, Stuttgart 2000

Thiel, C. (ÖStZ 1999): Die internationale Besteuerung des E-Commerce, in: ÖStZ 1999, 328-332

Thömmes, O., in: Fischer, L. (Hrsg.) (Wirtschaftliche Aktivitäten, 1995): Besteuerung von Immobilieninvestitionen durch Steuerausländer nach dem StMBG (§ 49 Abs. 1 Nr. 2 f EStG), in: Besteuerung wirtschaftlicher Aktivitäten von Ausländern in Deutschland, hrsg. von Fischer, L., Köln 1995, 109-134

Tillinghast, D. (ET 1996): The Impact of the Internet on the Taxation of International Transactions, in: ET 1996, 524-525

Tillinghast, D. (Int`l Tax & Bus. Lawyer 1984): „Foreign" and „Domestic" Taxpayers, in: Int`l Tax & Bus. Lawyer 1984, 239-247

Tipke, K. (Rechtsordnung, 1993): Die Steuerrechtsordnung – Wissenschafts-organisatorische, systematische und grundrechtlich-rechtsstaatliche Grundlagen, Band 1, Köln 1993

Tipke, K./Kruse, W. (AO, 1996): Abgabenordnung, Finanzgerichtsordnung: Kommentar zur AO 1977 und FGO (ohne Steuerstrafrecht), 16. Auflage, Köln 1996, Stand: April 2000

TM (IStR 2001): EG: Mitteilung der Kommission „Steuerpolitik in der Europäischen Union - Prioritäten für die nächsten Jahre, in: IStR 2001, Länderbericht, Heft 13, 1-2

Toifl, G. (SWI 1997): Neue Verständigungsvereinbarung zum Sportlerbegriff nach dem DBA Deutschland-Österreich, in: SWI 1997, 16-18

Toifl, G., in: Biegler (Hrsg.) (electronicbusiness, 2000): Einkunftserzielung nach Abkommensrecht, in: www.electronicbusiness.at - Recht & Steuern im elektronischen Geschäftsverkehr, hrsg. von Biegler, M., bearb. von Biegler, M./Haller, A./Höhne, T. u.a., Wien 2000, 133-149

Toifl, G., in: Gassner, W./Lang, M./Lechner, E. (DBA Österreich, 1999): Die Einkünfte von Künstlern und Sportlern nach dem neuen DBA Österreich-Deutschland, in: Das neue Doppelbesteuerungsabkommen Österreich-Deutschland, hrsg. von Gassner, W./Lang, M./Lechner, E., bearb. von Runge, B./Loukota, H./Lang, M. u.a., Wien 1999, 161-183

Toifl, G., in: Gassner, W./Lang, M./Lechner, E. (Tochtergesellschaft, 1998): Die Tochtergesellschaft als Betriebsstätte, in: Die Betriebsstätte im Recht der Doppelbesteuerungsabkommen, Wien 1998, 125-144

Toifl, G./Züger, M. (Schriftenreihe, 2000): Besteuerung von E-Commerce, hrsg. von Toifl, G./Züger, M., bearb. von Dienes, J./Reiner, J./Schönauer, B. u.a., Wien 2000

Tsang, A./Belder, N. (e-commerce 1999): E-Commerce and the Permanent Establishment, in: e-commerce 1999, No. 2, 28-33

Tulloch, A./Rosenthal, M. (Tax Planning International Review 1998): Taxation of Internet Trading: Germany, in: Tax Planning International Review 1998, No. 2, 15-16

Twardosz, A., in: Toifl, G./Züger, M. (Schriftenreihe, 2000): Der Betriebsstättenbegriff nach Art. 5 OECD-MA und E-Commerce, in: Besteuerung von E-Commerce, hrsg. von Toifl, G./Züger, M., bearb. von Dienes, J./Reiner, J./Schönauer, B. u.a., Wien 2000, 151-166

United States Department of the Treasury (Intertax 1997): Selected Tax Policy Implications of Global Electronic Commerce, in: Intertax 1997, 148-171

Utescher, T. (b&b 1998): Aktuelle Rechts- und Steuerprobleme im Internet, Tagung von EUROFORUM Deutschland zum Thema „Geschäfte im Internet“, in: b&b 1998, 58-62

Utescher, T. (Internet, 1999): Internet und Steuern - Electronic Commerce und Telearbeit, Düsseldorf 1999

Valente, P. (Tax Planning International Review 1998): Cyber (Tax) Planning - From an Italian Perspective, in: Tax Planning International Review 1998, 14-18

van Raad, K. (Intertax 1994): The Term "Enterprise" in the Model Double Taxation Conventions - Seventy Years of Confusion, in: Intertax 1994, 491-504

van Raad, K., in: Hausmann, R./Raupach, A. (Steuergestaltung, 1988): Steuergestaltung durch Doppelsitz von Kapitalgesellschaften in der internationalen Praxis, in: Steuergestaltung durch doppelt ansässige Gesellschaften?, von Hausmann, R./Raupach, A., u.a., Münchener Schriften zum Internationalen Steuerrecht, Heft 13, München 1988, 1-11

Van Wettum, W./Kraan, P. (e-commerce 1999): Taxation of Electronic Commerce in the Netherlands, in: e-commerce 1999, No. 5, 15-18

Vellen, M. (UR 1999): OECD-Ministerkonferenz zum elektronischen Handel, in: UR 1999, 53-56

Vellen, M. in: Fischer/Strunk (Aspekte, 1998): Umsatzbesteuerung der Transaktionen im elektronischen Handel, in: Steuerliche Aspekte des Electronic Commerce, hrsg. von Fischer, L./Strunk, G., Köln 1998, 81-115

Vetter, T., in: Gassner, W./Lang, M./Lechner, E. (Vertreter, 1998): Die Begründung von Betriebsstätten durch ständige Vertreter mit Abschlussvollmacht (Art. 5 Abs. 5 OECD-MA), in: Die Betriebsstätte im Recht der Doppelbesteuerungsabkommen, Wien 1998, 95-110

Vogel, K. (DBA, 1996): Doppelbesteuerungsabkommen der Bundesrepublik Deutschland auf dem Gebiet der Steuern vom Einkommen und Vermögen, Kommentar auf der Grundlage der Musterabkommen, unter Mitarbeit von Engelschalk, M./Görl, M./Hemmelrath, A. u.a., 3. Auflage, München 1996

Vogel, K., in: Vogel, K. (DBA, 1996): Doppelbesteuerungsabkommen der Bundesrepublik Deutschland auf dem Gebiet der Steuern vom Einkommen und Vermögen, Kommentar auf der Grundlage der Musterabkommen, unter Mitarbeit von Engelschalk, M./Görl, M./Hemmelrath, A. u.a., 3. Auflage, München 1996, Art. 13 Rz. 1-113, Art. 14 Rz. 1-613

Wachtel, M. (CDFI LXXII a 1987): Die steuerliche Ansässigkeit von Kapitalgesellschaften, Nationalbericht Australien, in: CDFI LXXII a 1987, 201-216

Walden, D. (EWS 2001): Niederlassungsfreiheit, Sitztheorie und der Vorlagebeschluss des VII. Zivilsenats des BGH vom 30.03.2000, in: EWS 2001, 256-263

Wall Street Correspondents (Handelsblatt vom 21.08.2001): Software-Hersteller Citrix: Mit 2Way gegen den Trend, in: Handelsblatt vom 21.08.2001, 9

Walsh, R. (The Mid AtlanticJournal of Business 2000): Taxation: When 21st Century E-Commerce Collides With 20th Century Tax Laws, in: The Mid Atlantic Journal of Business 2000, Vol. 36, No. 1, 61-67

Walter, W., in: Arthur Andersen (Hrsg.) (KStG, 1996): Körperschaftsteuergesetz - Kommentar, hrsg. von Arthur Andersen, bearb. von Antweiler, U./Bott, H./Christes, S. /Goldenbaum, G., u.a., Bonn 1996, Stand: Juli 2001, § 18 Rz. 1-32

Wassermeyer, F. (DB 1990): Kann eine ausländische Kapitalgesellschaft im Inland unbeschränkt steuerpflichtig sein, in: DB 1990, 244-245

Wassermeyer, F. (GmbHR 1993): Das Wettbewerbsverbot des Gesellschafters und des Gesellschafter-Geschäftsführers einer GmbH, in: GmbHR 1993, 329-336

Wassermeyer, F. (StuW 1990): Die Auslegung von Doppelbesteuerungsabkommen durch den Bundesfinanzhof, in: StuW 1990, 404-412

Wassermeyer, F., in: Debatin, H./Wassermeyer, F. (DBA, 2000): Doppelbesteuerungsabkommen: Kommentar zu allen deutschen Doppelbesteuerungsabkommen, hrsg. von Debatin, H./Wassermeyer, F., München 1999, Stand Mai 2000, Art. 5 Rz. 1-90, Rz. 152-258

Wassermeyer, F., in: Flick, H./Wassermeyer, F./Baumhoff, H. (AStG, 1999): Außensteuerrecht: Kommentar, hrsg. von Wassermeyer, F./Piltz, D., bearbeitet von Baumhoff, H./Eilers, S./Herlinghaus, A./Müller-Dott, J., u.a., 6. Auflage, Köln 1999, Stand: Dezember 2000, § 7 Rz. 1-159

Watrin, C. (DStZ 2001): Fortentwicklung des Unternehmenssteuerrechts, in: DStZ 2001, 493-497

Watrin, C. (IStR 2001): Betriebsstättenbesteuerung im Electronic Commerce und die ökonomische Theorie der Firma, in: IStR 2001, 425-430

Weiber, R., in: Schmidt, H. (Hrsg.) (Potentiale, 2001): In der elektronischen Beschaffung liegt der Gewinn - Im E-Procurement schlummern enorme Rationalisierungspotentiale, in: Die Potentiale der Internet-Ökonomie - Neue Regeln bestimmen die digitale Wirtschaft, hrsg. von Schmidt, H., Frankfurt, 2001, 55-61

Weiner, J. (WTD 2000): EU Finance Ministers Agree on Savings-Taxation; EU Hearing and Summits Address Other EU Tax Issues, in: WTD 2000, Tax Analysts Doc.-No. 2000-17201

Weiner, J. (WTD 2000): News Analysis: Institute for Fiscal Studies Reports on EU Coporate Tax Harmonization, in: WTD 2000, Tax Analysts Doc.-No. 2000-14053

Weiner, J. (WTD 2001): EU Commission Sets Forth Tax Policy Priorities in Advance of 5 June ECOFIN Meeting, in: WTD 2001, Tax Analysts Doc.-No. 2000-15303

Wiater, U./Bosch, H.-G. (IStR 1998): National bestimmbare Steuerentstrickung unternehmerischer Erträge unter Nutzung des Internets, in: IStR 1998, 757-760

Wichmann, M. (K&R 1999): Elektronischer Geschäftsverkehr, Besteuerung und Konzernverrechnungspreise, in: K&R 1999, 193-201

Wied, E., in: Blümich (EStG, 2000): Kommentar zum Einkommensteuergesetz, Körperschaftsteuergesetz und Gewerbesteuergesetz, hrsg. von Ebling, K., unter Mitarbeit von: Brandis, P./Danelsing, W./Ebling, K./Ehmcke, T. u.a., München 2000, Stand: März 2000, § 49 Rz. 1-198

Wilke, K.-M., in: Becker/Höppner/Grotherr u.a. (DBA, 1999): Becker/Höppner/Grotherr u.a. (Hrsg.), DBA-Kommentar, unter Mitarbeit von Baranowski, K.-H./Bellstedt, C./Binder, M. u.a., Herne 1999, Art. 14 Rz. 1-51

Wilke, K.-M., in: Becker/Höppner/Grotherr u.a. (DBA, 1999): Becker/Höppner/Grotherr u.a. (Hrsg.), DBA-Kommentar, unter Mitarbeit von Baranowski, K.-H./Bellstedt, C./Binder, M. u.a., Herne 1999, Stand: Oktober 2000, Art. 4 Rz. 1-69

Winnefeld, R. (FR 1970): Kritischer Hinweis: Zum Begriff des ständigen Vertreters im Sinne des § 49 Abs. 1 Nr. 2 EStG bei selbstständigen Gewerbetreibenden, in: FR 1970, 245-247

Winter, W. (StBp 1974): Aktuelle Fragen aus der Praxis der Betriebsprüfung, in: StBp 1974, 8-11

Wöhe, G. (Betriebswirtschaftslehre, 2000): Einführung in die allgemeine Betriebswirtschaftslehre, 20. Auflage, München 2000

Young, C./Tsang, R. (e-commerce 1998): Taxing Business on the Internet, in: e-commerce 1998, No. 1, 8-11

Young, C./Tsang, R. (International Tax Review Dec 1998/Jan 1999): E-Commerce and EMU, in: International Tax Review Dec 1998/Jan 1999, 13-16

Zehetner, U., in: Gassner, W./Lang, M./Lechner, E. (Kommissionär, 1998): Die Begründung von Betriebsstätten durch Kommissionäre, Makler und andere unabhängige Vertreter (Art. 5 Abs. 6 OECD-MA), in: Die Betriebsstätte im Recht der Doppelbesteuerungsabkommen, Wien 1998, 111-124

Zentralverband Elektrotechnik- und Elektronikindustrie (Studie, 1995): Informationsgesellschaft - Herausforderungen für Politik, Wirtschaft und Gesellschaft, hrsg. vom Verband Deutscher Maschinen- und Anlagenbau (VDMA), Frankfurt 1995

Zerdick, A./Picot, A./Schrape, K./Artopé, A, u.a. (Internet-Ökonomie, 1999): Die Internet-Ökonomie: Strategien für die digitale Wirtschaft, 2. Auflage, Berlin 2001

Zimmermann, J. (Aspekte, 1998): Einkunftsqualifizierung nach Abkommensrecht, in: Steuerliche Aspekte des Electronic Commerce, hrsg. von Fischer, L./Strunk, Köln 1998, 39-64

Zimmermann, J./Rech, C. (BC 1998): Ertragsteuerliche Probleme des E-lectronic Commerce, in: BC 1998, 229-232

Zitzelsberger, H. (Gewerbesteuer, 1990): Grundlagen der Gewerbesteuer: eine steuergeschichtliche, rechtsvergleichende, steuersystematische und verfassungsrechtliche Untersuchung, Köln 1990

Zitzlaff, F. (StuW 1940): Gewerbesteuer: Die Betriebsstätte, in: StuW 1940, 86-91

Zöllkau, Y. (CR 1998): Auswirkungen des Electronic Commerce auf das Ertragsteuerrecht, in: CR 1998, 290-296

Züger, M., in: Gassner, W./Lang, M./Lechner, E. (Generalklausel, 1998): Die Definition der Betriebsstätte durch die Generalklausel und deren beispielhafte Erläuterung (Art. 5 Abs. 1 und 2 OECD-MA), in: Die Betriebsstätte im Recht der Doppelbesteuerungsabkommen, Wien 1998, 31-56

Rechtsmaterialien

Australien

Income Tax Assessment Act	Income Tax Assessment Act 1997

Deutschland

AktG	Aktiengesetz vom 6.9.1965, BGBl. I 1965, 1089, zuletzt geändert durch Gesetz zur Beendigung der Diskriminierung gleichgeschlechtlicher Gemeinschaften: Lebenspartnerschaften vom 16.2.2001, BGBl. I 2001, 266
AO	Abgabenordnung (AO 1977) vom 16.3.1976, BGBl. I 1976, S. 613, ber. BGBl. I 1977, 269, zuletzt geändert durch Gesetz zur Änderung des Investitionszulagengesetzes 1999 vom 20.12.2000, BGBl. I 2000, 1850
BewG	Bewertungsgesetz in der Fassung der Bekanntmachung vom 1.2.1991, BGBl. I 1991, 230, zuletzt geändert durch Gesetz zur Anpassung steuerlicher Vorschriften der Land- und Forstwirtschaft vom 29.6.1998, BGBl. I 1998, 1692
BGB	Bürgerliches Gesetzbuch vom 18.8.1896, RGBl. 1896, 196, zuletzt geändert durch Gesetz zur Beendigung der Diskriminierung gleichgeschlechtlicher Gemeinschaften: Lebenspartnerschaften vom 16.2.2001, BGBl. I 2001, 266

EStG	Einkommensteuergesetz in der Fassung der Bekanntmachung vom 16.04.1997, BGBl. I, 821, zuletzt geändert durch Gesetz zur Regelung der Bemessungsgrundlage für Zuschlagsteuern vom 21.12.2000, BGBl. I, 1978
GewStG	Gewerbesteuergesetz in der Fassung der Bekanntmachung vom 19.05.1999, BGBl. I, 1010, ber. BGBl. I, 1491, zuletzt geändert durch Steuersenkungsgesetz vom 23.10.2000, BGBl. I, 1433
GG	Grundgesetz für die Bundesrepublik Deutschland vom 23.5.1949, BGBl. 1949, 1, zuletzt geändert durch das fünfundvierzigste Gesetz zur Änderung des Grundgesetzes vom 26.3.1998, BGBl. I 1998, 610
GmbHG	Gesetz betreffend die Gesellschaften mit beschränkter Haftung vom 20.4.1892, RGBl. 1892, 477, in der Fassung der Bekanntmachung vom 20.5.1898, RGBl. 1898, 846, zuletzt geändert durch Gesetz zur Namensaktie und zur Erleichterung der Stimmrechtsausübung vom 18.1.2001, BGBl. I 2001, 123
HGB	Handelsgesetzbuch vom 10.5.1897, RGBl. 1897, 219, zuletzt geändert durch Gesetz zur Namensaktie und zur Erleichterung der Stimmrechtsausübung vom 18.1.2001, BGBl. I 2001, 123

InvZulG	Investitionszulagengesetz (InvZulG 1999) vom 18.8.1997, BGBl. I 1997, 2070, zuletzt geändert durch Gesetz zur Änderung des Investitionszulagengesetzes 1999 vom 20.12.2000, BGBl. I 2000, 1850
KStG	Körperschaftsteuergesetz (KStG 1999) in der Fassung der Bekanntmachung vom 22.4.1999, BGBl. I 1999, 817, zuletzt geändert durch Gesetz zur Änderung des Investitionszulagengesetzes 1999 vom 20.12.2000, BGBl. I 2000, 1850
UStG	Umsatzsteuergesetz (UStG 1999) in der Fassung der Bekannt-machung vom 9.6.1999, BGBl. I 1999, 1270, zuletzt geändert durch Steuersenkungsgesetz vom 23.10.2000, BGBl. I 2000, 1433

Großbritannien

Income and Corporation Taxes Act	Income and Corporation Taxes Act 1988

Indien

Income Tax Act	Income Tax Act 1961, 43 OF 1961, zuletzt geändert durch Finance Act 1999

Irland

Taxes Consolidation Act	Taxes Consolidation Act 1997, zuletzt geändert durch Finance Act 2000

Niederlande

Taxes Consolidation Act	Taxes Consolidation Act 1997, zuletzt geändert durch Finance Act 2000

USA

Taxes Consolidation Act	Taxes Consolidation Act 1997, zuletzt geändert durch Finance Act 2000

Verwaltungsanweisungen

Deutschland

Bundesfinanzministerium:

BMF-Schreiben vom 15.12.1994 – IV B 7 – S 2742a – 63/94, betr. Gesellschafter-Fremdfinanzierung (§ 8 a KStG), BStBl. I 1995, 25

BMF-Schreiben vom 23.01.1996 – IV B 4 – S 2303 – 14/96, betr. Abzugsteuer bei künstlerischen, sportlichen, artistischen oder ähnlichen Darbietungen gemäß § 50 a Abs. 4 EStG, BStBl. I 1996, 89

BMF-Schreiben vom 15.03.1996 - IV C 6 – S 1343 – 1/96, betr. Anwendung des § 2 AStG bei Wohnsitzwechsel nach Österreich, BStBl. I 1996, 161

BMF-Schreiben vom 29.04.1997, IV C 4 – S 7117 f – 25/97, betr. Änderung des § 3 a Abs. 4 UStG und § 1 Abs. 1 UStDV durch das Umsatzsteuer-Änderungsgesetz 1997; Sonstige Leistungen auf dem Gebiet der Telekommunikation i.S.d. § 3 a Abs. 4 Nr. 12 UStG, IStR 1997, 311

BMF-Schreiben vom 24.12.1999, IV B 4 S 1300 – 111/99, betr. Grundsätze der Verwaltung für die Prüfung der Aufteilung der Einkünfte bei Betriebsstätten international tätiger Unternehmen (Betriebsstätten-Verwaltungsgrundsätze), BStBl. I 1999, 1076

Oberfinanzdirektionen:

OFD Hannover, Verfügung vom 25.02.1997, S 2300 – 10 – StO 223, S 2300 – 20 StH 222, betr. Besteuerung ausländischer Schiffahrtsunternehmen: Steuerbefreiung nach § 49 Abs. 4 EStG, IStR 1997, 564

OFD Karlsruhe, Verfügung vom 11.11.1998, S 1301 A – St 332, betr. Begründung einer Betriebsstätte durch die Installation eines Internetservers, IStR 1999, 439

OFD Hannover, Erlass vom 14.04.1999, G-1450 – 14 – StO 232 /-1450 – 46 – StH 241, betr. Zerlegung des Gewerbesteuer-Meßbetrags bei Mobilfunk-Unternehmen, GewStK § 28 GewStG Karte 4

Österreich

Bundesfinanzministerium:

öBMF, EAS vom 29.12.1995, betr. inländische Konzernassistenz im Inlandsvertrieb ausländischer Konzernprodukte, SWI 1996, 53

öBMF, EAS.926 vom 20.08.1996, betr. britische Informationsangebote über BTX ider Internet, abgedruckt in: Loukota/Jirousek, Steuerfragen, 1997, Band 3, 55

öBMF, EAS.1100 vom 07.07.1997, betr. Inländische Treibstoff-Kreditkartenautomaten eines deutschen Unternehmens, SWI 1997, 464

öBMF, EAS.1112 vom 21.07.1997, betr. Bräunungsanlagen als Betriebsstätten, SWI 1997, 427

Rechtsprechungsverzeichnis

Urteile des Europäischen Gerichtshofs:

Datum	Aktenzeichen	Fundstelle
04.07.1985	Rs. 168/84	EuGHE 1985, 2251
17.07.1997	Rs. C-190/95	EuGHE 1997, 4383
07.05.1998	Rs. C-390/96	HFR 1998, 697
09.03.1999	Rs. C-212/97	DB 1999, 625

Deutschland

Urteile des Reichsfinanzhofs:

Datum	Aktenzeichen	Fundstelle
25.04.1925	VI A 988/31	RStBl. 1934, 417
30.01.1930	I A 682/28	RStBl. 1930, 148
16.09.1930	I A 129/30	RStBl. 1930, 757
16.06.1931	I A 462/30	RStBl. 1931, 848
17.06.1931	IV A 868/31	RStBl. 1931, 814
09.01.1934	I A 344/32	RStBl. 1934, 382
03.07.1934	I A 129/33	RStBl. 1934, 1078
30.04.1935	I A 13 /35	RStBl. I 1935, 840
25.07.1935	III A 98/35	RStBl. 1935, 1366
03.10.1935	III A 267/34	RStBl. 1935, 1399
29.10.1935	I A 76/35	RStBl. 1935, 1516
19.06.1936	II A 107/35	RStBl. 1936, 765
02.07.1936	III A 86/36	RStBl. 1936, 779
03.07.1936	I A 150/36	RStBl. 1936, 804

Datum	Aktenzeichen	Fundstelle
03.12.1936	III A 161/36	RStBl. 1937, 67
12.05.1938	IV A 18/36	RStBl. 1938, 812
23.06.1938	III 40/38	RStBl. 1938, 949
26.09.1939	I 254/38	RFHE 47, 257
11.07.1940	III 135/39	RStBl. 1940, 706
31.10.1940	IV 78/40	RStBl. 1941, 19
08.10.1941	VI B 11/41	RStBl. 1941, 814
24.03.1942	I 445/40	RStBl. 1942, 714

Beschlüsse des Reichsfinanzhofs:

Datum	Aktenzeichen	Fundstelle
11.10.1939	VI B 15/39	RStBl. 1939, 1095
22.01.1941	VI B 7/40	RStBl. 1941, 90
17.09.1941	VI B 15/41	RStBl. 1941, 764
08.10.1941	VI B 11/41	RStBl. 1941, 814
11.03.1942	VI B 1/42	RStBl. 1942, 801

Urteile des Bundesfinanzhofs:

Datum	Aktenzeichen	Fundstelle
27.04.1954	I B 136/53	BStBl. III 1954, 179
03.06.1954	V 262/53 U	BStBl. III 1954, 238
17.02.1955	IV 77/53 S	BStBl. III 1955, 100
11.07.1960	V 182/58 U	BStBl. III 1960, 376

Datum	Aktenzeichen	Fundstelle
12.08.1960	VI 300/58 S	BStBl. III 1960, 441
10.05.1961	IV 155/60 U	BStBl. III 1961, 317
03.11.1961	VI 196/60	BStBl. III 1962, 123
09.03.1962	I B 156/58 S	BStBl. III 1962, 227
16.08.1962	I B 223/61	BStBl. III 1962, 477
18.10.1962	IV 319/60 U	BStBl. III 1963, 38
08.01.1963	I 317/61	BStBl. III 1963, 148
21.02.1963	I B 98/61	HFR 1963, 260
27.11.1963	I 335/60 U	BStBl. III 1964, 76
05.10.1965	I B 387/62 U	BStBl. III 1965, 668
12.10.1965	I B 282/62	BStBl. III 1965, 690
01.03.1966	I 13, 14/65	BStBl. II 1966, 207
22.03.1966	I 65/63	BStBl. III 1963, 463
17.07.1968	I 121/64	BStBl. II 1968, 695
25.09.1968	I B 118/65	BStBl. II 1968, 827
26.05.1970	II 29/65	BStBl. II 1970, 759
14.07.1971	I R 127/68	BStBl. II 1971, 776
23.03.1972	I R 128/70	BStBl. II 1972, 948
28.06.1972	I R 35/70	BStBl. II 1972, 785
30.10.1973	I R 50/71	BStBl. II 1974, 107
30.01.1974	I R 87/72	BStBl. II 1974, 327
13.02.1974	I R 218/71	HFR 1974, 231
13.02.1974	I R 291/71	BStBl. II 1974, 361
09.10.1974	I R 128/73	BStBl. II 1975, 203
30.04.1975	I R 152/73	BStBl. II 1975, 626
16.01.1976	III R 92/74	BStBl. II 1976, 401

Datum	Aktenzeichen	Fundstelle
18.03.1976	IV R 168/72	BStBl. II 1976, 365
23.03.1977	II R 68/70	BStBl. II 1977, 700
03.08.1977	I R 128/75	BStBl. II 1977, 857
05.10.1977	I R 90/75	BStBl. II 1978, 205
12.10.1977	I R 227/75	BStBl. II 1978, 160
12.04.1978	I R 136/77	BStBl. II 1978, 494
12.10.1978	I R 69/75	BStBl. II 1979, 64
07.03.1979	I R 145/76	BStBl. II 1979, 527
30.01.1981	III R 116/79	BStBl. II 1981, 560
17.03.1982	I R 189/79	BStBl. II 1982, 624
24.11.1982	I R 123/78	BStBl. II 1983, 113
28.04.1983	IV R 122/79	BStBl. II 1983, 566
23.09.1983	III R 76/81	BStBl. II 1984, 94
01.08.1984	I R 99/80	BStBl. II 1985, 18
11.04.1984	I R 82-84/80	BFH/NV 1986 255
23.01.1985	I R 292/81	BStBl. II 1985, 417
28.03.1985	IV R 80/82	BStBl. II 1985, 405
21.05.1986	I R 37/83	BStBl. II 1986, 739
05.06.1986	IV R 338/84	BStBl. II 1986, 661
15.07.1986	VIII R 134/83	BStBl. II 1986, 744
28.08.1986	V R 20/79	BStBl. II 1987, 162
18.12.1986	I R 130/83	BFH/NV 1988, 119
24.03.1987	I R 202/83	BStBl. II 1987, 705
29.04.1987	I R 118/83	BFH/NV 1988, 122
29.04.1987	X R 16/81	BFH/NV 1988, 64
05.11.1987	IV R 180/85	BStBl. II 1988, 334

Datum	Aktenzeichen	Fundstelle
03.02.1988	I R 369/83	BStBl. II1988, 486
10.02.1988	VIII R 159/84	BStBl. II 1988, 653
08.03.1988	VIII R 270/81	BFH/NV 1988, 735
07.12.1988	X R 15/87	BStBl. II 1989, 421
10.05.1989	I R 50/85	BStBl. II 1989, 755
13.07.1989	IV R 55/88	BStBl. II 1990, 23
11.10.1989	I R 77/88	BStBl. II 1990, 166
02.03.1990	III R 24/85	BStBl. II 1990, 756
11.04.1990	I R 82/86	BFH/NV 1991 143
16.05.1990	I R 113/87	BStBl. II 1990, 983
19.09.1990	X R 110/88	BStBl. II 1991, 208
19.09.1990	X R 44/89	BStBl. II 1991, 97
18.12.1990	X R 82/89	BStBl. II 1991, 395
23.01.1991	I R 22/90	BStBl. II 1991, 554
27.02.1991	I R 15/89	BStBl II 1991, 444
06.03.1991	X R 57/88	BStBl. II 1991, 829
18.09.1991	XI R 34/90	BStBl. II 1992, 90
26.02.1992	I R 85/91	BStBl. II 1992, 937
23.06.1992	IX R 182/87	BStBl. II 1992, 972
02.12.1992	I R 77/91	BFHE 170, 126
16.12.1992	I R 46/88	BStBl. II 1993, 677
03.02.1993	I R 80-81/91	BStBl. II 1993, 462
19.05.1993	I R 80/92	BStBl. II 1993, 655
28.07.1993	I R 15/93	BStBl. II 1994, 148
30.10.1993	I R 50/71	BStBl. II 1974, 107
14.09.1994	I R 116/93	BStBl. II 1995, 238

Datum	**Aktenzeichen**	**Fundstelle**
07.12.1994	I K 1/93	BStBl. II 1995, 175
06.12.1995	I R 40/95	BStBl. II 1997, 118
31.07.1996	XI R 5/95	BFH/NV 1997, 279
30.10.1996	II R 12/92	BStBl. II 1997, 12
03.07.1997	IV R 58/95	BStBl. II 1998, 86
15.10.1997	I R 76/95	BFH/NV 1998, 434
22.04.1998	XI R 59/97	BFH/NV 1998, 1216
10.11.1998	I B 80/97	BFH/NV 1999, 665
16.12.1998	R 138/97	BStBl. II 1999, 437
17.02.2000	I R 130/97	IStR 2000, 438
17.05.2000	I R 19/98	IStR 2001, 152
25.05.2000	III R 20/97	FR 2000, 1150
13.09.2000	X R 174/96	DStR 2000, 432
07.12.2000	III R 49/98	DStRE 2001, 928
20.12.2000	III R 17/97	BFH NV 2001, 914

Beschlüsse des Bundesfinanzhofs:

Datum	Aktenzeichen	Fundstelle
27.04.1954	I B 136/53	BStBl. III 1954, 179
13.05.1958	I B 49/58 U	BStBl. III 1958, 379
16.06.1959	I B 214/58 U	BStBl. III 1959, 349
30.08.1960	I B 148/59 U	BStBl. III 1960, 468
29.11.1960	I B 222/59 U	BStBl. III 1961, 52
09.03.1962	I B 156/58 S	BStBl. III 1962, 227
16.08.1962	I B 223/61 S	BStBl. III 1962, 477
15.11.1971	Gr. S 1/71	BStBl. II 1972, 68
13.11.1991	I B 72/91	BStBl. II 1992, 263
07.07.1997	I B 26/97	BFH/NV 1998, 19
15.07.1998	I B 134/97	(n.v.)
16.12.1998	IV B 42/98,	BFH/NV 1999, 615
17.12.1998	I B 101/98	BFH/NV 1999, 753
19.03.2001	I S 21/00,	IStR 2001, 320

Urteile des Bundesgerichtshofs:

Datum	Aktenzeichen	Fundstelle
24.10.1988	3 St R 533/87	HFR 1990, 150
18.10.1989	VIII ZR 325/88	CR 1990, 236
07.12.1994	I K 1/93	BStBl. II 1995, 175

Beschlüsse des Bundesgerichtshofs:

Datum	Aktenzeichen	Fundstelle
13.10.1994	5 StR 134/94	HFR 1995, 476
30.03.2000	VII Z R 370/98	GmbHR 2000, 715

Urteile des Bundesverwaltungsgerichts:

Datum	Aktenzeichen	Fundstelle
04.08.1993	11 C 36.93	BStBl. II 1994, 136

Entscheidungen der Finanzgerichte:

Datum	Aktenzeichen	Fundstelle
FG Berlin vom 27.11.1996	II 233/94	EFG 1996, 701
FG Bremen vom 20.03.1975	II 98/73	EFG 1975, 384
FG Düsseldorf vom 12.08.1964	I 24/63 K	EFG 1965, 75
FG Düsseldorf vom 11.03.1970	II 520-529/66 G	EFG 1970, 460
FG Düsseldorf vom 08.10.1980	XV/X 16/75 K	EFG 1981, 148
FG Düsseldorf vom 14.09.1990	10 K 580/85 G	EFG 1990, 290
FG Düsseldorf vom 24.06.1992	13 K 560/88	EFG 1993, 42
FG Düsseldorf vom 01.03.1984	II 170/83 A (E)	EFG 1984, 535
FG Hamburg vom 02.08.1977	V 108/76	EFG 1978, 138
FG Hamburg vom 24.10.1986	I 170/83	EFG 1987, 413

Datum	**Aktenzeichen**	**Fundstelle**
Hessisches FG vom 15.05.1975	VIII 32/73	EFG 1975, 586
Hessisches FG vom 26.03.1982	VIII 326/78	EFG 1983, 34
Hessisches FG vom 20.10.1997	4 K 1420/93	EFG 1998, 518
FG Köln vom 28.01.1999	2-K-3825/96	EFG 1999, 707
FG München vom 11.09.1964	IV 77/64	EFG 1965, 253
FG München vom 11.12.1985	I 47/80 L 1	EFG 1986, 259
FG München vom 15.12.1992	16 K 4179/91	EFG 1993, 707
FG München vom 24.04.1997	7 V 1181/97	EFG 1997, 1482
FG München vom 10.09.1997	7 V 3061/97	DStRE 1998, 177
FG München vom 28.05.1998	7 V 1/98	EFG 1998, 1491
Niedersächsisches FG vom 28.02.1966	II a 417/65	EFG 1966, 501
Niedersächsisches FG vom 12.12.1969	I 43/68	EFG 1970, 316
Niedersächsisches FG vom 06.08.1982	V 293/79	EFG 1983, 316

Datum	**Aktenzeichen**	**Fundstelle**
Niedersächsisches FG vom 04.07.1991	VI 480/89	RIW 1991, 1055
FG Rheinland Pfalz vom 04.10.1973	III 96/71	EFG 1974, 127
FG Rheinland-Pfalz vom 08.10.1982	6 K 422/80	EFG 1983, 399
FG Rheinland-Pfalz vom 25.04.1985	3 K 68/84	EFG 1985, 593
FG Rheinland-Pfalz vom 19.08.1999	4 K 3182/97	EFG 1999, 1149
FG Sachsen-Anhalt vom 14.01.1999	I 438/96	EFG 1999, 668
FG Thüringen vom 05.06.1996	I 252/95	EFG 1996, 1005

Entscheidungen der Oberlandesgerichte:

Datum	**Aktenzeichen**	**Fundstelle**
OLG Stuttgart vom 08.11.1988	6 U 135/87	CR 1989, 692

Entscheidungen des Preußischen Oberverwaltungsgerichts:

Datum	Aktenzeichen	Fundstelle
26.10.1886	II C 117/86	OVG 14 120
30.03.1889	I C 146/88	OVG 17 249
11.09.1889	I C 90/89	OVG 18 128

Frankreich

Entscheidungen des Conseil d´Etat:

Datum	Aktenzeichen	Fundstelle
13.07.1968	No 66503	Dupont 1968, No 12
14.03.1979	No 7908	RJF 5/79, No 282

Großbritannien

Entscheidungen des House of Lords:

Aktenzeichen	Fundstelle
De Beers Consolidated Mines v. Howe	5 TC 198 (1906)

USA

US Court of Appeals, US Sates Emergency Court of Appeals:

Aktenzeichen	**Fundstelle**
Piedras Negras Broadcasting Co. v. Commissioner	127 F. 2d (5th Cir. 1942)
Inez de Amodio v. Commissioner	299 F. 2d 623 (3rd Cir. 1962)

US District Courts:

Aktenzeichen	**Fundstelle**
Bensusan Restaurant Corp. v. King	96 Civ. 3992 (S.D.N.Y.) - 09. September 1996

Sonstige Quellen

Deutscher Bundesrat, Entwurf eines Gesetzes zur Fortentwicklung des Unternehmenssteuerrechts (Unternehmenssteuerfortentwicklungsgesetz – UntStFG), Bundesrat-Drucksache 638/01 vom 17.08.2001

Deutscher Bundestag, Entwurf eines Steuerbereinigungsgesetzes 1985, Bundestag-Drucksache 10/1636 vom 19.06.1984

OECD, Taxation and Electronic Commerce – Implementing the Ottawa taxation framework conditions, Paris, 2000

OECD-Musterabkommen 2000 zur Vermeidung der Doppelbesteuerung auf dem Gebiet der Steuern vom Einkommen und Vermögen (OECD-MA 2000), BStBl. I 2001, 72

Freiburger Steuerforum

Herausgegeben von Wolfgang Kessler

Band 1 Andreas Sinz: Stützungsmaßnahmen im transnationalen Konzern. Steuerwirkungen von Zuschuss und Forderungsverzicht im Verhältnis Deutschland, Frankreich und Schweiz. 2001.

Band 2 Christian Gastl: Betriebe gewerblicher Art im Körperschaftsteuerrecht. Abgrenzung – Einkommensermittlung – Steuerbelastung. 2002.

Band 3 Tobias Teufel: Steuerliche Rechtsformoptimierung. Gestaltungsversuche im Gesellschaft-Gesellschafter-Verhältnis. 2002.

Band 4 Markus Peter: Fortentwicklung des Betriebsstättenprinzips. 2002.

www.ingramcontent.com/pod-product-compliance
Ingram Content Group UK Ltd.
Pitfield, Milton Keynes, MK11 3LW, UK
UKHW020715041026
15590UKWH00002B/678

9 783631 393376